La Ba's
Ein Traum aus achtzigundeiner Nacht
Begegnungen auf einer Radreise von den Alpen bis zum
Atlas und retour

Autor:Martin Schrank
Herstellung: Books on Demand GmbH, Norderstedt
ISBN: 3-8311-4455-9
Selbstverlag

20. September 2002

Alles hat zwei Seiten

sagen die Leute

die nicht bis drei zählen können

Inhaltsverzeichnis

Einstimmung

Gedankenfetzen auf der Fähre von Afrika nach Europa

zu viel, zu kurz Der Spalt unter den verschlafenen Augenlidern gibt den Blick auf die Füße einiger Mitreisenden auf dem Deck frei und weckt Erinnerungen an die letzten Wochen, zerfetzte Gedanken nur - zuviel, zuviel ...

Die Füße tätowiert und eine Sohle daran gebunden: Schuhe einer Marokkanerin. Sandalen mit Sohlen aus Autoreifen: Berberlatschen; er läuft und läuft und läuft... Duschorgien mit drei Litern Wasser...

Den Felsen von Gibraltar verpennt - auch den muss ich mir für das nächste Mal aufheben.

Immer wieder stecke ich mir ein unerreichbares Ziel und lasse es weiter wegrücken. Scheinkämpfe im Inneren: Die theoretische Möglichkeit, das Ziel zu erreichen, täglich mehrmals neu errechnet. Starrsinniger Größenwahn. Danach doch kampflose, erleichterte Aufgabe. Die Faszination des Möglichen, des fast beliebig verschiebbaren Horizonts. Die Macht, das unmöglich Geglaubte zu verschenken. Eine Wanderung auf der Grenze zwischen Traum und Wirklichkeit.

War der Aufenthalt in Marokko zu kurz? Er war viel zu kurz. Nur ein Bruchteil der Straßen auf der Landkarte lag schließlich auf der Strecke, nur ein winziger Teil des Landes, vielleicht der am allerwenigsten spektakuläre, ist erforscht worden, zum Teil Dörfer, die so uninteressant sind, dass sich seit Jahren kein Tourist mehr dort hin verirrt hat. Wäre ein stures Festhalten an der vorher vage ausgearbeiteten und viel längeren Route besser gewesen? Wäre es besser gewesen, den Aufenthalt in Marokko zu verlängern und dafür mit dem Bus

oder dem Zug nach Deutschland zurückzukehren? Ist die Eile bei der Rückfahrt berechtigt? Zwei Leute haben mich unabhängig voneinander darauf hingewiesen, dass am Mittelmeer demnächst eine Regenzeit beginnt, und Regen kostet Zeit und ist unangenehm beim Radeln. Nach Deutschland sind noch weit über zweitausend Kilometer zu strampeln. Also gilt es jetzt, Tempo zu machen, solange es noch trocken ist. Am Mittelmeer steht der Regen bevor und in den Alpen der Winter.

War die letzte Zeit echt gewesen? War das Marokko? Das Land, in dem es so heiß ist, dass man nicht Rad fahren kann? Nordafrika, wo in Radio und Fernsehen von einer Heuschreckenplage die Rede gewesen war? Ein Land voller Wilder, wo es für einen allein reisenden Ausländer viel zu gefährlich ist?

Wenn die Vorurteile stimmen, muss das bisher ein Traum gewesen sein, die Fahrt in Richtung Marrakesch. Fast nichts ist so eingetroffen, wie es vorgesehen war. Aber gerade das ist es ja, was Reisen interessant macht. Oder Träume?

Die Vorzeichen der Tour

oder Studieren macht blöd Genau genommen war nichts so richtig geplant gewesen. Die Vorbereitung auf die Reise hatte eigentlich nur in einem Arabischkurs, einem Spanischkurs, stundenlangem Kartenstudium, der flüchtigen Lektüre eines Reiseführers und einem intensiven Konditionstraining bestanden. Das Training hatte es in sich gehabt und das erst zwei Jahre alte Fahrrad so weit verschlissen, dass einige wesentliche Bestandteile ersetzt werden mussten. Da die Ersatzteile aber durchweg höherwertig sind als die Originale, hat das dem Rad insgesamt mehr genutzt als geschadet. Durch die vielen Reparaturen konnten auch wertvolle praktische Einblicke in die Fahrradtechnik gewonnen werden.

Neben den ausgiebigen Tagestouren an den Wochenenden und einer viertägigen Trainingstour über die Großglockner - Hochalpenstraße und ein paar Dolomitenpässe hatte im Sommersemester der Weg zur Uni mit fünfmal hundertdreißig Kilometer pro Woche dazu beigetragen, dass die sportliche Leistung auf der Fahrt eine Nebensache war.

Diese Tour sollte eine Art Entdeckungsreise sein. Entdeckt werden sollte, was über den Weg kam. Und der Weg wurde eigentlich willkürlich auf der Landkarte ausgewählt, mit dem Arbeitsziel Marrakesch und den Vorgaben, große Hauptstraßen und große Städte zu meiden, so weit das nicht zu kompliziert würde. Für Autobahnen und Metropolen sind andere Verkehrsmittel als das Fahrrad besser geeignet.

Die Zeit zwischen dem zweiten und dem dritten Semester passt ganz gut. Spätere Semesterferien werden für Praktika, Prüfungen und Große Exkursionen im Rahmen des Studiums praktisch ausgebucht sein. Aber heuer sind die drei Monate eigentlich frei. Das dürfte gerade für das Vorhaben reichen, und wer weiß, wann sich eine solche Gelegenheit wieder bieten wird. Die Gelegenheit für diese Art von Tour ist auch deshalb „noch günstig", weil das Studium nach zwei Semestern vermutlich noch nicht für eine zu starke Verbildung gesorgt hat, einen Geisteszustand, der es wesentlich erschwert, die eigene Umwelt an sich zu sehen, ohne sie sofort mit Hilfe des im Studium erworbenen Wissens stolz in eine Schublade einzuordnen oder als untypisch zu ignorieren. Noch ist hoffentlich die Fähigkeit vorhanden, sich durch die Außenwelt von seinem Wissen ablenken zu lassen, also zu fragen, zu staunen, nicht nur von Autoritäten zu lernen, zu erleben. Ein Mitstudent hatte das Phänomen der Vergeistigung, des Abhebens von der Außenwelt mit einem Satz auf den Punkt gebracht: Studieren macht blöd. Die Sozialgeographie, die ja verschiedenste Lebensbereiche irgendwie betreffen kann, eigentlich alles, was man sieht und erlebt, ist in dieser Hinsicht womöglich besonders gefährlich. Wenn das, was man da lernen kann, nicht so interessant wäre... Hoffentlich schlagen die negativen Wirkungen noch nicht so stark durch. Ein Neunzehnjähriger mit panischer Angst vor Vorurteilen geht auf Tour.

Es ist nicht meine erste mehrwöchige Radtour, und auch das Rad ist mit etwa dreizehntausend Kilometern bereits gut eingefahren. Hoffentlich bietet es nicht wieder solche technischen Überraschungen wie am Anfang der Jugoslawientour im letzten Juni. Damals waren schon auf den ersten Etappen für Reparaturen und Ersatzteile mehr als ein Tag und das für eine ganze Woche vorgesehene Geld draufgegangen.

Es ist nicht die erste Tour, aber es wird meine erste Reise in ein Land außerhalb Europas sein, falls die Fahrt tatsächlich so weit geht. Es gibt keine Verpflichtung. Bei widrigen Umständen oder wenn es besondere Anreize zu freiwilligen Unterbrechungen gibt, erlaube ich mir auch einen Urlaub in Frankreich oder Spanien. Es besteht also kein Druck.

Die Strecke

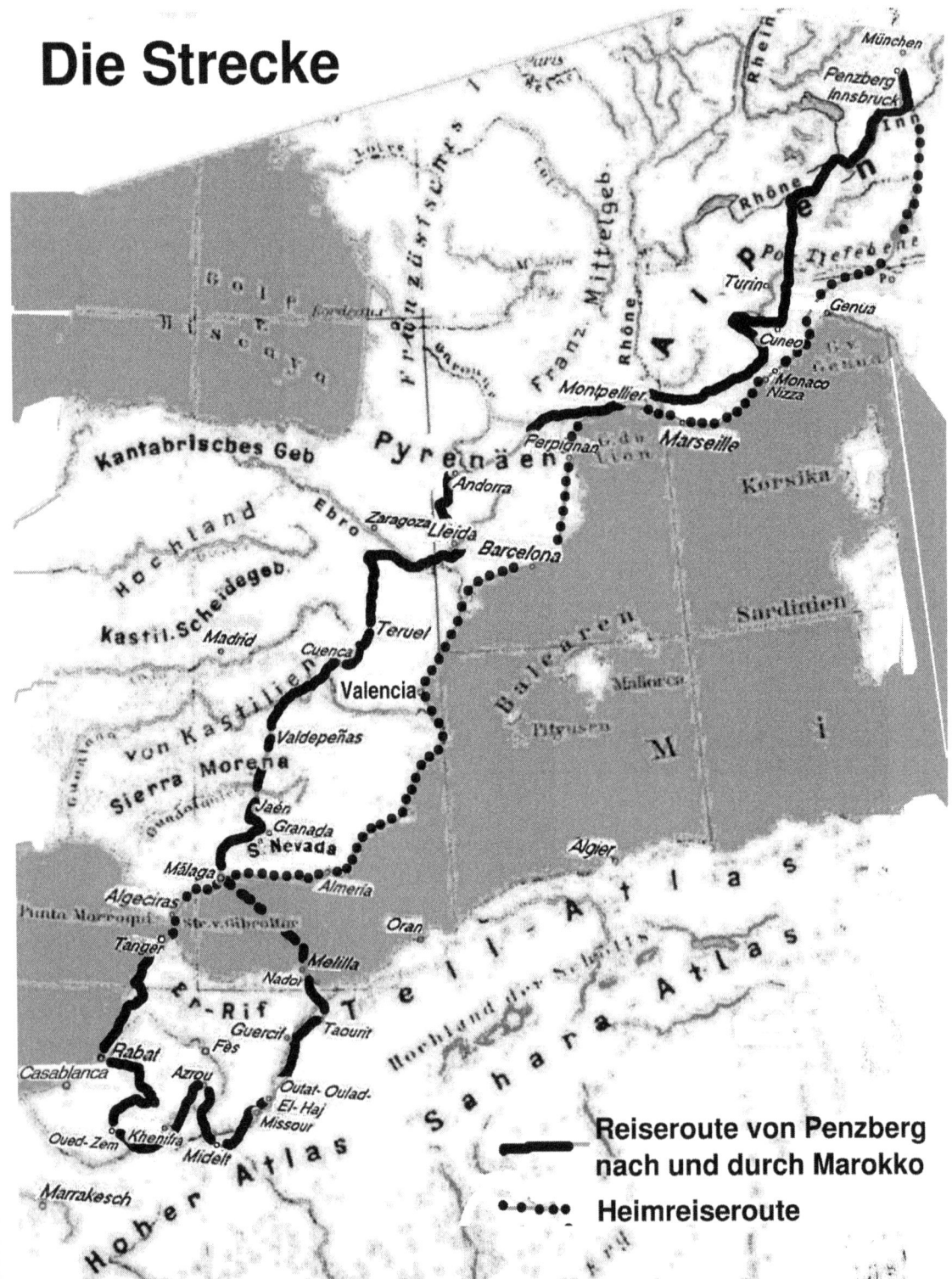

Reiseroute von Penzberg nach und durch Marokko

Heimreiseroute

Kapitel 1

Von den Alpen zu den Pyrenäen

Erst einmal schauen wie's läuft

Es geht los

Etwas Bergtraining vor der Poebene

Erste Berge, erster Irrweg und erste Regengüsse

Am ersten August 1988 um sieben Uhr in der Früh sind Spanien und Marokko noch weit weg. Mit ausreichend Müsli im Bauch und einem frisch überholten Rad geht die Fahrt erst einmal Richtung Österreich. Bis Telfs kenne ich die Strecke schon ganz gut. Ab Imst wird die Strecke neu für mich.

Am blauen morgendlichen Himmel sind nur ein paar Schleierwolken zu sehen. Das ist ungewöhnlich. Praktisch alle meine bisherigen längeren Radtouren waren am ersten Tag verregnet gewesen.

Wie immer setzt der vertraute Kesselberg mit seinen 250 Höhenmetern auf fünf Kilometern die Schweißdrüsen in Gang. Solche Steigungen lockern die Muskeln und regen an. Die Schürfwunde am Knie von vorgestern ist vergessen. Der tiefblaue, von Bergen umsäumte Walchensee kommt mir heute besonders malerisch vor. Inzwischen erkennt man, wenn der Blick auf das Wettersteingebirge frei ist, am Hauptkamm einzelne Quellwolken, die sich um die Gipfel tummeln. Ansonsten ist strahlend sonniges Wetter.

In Mittenwald beginnt ein Anstieg nach Leutasch. Als Training versuche ich, auf den Serpentinen vor der österreichischen Grenze Tempo zu machen, wegen des vielen Gepäcks in einem kleinen Gang, aber dafür möglichst mit höherer und gleichmäßigerer Trittfrequenz. Die Fahrt durch Leutasch ist sowieso erholsam; inzwischen ist die Luft wunderbar warm, und sobald man durch ein Waldstück fährt, sind die Sinne erfüllt von dem süßlich-würzigen Duft und der Ruhe, einer Stimmung, die an Fahrten oder Wanderungen über einsame Wege irgendwo in den Bergen erinnert. Die mir wohlbekannte lange und rasante Abfahrt ins bereits recht aufgeheizte Inntal führt nach Telfs. In dem Städtchen gibt es nicht viele Möglichkeiten, sich zu verfahren: Im Norden sind die Berge und im Süden fließt der Inn. Hält man sich nach Osten, landet man in Innsbruck, orientiert man sich nach Westen, kommt man laut Karte auf jeden Fall auf eine Straße, die nach Imst führt. Und Marrakesch liegt von Telfs aus irgendwo hinter Imst.

In beschleunigtem Tempo geht's hinter Telfs weiter. Obsteig, war das auch auf der Karte? Müsste jetzt nicht bald Silz kommen? Ohne Kilometerzähler kann man sich leicht verschätzen. Und man sieht weder Inn noch Autobahn. Wahrscheinlich bin ich auf einer Nebenstrecke. Vorerst geht die Straße fast wie bei einem Pass bergauf - zum Holzleitensattel. Steigungen, die man nicht erwartet hat, wirken wesentlich anstrengender als vergleichbare, auf die man geistig vorbereitet war. Dafür ist die Strecke hier so richtig heimelig. Es gibt einfach kaum etwas schöneres, als die Luft von Bergwäldern einzuatmen.

Oben hat man freie Sicht nach Westen. Von dort ziehen Wolken heran. Die Sonne ist schon verdeckt. Da sich Wolken in den Bergen besonders gerne erleichtern, schiebe ich die fällige Brotzeit auf und gehe die Abfahrt sofort an. Vielleicht hält sich das Wetter unten noch länger. Bis Imst bleibt es tatsächlich trocken, aber der Himmel wird zusehends dunkler. Richtung Landeck beginnt es schließlich zu tröpfeln. Da kommt so ein Bushäuschen gerade recht. Sehr bald gesellt sich eine Radfahrerin aus einem Nachbarort dazu, und als der Regen beginnt, stärker zu werden, halten zwei Motorradfahrer an, die über den Reschenpass nach Italien wollen.

Nach einer halben Stunde ist der Guss vorbei, und die Fahrt geht weiter über Landeck in Richtung Nauders. Gut eine Stunde nach Landeck gibt es wieder einen minutenlangen kräftigen Sommerregen, den ich unter einer Autobahn trocken überstehe. Inzwischen hat der Himmel eine derart schmutziggraue Farbe, dass es nur eine Zeitfrage ist, wann der nächste Schauer niedergeht. Das spricht dafür, sich langsam nach einer Übernachtungsmöglichkeit umzuschauen, auch wenn es noch nicht einmal sechs Uhr Nachmittag ist.

Ein paar Pedalumdrehungen weiter liegt ein Haus mit „Zimmer frei" am Weg. 150 Schilling für eine Nacht mit Frühstück sind akzeptabel, so dass die erste Etappe zwar früh, aber trocken und ohne Stress endet.

Engadin, Albulapass und Herbergssuche

Der erste Morgen des ersten ganzen Tages der neuen Tour beginnt noch vor dem Frühstück mit einem Studium der Schweizkarte. Ich werde durch das Engadin fahren. Von dort aus gelangt man ohne schwierige Steigungen über den Malojapass zum Comer See nach Italien. Danach käme aber sehr bald die einschläfernde Poebene, und die schönen Pässe, die nach Westen führen, würden alle ungenützt bleiben. Schließlich möchte ich für die heißen Länder Spanien und Marokko noch etwas zusätzliche Kondition aufbauen. Was eignet sich da besser als Passstraßen?

Vom Engadin aus kommen der Flüela, der Albula und der Julierpass in Frage. Der Blick auf die Karte macht die Entscheidung leicht: Die Albulastraße ist gelb eingezeichnet, also als weniger wichtig eingestuft als die beiden anderen, die rot ausgemalt sind. Außerdem verläuft parallel dazu eine Bahnverladung. Beides spricht für relativ wenige Autos. Bis zum Abend müsste Thusis zu erreichen sein, wo zwei Jugendherbergen eingezeichnet sind. Das wären zwar nicht einmal hundertvierzig Kilometer, aber so ein Pass kostet Zeit, und es ist nicht mehr ganz früh.

Wie in Privatunterkünften üblich, ist das Frühstück weitaus reichlicher als in vielen Jugendherbergen, Hotels und Pensionen. Es hält also länger vor als bis zum nächsten Lebensmittelladen. So kann ich bis zur zweiten Mahlzeit schon eine gewisse Strecke zurücklegen. Vorsichtshalber verzehre ich dennoch vor der

Abzweigung in das Engadin die obligatorische Packung Müsli mit dem Päckchen Quark und dem Liter Milch. So soll gewährleistet sein, dass das Essen bis zum Anstieg zum Pass, bis zu dem noch etwa fünfundsiebzig Kilometer zu fahren sind, schon in Energie umgewandelt ist und die Verdauung den Körper nicht mehr belastet. Oben wird dann gerade der richtige Zeitpunkt für eine Brotzeit sein. Zwischendurch gibt es Obst nach Belieben und vielleicht ein paar Kekse.

Flach ist die Straße ins Engadin natürlich auch nicht. Und da ich dummerweise erst bei Nauders abgebogen bin, habe ich sehr bald ein tüchtig anstrengendes Stück mit Serpentinen. Links ist meist eine fast senkrecht aufsteigende Wand, und rechts ein Abgrund, der nur durch eine Leitplanke von der Straße getrennt ist. Trennen wollen sich die Gedärme recht bald von ihrem Inhalt. Das zweite Frühstück drängt voll Macht nach, obwohl ich die Steigung wegen des reichlichen Essens sehr vorsichtig angegangen bin. Sie haben sicher einen Rat parat, was man in dieser Situation machen sollte. Aber ob Sie es glauben oder nicht: Hier gibt es ein Platzproblem! Auf der kurvigen und unübersichtlichen Straße kann jederzeit ein Auto daherkommen, dessen Fahrer nicht darauf gefasst ist, dass jemand auf der Fahrbahn eine geschäftliche Sitzung abhält. Der Anstieg links ist zu steil, der Abgrund auch. Ich fahre immer langsamer, um den Darm nicht unnötig zu reizen, so dass noch nicht absehbar ist, wann eine annehmbare Gelegenheit kommen wird. Mit der Zeit, im Laufe ewiger Minuten, erscheint die Fahrbahn allerdings immer breiter, in der Wand tauchen bequeme Tritte und Griffe zum Klettern und Festhalten auf, die Büsche am Abhang werden zu Notsitzen oder Fangmatten, und die Leitplanke bietet sich abwechselnd als Donnerbalken und als Haltestange an. Wie ein wenig innerer Druck die Welt verändern kann!

Nachdem die Leitplanke im Geiste auch noch zum Sichtschutz geworden ist, löst sich das Problem alsbald im Sturzflug. Ob die viele Milch so gedrückt hat? Vielleicht wäre es doch besser, den riesigen Energiebedarf auf mehrere Male zu decken, auch wenn das Zeit kostet und den Fahrtrhythmus unterbricht. Zwar ist jetzt bald ein flacheres Stück erreicht, aber das ist kaum bewaldet und hätte praktisch keinen Sichtschutz geboten. Außerdem wäre es hier womöglich zu spät gewesen. Das Thema ist erledigt, die Luft ist angenehm lau und der Verkehr hält sich in Grenzen. Ein schöner Tag zum Radeln.

Die trainierten Beine strampeln zwar gegen eine sanfte Steigung und ständigen Gegenwind, aber auch so reicht das Fahrtempo aus, im kalkulierten Tageszeitplan zu bleiben. Interessant ist hier, dass die steilen Wände, die direkt über einer Straße liegen, so aussehen, als ob sie extra eingegipst worden wären, um Steine daran zu hindern, auf die Fahrbahn zu fallen.

In Susch, wo es wieder Abzweigungen gibt, wird wieder ein Blick auf die Karte fällig sein. Bis dahin kann man entspannt in dem von Bergen und Matten umsäumten Tal spazierenfahren und -denken. Ab Susch gilt es dann, sich die Strecke bis zur Passstraße zu merken: Bei Zernez in Richtung St. Moritz orientieren und nach Zuoz und vor allem nach Madulain verschärft aufpassen.

So flach die Strecke erschienen ist, sind doch von Tösens, das etwa auf 900 Meter Höhe über dem Meeresspiegel gelegen ist, bis zur Abzweigung zum Pass laut Karte schon fast 800 Höhenmeter geschafft, auf 1687, mehr als drei Kesselberge. Bis zum Albula mit 2312 m sind es also nur zweieinhalb Kesselberge. Neun Kilometer sind es von Madulain bis zum Pass, also durchschnittlich sieben Prozent Steigung und laut Karte maximal zwölf Prozent, das geht bei meinem Vortraining auch mit Gepäck recht flüssig. Das Frühstück ist schon ausreichend verdaut und bildet zusammen mit dem Obst und ein paar Keksen eine sehr gut passende Unterlage für so einen schweißtreibenden Anstieg.

Zwischendurch hat eines der Pedale ein Knacken hören lassen. Dabei ist es erst zehn Tage alt, und der Verkäufer hat versichert, dass er persönlich die Lager besonders gut gefettet und extra gewissenhaft gekontert hat. Vielleicht war das Knacken ja harmlos. Und wenn nicht: Die vorigen Pedale haben am Anfang auch geknackt, aber lauter. Dann waren sie bald ruhig. Wie sich nach dreizehntausend Kilometern herausstellte, waren die Kugeln einfach zermahlen worden, was aber die Funktion nicht erheblich beeinträchtigt hatte. Eine Überprüfung an der Passhöhe, ob das Pedal womöglich zu viel Spiel hat, ergibt keine Auffälligkeiten. Also geht's nach der Brotzeit und nachdem das T-Shirt getrocknet und das Radtrikot und noch ein Hemd übergezogen worden sind, ab zu den letzten 45 Kilometern über Tiefencastel nach Thusis.

Natürlich messen sich auch andere mit dem Albulapass. Was sagt man einem Radler, der einem nach gut fünf Minuten rasanter Abfahrt keuchend entgegenkommt und fragt, wie lang der Anstieg noch dauert? Schätzen! Hauptsache er weiß, dass es keine Stunde mehr ist.

Als die Strecke flacher wird, treffe ich einen jungen Lehrer, der sich für die nächsten Kilometer als Begleiter und Windschatten anbietet. Er macht auch gerne Radtouren und übernachtet bevorzugt in Heuschobern. An seinem Rad fällt mir auf, dass der Dynamo hinter dem Tretlager am Hinterrad montiert ist. Bei den Tunnels macht er ihn mit dem Fuß an und aus. In Tiefencastel trennen sich unsere Wege. Als die Abenddämmerung hereinbricht, sehe ich schon Thusis. Kurz vor dem Ort weist ein Schild nach links zu einer Jugendherberge.

Das klappt ja wieder flott.

Nach dem fast obligatorischen steilen Anstieg ist die Jugendherberge bald erreicht. Wenn nicht die üblichen JHV-Schilder neben der Tür angebracht wären, hätte ich sie für eine größere Almhütte gehalten und wäre vorbeigefahren. Als ich anklopfe, dauert es einige Zeit, bis jemand öffnet, ein Gast. Der erzählt, dass das Haus gerade an eine Gruppe vermietet und voll belegt ist. Kein Problem, laut Karte gibt es noch eine Jugendherberge in der Nähe.

Inzwischen ist es stockfinster. Im Dunkeln suche ich die Hauptstraße, und nach etwa einer Stunde und etlichen Befragungen in Straßencafés stehe ich endlich vor der Herberge. Schilder weisen in einen Hinterhof, wo eine hölzerne Freitreppe in den ersten Stock zu den Schlafräumen führt. Eine Rezeption ist allerdings nicht zu entdecken. Die anderen Gäste meinen, dass da wohl niemand mehr da wäre. Aber bezahlen muss man ja sowieso erst am Morgen, im benachbarten Gasthaus. Um nicht noch einmal auf Herbergssuche gehen zu müssen, vertage ich weitere Fragen bezüglich der Aufnahmeformalitäten. Rasch hole ich das Gepäck, stelle das Rad zu den anderen Velos, breite meinen Herbergsschlafsack in einen der Schlafräume für Jungen und mache im Aufenthaltsraum noch Brotzeit, bevor womöglich das Licht zur Nachtruhe gelöscht wird. Schlafende Herbergseltern soll man nicht wecken. Zwischen Brotzeit und Nachtruhe bietet eine sehr nette junge Bahnbeamtin ein Buch über außergewöhnliche unerklärliche Phänomene zur Lektüre und als Gesprächsstoff an.

Jetzt kann nichts mehr passieren: Niemand kontrolliert mehr die Gäste und einer ungestörten Nacht steht nichts mehr im Wege.

Am Morgen packe ich zeitig das Rad auf und schließe mich den anderen an, sobald sie zum Zahlen in das benachbarte Restaurant pilgern.

Wegen der zahlungswilligen Menge hat die Frau an der Kasse keine Zeit, sich über den Gast zu wundern, der die sieben Franken auf den Tisch zählt, aber keine Papiere hinterlegt hat. Bis sie mit den anderen zehn fertig ist, ist dieser schon längst unterwegs Richtung Süden, über die Via Mala und den San-Bernadino-Pass.

Fast ein Rennen am San-Bernadino-Pass

Mit Via Mala ist wahrscheinlich eine Straße entlang der Wand einer tief eingeschnittenen Schlucht gemeint. Links von der Leitplanke ist eine senkrechte Felswand fast zum Berühren nah. Stellenweise könnte man sie vielleicht tatsächlich erreichen, wenn man sich hinüberbeugen würde. Von einer solchen Turnübung rät ein fernes Rauschen aus der Tiefe ab. Zwischen der Straße und der zum Greifen nahen Wand ist nämlich eine über hundert Meter tiefe Schlucht, die im Laufe von Millionen von Jahren von dem Bach in den Fels gefräst worden ist, der jetzt in der Tiefe dahinrauscht und sein Werk unermüdlich fortsetzt.

Bis zu einer größeren Steinbrücke über den Hinterrhein nach dem gleichnamigen Ort steigt die Straße zwar mäßig, aber fast stetig, zermürbend stetig an. Dabei wäre dem Körper nach dem Frühstück eigentlich ein Flachstück zum Verdauen lieber. So sind die Beine bis zur Rheinbrücke doch recht schwer. Dort bereiten sich einige Radfahrer mental auf den Anstieg zum San Bernadino-Pass vor. Da unter dem Pass ein Autobahntunnel verläuft, ist die Strecke voraussichtlich recht ruhig und deshalb gut geeignet zum Rad fahren.

Einer der versammelten Radler, mit denen ich ins Gespräch komme, ist ein leicht ergrauter drahtiger Mann mit Rennrad, der sich zur Stärkung ein paar Schlucke aus seiner Trinkflasche genehmigt. Ein anderer ist ein kleiner sehr junger Rothaariger mit auffallend muskulösen Beinen. Der hat kein Rennrad, sondern wie ich ein Tourenrad mit Rennlenker. Seine vier Packtaschen sind mit eleganten blauen Nylonhüllen überzogen.

Der Tourenfahrer sammelt bei jeder Gelegenheit Pässe. Inzwischen hat er schon fast neunzig bezwungen. Wie der wohl Pass definiert? Auf dieser Tour hat er jedenfalls seit einer Woche nicht mehr in Höhen unter 1500 Metern übernachtet. Und heute ist er schon über den Splügenpass gefahren. Den Bernadino braucht er nur zum Sammeln. Oben will er wieder umdrehen.

Bis zum Pass, der mit 2065 Meter auf der Karte eingezeichnet ist, sind nur noch knapp 450 Höhenmeter zurückzulegen. Daher besteht keine Eile. Nachdem der ältere Gesprächspartner losgefahren ist, unterhalten wir uns noch etwa zehn Minuten über das woher und wohin. Aber irgendwann muss die Steigung doch angegangen werden. Wir sehen uns oben. Bis gleich! Auf dem längeren Flachstück vor der eigentlichen Steigung zieht der junge Sammler gleich so flott an, dass er im Nu etliche hundert Meter Vorsprung gewinnt. Die Strecke ist kaum bewaldet, so dass er öfters auf einer höheren Serpentine zu sehen ist, routiniert und gleichmäßig fahrend wie ein Uhrwerk und den Vorsprung ziemlich genau haltend. Mit einem Zwischenspurt könnte man ihm schon näher kommen, aber was sollte das bringen außer einem roten Kopf, wie ihn der drahtige Rennradfahrer von vorhin hatte, den wir beide erstaunlich bald überholt haben? Der Junge hat garantiert noch Reserven, und wenn er herausgefordert wird, packt er die womöglich aus. Das Ergebnis wäre ein kraftraubendes Rennen und eine wegen Erschöpfung und nachlassender Konzentration erhöhte Verletzungsgefahr.

Sich darauf einzulassen, nur um ein paar Minuten schneller zu sein und den anderen vielleicht zwischendurch einmal zu überholen, wäre einfach dumm. Also wird der nicht gerade mörderisch steile Anstieg einfach zügig und gleichmäßig angegangen, mit dem Ehrgeiz, bei jeder Möglichkeit das Tempo zu beschleunigen, aber ohne aus dem Sattel zu gehen und ohne außer Atem zu kommen. Da der andere den Vorsprung hält, muss er wirklich ein recht guter Fahrer sein. Jedenfalls ist er oben ebenfalls nicht außer Atem. Da wir beide noch einiges vorhaben, unterhalten wir uns nur ein wenig im Stehen, bis der Schweiß angetrocknet ist. Zum Abschied tauschen wir noch kurz Komplimente aus: Du bist verrückt, gerade so zum Spaß mitsamt Gepäck auf einen Pass zu brettern und gleich wieder abzufahren. Der Verrückte bist du, wenn du auf dem Weg nach Marokko noch einen Umweg über den Albula und den San Bernadino machst. Als schließlich nach gut zehn Minuten der Rennradfahrer ankommt, ist der Sammler schon wieder auf dem Rückweg. Nach einer Brotzeit an einer windgeschützten Stelle unterhalb des Passes gehe ich die Abfahrt zum Lago Maggiore an.

Vom Tessin bis in die Provence

Regen, Moskitos, knackende Pedale und noch mehr Berge

Wolkenbruch und Moskitos

Da es in Locarno noch nicht einmal dämmert, bleibt genügend Zeit, eine günstige Unterkunft außerhalb der Stadt und abseits vom See zu finden. Orte an großen Seen sind in Deutschland für ihr hohes Preisniveau bekannt. In der Schweiz wird das nicht anders sein. Wahrscheinlich wirkt die Seeluft in solch einem reichen Land sogar stärker auf die Preise.

Richtung Westen geht ein Tal weg, Centovalli, das hört sich nett an. Da ist es garantiert ruhiger als in dem dicht besiedelten Gebiet um die Seen herum. Campingplätze scheinen allerdings rar zu sein. Statt dessen sind an allen schönen Plätzen Schilder aufgestellt, dass dort Feuer machen und Campen verboten ist. Am besten nehme ich den ersten Campingplatz, der auf dem Weg liegt. Neuneinhalb Franken ohne Zelt und Auto ist nicht billig, aber die Übernachtung ist somit legal, und man darf auf eigenen Wunsch im Voraus zahlen. Sonst könnte ich am nächsten Tag nicht vor neun aufbrechen, weil erst ab dann die Pforte besetzt ist.

Mitten in der Nacht beginnt es zu regnen. An und für sich ist das nichts Ungewöhnliches, aber wenn man ohne Zelt im Freien schläft, trotzdem durchaus erwähnenswert. Da ich nicht zum ersten Mal mitten in der Nacht von einem Regenguss überrascht werde, ist eigentlich alles für diesen Fall vorbereitet: In trockenen Nächten dient der Regenponcho als Verlängerung der Schlafsackunterlage, die zusammengerollte Jacke als Kissen. Der Rest ist in den Packtaschen verstaut. Bei Regen wird der Schlafsack zusammengerollt und in einen Müllsack gesteckt, die Jacke angezogen und der Poncho übergeworfen. Mit dem gut verpackten Schlafsack als Sitzkissen, und den Poncho mit etwas gutem Willen als Zelt betrachtend, kann man einen normalen Regenguss sitzend ganz gut warm und leidlich trocken überstehen. Das hier ist aber mehr ein Wolkenbruch, und zwar ein dauerhafter. Deswegen suche ich eine trockene Ecke im Waschraum, der um diese Zeit sowieso praktisch verwaist ist.

Bis zum nächsten Morgen hat es sich eingeregnet und der Himmel lässt weit und breit kaum Tageslicht durch. Weil vermutlich die Regenwolken in dem Tal festhängen, verlege ich die Richtung für die Weiterfahrt kurzerhand direkt nach Süden, weg von den Bergen in die Poebene.

Etwa ab Ascona lässt der Regen tatsächlich langsam nach, und hört nach einer Stunde endlich auf. Jetzt kann ich einen ruhigen und trockenen Platz für das Frühstück suchen. Bis zur italienischen Grenze ist der Regen dann schon fast vergessen. Jetzt geht es den restlichen Tag lang schnurgerade durch eine unendlich weite Ebene, oft mit gefluteten Reisfeldern.

Als sich die Sonne langsam dem Horizont nähert, werden in den Pausen, in denen ich die Karte studiere, die Mücken zur Plage. Ihre Körper färben die erhitzten schweißnassen Beine schwarz. Wenn man die hungrigen Tierchen wegstreift, bleibt eine Blutspur an den Händen und Beinen. Die lange Hose, die ich der Blutsauger wegen anziehe, geht nur bis zu den Knöcheln. Da die Schuhe noch nass sind vom Regen am Morgen, habe ich keine Socken an, und die nackten Knöchel sind den Moskitos ausgeliefert, die sich an den Halts umso gieriger auf dieses letzte Stück Haut stürzen. Gut, dass ich im Gepäck ein Fläschchen mit einem Öl habe, das so übel riecht, dass es sogar Moskitos auf Distanz hält.

Bei Tricelli, einem Dorf am Po, beginnt es zu dämmern. Vor einem Café auf dem Platz vor der Kirche sitzen etliche Männer. Hier frage ich nach einer Übernachtungsmöglichkeit. In Italien kann man sich auch recht flüssig unterhalten, wenn man die Sprache nicht beherrscht. Ein paar Brocken Italienisch verraten den guten Willen, und bei dem Temperament der Leute ist es sowieso üblich, zum Reden neben dem Mund noch die Hände und Füße zu gebrauchen. Mein Gesprächspartner

ist ein anständig aussehender Mann um die fünfzig, der sofort erfasst, worauf es ankommt. Wie kommst du mit den Moskitos zurecht? Ich habe ein Öl dagegen. Gut, wenn du ein Öl hast, weiß ich einen Platz: In der Nähe ist eine Kapelle, da kannst du dich daneben hinlegen. Da stört dich niemand. Du erreichst sie noch, bevor es dunkel ist.

Die Kapelle, die mitten zwischen Reisfeldern und Moskitos liegt, ist gleich gefunden. Nach einer kleinen Brotzeit werden Gesicht und Hals nochmals mit der stinkenden Brühe eingerieben, dann der Schlafsack am Hals gut zugezogen. Tatsächlich bleibt die summende blutgierige Wolke auf Distanz, am Abend ungefähr einen halben Meter und bis zur Morgendämmerung immerhin noch ein paar Zentimeter. Bevor die ersten stechen, bin ich schon wieder unterwegs.

Neue Kugeln

Heute steuere ich über Cuneo die Seealpen an. Der Anblick der bunten kleinen Felder zwischen den Hügeln südlich der Poebene ist so erfrischend, dass die Steigungen, die ab jetzt wieder den Kurs beherrschen, kaum stören. Nur das Knacken in den Pedalen beunruhigt mich. Darum kümmere ich mich besser, bevor die großen Pässe kommen. Vor einem Jahr ist mir mitten in den Bergen ein Bremsseil gerissen, und das nächste Geschäft mit Ersatzteilen war vier steile Abfahrten mit insgesamt mindestens zweitausend Höhenmetern und nur einer Bremse weiter. Haben Sie gewusst, dass Bremsklötze sich verformen, wenn sie zu heiß werden? Etwas Vergleichbares soll hier vermieden werden. Meine Pedale müssen noch einige tausend Kilometer halten.

Die erste Untersuchung zeigt, dass das knackende Pedal im Lager ein klein wenig

Spiel hat. So etwas kann auf Dauer ungleichmäßige Rillen in den Konen und Lagerschalen zur Folge haben, ist aber leicht zu beheben, wenn man den Fehler sofort korrigiert. Als ich das Lager öffne, kommen mir Eisenspäne entgegen. Der Mechaniker hat den äußeren Konus wohl so stark mit der benachbarten Mutter gekontert, dass bei der ersten starken Belastung, dem Albulapass, das Gewinde beschädigt worden ist. Und inzwischen hat sich das Lager mehr Platz geschaffen. Die weitere Untersuchung zeigt, dass die Späne vom Gewinde der Pedalachse stammen. Aber glücklicherweise lässt sich die Mutter mit etwas Vorsicht noch einmal kontern. Jetzt, da die Schwachstelle bekannt ist, kann man sie ja besonders im Auge behalten. Ob die Konen, Lagerschalen und Kugeln noch intakt sind? Weit kann es nicht fehlen. Aber als unverhofft in einem kleinen Dorf ein Fahrradgeschäft direkt am Weg liegt, kaufe ich doch zur Vorsicht einige Kugeln und wechsle sie gleich neben dem Geschäft aus. Die Frau des Händlers stellt im Vorbeigehen erfreut fest, dass sie ein Rad der gleichen Marke hat. Um sie nicht zu entmutigen, verschweige ich ihr, mit welch minderwertigen Teilen meines am Anfang ausgestattet war. Ein Ahaaa mit einem Lächeln muss genügen.

Diesmal ergeben sich beim Zusammenbauen des Lagers schon leichte Schwierigkeiten mit dem kaputten Gewinde. Wenn man aber die Beilagscheibe zwischen dem Konus und der Kontermutter weglässt, kann letztere zu einem Teil auf dem unbeschädigten Gewinde greifen. Hoffentlich reicht das. Es muss reichen. Die Beilagscheibe kommt vorerst in eine Schachtel voller Schrauben, Muttern, Beilagscheiben, Sprengringen und dergleichen. Die gehört zum Bordwerkzeug, seit einmal mitten auf einer Tour Samstag Mittag die Befestigungsschraube des Gepäckträgers gebrochen ist.

Nach der kleinen Operation geht die Fahrt bei schönstem Wetter weiter in Richtung Cuneo. Jetzt können die Seealpen kommen. Als kurz nach Cuneo der Abend dämmert, liegt gerade ein Campingplatz am Weg. Dort kann ich mir endlich das stinkende Insektenabwehröl abwaschen. Zwei Campingplatznachbarn sind mit dem Rad von den Seealpen gekommen, wo sie mit leichtem Gepäck Tagestouren über höhere Pässe unternommen haben.

Königsetappe mit Umweg

Zeitig am nächsten Morgen breche ich zum 1997 Meter hohen Col de Maddalena beziehungsweise Col de Larche auf. Diese ersten 1400 Höhenmeter sollen zum Aufwärmen für den Col de la Bonette dienen, den höchsten Straßenpass in den Alpen mit 2802 Metern. Wenn es geht, möchte ich ihn heute noch erreichen. Die Fahrt geht ganz zügig, so dass ich zur Mittagspause den Maddalena und damit die Grenze zu Frankreich passiere. Hier ist gerade keine Wechselstube geöffnet, aber entlang der Abfahrt kommt sicher noch ein Ort, wo man wechseln kann. Morgen ist nämlich Sonntag, ich muss also für zwei Tage einkaufen.

Gegen zwei Uhr ist Jausiers erreicht, wo eine Straße zum Col de la Bonette abzweigt, das letzte Dorf auf dem vorgesehenen Weg, das heute noch vor dem späteren Abend zu erreichen ist. Der dortige Lebensmittelhändler will aber keine Lire annehmen. Er weist darauf hin, dass man in Barcelonnette wechseln kann. Das liegt auf 1132 Meter, sicher hundert Meter tiefer als Jausiers, von da wären 1670 Höhenmeter zum Bonette zurückzulegen, und es ist schon Nachmittag. Ich könnte einfach die Route zu ändern und nach Westen durch das Tal des Flusses Ubaye abfahren. Dagegen spricht, dass von dort her dunkle Wolken aufziehen. Die Chancen, trocken davonzukommen, stehen sicher besser, wenn ich den Wolkenstau nach oben verlasse, über den Bonette. Außerdem ist die Aussicht, über den höchsten Straßenpass der Alpen fahren zu können, ist einfach zu verlockend. Barcelonnette ist gleich erreicht, und nachdem etliche Francs eingewechselt und zum Teil in Brot und Käse umgetauscht sind, geht's etwa um halb vier zügig zurück zum Anstieg zum Bonette, der sonnenbeschienen aus der bewölkten Umgebung herausragt.

Wie lange ich für die 1670 Höhenmeter brauchen werde? Nach Erfahrungswerten müsste es in dreieinhalb Stunden zu schaffen sein. Auf dieser Tour ist allerdings das Gepäck schwerer als sonst. Dazu kommen die Vorräte für den Sonntag und die eisernen Reserven für mögliche Zwischenfälle, die einen längeren Aufenthalt in den Bergen nötig machen könnten. Der Respekt vor der unbekannten Strecke hält auch davon ab, sich vorschnell zu verausgaben. Zudem ist die Landschaft mit ihren majestätischen Hügeln, die rotgrün in der Sonne prangen, zu schön, um mit verbissenem Tempo durchrast zu werden. Obwohl die Berge mit ihren sanft gerundeten Formen viel harmonischer aussehen als die schroffen Kalkalpen, führt die Straße weit weniger gleichmäßig bergauf als zum Beispiel die Großglockner-Hochalpenstraße, bei der ein ähnlicher Höhenunterschied zu bewältigen ist. Zwischendurch, zum Beispiel nach dem Col de Restefond, geht es sogar leicht bergab. Ein paar Höhenmeter muss man also doppelt bewältigen. Auch das trägt dazu bei, dass die Fahrt insgesamt langsamer vorangeht. Die Zeit behält dagegen ihr Tempo bei. Noch während des Anstiegs wird die Landschaft in ein wunderschönes Abendrot getaucht, das bald einem klaren Sternenhimmel weicht. Mühsam tastet die Fahrradlampe jetzt in der Dunkelheit den Weg ab.

Was hat man von einem Pass im Dunkeln?

Wenn man fährt, eigentlich nichts. Aber über sich sieht man ein Sternenmeer, wie man es im Flachland nie erblickt, weil sich dort in dem Schleier aus überall verdunstetem Wasser auch noch unzählige künstliche Lichter streuen. Der Pass ist kaum befahren, so dass man sich im wahrsten Sinne des Wortes unbehelligt nahe der Straße in den Schlafsack rollen kann. Es ist zwar recht windig auf über 2700 Metern, aber ein Jugendherbergsschlafsack als zusätzliches Innenfutter hilft, den Wind und die Kälte abzuhalten. So verpackt kann ich den herrlichen Blick in den Sternenhimmel vor dem Einschlafen ungetrübt genießen. Eine Sternschnuppe? Noch eine! Sind die alle für mich? Nein, im August gibt es einfach besonders viele. Aber die Wünsche gelten! Doch was soll ich mir mehr wünschen als das, was ich habe: Eine klare Augustnacht in den Bergen.

Im Süden der Seealpen über Pässe und durch Schluchten

In der Morgendämmerung nehme ich die restlichen paar Kurven zum Pass. Oben steht schon ein Auto. Zweiter. Na gut, aber erster Radfahrer. Auf dieser Höhe wundert man sich, dass an geschützten Stellen richtige kleine Wäldchen wachsen können, wo doch zu Hause schon ab 1800 Metern nur noch Büsche und vereinzelte Bäumchen mit deutlichen Frostschäden zu finden sind. Nach einem Frühstück in der einsamen Landschaft aus gigantischen fast kahlen runden Hügeln gehe ich die Abfahrt an, 2300 Höhenmeter bis St. Sauveur. Wegen der vielen Längs- und Querrillen in der Asphaltdecke wird das Tempo nicht allzu rasant. Hier ist fast alles geboten, was einen Zweiradfahrer aus der Spur bringen kann. In einem kleinen Dorf fülle ich aus einem öffentlichen Brunnen die Wasserbehälter nach. Außerdem gibt es in einem kleinen Geschäft Obst.

Ja, in Frankreich bekommt man auch sonntags Lebensmittel. Ein paar rasante Minuten später fällt mir auf, dass die Handschuhe fehlen, die ich am Brunnen ausgezogen habe. Ich sollte mir angewöhnen, nachzuprüfen, ob alles gut verstaut ist, bevor ich losfahre. Der steile Weg zurück ist umsonst: Sie liegen weder auf der Straße noch am Brunnen.

Beim Umfüllen der Lebensmittel, sprich bei zwei Brotzeitpausen lasse ich die Landschaft noch einmal auf mich wirken, bevor ich wieder in flachere, üppiger bewachsene und dichter besiedelte Regionen komme. Nebenbei winke ich genussvoll kauend den Radfahrern zu, die sich zum Col de la Bonette hinaufquälen. Tatsächlich scheint die Anzahl der Radfahrer mit der Höhe der Pässe zuzunehmen. Wir sind lauter Verrückte. Und die kommen auch noch von der Südseite! Die müssen einen Höhenunterschied von mindestens 2000 Metern überwinden. Dabei wird es immer wärmer.

Um der wegen des allgemeinen Nepps verrufenen Côte d'Azur aus dem Weg zu gehen und noch etwas von den Bergen zu haben, biege ich bei St. Sauveur kurzerhand nach Westen ab. Dort führt eine recht steile Straße an Roubión vorbei. Das ist ein kleines Dorf, das hoch über der Straße mitten in der rötlichen Felswand zu hängen scheint. Wahrscheinlich wäre es ein kleines Abenteuer, den Ort mit einem Fahrzeug zu besuchen. Aber ich habe das Gefühl, dass es heute besser ist, den Frieden in der hängenden Siedlung nicht zu stören und mich mit dem Anblick zufrieden zu geben. Eine Schleife würde ich dem Dorf wünschen, ein rosa Band mit einer riesigen Schleife, das die Häuser zusammenhält und verhindert, dass einzelne davon beim nächsten Wind oder Regen auf die Straße hinunterpurzeln.

Der ausschlaggebende Grund, der mich von einem Besuch in dem Dorf abhält, ist wohl der, dass mir bis auf Weiteres die Lust vergangen

ist, mehr Höhenmeter als nötig zurückzulegen. Die unerwarteten Steigungen sind wie gesagt die schwersten. Auf der Karte waren für die Strecke nur Schlangenlinien eingezeichnet, aber kein Pass. Daher habe ich hier ein harmloses Bergauf und Bergab erwartet. Statt dessen führt die Straße stundenlang fast ständig bergauf, durch eine malerisch karge Berglandschaft mit immer neuen wilden Felsformen.

Das ist der Nachteil, den Karten der Maßstab 1:800 000 bei einem dichteren Streckennetz oder einer feiner gegliederten Landschaft hat. Aber ich wollte einfach nicht noch mehr Karten mitschleppen, die ich letztendlich doch nur ein paar Tage lang brauche, wenn überhaupt. Normalerweise kann man das Relief einer Strecke auch an Hand von Karten mit kleinerem Maßstab erraten. Aber dazu gehört ein wenig Erfahrung mit vergleichbaren Strecken. Jetzt weiß ich zum Beispiel, dass ich auch auf Straßen, die parallel zum Gebirgshauptkamm führen, mittelhohe Pässe erwarten muss, sofern die Straße nicht an einem Fluss entlangführt.

Aber ich will mich nicht beschweren. Wer weiß, ob ich über diese nette ruhige Passstraße mit dem Ausblick auf das malerische Dorf gefahren wäre, wenn ich gewusst hätte, was für eine Anstrengung hier auf meine nach Entspannung lechzenden Beine zukommt? Es wäre natürlich auch denkbar, dass ich mit einer genaueren Karte eine noch schönere Strecke gefunden hätte. Vielleicht käme ich aber dann vor lauter Kartenstudium gar nicht zum Fahren.

Genauso unerwartet wie die Länge der Steigung ist die Passhöhe selbst, die ich endlich auf einer Höhe von 1678 Metern über dem Meeresspiegel erreiche: der Col de la Couiolle. Im gut zweihundert Meter tiefer gelegenen Beuil kann ich mich dann entscheiden, ob ich noch einmal einen Pass der gleichen Größenordnung mitnehme, oder einfach dem Lauf der Var folge.

Gewitterwolken im Westen machen die Entscheidung leicht, nach Süden ins Gorges du Cians abzubiegen, ein rotes enges Tal. An manchen Stellen stehen die Felswände hier zu nahe beisammen, um neben dem Flüsschen eine mehrspurige Straße zu bauen. Dafür sind in gebührendem Abstand von den Engstellen Schilder mit einer Hupe aufgestellt. Die Autofahrer sollen also hupen, bevor sie auf das Straßenstück ohne Möglichkeit zum Wenden zufahren. In der hohen, engen Schlucht ist die Akustik sicher ausreichend, und Hupen ist schön, aber wer hat Vorfahrt? Momentan ist praktisch kein Verkehr, aber was passiert, wenn tatsächlich zwei Autos aus entgegengesetzten Richtungen bei einem Engpass zusammentreffen? Vielleicht ist es so: Beide hupen und fahren, treffen sich in der Mitte, fluchen je nach Temperament laut oder leise und müssen sich darauf einigen, wer zurücksetzt.

Durch Frankreich nach Andorra

Auf Durchreise mit dem Fahrrad

Schwere Beine und durchwachsenes Wetter

Als ich nach dem Tal nach Westen abbiege, macht sich eine gewisse Ermüdung bemerkbar. Ob Gegenwind herrscht, ob es unmerklich bergauf geht, oder ob die Bergetappen der letzten Tage in die Beine gehen? Jedenfalls schaue ich heute schon früh am Nachmittag nach einer Unterkunft aus. Da eine Dusche hochwillkommen wäre, gilt das Augenmerk vor allem einem Campingplatz. In einer Privatunterkunft eine Dusche zu erwarten, wäre vermessen. Dort wird erfahrungsgemäß oft schon stolz darauf hingewiesen, wenn fließendes Wasser vorhanden ist. Wenn man duschen möchte und sonst nur einen Platz zum Schlafen braucht, sind Campingplätze oder Jugendherbergen sicher vorzuziehen.

Entrevaux fällt zunächst durch seine imposante Mauer auf, aber mit etwas Suchen lässt sich auch ein einfacher und billiger Campingplatz finden, auf dem es wirklich nicht mehr gibt, als man unbedingt braucht: Platz zum Hinlegen, Duschen, große Waschbecken für die Wäsche. Da es noch nicht spät ist, nutze ich die Gelegenheit zu einem Waschtag.

Der nächste Tag bringt zwar keine großen Pässe, wird aber trotzdem anstrengend. Erstens liegen doch immer wieder unspektakuläre aber sehr wohl merkbare kleine Pässe auf dem Weg, wie der Col de Felines mit 930 oder der Col de Laval mit 1100 Metern. Außerdem fängt es bisweilen zu regnen an. Dann muss ich die Wäsche in Sicherheit bringen, die auf dem Gepäckträger zum Trocknen über den Schlafsack gespannt ist. Sobald ein Schauer länger anzudauern droht, ziehe ich den Regenponcho über. Sobald der nass ist, kommt die Sonne heraus und ruft mit Macht Schweißausbrüche hervor. Ist der Poncho wieder sicher verstaut und möchte man eigentlich auch die Wäsche wieder an die Luft spannen, wird der Himmel wieder schwarz und die Wolken erleichtern sich in einem kurzen Regen, der gerade lange genug dauert, um mich zum Anziehen des Ponchos zu bewegen und diesen wieder nass zu machen, bevor dann abermals die Sonne...

Alles in allem finde ich das Wetter jedoch gnädig. Für die bescheidenen Mühen, die ich ja freiwillig auf mich nehme, entschädigt mich der überall gegenwärtige grandiose Anblick der steilen kreuz und quer aufgeworfenen, also in alle Richtungen gestriften Felswände.

An einer großen Staumauer sehe sich ein Beispiel, wie sich ansonsten abgrundtief hässliche monströse Bauwerke praktisch nahtlos in die Natur einpassen können: Die hohe schmale Betonmauer hat mit ihren grauen Querstreifen genau die gleiche Farbe und Struktur wie die natürlichen Felswände, die sie verbindet. Sogar die Flecken stimmen überein. Fast könnte man die Mauer für eine natürliche Fortsetzung der Felswand halten, wenn nicht die kleinen Vorsprünge und Einbuchtungen, die beim natürlichen Vorbild mit Büschen und tapferen Bäumen besetzt sind, an der Staumauer von schlichten Eisengeländern eingefasst wären.

Nach einem mäßigen Anstieg erreicht man den Stausee, der zur Mauer gehört, und auch als der See schon lange außer Sichtweite ist, grinsen noch diese ewig hohen, jetzt grau - gelb gestreiften Wände wie schmutzige Zahnreihen. Das Zahnfleisch bilden die dicht bewachsenen Schuttrampen, zwischen denen der Verdon sich ein immer schmaleres und tieferes Bett durch sein Tal gräbt. Obwohl jedes nicht allzu steile Stück von einem Busch okkupiert wird, wirken die Wände fast blendend hell, da die Sonne jetzt um halb sieben wieder ungehindert die ganze Szenerie beleuchtet.

„Schau, der Berg hat seine Wände nicht geputzt, da kleben ja noch ganze Büsche auf den Vorsprüngen!"

„Oh, ja, wirklich: alles grün - und diese gelben Flecken!"

„Na ja, halb so schlimm - gleich morgen werden wir den Schwefeldioxidausstoß erhöhen. Da wird der Regen den Dreck schon wegätzen!"

Tischtennis in La Palud Sur Verdon

Bei La Palud Sur Verdon ist von Wolken oder gar Regen keine Spur mehr zu sehen. Da ich morgen nach der sehr kurzen Etappe früher aufbrechen will, stelle ich mein Rad auf den Campingplatz, der zur Jugendherberge gehört. Der ist vor allem von deutschen Motorradfahrern bevölkert. Zwischen deren Maschinen fällt das Fahrrad nicht weiter auf.

Sogar ein günstiges Abendessen gibt es in der Jugendherberge. Für einen nicht allzu hohen Betrag darf man ein Bohnengericht oder warmem Thunfischsalat auf seinen Teller füllen, bis man satt ist. Da die Motorradler sich alle selbst versorgen und die kleine Gruppe von Franzosen mittleren Alters, die mit am Tisch sitzen, keinen übermäßigen Appetit hat, kann ich das richtig ausnutzen. Die längst satten Tischgenossen wundern sich, wo die vielen Portionen hingehen, die Gabel für Gabel und Teller für Teller unaufhörlich in meinem Mund verschwinden. Das mit dem Radfahren ist gleich erklärt, auch wenn ich sehr wenig Französisch kann.

Die Motorradfahrer haben inzwischen einen der anderen großen Tische im Aufenthaltsraum bevölkert und tauschen freigiebig ihre mitgebrachten Biersorten aus. Das passt sehr gut als Krönung auf das wohlschmeckende Mahl, das erste Mal übrigens, an das ich mich entsinnen kann, dass ich von einem Essen in einem gastronomischen Betrieb richtig satt geworden bin. Bei einem notorischen Radfahrer ist eben „ausreichend" eine Steigerung von üppig.

Zwei der Motorradler warnen mich vor dem Nepp an der Côte d'Azur. Die Leute dort sollen keinen anderen Lebenszweck haben, als sich mit einfachsten Mitteln einen möglichst großen Anteil an der Urlaubskasse der einzelnen Touristen zu sichern. Zum Beispiel hat einer aus der Runde in einem Straßencafé eine Cola bestellt und einen Maßkrug voll des gewünschten Getränks serviert bekommen. Das wäre an und für sich nicht unangenehm, wenn die Rechnung dafür nicht über zwanzig Mark betragen hätte. Gut, dass ich ohnehin erst viel weiter im Westen auf die Küste stoßen wollte.

Einer der anderen deutschen Gäste fragt, wer Lust hat, mit dem Mädchen aus der Küche Tischtennis zu spielen. Das dunkelhaarige, kräftige, vielleicht sechzehnjährige Mädchen ist ganz begeistert von dem Spiel und wird nicht müde, fast jeden Spielzug lachend zu kommentieren. Das ist eine gute Gelegenheit, nebenbei den mageren französischen Wortschatz aufzubessern. Faszinierend ist die Energie, mit der das sympathische Mädchen sich auf das Spiel konzentriert, das sie eher mäßig beherrscht. Wenn man ihr aus größerer Entfernung einfache halbhohe Bälle zuspielt, drischt sie recht energisch darauf ein, und wenn ich sie zurückbekomme, kann sie gleich noch einmal schlagen. Was dabei so nett ist, ist weniger das Spiel als die Gegnerin, der immer eine witzig klingende Bemerkung einfällt, egal ob sie erfolgreich war oder nicht. Wenn nicht andere Gäste auch spielen wollten, hätte das noch eine Stunde so weitergehen können. Leider würde ich mich kaum mit ihr unterhalten können, da mein Französisch über ein paar alltägliche Redewendungen nicht hinausgeht.

Das Frühstück der Jugendherberge besteht aus Weißbrot, Marmelade und einer großen Schale Milchkaffee. Die paar Kalorien würden nicht einmal bis zum nächsten Lebensmittelladen reichen, also breche ich lieber gleich auf und suche mir einen schönen Platz für eine ernsthafte Stärkung.

Als das Mädchen von der Küche allerdings mitbekommt, dass ich mit leerem Magen aufbrechen will, ruft sie protestierend irgend etwas, das mit dem französischen Wort für Frühstück endet und wiederholt den Satz mehrmals lautstark und eindringlich und in einem fast verzweifelten Ton. Wahrscheinlich kann sie nicht verstehen, wie jemand ihr Frühstück ablehnen kann. Um zu vermeiden, dass sie womöglich beleidigt wäre, nehme ich die erste Mahlzeit vor der serpentinenreichen Abfahrt nach Moustiers Ste Marie doch hier ein.

Geographen

Nach und nach wird das Gelände flacher, das heißt weniger schroff und bizarr, aber noch lange nicht flach. Gleichzeitig wird es schwieriger, sich an den immer häufigeren Kreuzungen für eine Richtung zu entscheiden. Da das Straßennetz hier aber relativ dicht ist, bleibt es im Endeffekt egal, welchen Weg man genau nimmt, wenn nur die ungefähre Richtung nach Südwesten eingehalten wird.

Auf einer größeren Ebene sehe ich auf einem Feld ein großes rauchendes Feuer und ein paar Leute, die sich damit beschäftigen. Sehen ist nicht der richtige Ausdruck: Ich fahre auf eine flimmernde Hitzewolke zu. Links davon bemerke ich zwei Radfahrer mit Packtaschen, die über einen Feldweg das Feuer in respektvollem Abstand umfahren. Ich selbst bin überzeugt, dass ich die hundert Meter Hitze schon überleben werde. Schließlich will ich auch im heißen Marokko Rad fahren.

Nachdem ich einige lange Sekunden in der heißen Luft überstanden habe, werde ich etwas langsamer, damit die beiden anderen Radler, eine Frau und ein Mann, mich einholen können. Als Erstes fragen sie mich, ob alles in Ordnung sei. Meinen sie damit das Feuer oder die Tatsache, dass ich so langsam fahre?

Die beiden sind aus Deutschland, haben vorerst die gleiche Richtung und studieren Geographie im vierten Semester in Freiburg. In einem kleinen Städtchen heben die beiden etwas Geld ab, und das Problem taucht auf, dass zu einer etwa zwanzig Kilometer entfernten Ortschaft zwei Straßen führen, die gleich lang sind.

Da es sich nur um ein relativ kurzes Stück handelt und keiner der Beteiligten eine der Strecken kennt, halte ich es für naheliegend, sich willkürlich für eine davon zu entscheiden, vielleicht nach dem Kriterium, welche auf der Karte sympathischer wirkt. Statt dessen ergibt sich eine ernsthafte wissenschaftliche Diskussion. Die spaßhaft vorgebrachten Entscheidungshilfen eines Zweitsemesters lässt der Freiburger Viertsemester nicht gelten. Eine Strecke nach einem flüchtigen Blick auf die Karte sympathisch zu nennen, hat für ihn keinen Sinn. Losen empfindet sein akademischer Verstand als zu willkürlich. Abstimmen wäre unwissenschaftlich. Als er auch die Bitte der Freundin ablehnt, halt einfach eine Strecke zu wählen, da beide Straßen ohnehin in zwei Stunden zusammentreffen, scheint die Diskussion recht festgefahren. Der Kollege sträubt sich gegen jede mögliche Lösung und benutzt dazu verschiedenste Fachausdrücke und wissenschaftliche Begründungen. Dabei kann man doch eigentlich nichts falsch machen. Werde ich in einem Jahr genauso reden?

Bevor ich womöglich mit einem Kopfschütteln oder gar einem Lachkrampf die Wichtigkeit des erfahrenen Kommilitonen in beleidigender Weise in Frage stelle, ziehe ich mich lieber zu einem nahegelegenen Brunnen zurück, während das Pärchen nach und nach ins Streiten kommt. Als Alleinreisender bin ich aus reinem Selbsterhaltungstrieb auf die Vermeidung von Konflikten bedacht. Es ist vielleicht unhöflich, aber sicher diskret, am Brunnen die Wasserflaschen nachzufüllen, sich zu setzen und ein Brot auszupacken. Die Argumente und vor allem das Thema muten absurd, ja grotesk an, und eine Lösung ist nicht in Sicht, da alle möglichen Entscheidungskriterien als unseriös abgelehnt werden. Da bleibt mir nichts weiter übrig, als kauend und schmunzelnd das Schauspiel der beiden angehenden Wissenschaftler zu beobachten. Vielleicht bringt das offen demonstrierte Desinteresse den älteren Kollegen dazu, selbst an der Wichtigkeit der behandelten Frage zu zweifeln. Aber wahrscheinlich qualifiziert es mich in seinen Augen eher ab. Gleichzeitig zwingt es ihn wohl geradezu dazu, auf seinem Standpunkt zu beharren. Welchen Sinn hätte es aber, mich in eine Diskussion einzumischen, in der ich beim besten Willen keinen Sinn sehen kann? Ich bleibe also beim Essen.

Meine profane Beschäftigung während der hochbrisanten Debatte hilft den beiden wenigstens, eine Entscheidung in einem anderen Punkt zu fällen, nämlich die, dass es besser ist, mich nicht weiter aufzuhalten. Nach der Brotzeit wähle ich ohne einen weiteren Blick auf die Karte ganz willkürlich eine der beiden Straßen. Ob sich die zwei inzwischen geeinigt haben? Der Streit hat im August 1988 begonnen. Vielleicht sind sie zu dem Schluss gekommen, dass das Problem mit seriösen wissenschaftlichen Methoden nicht lösbar ist, und haben sich in dem Städtchen niedergelassen. Ob das typische Anzeichen für die Wirkung eines Hochschulstudiums sind? Werde ich in einem Jahr wirklich genauso sein? Das wäre ein Grund, das Studium abzubrechen. Um dafür eine Ausrede vorweisen zu können, kann ich mich ja in Marokko verfahren - zum Beispiel in Richtung Kapstadt...

Vielleicht war die Streitszene aber auch gespielt, um den Mitfahrer loszuwerden. Um echt zu sein, war der Streit eigentlich zu verrückt.

Wild Campen

Mit eher flüchtigen Blicken an der Karte orientiert, geht die Etappe über Vinon s. Verdon und Ste Paul les Durance und dann nördlich der Durance und ihrer Kanäle durch Mirabeau, Pertuis, Villelaure und Cadenet, bis plötzlich die Dämmerung da ist. In dieser ländlichen Gegend jetzt noch eine Herberge zu suchen, halte ich für aussichtslos. Der Scheinwerfer des Rades beleuchtet ein Schild „Silvacane", bevor neben einem Feldweg, auf dem jetzt bestimmt nichts mehr los ist, der Schlafsack ausgebreitet wird.

Am nächsten Tag strample ich über Mallemort, Alleins, Eyguieres, Mouriès und Maussanne les Alpilles nach Arles. Hier liegt laut Verzeichnis die letzte Jugendherberge, die heute zu erreichen ist. Um an eine Übernachtung zu denken, ist es mir aber noch zu früh. Die vorangegangenen Tage habe ich sowieso mehr mit dem Einkauf und Verzehr von Lebensmitteln und dem Betrachten der Landschaften und Dörfer verbracht, als mit zügigem Radfahren. Gegen eine weitere kurze Etappe würde trotzdem nichts sprechen, aber es zieht mich nach Süden, nach Marokko. Und wer weiß, wie gut man südlich der Pyrenäen noch vorankommt. Die sicher gut ausgebaute Küstenstraße möchte ich vermeiden, nachdem ich an der Küste von Jugoslawien weniger gute Erfahrungen gemacht habe. Zuviel Tourismus verdirbt die Einheimischen. Von der Strecke durch das Innenland erwarte ich, dass ich natürlichere Leute treffe, bin aber gleichzeitig auf heiße Tage und endlose, öde und kahle Hügellandschaften gefasst, wo ich bestimmt keine langen Etappen schaffen werde.

So gönne ich mir eine Kugel Eis zum luxuriösen Preis von zehn Francs und suche danach einen Weg in Richtung Westen für Radfahrer. Nach viel vergeblichem Fragen und Suchen wähle ich doch die Schnellstraße nach Montpellier. Aber die Fahrt auf dem breiten, flachen Asphaltband ist einfach zu öde. Außerdem nervt der Fahrtwind der Autos, die oft so schnell vorbeirasen, dass man sich fragt, ob die bei dem Tempo einen Radfahrer überhaupt sehen. Bevor ich womöglich auf dem Rad einschlafe oder auf eine rasende Kühlerhaube genommen werde, biege ich an der nächstbesten Straße nach Süden ab. Auf der müsste man an die Küste kommen und dort Montpellier umfahren können.

Vorher schlage ich aber an einem Feldweg neben einem kleinen sanft plätschernden Kanal ein Nachtlager auf, da man in der Nacht in einer völlig unbekannten Gegend sehr leicht in eine falsche Richtung gerät. Außerdem sieht man nachts nichts von der fremden Landschaft. Bei dem wunderbar warmen Wetter ist es sowieso angenehm, im Freien zu schlafen.

Im Laufe der Nacht sind aus nicht allzu großer Entfernung platschende Geräusche zu hören. Wahrscheinlich hat ein Boot angelegt. Später wiederholt sich das Ganze. Noch ein Boot? Was ist denn da los? Als das Platschen immer häufiger wird, drängt sich die Vermutung auf, dass hier doch mehr los ein muss. Bei einer nächtlichen Feier würde man aber Stimmen hören, und hier spricht kein einziger Mensch. Schmuggler? Wenn es welche wären, könnte man auch nicht mehr tun, als sich ruhig zu verhalten. Da der Weg von der Geräuschquelle zur Straße sowieso nicht hier vorbei führt, besteht eigentlich keine Gefahr, gesehen zu werden. Und Angst davor, entdeckt zu werden, müssten allenfalls die anderen haben. Das beste ist also, zu schlafen. Das Platschen geht indes die ganze Nacht hindurch weiter.

In der Morgendämmerung werden die Ruhestörer durch das Tageslicht enttarnt. Dutzende von mittelkleinen Fischen machen fröhliche Luftsprünge. Das war alles! Und auch der richtige Weg zum Meer ist bald gefunden. Von hier geht es zügig über Carnon-Plage und Séte nach Beziers.

Gewalttour nach Carcassonne

Dort kann ich gar nicht glauben dass es erst früher Nachmittag ist. Ob das relativ hohe Tempo, das ich heute vorgelegt habe, am fehlenden Gegenwind liegt oder am wieder aufgeflammten Ehrgeiz? Oder an der Tatsache, dass man viel schneller vorwärtskommt, wenn man nicht alle paar Kilometer auf die Karte schauen muss? Jedenfalls nutze ich den Schwung, um noch über Capestang die Richtung nach Carcassonne einzuschlagen. Vorsichtshalber erkundige ich mich, ob ich wirklich auf der Straße nach Capestang bin. Dabei gerate ich über den Gartenzaun hinweg in ein Gespräch mit einem Paar um die fünfzig. Die Abzweigung zum kürzesten Weg habe ich schon verpasst. Aber wenn ich hier weiterfahre, ist das kaum ein Umweg. Im Gegenzug zu ihrer Auskunft wollen die beiden wissen, ob ich allein unterwegs bin. Sol? Warum ich nicht mit einer Frau unterwegs bin? Was soll ich darauf antworten? Dass das für mich nur ein Ausflug von drei Monaten ist, mit einer Begleitperson jedoch zu einer Expedition ausarten würde? Dass ich niemandem die Ungewissheiten einer völlig ungeplanten Tour zumuten will? In Anbetracht meiner mangelhaften Französischkenntnisse beantworte ich die Frage mit einem einzigen Wort: Frei. antworte ich mit einem verschmitzten Lächeln und breite meine Arme aus. Die beiden lachen und wünschen mir viel Glück auf meiner weiteren Reise.

Gerade als ich bei Capestang auf die Hauptstraße nach Carcassonne einschwenke, schießt dort ein Damenfahrrad mit Einkaufskorb auf dem Gepäckträger und einer jungen Fahrerin auf dem Sattel vorbei. Es hat vorerst den gleichen Weg wie ich und ist so schnell, dass ich es nicht abhängen kann. Das hilft, auf der schönen, aber langatmig geraden und stetig leicht ansteigenden Strecke das Tempo zu halten. Ohne ein Wort oder auch nur einen Blick zu wechseln, übernimmt gerade diejenige oder derjenige von uns die Führung, der sich gerade frischer fühlt. So wird eine lange Strecke durch uralte Schatten spendende Alleen fast wie im Flug zurückgelegt, bis die zufällige Weggenossin in ein kleines Städtchen abbiegt und wie ein Windhauch in den Gassen verschwindet. Nachdem ich dort am Ortsbrunnen die Wasservorräte nachgefüllt habe, geht die Fahrt in vorerst fast unvermindertem Tempo weiter, bis nach der Abenddämmerung die Festung Carcassonne erreicht ist. Das waren heute bestimmt fast zweihundert Kilometer.

Da es für eine Herbergssuche schon recht spät außerdem angenehm warm ist, umfahre ich die ummauerte Stadt mit der hell beleuchteten großen Burg, bis ein Feldweg auftaucht, der zu ein paar Büschen hinaufführt. Hier oben befindet man sich fast direkt über der Festung. Nur die Umgehungsstraße liegt dazwischen. Das Licht der Scheinwerfer, die die Festung nachts hell erleuchten, wird vom leichten Dunst in der Luft stark genug zurückgestrahlt beziehungsweise gestreut, dass ich keine Taschenlampe brauche. Im Morgengrauen, als der Autoverkehr zunimmt, und die ersten Bauern zu Fuß und per Traktor an meinem Lager vorbeiziehen, nehme ich zunächst die eingemauerte Stadt Carcassonne mit ihren steilen gepflasterten Straßen in Augenschein. Ich empfinde sie um diese Zeit als ungemütlich und fahre weiter über Limoux nach Quillan. Die Straße führt durch herrliche Alleen, die je nach den Erfordernissen des Straßenbaus so weit wie möglich erhalten worden sind. Auf manchen Streckenabschnitten ist eine Baumreihe zugunsten einer zweiten Fahrspur gerodet worden, auf anderen führt eine Fahrspur durch die Allee, und die Gegenfahrbahn verläuft parallel dazu außerhalb.

Hinauf nach Andorra

Nach Quillan wird die Strecke in Richtung Belcaire steiler. An der Steigung tauchen ein paar Häuser und ein Campingplatz auf. Dort ist genug für heute. Bezahlt wird im benachbarten Wirtshaus bei einer rothaarigen Frau mit blasser Haut, auf die sie - ihrem knappen Hemdchen und den extrakurzen Shorts nach zu urteilen - recht stolz ist. Der Erscheinung nach ist sie Engländerin.

Am nächsten Morgen geht es über Belcaire und den Col de Chioula mit 1449 Metern hinab auf 720 Meter nach Ax-les-Thermes, und von da an recht stetig bergauf. Die grüne vorwiegend als Wiesen genutzte Landschaft gefällt mir. Hier in die Pyrenäen passen die schlanken Wacholderbäume, die oft die Straße säumen, besser hin als nach Deutschland, wo sie mir fast wie Fremdkörper vorkommen. An den großen gepressten Heuballen sieht man, dass man sich hier trotz aller Abgelegenheit ganz moderner Hilfsmittel bedient.

Am späten Nachmittag erreiche ich den Puerto de Envalira mit 2407 Metern. Auf dem letzten Stück zu diesem Pass, der den östlichen Eingang zu Andorra bildet, wird der Autoverkehr recht dicht und langsam. Die lange Steigung ist augenscheinlich und unüberriechbar für einige der Fahrzeuge eine echte Herausforderung. Die dicken schwarzen Wolken, die aus den Auspuffen aufsteigen, lassen darauf schließen, dass die Motoren auf dieser Höhe Schwierigkeiten mit der Verbrennung haben.

Nach der Grenze gibt es einen Telefonautomaten, von dem aus man den Eltern berichten könnte, dass man an seinem zwanzigsten Geburtstag soeben Andorra erreicht hat. Der Automat will aber Pesetas, und die sind am Samstag abend noch nicht aufzutreiben. Da sich schon wieder der Abend ankündigt, wird die Abfahrt über Soldeu recht rasant. An einer Stelle steht am Straßenrand ein dickes Auto, das mich vor kurzem überholt hat. Die Familie, die vorhin noch drin war, steht jetzt auf der Straße und winkt, während der Vater auf Englisch, das dem Vernehmen nach seine Muttersprache ist, etwas von ausnahmsweise anhalten ruft. Bevor die kleine Szene im Gehirn registriert ist, sind die vier oder fünf schon weit zurück, und hoffentlich nicht beleidigt. Den Campingplatz in Encamp wähle ich als Nachtquartier. In der zusehends frischer werdenden Nacht hört man aus einem Gebäude in der Nähe immer wieder eine größere Zahl von Kinderstimmen Viva !Viva! rufen. Da muss eine Veranstaltung sein. Welche Regierungsform hat Andorra eigentlich? Vielleicht sieht auch nur jemand viel zu laut fern.

Am bitterkalten Morgen ergibt sich ein Gespräch mit drei jungen Geschwistern aus Schwaben, zwei Frauen um die zwanzig und einem jüngeren Bruder, denen die Eltern ihr Auto für eine Urlaubsreise geliehen haben. Danach suche ich den jungen Mann auf, der den Campingplatz beaufsichtigt. Sein Berechnungsmaßstab ist sehr sympathisch: Kein Zelt und kein Auto, also keine Gebühr.

Technische Schwierigkeiten

Die weitere Abfahrt beginnt mit einer unangenehmen Überraschung: Nach ein paar Minuten fällt auf, dass die Kette herausgesprungen ist. Das ist an und für sich nicht weiter schlimm, aber bald nachdem ich sie wieder an ihren Platz gebracht habe, ist sie wieder heraußen, ohne dass ich sie überhaupt durch Treten bewegt habe. Die Straße ist eigentlich auch nicht so holprig, dass die Kette durch die Erschütterungen der Fahrt vom Kettenblatt geschleudert werden könnte. Als ich bei der weiteren Abfahrt die Ausreißerin im Auge behalte, sehe ich, dass die Pedale versuchen, sich mitzudrehen. Der Freilauf blockiert zeitweise und schiebt die Kette an, die daher die Pedale anschieben will. Weil die Pedale bei einer solchen Abfahrt aber nicht bewegt, sondern nur zum Abstellen der Füße benutzt werden, findet die Kette keinen anderen Ausweg, als das hinderliche Kettenblatt zu verlassen.

Zu einer genaueren Untersuchung biege ich auf den nächstbesten Feldweg ein. Hundert Meter vor mir ist ein Einheimischer mit Lederkappe, Motorradbrille, klobigem grauem Overall und einem uralt anmutenden grauen Motorrad. Wahrscheinlich ist er erleichtert, als ich fünfzig Meter vor ihm anhalte und mein Rad auf die Seite lege. Die eingehende Untersuchung des Hinterradlagers ergibt nichts Außergewöhnliches. Mehr als ein paar Tropfen Öl kann man ihm nicht anbieten. Vielleicht hilft das ja. Wenn nicht, muss man halt in Zukunft immer mittreten oder die Kette nach dem Rausspringen einfach hängen lassen, bis man sie wieder braucht. Abfahrten wie diese sind ja sehr selten und meistens recht kurz. Die Nachprüfung der Pedale ergibt, dass diese wieder relativ viel Spiel haben. Die Anstiege der letzten beiden Tage waren wohl zu viel. Ob das jetzt jeden Tag so geht? Jedenfalls stelle ich die Lager wieder nach. Diesmal gibt es am linken Pedal wirklich kaum noch einen Millimeter heilen Gewindes, auf dem man die Kontermutter festmachen könnte, ob mit oder ohne Beilagscheibe.

Bald kommt das Städtchen Andorra la Vella mit seinen blauen Dächern in Sicht. Die Hauptstadt sieht von oben so wenig einladend aus, dass ich sie über eine Umgehungsstraße umfahre. Beim nächsten Flachstück fällt mir auf, dass die Schaltung streikt. Eine Untersuchung am nächsten Feldweg ergibt, dass ein Plastikteilchen abgebrochen ist, das den Schaltarm in seiner Position gehalten hatte. Das ist sicher beim letzten Halt passiert. Da man das fehlende Stück nicht einmal vernünftig ankleben könnte, selbst wenn man es noch hätte, ist guter Rat teuer. Unter den mitgeführten Gegenständen für unbestimmte technische Probleme befinden sich ein paar Stückchen Schnur und Draht. Damit wird das bewegliche Ende des Schaltarms so mit dem Gepäckträger verbunden, dass es wieder seine normale Stellung einnimmt und sich noch bewegen lässt. Das seltsame an der Konstruktion ist weniger das unprofessionelle Aussehen, als die Tatsache, dass die Schaltung damit wieder mindestens genauso gut funktioniert wie früher.

Kapitel 2

Durch Spanien

Sonne, Berge und wenig Schatten

Einreise zu Himmelfahrt

In S. Julia de Lória kann ich die letzten Francs in Pesetas wechseln. Hier auf der Südseite der Pyrenäen fallen mir als erster Unterschied zum Norden die viel kleineren gepressten Heuballen auf. Die erste spanische Ortschaft auf der Reise ist La Seu dUrgell. Geradeaus käme man von dort aus recht flott zum Ebro nach Lleida. Aber wenn ich schon einmal in den Pyrenäen bin, will ich das wenigstens ein bisschen auskosten und über einen Pass mit etwa 1600 Metern nach Sort fahren. Oben schlage ich das Nachtlager auf.

Mein erster Morgen in Spanien beginnt in frischer Bergluft bei blauem Himmel an einem menschenleeren Platz mitten in den Bergen. Zum Frühstück brauche ich den größten Teil der Vorräte auf. Heute, am Montag, kann ich ja wieder einkaufen. In Sort ist es noch zu früh dafür, aber in Tremp dämmert mir langsam, dass heute, am 15. August, ein Feiertag ist: Maria Himmelfahrt. Vorerst nehme ich das nicht weiter tragisch. Anfangs lenkt das Neue vom Hunger ab, überwiegt das Staunen, zum Beispiel über die Massen an Werbeschildern für Campingplätze, Hotels und Pensionen, die alle Swimming Pools haben - Piscinas. Zwischendurch fällt mir ein Geschäft für Schwimmbecken auf. Davor, in einer Art riesigem Wühlkorb, ragen hochkant aufgestellte Becken verschiedenster Größen weithin sichtbar in den Himmel. Hier ist es wohl oft so heiß, dass man ein Wasserbecken zum Kühlen noch mehr schätzt als in Deutschland.

Da sich die Geschäfte in allen Orten an den Feiertag halten, hängt mir der Magen bis Lleida schon recht tief. Nachdem ich meine Sachen in der dortigen Jugendherberge untergebracht habe, wird der Kalorienbedarf in einer Bar, einem kleinen Lokal, mit Bier und Bocadillos - belegten Broten, die hier nicht teuer sind - notdürftig gedeckt. In der Herberge hat sich inzwischen als Zimmergenosse ein junger US-Amerikaner eingefunden, der zu einem Spanischkurs im Lande weilt. Er kommt gerade aus dem Baskenland, wo er in die Nähe einer Schießerei geraten ist. Auf dem Foto einer Zeitung, die er mitgebracht hat, zeigt er mir, wo er kurz vorher noch gestanden hatte.

Verirrt am Rio Segre

Am nächsten Tag kann ich endlich wieder einkaufen. Dann geht die Fahrt weiter, vorerst
auf Nebenstrecken möglichst den Rio Segre
entlang in Richtung Ebro. Will man um Lleida herum die Hauptstraßen vermeiden, ist die
Orientierung auf den unzähligen Straßen, Wegen und Nebenstraßen nicht so einfach. Wenn
man glaubt, man bewege sich in die passende Richtung, kann das grundsätzlich stimmen,
aber der Fluss und einige Bäche und Gräben zwingen bisweilen zu Umwegen und früher
oder später fehlt auf einmal eine Brücke. Die
scheinen hier rar zu sein. Eigentlich müsste
man nur dem jeweiligen Wasserlauf folgen, bis
endlich eine kommt, aber oft macht der einge-
schlagene Weg auf einmal eine Kehrtwendung,
hört plötzlich auf oder wird von einem anderen
Gewässer abgeschnitten.

Sobald man überhaupt nicht mehr weiß, wo
man gerade ist, nützt auch die Karte nichts
mehr. Dann hilft nur noch, Leute, denen
man begegnet, nach dem Weg zu dem Ort zu
fragen, den man für den nächstgelegenen in
Richtung Marrakesch hält. Nach Soses und
Serós wäre das Mequinenza. Leider ist um
die Mittagszeit niemand zu finden, den man
fragen könnte, also erkunde ich vorerst allein
die Sträßchen und Wege in der flachen Schilf-
landschaft und habe eigentlich nie das Gefühl,
einen Weg schon zu kennen. Einmal mache
ich sogar die Erfahrung, dass meine schmalen
Laufräder im feinen Sand versinken. Obwohl
der Weg wirklich harmlos aussieht, muss ich
absteigen, weil mein Hinterrad so durchdreht,
dass ich auf der Stelle strample. Wie sandig
wird erst Marokko sein?

Ansonsten genieße ich die flache Landschaft
aus Schilf und Feldern und den erfrischenden
Duft des nahen Wassers. Solange es nicht zu
spät ist, macht es nicht viel aus, wenn ich mich

verfahre, und irgendwann muss ich doch zu einer Ortschaft oder einer Ebrobrücke kommen.

Nachdem ich doch ein paar Mal jemanden gefragt habe, begreife ich endlich, dass es wirklich nicht mehr Brücken über den Fluss gibt,
als die, die auf meiner groben Karte eingezeichnet sind.

Einige Sträßchen, Kies- und Feldwege, die
Hauptstraße und eine weitere Nebenstraße
später taucht am späten Nachmittag unter einer Staumauer das Dorf Mequinenza auf. Auffällig ist hier die gedrückte Stimmung unter
den Leuten. Vielleicht ist das Einbildung, vielleicht ist aber auch etwas Schlimmes passiert.
Jedenfalls gibt es in dem Dorf ein einfaches
Gasthaus, in dem man für 1000 Pesetas, etwa
sechzehn Mark, übernachten kann. In Luft-
linie ist Mequinenza etwa dreißig Kilometer
von Lleida entfernt. Das ist normalerweise in
zwei Stunden gut zu schaffen, hat aber heute den ganzen Tag gedauert. Der nächste Ort
in der vorgesehenen Richtung ist Caspe, weitere vierunddreißig Kilometer entfernt, eigentlich noch vor dem Einbruch der Dunkelheit erreichbar. Aber wenn die Fahrt sich wieder so
in die Länge zieht wie die von Lleida hierher. . .

Diesmal rebelliert das Pedal richtig

Frischen Mutes gehe ich am nächsten Morgen
die Straße nach Caspe an. Da der Belag nicht
gerade perfekt ist, das Wetter ungewohnt heiß
und die Strecke nicht ganz eben, ist das Tempo
trotzdem eher zurückhaltend. Der Körper soll
erst langsam an das Klima gewöhnt werden.
In Caspe suche ich den Lebensmittelladen auf.
Auf dem Weg vom Dorf zurück auf die Landstraße beginnt ein Pedal, auf der Achse hin-
und herzurutschen. Um noch einen schattigen

Platz für eine Reparatur zu erreichen, schiebe ich das Pedal vorerst mit dem Fuß zurecht, ohne abzusteigen. Aber nach wenigen Umdrehungen blockiert es völlig und ohne Vorwarnung. Da es gerade leicht bergauf geht und ich sowieso nur noch Schrittgeschwindigkeit fahre, reicht das Fahrtempo nicht einmal mehr, das Rad so lange in einer aufrechten Position zu halten, bis die Schuhe aus den Haken und Riemen gezogen werden können. Der Sturz aus dem Stand muss äußerst unbeholfen ausgesehen haben. Aber niemand hat's gesehen, hoffentlich.

Dem ersten Eindruck nach haben Rad und Fahrer den Zwischenfall gut überstanden. Eine mittlerweile routinierte Untersuchung des Pedals zeigt, dass die Kontermutter auf dem ramponierten Gewinde ihren letzten Halt verloren und dem Konus, der die Kugeln in der Lagerschale halten sollte, jede Freiheit gegeben hat. Den Platz, der dadurch zeitweise entstanden ist, hat eine Kugel ausgenutzt und sich außerhalb des Lagers verkeilt. Die Übeltäterin wird kurzerhand ausgetauscht. Der Konus wird mit List und Tücke und mit Hilfe von Ersatzteilen aus der Schraubenschachtel notdürftig wieder einigermaßen befestigt.

Wenn das Lager nur ein wenig wackeln und somit nach und nach die Kugeln zerstören würde, wäre das kein Problem, das ernsthafte Schwierigkeiten machen könnte. Wenn aber der Konus lose ist und Kugeln das Lager blockieren und somit Stürze verursachen können, dann ist das nicht ganz ungefährlich. Aber fürs Erste funktioniert das Pedal ja wieder, und mit der Kette beziehungsweise dem Hinterrad hat es seit Andorra keine Schwierigkeiten mehr gegeben. Nach wenigen Kilometern ist der Zwischenfall vergessen.

Geliehenes Mittagessen

Als die Straße gerade mal nur mit Kies gedeckt ist und sich, von hohem Gras und Gebüsch gesäumt, einige Meter über dem Ebro dahinzieht, steht ein Kleinbus am Straßenrand, und zwei junge Männer winken. Sie kommen aus Barcelona und arbeiten in der Gegend als Erntehelfer. In ihrem Bus haben sie auch bescheidene Vorräte an frischem Gemüse und Reis. Augenzwinkernd weisen sie mit eindeutigen Handzeichen darauf hin, dass sie sich diese „genommen" haben. Da in meinen Packtaschen noch Brot ist, wäre jetzt fast eine komplette Mahlzeit beisammen. Nur das Wasser fehlt noch. Aber dafür gibt es den Ebro.

Nach einer kurzen Beratung wegen der Mikroben klettert einer der beiden mit einem Topf in der Hand die Böschung zum Fluss hinunter und holt die wichtige Zutat. Das Gemüse wird gewaschen und mit dem Rest des Wassers in den Topf geschnitten. Über einem prasselnden Feuer wird das Ganze mit samt dem Reis zum Sieden gebracht und darf so lange sprudelnd kochen, bis die Hälfte des Topfinhalts verdampft und der Rest dickflüssig ist. Dann wird das Essen für fertig erklärt. Bakterien dürften nach der langen Kochzeit kaum noch übrig sein. Es schmeckt sehr gut. Nach der angenehmen Stärkung und dem Austausch von gegenseitigen Glückwünschen geht die Fahrt weiter über Escatrón nach Azaila.

Hahn im Korb

Etwa einmal am Tag ergänze ich meine täglich einige Liter umfassende Wasserration um eine Flasche Limonade. In Frankreich und Spanien ist Limonade in eineinhalb Liter fassenden Plastikflaschen oft sogar billiger als Mineralwasser. Die Limoflaschen lassen sich gut verstauen und sind viel handlicher als mein Fünflitertank. Den habe ich noch kaum benutzt, da bisher immer abzusehen war, dass sich mehrmals täglich eine Gelegenheit ergeben würde, die Flaschen nachzufüllen. In den Bergen gibt es genügend Quellen und Brunnen, in Tälern Dorfbrunnen. Hier im Flachland am Fluss sind Brunnen selten. Bei der Hitze steigt zudem der Wasserbedarf des Körpers noch an, so dass ich mich um Nachschub kümmern muss.

Vielleicht hat das Dorf Azaila ja eine öffentliche Wasserstelle mit Trinkwasser oder ein Lebensmittelgeschäft. Ich frage einen etwa zehn Jahre alten Jungen, wo es Wasser gibt. Er bedeutet mir, ihm zu folgen. Zwei Ecken weiter macht er das Zeichen zum Anhalten und zum Warten. Keine zwei Minuten später sieht sich der Fremde einem halben Dutzend gut aufgelegter, neugieriger junger Frauen gegenüber, die ihn ins Kreuzverhör nehmen. Das ist zwar peinlich, aber eine gute Gelegenheit, meine Spanischkenntnisse, die fast nur aus einem Lehrbuch stammen, durch Vergleiche mit der gesprochenen Sprache zu vertiefen und zu erweitern. Nachdem sie merken, dass ich sie kaum verstehe, benützen sie lobenswerterweise mehr die Hände zum Sprechen. Gleichzeitig wagen sie jetzt aber auch, untereinander Scherze über den Fremden zu machen. Während die hübscheste und augenscheinlich frechste von ihnen sich mit ihm über dies und jenes unterhält, was sich so mit wenigen Worten ausdrücken lässt, diskutieren die anderen zum Beispiel, ob der Fremde, der da ganz allein mit einem bepackten Fahrrad unterwegs ist, einen intelligenten Eindruck macht.

Zwischendurch lassen sich zwei der Frauen die leeren Plastikflaschen geben und bringen sie nach wenigen Minuten gefüllt, nass und deutlich nach Chlor riechend zurück. Vielen Dank!

Wo habt ihr das Wasser her? Eine der beiden macht eine Drehbewegung mit der Hand und sagt etwas, das sich wie „El Hahno" anhört. Hier chlort man das Leitungswasser also noch stärker als in Deutschland. Dafür überlebt das garantiert keine einzige Bakterie.

Als es Zeit wird, sich von dem fidelen Haufen zu verabschieden, zeigen die Mädchen auf das nahegelegene kleine Hotel, vor dem gerade ein Gast absteigt. Als sie erfahren, dass die kühleren Abendstunden noch zu einer Fahrt ins dreiundzwanzig Kilometer entfernte Belchite genutzt werden sollen, zeigen sie sich etwas enttäuscht. Aber unter dem Gesichtspunkt, dass Marrakesch noch so weit weg ist, möchte ich heute unbedingt die Stunden nutzen, in denen man am angenehmsten fahren kann. So wird die heutige Etappe etwa hundert Kilometer lang, wenig genug für eine so leichte Strecke.

Nasenbluten, Geisterdörfer und viele, viele Ameisen

Die Fahrt von Belchite nach Azuara beginnt mit einer mäßigen Steigung und mit Nasenbluten. So früh am Tag kann die Hitze noch nicht schuld sein. Vielleicht ist es Vitaminmangel. Seit nicht mehr wie in Südfrankreich an allen Straßen die verlockenden Obststände stehen, habe ich immer weniger Früchte gegessen. In dieser kargen, monotonen Landschaft hier mit den kaum befahrenen Straßen gibt es halt kaum Kundschaft für Pfirsiche und Nektarinen. Aber Obst kommt trotzdem ab sofort wieder auf den Speiseplan, und wenn ich danach suchen muss.

In den Dörfern im Innenland sind Lebensmittelgeschäfte klein und unauffällig. Meistens erkennt man ein solches daran, dass es nicht wie ein Wohnhaus durch eine geschlossene Tür vom Straßenstaub geschützt wird, sondern von einem Vorhang aus Schnüren. Aber auch Wohnhäuser - bewohnte Häuser - sind nicht auf den ersten Blick zu erkennen. Wenn man auf ein Dorf zufährt, sieht man zuerst eine verlassene Ruine. Die ist nicht von einer Burg, wie man sie über jedem größeren Dorf aufragen sieht, sondern eher von einem normal großen Haus. Ein Stück weiter stößt man wieder auf verlassene Ruinen. An ein paar Menschen auf der Straße erkennt man aber, dass man in keiner richtigen Geistersiedlung ist. Und bei genauerem Hinsehen sieht man, dass einige Häuser in der Mitte dieser halb verfallenen Ortschaften noch bewohnt sind. Zwischen diesen findet sich auch irgendwo ein Laden, in dem man eigentlich alles bekommt.

In dieser Hinsicht ähneln sich die Dörfer wirklich sehr. Hier wandern wohl viele Menschen in die Städte ab. Zurück bleiben augenscheinlich vor allem die Älteren. Junge Leute oder gar Kinder sehe ich praktisch überhaupt nicht. Nur in einem einzigen Dorf sehe ich zwei modern gekleidete Teenager auf der Straße, und die wirken hier so fremd, dass die Vermutung aufkeimt, dass sie nur in den Ferien zu Besuch bei den Großeltern hier sind.

Nachdem sich das Nasenbluten wiederholt hat, wird um die Mittagszeit ein schattiger Platz gesucht und in einer Apfelplantage gefunden. Wie üblich dient dabei der Regenumhang als Unterlage. Dieser soll vor allem vor Ameisen schützen, beziehungsweise die Ameisen davor bewahren, in einer Brotdose oder einem anderen Gepäckstück aus ihrem Staat entführt zu werden. Das funktioniert jedoch nur, solange die unmittelbare Umgebung frei von Bröseln ist. Ein frisches spanisches Weißbrot mit einer dicken, noch harten Kruste zu schneiden oder abzubrechen, ohne dass eine Menge knuspriger Rindenstücke abfällt, ist aber technisch nicht

machbar. Und sobald sich etwas essbares auf dem Boden befindet, bemerkt das garantiert innerhalb weniger Minuten irgend ein kleiner Kundschafter und macht sich aus dem Staub, um kurze Zeit später mit Verstärkung zurückzukommen.

Von denen trägt jeder ein Stück Beute weg. Die Essensreste wandern ab. Wieder ein paar Minuten später muss man zu dem Schluss kommen, dass die Ameisen zu Hause im Bau den Fressplatz des fremden Riesen als lohnendes Ziel beschrieben haben. Jetzt kommen sie nämlich scharenweise. Und der Platz, den ich auch deshalb gewählt hatte, weil dort praktisch keine Ameisen waren, ist bald von Heerstraßen fleißiger Krümelträger und Schnellwegen für die noch unbeladenen Ameisen überzogen.

Die, die ein Stück Kruste haben, schleppen es unverzüglich in die Richtung, aus der sie gekommen sind. Bei schweren Brocken helfen sie sich auch gegenseitig. Dabei ist für die winzigen Tiere kaum etwas zu schwer. Erstens kommt es mir so vor, als ob im Süden die Ameisen wesentlich größer wären als die in Deutschland. Zweitens sehe ich immer wieder einzelne Ameisen Brotrindenstückchen vor sich hertragen, die um ein Vielfaches größer sind als sie selbst, so groß, dass man sich wundert, dass sie die Träger nicht zum vornüber Kippen bringen. Gelten für Ameisen die Naturgesetze der Schwerkraft nicht?

Die fleißigen Insekten räumen alles ab, was an Essbarem anfällt. Irgendwie schaut es komisch aus, wenn sämtliche Reste sofort abmarschieren. Und es befriedigt, wenn alles dankbar verwertet wird, was man nicht selbst aufnimmt. Nur ist es ratsam, dass man alles, wo keine Ameisen hinkommen sollen, peinlich krümelfrei hält. Um Kundschafter abzulenken, werfe ich jeden verfügbaren Brösel den Ameisen in den Weg. Dabei muss ich weit genug werfen, um sie nicht doch zu mir zu locken.

Sobald diejenigen, die noch keine Beute haben, das aussichtsreiche Zielgebiet erreicht haben, schwärmen sie systematisch nach Futter aus. Wer keinen Krümel findet, krabbelt einfach weiter, bis er etwas hat. Früher oder später haben sie die Brotdose aufgespürt. Sobald auch nur ein einziges der emsigen Tierchen den blechernen Rand überwunden hat, ist es höchste Zeit, die Schachtel an einen höheren und ameisenfreien Ort zu stellen, natürlich erst, nachdem sie garantiert frei von Kundschaftern ist. Sonst dauert es nicht lange, bis eine deutliche Straße über den Rand der Dose führt und innen alles von fleißigen Arbeiterinnen und Arbeitern wimmelt. Eine Abteilung von ihnen transportiert alles Essbare ab, das tragbar ist, und das können wie gesagt Krümel von beachtlicher Größe sein. Unzählige andere machen sich über den schwitzenden Käse her. Ob sie sich da Stücke abschneiden wollen? Zum Tragen sind die Teile zu schwer. Oder?

Wenn man betrachtet, welch riesige Brotrindenstückchen einzelne Ameisen tragen und wie sie sich bei größeren Teilen gegenseitig helfen, kommt unweigerlich der Gedanke auf, ob sie nicht mit vereinten Kräften ein ganzes Brot in ihren Bau schleppen könnten. Bald wird die Brotdose zu wandern anfangen. Dann packen ein paar Millionen Ameisen zusammen den Regenponcho samt darauf liegender Beute. Und eins! Und zwei! Im Gleichschritt Marsch! Bewege ich mich schon, um einen Millimeter vom Boden angehoben? Vorerst genügen ihnen noch die Brösel.

Bis auf die Ameisen ist der Lagerplatz nahezu perfekt: Die Bäume bieten Schatten, und in einem Bewässerungsgraben kann man sogar Socken und dergleichen notdürftig ausspülen, ohne Waschmittel versteht sich. Die leichten Teile trocknen während des Mittagsschlafs.

Nach der Siesta geht es weiter in Richtung Daroca. Auch die verfallenden Dörfer auf dem Weg dort hin machen neugierig. Welches Haus sieht auf den zweiten Blick so aus, als ob dort noch Menschen wohnen würden? Wenn in jedem Dorf ein Laden ist, gibt es dann dort auch einen Friseur?

Da es heißt, dass in Marokko Langhaarige für Hippies angesehen werden, die bei Zoll und Polizei nicht gern gesehen sind, sollen die mittellangen Haare noch vor dem Grenzübertritt gestutzt werden. So halte ich beim Durchfahren der Dörfer Ausschau, ob eine Tür so aussieht, als ob sie zu eine Friseursalon gehören könnte. Die Methode hat aber heute keinen Erfolg. Daher frage ich unterwegs einen einheimischen Radfahrer nach einem Friseur. Der weiß sofort Rat. Er kennt eine Frau, deren Tochter Haare schneiden gelernt hat. Die Frau will davon aber nichts wissen. Sie weist uns schon von weitem durchs Fenster ab und ergänzt ihre Absage damit, dass sie auch nicht weiß, wo man sonst noch Haare schneiden kann. Auch gut, dann fahre ich eben gleich weiter nach Daroca.

Kein Flaschenpfand

Daroca ist eine größere Ortschaft mit einem vielfältigen Angebot an Lebensmitteln. Das nutze ich weidlich aus. Unter anderem gehe ich in einen Supermarkt. Hier gibt es sogar Limonade in Pfandflaschen. Die üblichen Einwegplastikflaschen sind zwar praktisch als unzerbrechliche und leichte Nachfüllflaschen, aber im Laufe der Wochen sammeln sich mehr an, als sinnvoll ist. Und ich will nicht noch mehr Müll produzieren, als ohnehin nötig ist.

Die Limoflasche leere ich gleich nach dem Einkauf, um Gewicht zu sparen. Also will ich sie gleich zurückgeben. Die Frau an der Kasse erklärt, dass Flaschenpfand nur gutgeschrieben wird. Ich habe doch gerade eingekauft. Dann bringen Sie sie beim nächsten Einkauf zurück. Ich reise aber heute ab. Da sich ein Streit wegen der paar Peseten nicht lohnt, stelle ich ohne weitere Worte die Flasche neben die Kasse und gehe in Richtung Ausgang. Plötzlich geht das mit dem Pfand ohne Einkauf doch. Für das Geld kaufe ich am Bäckereistand neben der Kasse ein Stück Brot. Die Etappe kann beginnen.

Da die Taschen jetzt recht voll sind und ich sowieso bald einen schönen Platz für das Frühstück suchen will, stecke ich einige der neu erstandenen Vorräte einfach unter die Spanngurte, die den Schlafsack auf dem Gepäckträger halten.

Die Hauptstraße durch den Ort ist recht steil und hat ein Kopfsteinpflaster. Als ich hinunterholpere, höre ich plötzlich hinter mir ein verdächtiges Geräusch, als ob ein voller Plastikbehälter nach einem harten Sturz aufgeplatzt wäre. Am liebsten würde ich mich gar nicht umdrehen, aber was hilfts? Die Milchflasche liegt mit leckem Boden auf dem Pflaster und die Milch läuft zäh in die Rillen zwischen den Steinen. Ein paar Passanten wenden im Vorbeigehen den Kopf der Szene zu, aber was gibt es da schon zu sehen? Ein vollbepacktes Fahrrad und jemanden, der sich zu einer leeren Flasche inmitten einer Milchlache bückt, um diese in den Abfallbehälter zu werfen, an dem das Rad lehnt. Ein älterer Mann zeigt Anteilnahme. „Mal Sort" meint er mitfühlend, das bedeutet meines Wissens etwas zwischen „Schlimmes Schicksal" und „Pech". Tja, ist schon passiert. Adios.

Dann gibt es heute eben keine Milch. Die anderen Vorräte reichen leicht für ausgiebige und nahrhafte Mahlzeiten. Die geben gut Kraft für die anstrengende aber wunderschöne Strecke nach Teruel.

Teruel

Die Landschaft ist im Vergleich zu den letzten Tagen viel abwechslungsreicher. Es gibt streckenweise Berge, Felsen in verschiedenen Farben, zum Teil in kräftigem rot, und bisweilen sogar Bäume, richtige Wälder. Außerdem sehen die Dörfer nicht mehr so ärmlich aus. Das liegt wahrscheinlich daran, dass die Hauptstraße N330 mehr Leute anzieht, ein besseres Leben verspricht und vermutlich auch bietet. Ein Indiz für die Straße als Einnahmequelle sind die vielen Schilder an der Hauptstraße, auf denen „nach 200 m rechts" Schinken angeboten wird.

Die Jugendherberge von Teruel ist von einer Gruppe belegt. Da mir kein Hotelschild ins Auge fällt, frage ich jemanden aus einer kleinen Gruppe von Leuten mittleren Alters. Der Angesprochene erklärt mir den Weg in einen anderen Stadtteil, wo es ein Hotel gibt. Ein anderer deutet währenddessen immer wieder auf ein Gebäude gleich in der Nähe und wird jeweils kurz damit abgeschmettert, dass das keine Alternative sei. Als sich aber immer mehr herausstellt, wie schwierig es ist, einen Weg zu erklären, der sich durch die halbe Stadt winden würde, fragt der Gesprächspartner schließlich, ob es eine billige Unterkunft auch täte. Auf die bejahende Antwort hin wiederholt er verwundert seine Frage. Erst dann führt er den Fremden erleichtert zu dem Haus, auf das sein Begleiter so oft vergeblich gedeutet hat, und das keine fünfzig Meter entfernt ist.

Der Wirt geleitet seinen neuen Gast über mehrere Holztreppen in einen großen Raum im dritten Stock mit etwa zwanzig einfachen Betten, wo aber offensichtlich gerade kein einziger weiterer Gast untergebracht ist. In einer Nische, die man mit einem Vorhang vom restlichen Schlafsaal abtrennen kann, steht ein einzelnes Bett. Von dem schlägt er die Decke zurück, wohl um zu zeigen, dass man hier weder Dreck noch Ungeziefer findet. O.K.? Da das Ganze recht sauber ist und der Wirt einen rechtschaffenen Eindruck macht, nehme ich gerne an. Eine Übernachtung kostet dreihundert Peseten, etwa fünf Mark. Sogar das Rad darf im Vorraum im ersten Stock abgestellt werden.

Im zweiten Stock ist über einen Balkon ein Badezimmer mit fließendem Wasser erreichbar. Dort gibt es eine Badewanne mit Dusche. In den letzten Herbergen, die um ein Mehrfaches teurer waren, hatte es bloß Waschbecken gegeben. Wahrscheinlich wäre dieses Bad, wenn das Haus voll belegt wäre, völlig überbevölkert und bei weitem nicht so sauber. Die Gunst der Stunde nutze ich aus, im wahrsten Sinne des Wortes eiskalt, da der Boiler nicht eingeschaltet ist und ich mich nicht damit plagen will.

Nachdem der Dreck der letzten Tage abgespült ist, spaziere ich durch das Viertel. In einer Bar will ich den Mineralverlust der letzten Tage ausgleichen. Es heisst, dass Bier dazu ganz gut geeignet ist. In Spanien sind die Größenbezeichnungen ganz anders als in Bayern. Wenn man ein großes Bier will, eine Grande Cerveza, erhält man ein Glas mit 0,3 Litern. Bestellt man einfach ein Bier, kann es vorkommen, dass man eine 0,2-Liter-Ampulle und ein Glas bekommt. Vielleicht hat das seinen Sinn darin, dass man so sein Bier auf jeden Fall leeren kann, solange es frisch und kühl ist. Außerdem kann man die Menge genau auf seinen Bedarf abstimmen.

Einer der Gäste ist ein kleinerer, sehr sehniger, schwarzhaariger Mann, der mit seiner dunklen Haut und seiner verwegenen pechschwarzen Frisur recht wild aussieht. Der klärt den jungen Reisenden aus Deutschland über die Polizei hierzulande auf und warnt vor allem vor der schießwütigen Guardia Civil. „Guardia Civil -

Brrrrrrr” - dabei tut er so, als ob er die Umstehenden mit einem Maschinengewehr niedermähen würde. Dank seiner bildreichen Gestik ist er auch für jemanden mit spärlichen Spanischkenntnissen ganz gut zu verstehen, obwohl er redet wie ein Wasserfall. Nach einer längeren Unterhaltung über die Politik und die Welt, in der die Guardia Civil noch etliche Male Brrrr - Attacken reitet, suche ich den Weg zurück in meine Unterkunft. Dort hat sich inzwischen ein weiterer Gast eingefunden, ein älterer Mann, der bereits in einem der Betten liegt und tief schläft.

Wenig Dach und fast kein Schatten

Zeitig am nächsten Morgen kaufe ich außer Lebensmitteln noch eine Ersatzluftpumpe. Eine Pumpe kann leicht verloren oder kaputt gehen, und einen Platten muss man zu jeder Zeit und an jedem noch so abgelegenen Ort reparieren können. So ausgerüstet strample ich weiter nach Cuenca. Auf der Karte sind weite Teile der Strecke als sehr schlecht eingezeichnet. Freudig überrascht finde ich aber an den betreffenden Stellen nagelneue Asphaltdecken und riesige Schilder vor, die auf ein großes Straßenbauprogramm hinweisen.

Auf einer Verkehrsinsel, die gerade angelegt wird, grüße ich im Vorbeifahren zwei Arbeiter. Die winken mich zu sich. Was sie wohl wollen? Woher kommst du? Deutschland. Das genügt ihnen. Auf Wiedersehen und gute Reise.

Die Straße ist also recht gut und man muss nur immer auf der Hauptstraße bleiben, um nach Cuenca zu kommen. Daher kann ich ungehindert dahinradeln, ohne dass Pausen für ein Kartenstudium nötig sind. So schaffe ich die hundertzweiundfünfzig Kilometer in die Provinz La Mancha bis nach Cuenca problemlos.

Mein Körper hat sich inzwischen an das wärmere Klima und die vielen Anstiege gewöhnt. Vielleicht hilft auch die Tatsache, dass jetzt wieder täglich ein Kilo Obst auf dem Speiseplan steht und ich in der größten Mittagshitze eine Pause im Schatten einlege. Während dieser kann ich eine kräftige Stärkung einnehmen und vor der Weiterfahrt in aller Ruhe verdauen. Dadurch bremst kein voller Magen das Fahrtempo am Nachmittag und ich bin gestärkt und ausgeruht. Die Siesta kostet so im Endeffekt kaum Zeit, auch wenn sie zwei oder drei Stunden dauert. Man muss nur am Morgen früh genug losfahren, damit man wirklich alle Stunden des Tages ausnutzen kann, in denen die Temperaturen erträglich sind.

In Cuenca ist aber dann eine Brotzeit mehr als nötig. Eine Unterkunft wird in der relativ großen Ortschaft auch nach der Dämmerung leicht zu finden sein. Gerade als ich das Rad an eine Bank in der Nähe eines Eisenbahnübergangs gelehnt habe, grüßen mich ein paar Jungs um die zehn. Und die sind weniger zurückhaltend als die erwachsenen Spanier. Wo kommst du her?

Deutschland! Deutsche Mark! Ich sammle nämlich Münzen aus verschiedenen Ländern. Mark habe ich noch nicht. Dabei schaut er mich erwartungsvoll an. Sein Pech ist, dass es für einen Radfahrer sehr unpraktisch wäre, wochenlang Kleingeld spazieren zu fahren. Selbst wenn doch noch etwas nicht kurz vor der Grenze ausgegeben worden ist, liegt es jetzt irgendwo in den Tiefen der Packtaschen begraben. Der Junge muss enttäuscht werden. Außerdem hört sich das fast wie ein besserer Trick zum Betteln an. Anstatt um eine milde Gabe bittet er um ein Geldstück für seine Sammlung. Um diesem Verdacht vorzubeugen, hat er sogar einen Beutel mit Exemplaren seiner Sammlung dabei, die er unter den respektvollen Blicken seiner Freunde vorzeigt.

Er ist tatsächlich im Besitz von Münzen verschiedener Währungen. Trotzdem habe ich keine Mark bei mir. Ob der Junge wirklich um des Sammelns Willen sammelt oder ein besonders ausgeklügeltes System anwendet, um sein Taschengeld aufzubessern - diesmal geht er leer aus, auch wenn er das gar nicht einsehen will. Ganz und gar nicht begeistert aber höflich akzeptiert er, dass ich mich verabschiede, ohne ein Stück für seine Sammlung beizusteuern. Meine Brotzeit verlege ich vorsichtshalber in einen anderen Stadtteil und nach der Stärkung suche ich eine preiswerte Unterkunft.

Auf der nächsten Etappe über Olivares, La Almarcha, Belmonte und Mota del Cuervo findet sich zur Mittagszeit kein schattiger Platz. So weit man sieht und fährt, sind niedrige Sonnenblumen das höchste, was neben der Straße wächst. Bevor mein Gehirn verdampft, suche ich in einem Dorf eine Bar auf. Da heute Sonntag ist und kaum noch Vorräte in den Packtaschen sind, bestelle ich außer einem Milchkaffee auch etwas zu essen. Als der Wirt nach meinen Wünschen fragt, gilt es, die richtigen Worte zu finden. Kartoffeln, Schinken und Eier kann ich schon auf Spanisch, und der Wirt erklärt sich mit der Bestellung einverstanden. Wenig später bringt er einen Teller mit Spiegeleiern, Röstkartoffeln und ein paar Schinkenscheiben.

Nach dieser Stärkung geht es weiter durch die Hitze, die aber nach dem Aufenthalt in der schattigen Bar erträglich ist und bereits langsam nachlässt. Nicht nur die Temperatur wird menschlicher, auch das Land und die Häuser schauen nicht mehr so verbrannt aus. Das liegt nicht zuletzt daran, dass jetzt immer öfter die Dörfer in Weiß gehalten sind. Das wirkt sauberer, neuer und frischer. Die Farbe Blau, die hier gerne für Türen und bisweilen auch für Fensterrahmen verwendet wird, verstärkt noch den Eindruck der Frische, so dass hier auf der spärlich befahrenen N420 die Dörfer längst nicht so arm aussehen wie südlich des Ebro

Bei Pedro Muñoz wird es langsam dunkel. Das Dorf scheint keine Herberge zu haben, und die nächste Ortschaft in Richtung Marrakesch ist über fünfundzwanzig Kilometer entfernt. Offensichtlich ist wieder einmal eine Nacht im Freien fällig. Für mein Budget wäre das gar nicht schlecht. Um sicherzugehen, dass es hier keine Herberge gibt, frage ich im Wirtshaus nach. Herberge gibt es nicht, und Leute, die Deutsch können, auch nicht, meint mein Nachbar am Tresen. Er bedauert sehr, dass er und die anderen im Dorf keine richtige Bildung haben. Es sei einfach schade, wenn man nicht über den Tellerrand schauen könne, weil man nichts versteht und sich sowieso nicht mit Fremden unterhalten kann. Wenigstens Fremdsprachen sollte man seiner Meinung nach können.

Zwei Bier später suche ich wieder einmal einen abgelegenen Feldweg, neben dem man sein Nachtlager aufschlagen kann. Ein Holzstoß bietet Sichtschutz. Die benachbarten Hunde finden den seltsamen Eindringling aber trotzdem und schauen ihn vorerst aus ein paar Metern Entfernung neugierig an. Bevor sie näherkommen können, sitzte ich schon auf dem Rad und suche einen Platz weiter außerhalb des Ortes.

Endspurt nach Afrika und letzte Vorbereitungen

Entlang der Strecke nach Alcázar de San Juan überlege ich, dass es Zeit wird, die restliche Strecke durch Spanien auszutüfteln, die mich nach Marokko führen soll. Das Radeln in Spanien hat sich wegen der Hitze als recht hart

herausgestellt, so dass die Etappen noch kürzer ausfallen als erwartet. Deshalb möchte ich von Malaga nach Melilla übersetzen.

Über die Straße von Gibraltar, also von Gibraltar oder Algeciras nach Tanger, ist zwar die Überfahrt wesentlich kürzer, aber der Landweg dorthin ist viel weiter. Der Hauptgrund, Malaga als Ausgangshafen für die Überfahrt zu wählen, ist aber ein anderer: Es erscheint mir sicherer, in der spanischen Enklave Melilla in Afrika anzukommen, als in der verrufenen Hafenstadt Tanger. Von Melilla aus müsste ich das Hanfanbaugebiet Rifgebirge so umfahren können, dass ich keine Bekanntschaft mit aufdringlichen Haschischverkäufern machen muss. Die sollen Touristen regelrecht bedrängen, wenn nicht sogar gefährlich unter Druck setzen. Es gibt Geschichten darüber, wie man Touristen, die kein Haschisch kaufen wollten, den verbotenen Stoff in die Tasche geschmuggelt hat, um sie dann an Polizisten im Bekanntenkreis zu verraten. Marokkanische Gefängnisse sollen nicht sehr komfortabel sein. Zu guter Letzt passt Melilla besser zur bisherigen Tour, weil ich von dort aus gleich in dünner besiedelten Teilen Marokkos bin, am Rand der Sahara.

Malaga liegt nur noch etwa hundert Kilometer westlich von hier, aber noch dreihundert Straßenkilometer südlich, so dass ich den Kurs sofort nach Süden ändere, über Villarta de San Juan und Manzanares nach Valdepeñas. Die Etappe von dort nach Jaen folgt zügig der Hauptstraße, die weit weniger stark befahren ist, als man von Deutschland gewohnt ist.

In einem Dorf, das auf der Strecke liegt, gehe ich zum Friseur. Der ist mit dem Ergebnis seiner Arbeit sehr zufrieden. Er wirkt geradezu freudig überrascht, dass sich herausstellt, dass unter der Haarkugel der Kopf eines Menschen zum Vorschein kommt. Mit kurzen Haaren und ohne Bart siehst du richtig zivilisiert aus. Genau das war die Absicht des Besuchs. Die Zöllner sollen einen guten ersten Eindruck haben, und sich nicht veranlasst sehen, das Gepäck zu filzen, das zwar nichts Verbotenes enthält, aber in viele Plastiktüten verpackt ist, um es vor Regen und auslaufendem Wasser zu schützen, und um wenigstens eine kleine Spur von Überblick zu ermöglichen. Eine Durchsuchung könnte da sehr lange dauern.

Frisch gestriegelt und ganz planmäßig erreiche ich gegen Abend Jaen. Jetzt erscheint Malaga schier in Griffweite.

Auf dem Weg aus Jaen, auf einer größeren Kreuzung mit Verkehrsinseln, betreibt ein etwa elfjähriger Junge sein Geschäft. Sogar Englisch kann er schon. Hallo, wie geht's? Sie brauchen sicher Taschentücher. Er hat wohl recht damit, dass auf einer Reise Papiertaschentücher nie überflüssig sind. Aber er soll nicht zu seinem ungesunden Job ermutigt werden. Also brauche ich keine. Er besteht aber darauf, dass er gute Qualität führt. Seinen Preis erklärt er mit dem Service, dass er seine Ware direkt zum Fahrzeug liefert. Außerdem brauche er das Geld. Das gezeigte Desinteresse lässt den Preis aber schnell sinken, als Mengenrabatt bei der Abnahme von drei Päckchen versteht sich.

Mann, du ruinierst dich doch, die Autofahrer zahlen bestimmt mehr. Ich will aber dir helfen, Ich sehe, dass du die Tücher brauchst. Ich helfe dir, und du hilfst mir. Im Geschäft kriegst du sie auch nicht viel billiger und vielleicht nicht die Qualität. Trotzdem nein Danke. Mach dir keine Sorgen um mich, und die Autofahrer zahlen bestimmt besser. Auf dem Weg in den Orient, die Welt des Handelns, muss man trainieren, hart zu bleiben. Komm, du bist ein Freund, ich helfe dir und du hilfst mir. Nein, danke. Nach wenigen weiteren Versuchen grüßt er höflich zum Abschied und geht weiter seiner Arbeit nach. Bei seinem offen-sichtlichen Geschäftssinn ist er sicher recht erfolgreich.

Nach dieser kurzen Unterbrechung versuche ich, Malaga auf dem kürzesten Weg über Nebenstrecken durch kleine Dörfer anzupeilen, die in Spanien normalerweise recht gut geteert und von Schäden weitgehend verschont sind. Ganz offensichtlich schlägt der Frost hier nicht so hart zu.

Die Durchfahrt durch Städte ist oft zeitraubend, entweder durch den Verkehr oder wegen Orientierungsschwierigkeiten. In großen Städten hält beides zusammen so stark auf, dass es erfahrungsgemäß einen Umweg von über fünfzig Kilometern wert ist, eine Stadt mit einer Million Einwohnern zu umfahren, wenn man sowieso nur auf der Durchreise ist und dort nichts einkaufen muss. In Großstädten und an stark befahrenen Straßen geht der Verkehr auch ziemlich auf die Nerven, und die Abgase beeinträchtigen die Kondition deutlich.

In kleinen Orten sind diese Belastungen weit geringer, und es gibt kaum Möglichkeiten, sich zu verfahren. Wo wenige Straßen vorhanden sind, sind meistens alle auf der Karte verzeichnet. Wenn viele kleine Orte aufeinanderfolgen, ist es allerdings ratsam, sich immer gleich eine Folge der Ortschaften einzuprägen, die als nächstes durchfahren werden sollen. Sonst nimmt die Zeit, die mit dem Kartenstudium verbracht werden muss, leicht Ausmaße an, die der Fahrzeit selbst nahekommen. So schön Karten lesen auch sein mag, gibt es auch andere Dinge, die man auf einer Radtour tun kann, soll oder muss.

Zum Beispiel braucht der Körper Brennstoff. Zu Hause deckt Müsli mit Quark einen Großteil des Bedarfs. Südlich der Schweiz war das höchstens noch in den ganz großen Supermärkten zu bekommen, und das zu einem ungewohnt hohen Preis. Daher passe ich meinen

Speiseplan jeweils dem regionalen Angebot an. Obst gibt es im Spätsommer überall, womit der Bedarf an Vitaminen, Mineralien und Ballaststoffen gut zu decken ist. Fett und Eiweiß erhält man, wenn man keinen großen Wert auf Fleisch legt, in Käse, Frischkäse und gelegentlich in Joghurt und Milch. Für die Kohlenhydrate, die beim Rad fahren besonders wichtig sind, muss das Brot sorgen.

Bei diesem Grundnahrungsmittel war auf der Tour bis jetzt eine deutliche Veränderung festzustellen: Die Qualität und Haltbarkeit nimmt nach Süden hin eindeutig ab. Gibt es in Deutschland, Österreich und in der Schweiz noch roggenhaltiges Brot, das einen angenehmen Eigengeschmack besitzt und auch nach Tagen noch gut genießbar ist, bekommt man in Frankreich vor allem die berühmten Baguettes. Die schmecken frisch ganz fein, vor allem mit einer passenden Zutat wie zum Beispiel Crème fraîche. Allerdings sind die Weißbrotstangen nach einem Tag strohtrocken oder verlieren trotz Plastikverpackung deutlich an Geschmack. In Spanien war bisher ebenfalls Weißbrot üblich, allerdings in einer handlicheren Form und meistens mit einer Kruste, die die Eigenschaft hatte, zu einem großen Teil abzubröckeln, sobald man ein Stück abbrach. Und bereits nach wenigen Stunden war das Brot buchstäblich dürr, staubtrocken.

Trotzdem gehört Brot dringend auf den täglichen Speiseplan. Wegen der geringen Haltbarkeit muss man es sogar mindestens einmal am Tag einkaufen. In den kleinen Dörfern gibt es die hellen Wecken meist im Lebensmittelladen, der mit etwas Übung relativ schnell zu finden ist. Manchmal wird man dort aber auch auf den Bäcker persönlich verwiesen, der oft nicht so zentral liegt.

In Frankreich kann man Bäckereien leicht orten, indem man zeitig am Morgen beobachtet, wo die Leute mit den langen Brotstangen in den Taschen oder unter dem Arm herkommen. Die kompakteren spanischen Wecken lassen sich aber unsichtbar in einer Tasche verstauen, so dass man doch öfters nach dem Weg zur Bäckerei fragen muss. Gut, dass ich ein wenig Spanisch kann.

Entschuldigung, wo gibt es hier Brot? Brot? Da vorne und dann links durch das große Tor. Die Beschreibung führt durch einen Torbogen in einen riesigen Hof, in dem aber keine Bäckerei zu sehen ist. Nur eine Gruppe von Männern ab fünfzig ist gerade unterwegs. Einen davon kann man ja fragen. Den im Rollstuhl. Der alte Mann versteht sofort, was bei meiner Aussprache selten ist, und beschreibt den Weg kurz, präzise und mit einfachen Worten, während seine Begleiter sich sichtlich wundern, dass der Fremde ausgerechnet ihn angesprochen hat.

Der stolze, fast triumphierende Ausdruck, den der Mann nach der sehr kurzen Unterredung hatte, war allein schon die Suche wert. Und ich habe wieder etwas dazugelernt: dass man sogar direkt vom Bäcker schon um elf Uhr Vormittag dürres Brot bekommen kann.

Bei Priego de Córdoba schneidet eine Umleitung den kürzesten Weg nach Malaga ab. Ohne die Gesamtansicht der Karte zu beachten, folge ich dort einfach der Umleitung über Alcalá la Real. Vielleicht war es die aufregende Nähe zu Afrika, die mich damals bewogen hat, die dreißig Kilometer Umweg zu fahren. Dabei gibt es für ein Fahrrad immer irgendeinen Abkürzer.

Mein restlicher Weg nach Malaga führt über Hauptstraßen. Um sehr früh loszukommen, verzichte ich für die Nacht wieder einmal auf ein Dach über dem Kopf. Ich lagere bei Einbruch der Dunkelheit ein Stück vor Atarfe, also gut zehn Kilometer vor Granada, auf einem frisch abgeernteten Stoppelfeld. Die Nacht ist

Hilfsbereite Mechaniker

vom Mond taghell beleuchtet. Ein paar Fußgänger wundern sich über die Person mit dem Fahrrad, die mitten in dem Feld liegt, sind aber beruhigt, als sie freundlich gegrüßt werden. Die Getreidestoppeln kosten die Plastikmatte, die ihren Polster- und Dämmeffekt durch durchsichtige Noppen von etwa zwei Zentimeter Durchmesser und eineinhalb Zentimeter Stärke erhält, etliche der kleinen Luftkammern.

Auf Granada verzichte ich, weil ich jetzt nur noch Marokko vor mir sehe. Im Kopf gehe ich die Punkte durch, die vor der Überfahrt nach Afrika noch zu erledigen sind: Die Haare sind für die Zöllner zurechtgestutzt. Ersatzteile für das Fahrrad gibt es sicher am ehesten in Malaga. Nach Benzin für meinen Kocher frage ich hin und wieder einmal an einer Tankstelle. Die Tankwarte weigern sich aber, den kleinen Stahlzylinder aufzufüllen, weil sie nicht dafür eingerichtet sind und das überhaupt zu gefährlich ist. Vielleicht sind die Marokkaner in dieser Hinsicht erfinderischer. Da ich auch sehr gut von kalter Küche und Restaurantkost leben kann, zerbreche ich mir darüber nicht weiter den Kopf. Entweder findet sich eine Möglichkeit oder es findet sich keine.

Aber was mache ich mit dem lädierten Pedal? Es hat zwar während der letzten Tage gehalten, aber die Muttern können jeden Augenblick wieder an den Gewinderesten abrutschen. Eine ernsthafte Panne in Marokko wäre besonders unangenehm. Schließlich will ich dort Land und Leute kennenlernen, und nicht nach Ersatzteilen forschen. Eigentlich müsste eine breitere Mutter reichen, um gut festen Halt auf dem lädierten Gewinde zu finden. Ein Fahrradgeschäft wird eher schmale haben, die eben dem Originalteil ähneln. In einer Autowerkstatt könnte man eher Glück haben.

Werkstätten gibt es einige entlang der Straße von Granada über Loja nach Malaga. Gleich in der ersten zeigen sich die Mechaniker hilfsbereit. Allerdings ist die Mittagspause noch nicht zu Ende. Ein wenig in der kühlen Werkstatt zu warten, ist gar nicht so unangenehm. Die Männer haben eine ganz spezielle Art, Wein zu trinken. Dafür bekommt die Flasche einen Aufsatz mit einem gebogenen Rohr, der stark an eine Fettspritze erinnert. Durch diesen gießt man sich den Wein in den Mund, ohne mit den Lippen die Füllspitze zu berühren. Das hört sich viel einfacher an als es ist. Ohne Mundkontakt fällt es schwer, genau im richtigen Moment zu schlucken. Wenn man nicht exakt zu dem Zeitpunkt schluckt, der beim Trinken üblich ist, rinnt einem der schmackhafte Tropfen wieder aus dem Mund und über die Wangen oder das Kinn sonst wohin. Probieren Sie es doch einmal aus. Wenn Sie eine Flasche oder ein Glas beim Trinken nur wenige Millimeter von den Lippen entfernen, wird sich Ihre Erfolgsquote schlagartig verringern. Üben Sie am besten mit Wasser. Um den Wein wäre es schade, und Säfte, Bier und Limonade fühlen sich auf Kinn, Hals und Kleidung so klebrig an.

Nach dem Versuch werden Sie verstehen, wie schwer es war, die Einladung der Männer anzunehmen und ein paar Schluck zu trinken. Wenn sie es vormachen, schaut es ganz einfach aus, aber dem ungeübten Gast bleibt nach ein paar mehr oder weniger vergeblichen Versuchen, bei denen er insgesamt vielleicht knapp fünfzig Prozent im Mund behält, nicht viel mehr übrig, als auf den anstrengenden Sport zu verweisen. Schließlich sollen auch die Vorräte der braven Leute nicht zum Stoff färben missbraucht werden.

Das Problem mit dem Pedal ist bald gelöst:

Der Pedalarm wird samt Fahrrad vorsichtig in einen Schraubstock gespannt und die Mutter vom beschädigten Gewinde entfernt. An deren Stelle wird eine neue mit dem gleichen Durchmesser auf das Gewinde geschraubt, die etwa dreimal so breit ist wie die Originalmutter. Da das Gewinde nicht ganz zu passen scheint, wird die neue Mutter mit Hilfe eines großen Schraubenschlüssels mit sanfter Gewalt so weit auf die Achse gedreht, bis der Konus praktisch perfekt sitzt. Gut so? Ich glaube, ja; doch, sitzt perfekt; das muss jetzt halten. Sogar falls die Kugeln sich weiter in die Lagerschalen eingraben sollten, wird das Pedal auf jeden Fall länger benutzbar sein, als die Runde durch Marokko ausfallen wird.

Für mögliche weitere Reparaturen an Lagern frage ich die Mechaniker, ob sie einen Finger voll Fett übrig haben. Auf die Frage hin wickeln sie eine ganze Hand voll in eine Plastiktüte, mehr, als ein Rad jemals braucht. Automechaniker sind andere Mengen gewöhnt als Fahrradbastler. Dank der hilfsbereiten Leute ist innerhalb weniger Minuten, praktisch im Handumdrehen, das bisher einzige ernsthafte technische Problem der Tour gelöst. Jetzt fehlen nur noch Ersatzreifen und eine neue Kette. Die will ich morgen in Malaga kaufen, wo der erste Ruhetag der Tour eingeplant ist. Dann kann die Überfahrt wohl gewagt werden. Mit voller Kraft voraus nach Malaga!

In Malaga

Trotz einer längeren Steigung zum Puerto de Leon taucht tatsächlich noch vor der Abenddämmerung Malaga auf - die letzte Station vor Afrika! Zum Glück sprechen die Bremsen recht gut an, wenn ein Polizeiauto schwungvoll und ohne umzuschauen seine Parklücke ver-

lässt, oder zivile Rowdys ihr Unwesen treiben. Die Jugendherberge hat wegen Renovierung geschlossen. Während des Reaktionstrainings auf der Suche danach hat sich die Dämmerung angeschlichen, so dass ich jetzt im Dunkeln eine Unterkunft suchen muss.

Ich beginne in der Nähe des Hafens. Der erste Wirt, den ich frage, nennt zwar einen akzeptablen Preis, will aber noch einmal dieselbe Summe für das Fahrrad. Das kann er nicht ernst meinen. Wahrscheinlich will er feilschen. Auf einen derartigen Versuch meint er aber nur, dass es um diese Zeit keine günstigere Möglichkeit gebe, sich und sein Fahrrad sicher unterzubringen. Das will ich allerdings erst selbst erforschen.

Ein Passant, der das Gespräch mitbekommen hat, hält den Wirt ebenfalls für unverschämt und deutet auf ein ähnliches Hotel an der gleichen Straße. Aus anderen Ländern bin ich zwar gewohnt, dass die Preise innerhalb so kleiner Entfernungen praktisch gleich sind, aber man kann ja fragen. Die Übernachtung ist ein klein wenig teurer, aber das Fahrrad darf ohne Aufpreis in einem Vorbau der Eingangshalle abgestellt werden, wo übrigens schon ein Rad am Treppengeländer angehängt ist. Um dem Wirt zu zeigen, dass das Zimmer trotzdem noch nicht genommen ist, stelle ich das Rad vorerst auf der Straße ab.

Nachdem das Zimmer besichtigt und gut geheißen worden ist, trage ich das abgesperrte Rad vom Hauseingang in den Treppenvorraum. Dort weist mich eine temperamentvolle junge Frau darauf hin, dass es in Malaga gar nicht gut sei, ein Fahrrad auf der Straße zu lassen. Im Handumdrehen kann es geklaut sein. Hier dürfe man niemandem trauen, nicht einmal ihr. Dann folgt eine handfeste Schelte über den bodenlosen Leichtsinn, erstens allein in eine Stadt wie Malaga zu fahren, und zweitens wegen des Rades. Das Mädchen sieht nicht nur verboten gut aus, sondern ist auch noch sehr sympathisch. Ihre Warnung, wirklich niemandem zu vertrauen, hält mich davon ab, sie zu fragen, ob sie heute schon etwas vor hat. Und wenn sie nicht auf jemanden warten würde, stünde sie wohl nicht im Vorraum des Hotels. Jedenfalls ist sie erst zufrieden, als das Rad nicht nur abgesperrt, sondern auch angehängt ist. Letzteres ist nicht so einfach. Das eigene einfach an das andere anzuhängen, könnte dem Radlerkollegen hinderlich sein, falls der früher losfahren wollte. Ich kette meines an den Stamm einer eineinhalb Meter hohen Topfpalme. Das lässt das Mädchen gelten, und nach ein paar weiteren Ermahnungen bezüglich der in Malaga nötigen Vorsicht darf ich mein Gepäck aufs Zimmer bringen. Vom Fenster im zweiten Stock aus ist zu sehen, wie sie von einer Freundin abgeholt wird und mit ihr ins Nachtleben von Malaga marschiert. Ich selbst nutze den Abend nur noch, um den Hafen ausfindig zu machen. Das Ticket für die Überfahrt Melilla will ich morgen kaufen, und die für Marokko nötigen Ersatzteile besorgen und eine billigere Unterkunft suchen.

Da das Zimmer erst gegen Mittag geräumt werden muss, bleibt am Vormittag noch Zeit für einen Spaziergang. Der Wirt erzählt, dass es die Billets für die Fähre direkt am Hafen gibt. Dort erfährt man, um welche Uhrzeit Karten für welche Fähre verkauft werden. Ich könnte sogar noch eine Karte für das Schiff bekommen, das am Mittag ausläuft. Das klingt verlockend, aber den Ruhetag will ich eisern einhalten und für alle nötigen Besorgungen nutzten - nach einem Imbiss in einem Park in der Nähe des Hafens.

Zur Zeit ist hier fast nichts los. Als ich mich niedergelassen habe, steuert ein junger Mann mit dunklem Gesicht, der sich bisher betont unauffällig zwischen den Bäumen herumgedrückt hat, auf meine Bank zu und zeigt mir eine fingergroße Tüte mit bräunlichem Inhalt. Haschisch?! Sehr gute Qualität! Ein höfliches Kopfschütteln genügt, dass er verstehend nickt und sich unauffällig unter die Passanten an der Autostraße mischt. Der junge Mann weiß ja nicht, dass ich ins Herkunftsland seiner Ware unterwegs bin. Hoffentlich sind dort die Händler genauso leicht abzuwimmeln.

Jetzt wird es aber Zeit für das Fahrradgeschäft. Nach über zweitausendfünfhundert Kilometern mit unzähligen Anstiegen und schwerem Gepäck ist auf jeden Fall eine neue Kette fällig. Die Mäntel sind zwar in einem Zustand, der nach dieser Strecke für Reifen mit zweiunddreißig Millimetern Breite sensationell gut ist: Sogar hinten ist noch Profil vorhanden und man sieht praktisch keine Risse. Aber innerhalb der nächsten tausend bis zweitausend Kilometer dürfte der Hinterreifen bei der Belastung dann doch durchgefahren sein. Und für die Fahrt durch Europa habe ich nur einen Ersatzmantel eingepackt, da ich vom Land des Pedro Delgado und der Vuelta de España einfach erwarte, dass jeder größere Ort mindestens ein passabel sortiertes Radgeschäft hat. Zwar müsste der eine Ersatzmantel für die Runde durch Marokko reichen, aber wer weiß, wie die Straßen dort sind, und was sonst noch passiert. Ein scharfer Stein und ein Ausrutscher auf einer Straßenkante, und schon wären zwei Mäntel aufgeschlitzt.

Ein Fahrradgeschäft ist bald gefunden. Hier gibt es zwar nicht gerade alle technischen Neuheiten, aber zum Beispiel ist an einem Ehrenplatz im Regal hinter der Kasse eine gute französische Kette in der besten Ausführung zu sehen. Die ist der Ladeninhaber gleich los, auch wenn sie um einiges teurer ist als die anderen. Aber bei der weiß ich, dass sie auf den siebenfachen Zahnkranz passt, da ich die billigeren Versionen dieses Modells schon ausgiebig darauf getestet habe. An Reifen gibt es nur einen in passender Größe, der allerdings aussieht wie ein schneller reiner Straßenreifen. Er hat sehr wenig Profil und ist nur achtundzwanzig Millimeter breit, aber für Notfälle ist er besser als nichts, und wenn er erst bei der Rückfahrt gebraucht würde, wäre er gerade recht. Die Ausrüstung dürfte damit für ein paar Wochen Marokko genügen.

Bis Mittag räume ich das Zimmer und suche danach einen Schlafplatz außerhalb des verrufenen Stadtkerns. Ich lande auf einem Campingplatz bei Torremolinos, einem Nachbarort westlich von Malaga. Wenn man im Voraus bezahlt, kann man seinen Ausweis behalten und am Morgen sehr früh aufbrechen. Nach ein paar Wartungsarbeiten am Rad bummle ich den restlichen Nachmittag über durch den Ort, der sich nicht von anderen europäischen Touristendörfern unterscheidet. Zwischen den zahllosen Ramschläden finde ich ein paar haltbare Lebensmittel für die erste Zeit in Marokko.

Überfahrt

Mit dem Gefühl, bestens ausgerüstet und vorbereitet zu sein, nehme ich am nächsten Morgen sogleich Kurs auf den Hafen. Das Billett für die Armsesselklasse kostet nur dreißig Mark, da das Fahrrad nicht berechnet wird. Jetzt ist reichlich Zeit, den Dutzenden von Autos zuzuschauen, die im Bauch der nicht allzu großen Fähre verschwinden. Als alle ihren Platz in der schwimmenden Garage gefunden haben, darf ihnen das Fahrrad in die Benzinwolke folgen. In der Nähe der offenen Ladeklappe zeigt mir jemand einen Platz für das Vehikel. Dort binden wir es mit dem Spanngurt und einem Seil sehr sorgfältig fest, damit es die mindestens achtstündige Überfahrt ohne Beulen und Kratzer übersteht.

Die Armsessel sind zwar bequem, aber in dem großen, dunklen Raum, in dem sie sich wie im Kino hintereinanderreihen, ist es einfach langweilig. An Deck dagegen herrscht schönes Wetter, und das Wasser kühlt angenehm die Luft. Hier schaue ich auf das Meer, das in mindestens drei Richtungen vom Dunst begrenzt wird. Im Norden sind anfangs noch Berge zu sehen, die aber nach und nach verschwinden. Bisweilen sieht man eine Gruppe Delphine elegant durch die Wellen springen. Die werden wohl den Müll, der von Zeit zu Zeit von einem Mitglied der Schiffsbesatzung aus großen Eimern ins Meer gekippt wird, nach Leckerbissen durchsuchen. Zwischendurch versuche ich, ein Nickerchen zu machen. Die Holzplanken vibrieren jedoch ziemlich stark von den Schiffsmotoren, die direkt unter den möglichen Schlafplätzen sein müssen. Das meint auch ein Mitreisender, der schon den gleichen Versuch gemacht hat. Das Vibrieren erzeugt auch eine leichte Übelkeit, die den Appetit auf die Nahrungsmittel verdirbt, die ich extra mitgenommen habe, um einer Seekrankheit vorzubeugen. Es heißt nämlich, dass Essen in einem vollen Magen weniger Platz zum Schaukeln hat und so nicht so leicht auf die Idee kommt, Ausbruchsversuche in die falsche Richtung zu unternehmen.

Da sich der Körper an vieles gewöhnen kann, behalte ich mein Frühstück bei mir, und anstatt Neptun zu opfern, mache ich doch noch einen kleinen Mittagsschlaf.

Das war also jetzt tatsächlich ganz Spanien von Andorra bis Malaga in elf Tagen. Und bisher ist eigentlich alles relativ glatt gegangen. Die Fahrt von Penzberg nach Marokko ist praktisch geschafft, in dreieinhalb Wochen von Bayern nach Afrika, ohne besondere Hetze und mit Umwegen über Berge, die jeder Radfahrer ausgelassen hätte, dem nur daran läge, möglichst schnell voran zu kommen. Den Rückweg kann ich folglich um einige Tage schneller zurücklegen. Das heißt, dass weit mehr als ein Monat Zeit bleibt für Marokko! Was wohl alles auf mich wartet? Wo fährt man da als Radfahrer am besten hin? Bis vorgestern war Marokko noch weit, und heute Abend ist schon die Küste von Afrika erreicht, der spanische Einschluss Melilla. Und spätestens morgen früh überschreite ich die Grenze nach Marokko!

Jetzt ist es höchste Zeit, sich auf der Karte für eine Route zu entscheiden. Ab jetzt soll nicht mehr das Fahren im Vordergrund stehen. Jetzt ist Urlaub. Außerdem: Wer weiß, wie gut die Straßen sind? Auf jeden Fall gibt es in Marokko Berge. Die tauchen nämlich recht bald steil und geheimnisvoll aus dem Dunst auf. Afrika! Der Nachbar bestätigt das. An Deck sind übrigens nur eine Hand voll Leute, die den Blick auf das Meer und die frische, salzhaltige Luft bei angenehmen Temperaturen ebenfalls dem Sitzraum vorziehen. Die meisten davon sind wohl Marokkaner. Ein jüngerer Mann spricht Englisch und gibt mir einige Tips, als er erfährt, dass ich zum ersten Mal nach Marokko komme. Unter anderem klärt er mich über die Preise verschiedener Waren auf. Eine Flasche Wasser kostet zum Beispiel drei bis vier Dirham, und beim Geld wechseln sollte man darauf achten, dass man mindestens viereinhalb Dirham pro Deutscher Mark bekommt. Er könnte noch viel mehr erzählen, und es gäbe auch noch unzählige Fragen über das fremde Land, aber auf einmal ist der Hafen da, und nach einem herzlichen Abschied trennen sich unsere Wege schon wieder.

Marokko greift zu

Das Rad verlässt als letztes Fahrzeug den Bauch der kleinen Fähre und rumpelt rasant über das Blech zum Hafen. Dort bietet mir ein großer knochiger Marokkaner, der recht gut Englisch kann, vierhundert Dirham für hundert Mark zum Umtauschen an. Dabei gibt er offen zu, dass das für ihn ein Geschäft ist. Er weiß auch, dass es an einem Samstag abend schwierig ist, Geld zu wechseln. Ich will dir helfen. Dann hast du wenigstens schon einmal Geld für die erste Zeit. Morgen ist Sonntag, da hat keine Bank auf, und heute ist es sowieso schon spät. Du zögerst, aber ich will dir nur helfen. Ich will dich nicht drängen, aber du brauchst mich. Mein Angebot steht. Der Kurs ist zwar schlechter als der, den der Marokkaner auf dem Schiff genannt hatte, aber der Mann hier will halt auch ein bisschen Geschäft machen. Und da er ansonsten eigentlich recht hat, sei ihm die Gewinnspanne gegönnt. Deutsche Banken nehmen weit mehr. Zum Glück habe ich noch etwas deutsches Bargeld. Da man in Spanien in jeder Kleinstadt mit EC-Karten Geld abheben kann, sind noch mehr Reiseschecks und Geldscheine übrig, als eingeplant war.

Mit marokkanischem Geld in der Tasche könnte ich sogar schon den Weg über die Grenze wagen. An einem größeren Platz stelle ich mich unter eine Laterne und frage den Stadtplan von Melilla um Rat, wohin die Reise als nächstes führen soll.

Der Platz wird von einem Springbrunnen beherrscht, um den Bänke gruppiert sind, auf denen einige Leute sitzen. Zwei davon versuchen, mit dem offensichtlich neu angekommenen Radfahrer Kontakt aufzunehmen. Hast du einen Schluck Wasser übrig? Natürlich.

Eine große Wasserflasche habe ich immer griffbereit auf dem Gepäckträger. Nachdem die beiden ihren Durst gestillt haben, ergibt sich ein Gespräch mit den üblichen Fragen des Woher und Wohin. Die Schwierigkeit dabei besteht im geringen gemeinsamen Wortschatz. Die Marokkaner sprechen vor allem Arabisch

und Französisch und ein paar Worte Englisch.
Ich selbst kann Deutsch und Englisch, ein paar
Wörter Französisch und Arabisch und etwas
Spanisch. Damit wäre eine provisorische Verständigung möglich. Man muss nur herausfinden, welche Wörter die anderen konkret kennen. Die beiden diskutieren untereinander auf
Arabisch, wie man fragt, wie jemand heißt.
Diese Redewendung aus den ersten Stunden
des Sprachkurses - ma ismuhu - schnappe ich
sofort auf und beantworte sie fast automatisch.
Ismi Martin, wa anta? - Mein Name ist Martin, und deiner? Dass es doch eine gemeinsame Sprache gibt, ist zwar erfreulich, aber
leider reichen meine Arabischkenntnisse noch
nicht für ausführlichere Gespräche. Trotzdem
kommen die beiden überein, mich zu sich nach
Hause einzuladen. Sie wohnen in der zwölf Kilometer entfernten marokkanischen Stadt Nador, also jenseits der Grenze.

Kapitel 3

Marokko

Sonne, Wind, Klischees und viele Freunde An der Grenzstation besorgen mir meine beiden neuen Gastgeber ein Formular und helfen beim Ausfüllen. Als Adresse in Marokko sollte man ein Hotel in Nador angeben, selbst wenn man eine private Übernachtungsmöglichkeit hat. Nachdem das Formular weitgehend ausgefüllt ist, verabschieden sich die zwei und warten ein paar hundert Meter weiter, in Marokko.

Das kleine Formular und der Reisepass werden am Zollschalter ohne Beanstandung akzeptiert. Wahrscheinlich weil es um diese Uhrzeit sonst recht langweilig ist, möchte der Zöllner am Schlagbaum sehen, was in der großen Rolle auf dem Gepäckträger ist. Sein erwartungsvolles Grinsen verrät eine große Portion richtig kindlicher Neugier. Es wäre einfach, das Bündel zu öffnen, das nur aus einem Schlafsack besteht. Um ihm von Anfang an zu zeigen, dass ich keine Geheimnisse habe, bedeute ich ihm auf Englisch und mit Zeichensprache, dass da etwas zum Schlafen drin ist. Englisch kann der Zöllner aber offensichtlich nicht. Er wiederholt auf Französisch die Bitte, das Paket zu öffnen. Ich antworte wieder auf Englisch und mit einer passenden Geste. Ja, da ist nur etwas zum Schlafen drin. Währenddessen suche ich einen Platz, um das Rad während des Auspackens sicher anzulehnen.

Den Schlagbaum möchte ich nicht unbedingt zu diesem Zweck verwenden. Meine suchenden Blicke, die vielleicht auch etwas ratlos wirken, haben anscheinend zur Folge, dass der gute Mann glaubt, ich hätte ihn nicht verstanden. Oder meint er, ich sei müde und wolle schlafen gehen, anstatt meine Ausrüstung zu präsentieren? Um Missverständnisse zu vermeiden, habe ich mich nämlich gehütet, mich der französischen Sprache zu bedienen, weil meine Kenntnisse darin so schlecht sind, dass ich durchaus etwas völlig missverstehen oder absolut falsch ausdrücken könnte. Bei Amtspersonen möchte ich das nicht riskieren. Lieber verstehe ich gar nichts. Das Zögern und die englischen Antworten sind dem Mann um diese Uhrzeit offensichtlich zu kompliziert, so dass er mich nach einem Blick zu seinem Kollegen mit einem freundlichen Gruß durchwinkt. Vielleicht wollte er auch nicht eingestehen, dass er kein Englisch kann. Jedenfalls bin ich jetzt in Marokko, und sie haben mich nicht einmal gefilzt! Marokko!!!

Akklimatisation

Meine Gastgeber drängen mich, die zehn Kilometer nach Nador mit ihnen per Taxi zurückzulegen und das Rad in den Kofferraum zu packen. Sie wollen verhindern, dass ich sie verliere. In einer sauberen Siedlung von zweistöckigen Häusern mit Flachdächern steigen wir aus. Meiner erste Unterkunft in Marokko wird Saïds Zimmer sein, im Haus seiner Eltern.

Für diesen Abend steht nur noch ein kleiner Spaziergang durch den Ort auf dem Plan, von dem aber nicht viel mehr in meinem Kopf hängen bleibt, als dass es angenehm warm ist. Zum Schlafen reicht ein dünnes Stofftuch als Zudecke. Saïd entpuppt sich als Langschläfer. Er nutzt die Sommerferien aus. Erst gegen elf Uhr, als die angenehme Kühle des Morgens bereits einer brütenden Hitze gewichen ist, steht er auf und klagt über das heiße Wetter. Er hat halt nicht mitbekommen, dass die Temperatur während der letzten Stunden noch wunderbar lau war. Und als Gast versuche ich, mich den örtlichen Gepflogenheiten anzupassen und in der immer wärmer werdenden Luft ebenfalls so gut wie möglich weiterzudösen.

Nachdem wir endlich aufgestanden sind, gehen Said und sein Freund mit mir erst einmal in ein Café, wo Tee in großen Gläsern mitsamt appetitlich frischen großen Pfefferminzblättern serviert wird. Das Getränk ist so heiß, dass man kaum das Glas anfassen kann. Aber wir haben Zeit.

Als wir wieder zu Hause sind, nehmen wir drei ein Duschbad. Dazu wird ein Eimer mit Leitungswasser gefüllt, das ist in Nador eine brackige, nach Chlor stinkende Brühe. Mit dem Eimer geht man im Hof zum einzigen Zugang zur Kanalisation, der Toilette. Dort duscht man sich, so gut es mit dem unhandlichen Kübel geht. Dabei fällt mir auf, dass die anderen wesentlich weniger Wasser brauchen als ich. Wie sich nach und nach herausstellte, liegt das daran, dass sie sich das Wasser nicht aus dem vollen Eimer über den Kopf gießen, sondern dazu die zu einem Gefäß geformten

Hände benutzen. Jedenfalls ist es sehr angenehm, das Gemisch aus Schweiß und Straßenstaub wieder einmal von der Haut spülen zu können.

Trinkwasser holt bei Bedarf einer der Freunde bei einem Nachbarn, und zwar jeweils in kleinen Mengen, da es im Haus nicht kühl gestellt werden kann.

Essen bei Saïds Eltern

Die Eltern von Saïd haben uns zum Essen eingeladen. Die Habseligkeiten in ihrer Wohnung unterscheiden sich nicht wesentlich von denen eines einfachen bürgerlichen deutschen Haushalts, außer, dass weniger Platz ist und die Möbel mehr improvisiert wirken. Etliche Gegenstände stehen offen auf Regalen. Die Vorbereitung zum Mahl ist genau so, wie es im Reiseführer beschrieben worden ist: Der Gastgeber bringt eine silberfarbene Schale, eine Kanne mit Wasser und ein Tuch. Die Kanne dient als Wasserhahn und die Schale als Waschbecken. Wer will, nimmt einen Schluck Wasser in den Mund, spült ihn gut durch und spuckt das Wasser in die Schale. Aus Rücksicht auf europäische Gäste verzichten aber manche darauf, den Mund auszuspülen. Nach der Waschung trocknet man seine Hände mit dem Tuch.

Sobald alle mit der Zeremonie fertig sind, bricht man sich ein Stück Brot ab, sagt „Bismillah", was „im Namen Gottes" heißt, und die Mahlzeit kann beginnen. Beim Essen selbst ist es für jemanden, der an Messer und Gabel gewöhnt ist, nicht leicht, sich auf die in Marokko übliche Technik umzustellen, bei der man mit drei Fingern der rechten Hand isst, meistens mit einem Stück Fladenbrot als Löffel und Gabel zugleich. Die gebratenen kleinen Fische lassen sich viel leichter erwischen als der Gemüseeintopf.

Interessant ist der Umgang mit dem Tee. Man bekommt stark gesüßten und kochend heißen Pfefferminztee serviert. Damit man ihn bald trinken kann, wird er in hohem Bogen eingeschenkt, um ihn auf dem längeren Weg durch die Luft etwas abkühlen zu lassen. Dieser Teil der Zeremonie sieht recht artistisch aus, wenn der Einschenker die Kanne während des Eingießens über einen halben Meter weit vom Teeglas entfernt und langsam wieder senkt, bevor er den heißen Teestrahl unterbricht. Da der Tee auch jetzt immer noch zu heiß zum Trinken ist, gibt es noch einen zweiten Trick: Auf dem Tisch steht immer ein Glas mehr, als Leute da sind. In dieses wird der Tee in kühnem Schwung umgefüllt und ebenso wieder zurück. Manche können das so gut, dass das Auge den Gläsern kaum folgen kann und trotzdem nach mehrmaligem Umfüllen das Glas zwar weniger heiß aber kaum weniger voll ist als am Anfang der Aktion.

Der Vater Saïds ist sechzig Jahre alt und noch sehr rüstig, wie Saïd stolz bemerkt. In Deutschland sind die Leute ja oft schon mit vierzig gesundheitlich am Ende vom vielen Essen und der wenigen Bewegung. Saïd zeigt gestikulierend eine Wampe an, mit der man sich kaum noch rühren kann. Die mitteleuropäischen Touristen hinterlassen offensichtlich keinen guten Eindruck vom üblichen Gesundheitszustand in ihrem Land. Saïds Vater dagegen hat immer hart gearbeitet, unter anderem in Spanien. ! Ah, usted hablan Espanol ! Du sprichst Spanisch? Wieso hast du das nicht gleich gesagt?

Aus Spanien weiß der Vater, dass dort viele Leute rassistisch sind, Marokkaner an den Haaren ziehen und sich ihnen gegenüber auch sonst oft als äußerst unangenehm zeigen. Frankreich soll noch schlimmer sein. Wie ist das eigentlich in Deutschland? 1988 konnte man noch guten Gewissens sagen, dass sich Ausländerhass nur auf ein paar Spinner beschränkt.

Saïd murmelt auf meine Antwort hin auf Arabisch etwas davon, dass in Deutschland wirklich alles in Ordnung zu sein scheine.

Im Fernseher, der nebenbei läuft, kommt zwischendurch auch eine Nachricht aus Deutschland. Ein Flugzeug ist bei einer Schauveranstaltung in die Zuschauermenge gestürzt. Es hat viele Tote gegeben. Dass Lech Walesa, der polnische Arbeiterführer mit dem ansehnlichen Schnurrbart, zu einem praktisch offiziellen Besuch in Marokko war, habe ich schon gehört. Ansonsten werden schießende und rennende Soldaten und Zivilisten gezeigt: Israelis, die Palästinenser niederknüppeln oder beschießen, wie Saïd mit wenigen Worten zusammenfaßt.

Abendspaziergang

Am Abend pflegen junge Marokkaner einen Spaziergang durch die Siedlung zu unternehmen. Da das viele machen, trifft man dabei ständig Bekannte. Die Marokkaner sind nach ihrer eigenen Einschätzung große Spaziergänger. Außerdem können die jungen Männer viele Sprachen. Neben dem örtlichen arabischen Dialekt lernen sie in der Schule Hocharabisch und Französisch. Vor allem Studenten sprechen auch gut Englisch. Im Norden ist Spanisch verbreitet. Dazu kommt bei vielen noch ein Berberdialekt.

Deutschland ist für die meisten der jungen Gesprächspartner ein durchaus positiver Begriff. Viele listen eine Reihe berühmter Namen auf, wenn sie hören, dass ihr Gegenüber aus Deutschland kommt: Rummenigge, Schumacher, Hitler, Breitner mit dem Bart... Was hältst du von Hitler? Bei dem scheiden sich meistens die Geister. Viele finden auf Anhieb gut, dass er die bösen Juden vernichten wollte. Denke ich an die Fernsehbilder, die täglich über Morde an palästinensischen Arabern in deren Heimat berichten, wundert mich das nicht im Geringsten. Studenten, die mehr über die Geschichte Deutschlands im Zweiten Weltkrieg und den Massenmord an jüdischen Zivilisten gelernt haben, erklären ihren Freunden aber sofort, dass Hitler ein Verrückter war und dass die Juden trotz der Fernsehberichte nicht an sich böse seien. Politik ist eben kompliziert. Und immer wenn Debatten hitziger werden, weist mich jemand darauf hin, dass man über brisante Themen lieber schweigen sollte. In Deutschland kannst du öffentlich über alles reden, aber hier muss man aufpassen, mit wem man worüber spricht.

Gegen Abend kommt Saïd auf die Idee, einen Bekannten zu besuchen, einen Metzger. Der ist zufällig noch im Geschäft und gibt Saïd ein Wurstbrot. Die Wurst hat eine seltsame Farbe, so ähnlich wie blasses Himbeereis, aber wenn sie ihm schmeckt... Die einfachen Marokkaner essen sowieso recht wenig Fleisch. Schwein kennen sie wahrscheinlich nur von Bildern, auf denen die großen Rüssel auffallen. Das englische oder französische Wort dafür ist den beiden Freunden unbekannt, aber das deutsche kennen sie: Swain. Saïd meint, es sei vielleicht nicht gut, Wurst zu essen. Es war wohl auch eine Lektion für den Fremden. Der soll sehen, dass Marokkaner in vielen Dingen nicht streng sind. Auch beim Beten sind einige nachlässig. Und sogar Alkohol und Zigaretten sind nicht völlig tabu.

Außer den Sitten lernt man im Laufe der Zeit natürlich auch Bruchstücke der Sprache. Egal heißt zum Beispiel „Kiff Kiff"; während man die zwei Worte ausspricht, bewegt man die wie zum Zeigen nach vorne ausgestreckten Zeigefinger beider Hände parallel zueinander gegenläufig leicht auf und ab, als ob man die Länge der beiden vergleichen wolle. „Kiff Kiff"

hat also nichts mit kiffen zu tun. Es ist eine in Marokko sehr gebräuchliche Redewendung, das andere eine gebräuchliche Tätigkeit.

In der Stadt

Auch der nächste Tag beginnt relativ spät mit einem Gang in die Stadt. Auf das Café verzichten wir heute. Im Zentrum kann man seinen Durst an jeder größeren Straße mit Wasser löschen. Das gibt es aus großen Fässern, die an schattigen Stellen stehen und mit Deckeln vor Staub und Ungeziefer geschützt sind. Auch wer wirklich kaltes Wasser bevorzugt, wird versorgt: Überall, wo sich viele Menschen auf der Straße bewegen, laufen ganz kleine Jungen mit großen Thermoskannen und Bechern herum und bieten lautstark kaltes Wasser an. Bebeerr! Bebeerr! Verdursten muss also keiner. Essen kostet aber Geld. Vorsichtig fragen mich die Freunde, ob ich „ein paar Flaschen voll Fisch" kaufen kann. In einem kleinen Laden kaufen wir ein paar Thunfischkonserven und drei Fladen Brot.

Mitten in der Menge bietet ein Kleiderhändler seine Waren feil. Auf seinem Arm trägt er einen Berg von gestreiftem Stoff. Die Begleiter erklären, dass er Darajas verkauft, eine beliebte Sommerkleidung in Marokko. Sein Sortiment besteht aus einem kurzärmligen, weiß und bunt längsgestreiften Modell, das er in verschiedenen Farben und Größen vorrätig hat. Da ich aus Gewichtsgründen kaum Alltagskleidung in den Packtaschen habe, und das Teil bei großer Hitze für praktisch halte, erscheint mir der Kauf eines solch einfachen aber offensichtlich im Lande üblichen Kleidungsstücks als empfehlenswert.

Ich suche eine Daraja mit blauen Streifen aus und darf sie anprobieren. Auf dem Arm ist kein Modell in der passenden Größe dabei.

Der Verkäufer deutet an, dass die meisten Marokkaner ein wenig kleiner sind. Aber wenige Meter weiter hat ein Kollege einen ganzen Stapel von den Sommerkleidern in seinem Laden. Nach kurzem Suchen ist ein Stück gefunden, das sowohl die gewünschte Farbe, als auch die richtige Länge hat.

Der Händler verlangt anfangs fünfzig Dirham dafür, eine runde Summe, die nicht weit über dem üblichen Preis liegen dürfte. Handeln muss man trotzdem. Wie hoch steigt man ein, wenn man sich nicht auskennt? Zum Überlegen bleibt keine Zeit, da Saïd sofort die erhöhte Gewinnspanne erkannt hat und energisch einschreitet. Muss der gleich streiten? Das hört sich fast an wie Beschimpfungen. Dabei geht es, wie der Freund Saïds später erklärt, nur darum, dass der übliche Preis vierzig Dirham ist, und der Händler meint, man könne von einem Touristen aus Deutschland ein klein wenig mehr verlangen. Das will Saïd nicht gelten lassen. Er erklärt es gelinde übersetzt für unseriös und vergleicht den Händler mit einem Säugetier, das ein Moslem nicht einmal essen darf. Nach wenigen Minuten haben die beiden sich darauf geeinigt, dass wegen der Größe fünfundvierzig Dirham fair sind. Damit können alle Beteiligten leben. Fein, darin siehst du praktisch wie ein Einheimischer aus. In Marokko gibt es nämlich viele Berber, von denen einige blond sind wie du. In Deutschland soll es übrigens auch Berber geben.

Die marokkanischen Berber fallen vor allem durch die Sprache auf, die, schenkt man den Arabern Glauben, mit Arabisch nichts zu tun hat. Wenn die Freunde Beispiele für die Exotik dieser Sprache demonstrieren, verblüffen mich bisweilen starke Ähnlichkeiten mit deutschen oder bairischen Wörtern. Brot heißt zum Beispiel Broud, wobei der Lehrmeister das Wort so ausspricht, wie man in Niederbayern Brot aussprechen würde. Auch gibt es in Marokko wie in Bayern den Spruch, dass das Broud schwer zu verdienen sei.

Mit den Freunden sind meistens Saïd und einer oder mehrere Bekannte gemeint, die kommen und gehen, und die in der Aufregung der ersten Tage in Marokko im Gedächtnis untergegangen sind. Einmal erzählt einer davon, dass viele junge Marokkaner „to the Broud” gehen wollen, also wohl zum Brot. Damit meinen sie vermutlich, dass sie Arbeit suchen. Auch Saïd wolle „to the Broud” gehen. Würdest du ihm dabei helfen, wenn du könntest? Langsam dämmert mir, dass „the Broud” wahrscheinlich „abroad” heißen soll, also ins Ausland. Beim täglichen Kauderwelsch ist mir schon aufgefallen, dass die Araber gerne den bestimmten Artikel benutzen, wie sie es von ihrer Sprache gewohnt sind, wo es den unbestimmten Artikel ein nicht gibt.

Die anderen erklären mir, wie man einem Marokkaner helfen kann, ins Ausland zu kommen: Ein Marokkaner mit wenig Geld darf nur in Deutschland einreisen, wenn er ein „Certificat de Bergement” von einem Deutschen vorlegen kann. Du bist noch zwei Monate unterwegs, das ist zu lang. Du brauchst aber nur an deine Eltern zu schreiben, dass ich ein Certificat de Bergement brauche, und dass sie es mir unbesorgt schicken können. Dann komme ich problemlos nach Deutschland. Was soll die aber dazu bewegen, einen wildfremden Menschen einzuladen, mit dem sie sich nicht einmal unterhalten könnten?

Das soll ein Brief an meine Schwester regeln, die Französisch kann. Er erklärt ihr darin genau, was er will und was er dazu braucht. Seine Zeitvorstellungen sind allerdings völlig wirklichkeitsfremd: Er möchte in den nächsten zwei Wochen reisen. Für einen Briefwechsel muss man jedoch ungefähr zweimal neun Tage plus die Zeit zum Lesen und Schreiben rechnen. Das wären im günstigsten Fall drei

Wochen. Aber das will er nicht glauben.

Ein weiteres Problem dabei ist, dass Saïd in Deutschland sicher arbeiten und Geld verdienen will. Das ist legitim aber nicht legal. Wenn er dabei erwischt wird, wird er wohl ausgewiesen, was man halt einkalkulieren muss. Falls ihm aber irgend etwas passiert oder er sonst etwas anstellt, sind meine Eltern, die ihn noch nie gesehen haben, in die Sache verwickelt.

Vielleicht könnte er in zwei Monaten kommen, wenn ich wieder zurück bin. Sein Pech ist, dass ich keine eigene Wohnung habe und ihn nur in das Haus seiner Eltern einladen könnte.

Für den Augenblick finde ich es am vernünftigsten, ihn einen Brief schreiben zu lassen Auf jeden Fall wird er in Deutschland zunächst recht ratlos und dann skeptisch aufgenommen werden.

Ich tue so, als ob noch der Rest einer Chance bestünde. Wahrscheinlich wird das Vorhaben allein an der nicht einhaltbaren Zeitvorgabe scheitern.

Party

Das mit dem Brief wird auf später verschoben. Auf dem Heimweg ist die Rede unter anderem vom Alkohol. Der ist in Marokko gerade mal geduldet. In der Öffentlichkeit sollte man sich aber nicht als Konsument dieses unheiligen Rauschmittels zu erkennen geben, schon gar nicht in der Nähe einer Moschee. Und Betrunkene können von der Polizei recht unsanft behandelt werden. Den in Deutschland üblichen freizügigen Umgang mit Alkohol finden die jungen Marokkaner belustigend. Grotesk ist für sie, dass Betrunkene nicht bestraft werden, wenn sie sonst nichts angestellt haben. Fast noch schlimmer ist aber, dass Frauen Alkohol trinken dürfen, sogar in der Öffentlichkeit, und vor allem, dass Frauen oft stärkere Sachen trinken als Männer.

Die Gastgeber beschließen, dass sie am Abend eine kleine Party geben wollen - mit Bier. Als in der Abenddämmerung diskret der Stoff dazu besorgt werden soll, spricht sich in der nächsten Umgebung des Getränkehändlers schnell herum, dass ein deutscher Tourist bei einer Feier mit Bier dabei ist. Ein dicker jüngerer Mann, der auf der anderen Straßenseite an eine Hausmauer gelehnt sitzt und sich ansonsten gerade still betrinkt, ruft lautstark in bestem Deutsch herüber: Du trinkst Bier? Wieviel? Zehn? Auf die Antwort, die eine viel niedrigere Zahl angibt, brummt er nur enttäuscht, winkt ab und macht eine neue Dose auf.

In Saïds Wohnung verspeisen wir erst einmal den Fisch. Das hört sich gut an und ist im Grunde auch gut. Aber anstrengend ist es auch. Da sich die marokkanischen Freunde für mich und mein Wohlergehen während meines weiteren Aufenthalts in Afrika verantwortlich fühlen, wird das Abendessen vor allem zu einer Unterrichtsstunde in marokkanischer Esstechnik. Die anderen finden das überaus lustig. Außerdem demonstrieren sie so häufig und gekonnt, wie man mit einem Stück Brot und drei Fingern isst, dass bald kaum noch etwas von den paar Konserven übrig ist. Na, vielleicht ist es ganz gut für meinen Magen, wenn er anfangs in dem neuen Land etwas weniger zu tun bekommt. Soll er doch knurren.

Während des bescheidenen Abendmahls sind nach und nach noch eine Hand voll junger Leute eingetroffen. Bald sitzen und stehen wir alle in einer lauen Spätsommernacht in Saïds Hof und unterhalten uns in Zimmerlautstärke. Auf einen der Gäste weist Saïd besonders hin. Er ist neunzehn, verheiratet und hat schon zwei Kinder. Er raucht sehr viel Haschisch. Die anderen beteuern alle, dass sie nur gelegentlich rauchen. Drogen wie Hasch, Nikotin und Alkohol sind für die Schüler und Studenten und wahrscheinlich auch für die restliche Bevölkerung ziemlich teuer. Vielleicht ist in dieser Gegend auch die Einnahme von Drogen nicht so alltäglich und normal wie in Deutschland, sondern etwas anrüchig. Auch Raucher von einfachen Nikotinzigaretten habe ich auf der Straße kaum gesehen.

Hier ist es wirklich angenehm, dass man nicht bedrängt wird, doch noch eine Halbe zu trinken. Vielmehr werde ich erst nach dem Befinden gefragt, bevor ich eine zweite Dose Bier bekomme. Das liegt wohl daran, dass außer mir fast alle ein wenig oder mehr Haschisch geraucht haben. Und die Haschraucher machen schon nach wenigen Schluck Bier einen äußerst besoffenen Eindruck. In Bayern würde man das einen billigen Rausch nennen. Genau das ist sicher der Sinn der Sache. Die Leute nehmen die Drogen, um zu fliegen. Ich will dagegen nur zwei oder drei Bierchen genießen, um nach den anstrengenden vergangenen Wochen meinen Mineralhaushalt zu regulieren.

Mehr als eine physische Wirkung kann man dem nordeuropäischen Importprodukt nicht abgewinnen. Das Bier ist nämlich lauwarm, eher sogar warm. In Deutschland würde man es als abgestanden und ungenießbar bezeichnen. Die braven Jungs kennen sich halt überhaupt nicht aus mit dem seltenen Getränk. Sie sollen auch besser nicht auf den Geschmack kommen, das könnte für sie ruinös teuer werden. Also behalte ich zur Sicherheit der Jugend den Hinweis auf die optimale Trinktemperatur für Bier für mich und leere tapfer eine Dose des warmen Gebräus, der Minerale wegen sogar noch eine zweite. Die meisten trinken nicht einmal eine Dose zu Ende, sei es wegen des Geschmacks oder wegen der Wirkung.

Als die Gäste gegangen sind, werden alle Spuren der sündigen Orgie beseitigt. Die zwei kleinen Bierflecken auf dem Pflaster werden sorgfältig weggewaschen, und die Dosen in eine der üblichen dunkelbraunen Einkaufstüten aus Plastik verpackt und dezent auf die Straße gestellt, einige Meter vom Haus entfernt.

Brief und Aufbruch

Im Laufe des nächsten Tages möchte ich die Fahrt ins Innere Marokkos angehen. An einen frühen Aufbruch, wo der Tag dann für eine größere Etappe reichen würde, ist aber nicht zu denken. Nach der Party kann man dem angeschlagenen Gastgeber nicht zumuten, allzu früh aufzustehen. Und dann muss natürlich noch der Brief geschrieben werden.

Um Missverständnisse möglichst zu vermeiden, einigen wir uns darauf, dass Saïd in einem Brief an meine Schwester auf Französisch genau schreibt, worum es geht, und ich auf Deutsch eine Erklärung hinzufüge.

Als ich zwei Monate später wieder zu Hause bin, erfahre ich, dass der Brief tatsächlich über eine Woche unterwegs war. Saïd hatte ihn so formuliert, als ob ich ihn verfasst hätte. Natürlich wurde das Schreiben nie für mein Werk gehalten. Selbst wenn ich in den paar Nie könnte ich einen Brief so höflich und charmant formulieren wie ein junger Araber. Das bestätigte zumindest meine Schwester. Nebenbei bemerkt kann ich kein Französisch. Wie dem auch sei, meine Familie wusste nicht, wie sie reagieren sollte. Meine Mutter fragte bei der Polizei nach, was die davon hielten. Die erklärten, dass sie, falls sie ihm eine Einladung schicken würden, für den Marokkaner haftbar wären, wenn ihm etwas passieren oder er etwas anstellen würde. Andererseits sollten sie ihn lieber nicht verärgern, da ich ja in seiner Hand sei. Beruhigt war meine Mutter nach dem Gespräch mit dem Polizisten nicht.

Meine Schwester schrieb zunächst in einem Antwortbrief, dass sie nicht ganz verstanden hätte, was sie machen solle. Daraufhin hat Saïd angerufen und alles genau erklärt. Irgendwie hat sie ihn dann auf meine Rückkehr vertröstet und die Sache hat sich letztendlich im Sand verlaufen.

Ein gutes Gefühl hatte ich bei der Sache schon in Marokko nicht. Mir war klar, dass aus Saïds Deutschlandreise wahrscheinlich nichts werden würde. Und das finde ich nach wie vor unfair. Wenn ich als Deutscher nach Marokko fahre, fülle ich an der Grenze ein Formular von der Größe einer Postkarte aus, lege meinen Reisepass vor, und der Zollbeamte wünscht mir eine gute Reise. Wie kommt aber ein Marokkaner nach Deutschland, wenn er kein dickes Bankkonto vorweisen kann? Er muss einen Deutschen treffen, der ihm unbedingt vertraut und eine gute Haftpflichtversicherung hat. Gerecht finde ich das ganz und gar nicht, aber im Augenblick kann ich es nicht ändern. Hier und jetzt - Ende August 1988 - schreiben wir den Brief und ich packe mein Rad auf.

Nachdem alles Notwendige erledigt worden ist, brennt die Mittagssonne derart herunter, dass die Freunde darauf bestehen, dass ich meinen Aufbruch auf den späten Nachmittag verschiebe. Auf der Straße fällt mein Blick übrigens auf die braune Plastiktüte, die immer noch vor dem Grundstück des Nachbarn steht. Oder war es die? Oder die? Da haben wohl andere auch gefeiert. Oder es ist üblich, seinen Müll in einer braunen Tüte auf die Straße zu stellen. Gegen drei Uhr ist schließlich endgültig der Augenblick des Abschieds gekommen. Nach einigen Umarmungen und Glückwünschen fahre ich los in Richtung Selouane, zu meiner ersten Etappe in Marokko!

Die erste Etappe in Marokko

In Selouane schätze ich ab, dass ich den nächsten Ort noch bei Tageslicht erreichen könnte. So kaufe ich hier nur ein paar Lebensmittel ein und versuche wieder einmal, meinen Benzinkocher auffüllen zu lassen. Der Tankwart findet wie seine Kollegen in Spanien, dass das zu gefährlich sei.

Auf freier Strecke holt mich die Dunkelheit ein. Da ich nicht weiß, ob im nächsten Dorf überhaupt ohne weiteres eine Unterkunft zu finden wäre, die Nacht schön warm ist und genügend kleine abgeerntete Felder am Weg liegen, breite ich einfach hundert Meter neben der Straße die Schlafsackunterlage aus. Hier werde ich niemanden stören. Es ist so warm, dass ich den Schlafsack nur als Kopfkissen benutze. Im Bedarfsfall könnte ich innerhalb von Sekunden wieder aufbrechen.

Offenbar machen die Marokkaner ihre nächtlichen Spaziergänge nicht nur innerhalb der Ortschaften. Auch hier, mindestens zwei Kilometer vom nächsten Ort entfernt, sind ständig Fußgänger unterwegs. Die nehmen zwar durchaus Notiz davon, dass da jemand liegt, aber sobald sie sehen, dass sich nur jemand zum Schlafen hingelegt hat, gehen sie weiter. Meine Grüße werden leicht irritiert aber höflich erwidert. Einer fragt, ob alles in Ordnung sei. Alles in allem habe ich ein sicheres Gefühl, und die Luft bleibt die ganze Nacht über warm genug.

„Straßenräuber"

Etwa eine Stunde vor Sonnenaufgang ertönen aus verschiedenen Richtungen die aus Nador schon vertrauten lauten Rufe zum ersten Morgengebet, und ich breche auf. Am Morgen ist es hier wunderbar zum Fahren, und auch die gestrigen Abendstunden waren angenehm.

Selbst mit einer langen Mittagspause kämen also etliche Stunden Fahrzeit zusammen. Die Straßen sind bisher allesamt geteert und fast frei von Schlaglöchern, so dass auch hier ordentliche Strecken zurückgelegt werden könnten.

Aber eigentlich bin ich ja nicht zum Kilometer fressen hier, sondern will ein wenig von Land und Leuten kennenlernen. Sehr bald stelle ich fest, dass der Kontakt zur Bevölkerung sich fast zu leicht herstellt. Vor allem die Mehrheit der Einwohner, die Kinder, sind immer zur Stelle, wenn ich eine Ortschaft durchfahre. Bei einer kleinen Abfahrt versperren mir ein paar richtig den Weg. Diesmal mag ich aber nicht anhalten und fahre bremsbereit aber in fast unvermindertem Tempo in der Mitte der Straße auf die übermütigen Kleinen zu. Die müssen ihre Menschenkette öffnen. Wäre auch noch schöner, wenn die Fratzen Passanten schikanieren könnten, wie sie wollen. Allerdings ist einer von ihnen so frech, dass er auf das Rad zusprintet und mit beherztem Griff die Tüte mit den Vorräten vom Gepäckträger reißt. Das angebissene Stück Brot und die paar Schmelzkäseecken wären ihm gegönnt, aber mir gefällt das Spiel ganz und gar nicht. Da die Kinderschar ziemlich groß und recht aufgekratzt ist, ziehe ich es vor, meinen Weg ohne Unterbrechung fortzusetzen und den Verlust des Brotes als Lehrgeld zu betrachten.

So etwas ist mir nicht zum ersten Mal passiert: Letztes Jahr in Jugoslawien haben mir Kinder während der Fahrt an einer Steigung ein T-Shirt vom Gepäckträger gezerrt, das dort zum Trocknen aufgespannt war. Ab jetzt kommt das Brot in die Packtaschen. Damit die Kinder trotzdem nicht um den Genuss einer Mutprobe kommen, wird in Zukunft einfach der anfallende Müll in möglichst bunten Tüten ganz außen auf dem Schlafsack angebracht. Sind andere Kinder auch so frech wie die von eben,

löst sich die Frage, wie man Abfall entsorgt, ohne ihn einfach auf der Straße liegen zu lassen, fast wie von selbst.

Dummerweise haben die Kinder einen für mich empfindlich ungünstigen Zeitpunkt für ihren Beutezug erwischt. Sie selber haben ein Stück Brot und ein paar Ecken Käse, die sie vielleicht nicht einmal essen. Ihr Opfer aber kommt stundenlang in keine Ortschaft mehr. Verhungern werde ich zwar nicht, aber mit knurrendem Magen zu radeln, ist nicht angenehm.

Gegen Mittag erreiche ich an einer Kreuzung eine einsame Bar mit Tankstelle. Dort trinke ich eine Tasse stärkenden, süßen Pfefferminztees, während der Wirt gemütlich an seiner selbst gedrehten Zigarette zieht, die bestimmt nicht nur Tabak enthält. Freundlich wie er ist, bietet er dem jungen Ausländer an, einen Zug zu machen: Haschisch? Ich lehne mit dem Argument ab, dass das schlecht zum Radeln wäre. Damit ist der Wirt einverstanden. Dazu ist anzumerken, dass das ganze Gespräch fast ohne Worte stattfindet.

In Richtung Taourit führt die Straße durch ein flaches Waldstück. Eigentlich könnte man im Schatten der Bäume auch in den Mittagsstunden problemlos weiterfahren. Aber der Wald bietet sich für eine Siesta an und der Magen ist noch leer. Daher beschließe ich, ein Mittagslager aufzuschlagen, bevor ich den Wald durchfahren habe und dann womöglich keinen Schatten mehr finde.

Nicht weit von einer Baustelle an einer Brücke breite ich meinen Poncho aus und durchsuche meine Packtaschen nach Essbarem. Ich finde noch ein halbes Fladenbrot und jede Menge Suppenwürfel. Wasser habe ich selbstverständlich immer dabei. Der Benzinkocher ist zwar noch immer nicht aufgefüllt, aber vor der Abfahrt hatte ich noch den Rest aus einem Döschen mit Feuerzeugbenzin in den Stahlzylinder gekippt. Das genügt, um den halben

Liter Wasser in meiner Stahltasse kurz zum Kochen zu bringen. Suppe, Brot und Nicker-chen tun richtig gut. Die Tageseinteilung mit der langen Pause hat etwas für sich. In der Mittagshitze liege ich im Schatten und ruhe mich aus und am späten Nachmittag kann ich frisch und munter noch problemlos etliche Ki-lometer hinter mich bringen. In Taourit bin ich sowieso bald, und bis zum Abend könnte ich sogar noch Guercif erreichen.

Unerwartetes Nachtlager

Gegen vier Uhr, als die Hitze langsam nach-lässt, kommen ein paar junge Männer von der Baustelle herüber, um mit mir zu reden. Sie laden mich zu einem Tee in ihr Camp ein. Die meisten sind vor allem Studenten aus dem Sü-den Marokkos, die hier in den Semesterferi-en Geld verdienen. Im Reden über Gott, die Wirtschaft und die Welt rückt der Tag so weit vor, dass es sich nicht mehr rentiert weiterzu-fahren, zumal die Leute hier versichern, dass im Zelt genug Platz für einen Gast sei. Sie schreiben auch ihre Heimatadressen in mein Notizbuch. Da kannst du uns auf deiner Fahrt nach Süden besuchen.

Wenn du wieder in Deutschland bist, kannst du uns übrigens ein Certificat de Bergement schicken. Ich würde gern nach Deutschland gehen. Und möglicherweise nicht wiederkom-men, das wäre mir egal. Hier gibt es keine Zukunft für junge Leute.

Das wären also Bestellung Nummer zwei und drei für ein Certificat de Bergement, und das schon auf der zweiten Etappe in Marok-ko. Wenn das so weitergeht, kann ich nach der Tour eine Jobvermittlung für arbeitswil-lige und zum Teil hochqualifizierte Marokka-ner aufmachen. Wenn ich mehr über den deutschen Arbeitsmarkt wüsste, könnte ich

gleich mit den Beratungen anfangen. Dürf-ten die jungen Marokkaner als meine Gäste in Deutschland überhaupt eine Arbeit suchen? Vor meiner nächsten Radtour muss ich mich besser über solche juristische Fragen informie-ren.

Als ich auf die Frage meiner Gastgeber, wann ich am anderen Tag aufbrechen wolle, mit sechs Uhr antworte, tauschen sie ein wissendes Grinsen aus. Aber ich erwache beim Aufruf zum Morgengebet und breche bei Sonnenauf-gang auf in Richtung Taourit. Um diese Zeit ist die Luft wunderbar kühl und frisch, noch viel erfrischender als an den lauen Abenden. Eigentlich ist es völlig unverständlich, dass ein Einheimischer wie Saïd sich diese wundervolle Tageszeit freiwillig entgehen lässt.

In Taourit bekomme ich heute sogar Milch. Gestern Vormittag hatten die Händler immer bedauert, dass diese schon aus sei, oder dass es zur Zeit keine gebe. Bei den Temperaturen ist es eigentlich sogar gut, dass das empfindli-che Getränk so schnell vergriffen ist. So hat es keine Zeit, in der Hitze des Tages Schaden zu nehmen. Heute nutze ich die Gunst der frü-hen Stunde und erstehe zwei Packungen zu je einem halben Liter. Was in Europa gut ge-tan hat, kann doch hier nicht schaden - oder? Nach schlechten Erfahrungen auf einer Rad-tour durch Jugoslawien trinke ich die Milch nicht kalt. In den Packtaschen wird sie bald eine bekömmliche Temperatur erreichen, noch bevor sie verdirbt.

Mitten in Taourit gerate ich in eine große Men-schenmenge. So viele Leute können in dem kleinen Ort doch gar nicht wohnen. Ich neh-me es als Bad in der Menge und genieße das rege aber friedliche Treiben als echt exotisches Erlebnis. Mittendrin grüßt mich ein junger Deutscher. Wir tauschen kurz unsere Reise-routen aus. Er hat heuer sein Abitur gemacht und ist mit einem Kameraden von Deutschland bis nach Marokko geradelt. Jetzt zieht es der Freund vor, mit dem Bus die Heimreise anzutreten. Er selbst möchte nach Möglichkeit nach Algerien weiterradeln und dann schauen, wie es weitergeht. Das wäre eine Gelegenheit für uns, zu zweit weiterzureisen. Ich kann mich spontan nicht so recht mit der Idee eines Abstechers nach Algerien anfreunden. So bleibt es bei dem kurzen Wortwechsel, und unsere Wege trennen sich schon wieder.

Heute kann ich an einer einsam gelegenen Tankstelle meinen Benzinkocher auffüllen. Ich darf sogar zwischen verschiedenen Sorten wählen. Bleifrei gibt es nicht, aber für den Kocher wird das nicht so wichtig sein. Oder? Mehr als Ausprobieren bleibt mir nicht übrig. Als der Tankwart den Stahlzylinder in die eine und den Füllstutzen in die andere Hand nimmt, beginne ich zu verstehen, warum seine Kollegen nicht bereit waren, den Kocher zu füllen: Während der hilfsbereite Mann versucht, den benötigten Viertelliter durch die einen Zentimeter kleine Öffnung laufen zu lassen, rinnt ein Mehrfaches davon über seine Hand auf den Boden. Wenn als Nächstes jemand mit einer Zigarette kommt, kann das fatale Folgen haben. Na, es wird schon nichts passieren, Inschallah.

Gegen Mittag melden sich Hunger und Durst. Es ist höchste Zeit, eine der Milchtüten aufzumachen. Drinnen wartet eine Überraschung. Die drei Stunden in der Hitze bei dem Geschaukle waren für die Milch wohl doch zuviel. Aber kalt wäre sie zu gefährlich gewesen. Riechen tut sie wenigstens noch einwandfrei, herrlich frisch steigt der sanfte Duft der Milchsäure in die Nase. Am Geschmack ist auch nichts auszusetzen. Und die Butterflocken machen sich gut - eine Milch mit Biss. Der Magen nimmt es nicht übel, also wage ich es, auch die zweite Tüte aufzubrauchen, bevor sie doch noch schlecht wird. Nach ein paar Schlucken

Wasser, die helfen sollen, die Milch leichter zu verdauen, mache ich mich auf nach Guercif.

Gastfreundliches Guercif

Kurz vor Guercif geht eine Straße nach Süden ab. Auf der könnte ich das Rifgebirge vermeiden. Da entlang dieser Strecke allerdings relativ wenige Siedlungen eingezeichnet sind, will ich vorher in Guercif meine Vorräte aufstocken und vor allem den Wassertank auffüllen. Kurz vor der Einfahrt in den Ort meldet sich der Magen und macht mir entrüstet bewusst, dass er seit Tagen kaum etwas zu arbeiten gekriegt hat. Bevor er andere Körperteile zum Streik aufruft, mache ich lieber am Straßenrand im Schatten eines Baumes eine einfache aber im Vergleich zu den letzten Tagen kräftige Brotzeit: Ein Fladen Brot und ein Becher Joghurt.

Auf der anderen Straßenseite stehen zwischen Bäumen verstreut ein paar strohgedeckte Lehmhäuschen. Gerade als ich fertig bin, kommt von dort ein kleiner Junge über die Straße und übergibt dem Fremden unter den Augen seiner Mama, die ihn von ihrer Haustür aus beobachtet, ein großes, frisch gebackenes Fladenbrot. Der Kleine verschwindet über die Straße, bevor ich mich von meiner Überraschung erholt habe und reagieren könnte. Um zu zeigen, dass das Geschenk willkommen ist, verspeise ich es unverzüglich an Ort und Stelle. Diese zweite Mahlzeit dürfte für den restlichen Tag ausreichen.

Noch bevor ich wieder auf dem Rad sitze, kommen zwei von mehreren jungen Männern, die sich bisher vor einem größeren Haus am Ortsanfang unterhalten haben. Nachdem wir ein wenig geredet haben, werde ich ins Haus eingeladen. Der Vater eines der Jungen ist als Tierarzt einer der wichtigsten Männer im Dorf. Zudem befindet sich auf seinem Grund

ein Brunnen. Vor dem steht gerade eine kleine Menschenschlange auf der Straße an, als wir
drei das Tor zum Hof aufmachen. Im ganzen
Dorf, das gar nicht so klein aussieht, gibt es
nur drei Brunnen.

Freundlich werde ich zum Essen eingeladen.
Wohl wegen des Wassermangels wird vor der
Mahlzeit nur ein Tuch gereicht, um die Hände abzuwischen. Das Essen ist überaus reichlich, vor allem für jemanden, der soeben bereits eine mehr als ausreichende Menge Brot
gegessen hat. Und von mir wird ein großer
Appetit erwartet. Bei den leckeren Gemüsen
und Salaten ist dieser auch vorhanden. Besonders fein schmeckt eine weiße Masse, die
in Geschmack und Gehalt zwischen Frischkäse
und Butter liegt. Während der stolze Hausherr nach und nach immer noch einen Leckerbissen vorschlägt, wird der Magen gefährlich
voll, so dass ein Spaziergang mit dem Junior
und einem Freund als Erlösung erscheint.

Die beiden Freunde sind Gymnasiasten und
stehen im letzten Schuljahr. Der Weg führt
über Felder zu einem Marabut, einer Art Kapelle, in der ein Heiliger begraben liegt. Dort
können wie in einer Kirche Kerzen angezündet
werden. In den wenigen Tagen in Marokko ist
mir schon aufgefallen, dass Religion hier eine größere und selbstverständlichere Rolle im
Denken und im Alltag spielt als in Deutschland. Als wir wieder zurück sind, spielen wir
im Garten auf einem überraschend grünen Rasen eine Runde Rommé. Nachdem sich der
Freund verabschiedet hat, möchte mein junger Gastgeber über Christentum und Islam
plaudern. Er stellt die Wesenszüge des Islam dar und ich vergleiche diese mit denen des
Christentums. Wegen des geringen gemeinsamen Wortschatzes müssen wir uns beide sehr
einfach ausdrücken. So bleibt kein Platz für
Spitzfindigkeiten, und es fällt schnell auf, dass
die Wesenszüge des Islam im Grunde auch die

des Christentums sind. Selbst als wir mehr ins
Detail gehen, finden sich auch ohne Theologie-
studium zu den verschiedensten Aussagen des
Koran leicht eindeutige Parallelen in der Bibel.
Das verwundert nicht, da die Bücher und Leh-
ren, auf die sich beide Religionen stützen, die
gleichen Wurzeln haben. Erstaunlich finde ich
am Ende wieder einmal nur die Tatsache, dass
die beiden Religionen in den Medien als so ge-
gensätzlich dargestellt werden und die jeweils
andere derart als Gefahr aufgebaut wird. Da
steht wohl, vorsichtig ausgedrückt, mehr Politik dahinter als Religion. Vermutlich werden
die Anhänger der beiden Religionen von ein-
flussreichen Leuten gegeneinander aufgehetzt,
die sich einen Vorteil davon versprechen. Der
einzige Unterschied, den wir in den vielleicht
zwei Stunden finden, ist der, dass Jesus laut
Koran unter einem Baum geboren wurde und
laut Bibel in einem Stall. Wir einigen uns aber
darauf, dass wesentlich ist, dass er kein Kind
reicher Eltern war.

Damit ich am nächsten Morgen zeitig aufbrechen kann, machen wir uns noch vor der im
Ort üblichen Ladenschlusszeit auf den Weg
zum nächsten Kiosk, um Proviant für den Weg
nach Süden einzukaufen. Nach einem kleinen
Spaziergang durch das Dorf und dem einen
oder anderen Schwatz mit Bekannten meines
Gastgebers kehren wir ins Haus zurück. Als
Schlafzimmer für die Kinder und für Gäste
dient der lange Raum, in dem auch das Essen
stattfand. Man sucht sich einfach einen Platz
auf den gepolsterten Bänken, die die Wände
säumen.

Gegen Morgen rebelliert der Darm recht hef-
tig. Toilette ist der Gemüsegarten, der von
tiefen Bewässerungsgräben durchzogen ist, die
in der Dunkelheit des Vormorgens zu gefährlichen Stolperfallen für den Ortsunkundigen
werden, nicht zu reden von den Hinterlassenschaften der zahlreichen Familienmitglieder.

Erleichtert und nach einem kleinen Frühstück schlage ich endlich den Weg nach Süden ein, am Rande der Sahara den Moulouya entlang. Meinen Tank habe ich noch nicht gefüllt, da mir in Guercif geraten wurde, mich an Mineralwasser aus der Flasche zu halten.

Oasen, Kinder und keine Ruhe

Wenn man die Landkarte anschaut, sieht man auf dieser Strecke nur etwa alle dreißig bis fünfzig Kilometer einen Ortsnamen, und das, obwohl parallel zur Straße ein Fluss verläuft und die Landschaft eben ist. Sehr viel Wasser kann der Fluss also nicht führen, sonst hätten sich am ganzen Flusslauf Bauern angesiedelt. Ein anderer Hinweis auf die Trockenheit der Gegend ist die Tatsache, dass sogar einzelne Wasserstellen in der Karte verzeichnet sind. Die erste davon - Fritissa - nutze ich vorsichtshalber, um im Notfall für zumindest zwei Tage Wasser zu haben. Fritissa liegt in einer kahlen Umgebung und besteht aus einem kleinen Steinhäuschen und einem Ziehbrunnen. Ein freundlicher kleiner Junge übernimmt die Aufgabe, den Reisenden beim Auffüllen ihrer Wasserbehälter zu helfen. Als im Kanister und in den Plastikflaschen etwa zwölf Liter Wasser verstaut sind, fühle ich mich ausreichend gerüstet für die Weiterfahrt.

Zwölf Liter hört sich nach sehr viel an, aber im Laufe einiger Jahre ausgiebigen Radfahrens hat sich herausgestellt, dass es bei langen Strecken wichtig ist, viel zu trinken. Sonst ist man spätestens am nächsten Tag nicht mehr zu gebrauchen. Wenn man viel zu wenig trinkt, können schon während der Fahrt die Muskeln hart und anfällig für kleine Verletzungen und Krämpfe werden. Als Faustregel rechne ich mit zwei bis vier Litern pro hundert Kilometer zusätzlich zum normalen Verbrauch von etwa drei bis vier Litern pro Tag.

Die zwölf Liter reichen demnach bei hundertfünfzig Kilometern gerade für gut einen Tag, eine erträgliche Hitze und das normale mäßige Fahrtempo vorausgesetzt. In Notfällen, zum Beispiel einer größeren Panne, oder wenn in den Dörfern kein Wasser aufzutreiben ist, könnte ich aber auch zwei oder drei Tage lang damit auskommen.

Nachdem ich das Wasser mit Bakterien tötenden Tabletten, die zwei Stunden für ihre Aufgabe brauchen, präpariert habe, geht es weiter auf der Straße, die erstaunlich gut ist. Schnurgerade und ohne Schlaglöcher zieht sich das etwa drei Meter schmale Asphaltband nach Süden. Es liegt auf einer gegenüber der Landschaft leicht erhöhten Schotterunterlage, links und rechts oft in einigem Abstand von einem Straßengraben begrenzt. Ungefähr alle zwanzig Kilometer durchquert die Straße eine ein bis zwei Meter tiefe Mulde, die bei Regen einem Fluss den Weg über die Straße zeigen soll. Diese Mulden sind mit sehr großen Steinen ausgepflastert, die auch reißenden Bächen Stand halten dürften. Hier ist es zum Wohle der Felgen und Speichen natürlich notwendig, das Tempo zu drosseln. Ansonsten kann man in der morgendlichen Kühle nach Lust und Laune in die Pedale treten und sich die meiste Zeit als Herr der Landstraße fühlen. Die Strecke ist nämlich kaum befahren. Nur ein paar Mal in der Stunde begegnet man einem anderen Fahrzeug. Meistens sind das alte PKWs einer deutschen Marke oder japanische Pick-ups, Autos mit einer Ladefläche, die oft mit Menschen oder Tieren beladen ist, oder alte Kleinlaster, die auf dem Laderaum noch ein Dachgeschoß haben, das eigentlich immer voll besetzt ist, soweit die Leute da oben genug Platz zum Sitzen haben. Ich nenne sie hier Berbertrucks. Diesen relativ breiten Fahrzeugen muss man wohl oder übel auch als Radfahrer auf den über zehn Zentimeter tiefer liegenden Schotter ausweichen, worauf sich die

Fahrer jeweils höflich bedanken. Ein Versuch, ob die Straße nicht doch breit genug für beide Fahrzeuge ist, führt dazu, dass der Berbertruck mit zwei Rädern auf das tiefer gelegene und dazu sehr holperige Bankett rumpelt. Dadurch werden aus den zahlreichen Fahrgästen auf dem ungefederten Dach etliche laute Ausdrücke herausgeschüttelt, die der Tonart nach nicht zum Inhalt haben, dem eigensinnigen Radler Wohl und Segen zu wünschen. Die Straßenbreite reicht also nicht für zwei, und die paar Mal muss man halt sein eigenes Gefährt dem groben scharfkantigen Schotter aussetzen, und danach wieder vorsichtig die hohe Stufe zum Asphalt erklimmen. In den Taschen sind ja Ersatzreifen.

Außer den Gräben und den anderen Fahrzeugen gibt es eigentlich nicht viel zu sehen. Voraus liegt die Straße. Links erstreckt sich so weit das Auge reicht eine von wenigen mageren Grasbüscheln bewachsene sandige Ebene. Rechts ist es noch am abwechslungsreichsten. Dort wird der Horizont vom steil aufragenden Rand eines Gebirges abgeschnitten, das immer hinter einem leichten Dunstschleier liegt. Davor zieht sich streckenweise ein schmaler Baumstreifen hin, der meist in etwa ein bis zwei Kilometern Entfernung von der Straße verläuft und sicher den Verlauf des Moulouya markiert.

Auf der Karte sind nach Fritissa außer diesen entfernten Baumstreifen zwei Stellen mit Bäumen eingezeichnet, die neben der Straße liegen und die ich um die Mittagszeit erreichen dürfte. Die erste dieser winzigen Oasen erreiche ich sogar schon gegen zehn Uhr, als es fast noch zu kühl ist, um im kurzen Trikot zu fahren. Außer den Schatten spendenden Bäumen sieht man hier ein Auto, ein Häuschen und etwa ein Dutzend lärmende Kinder, denen der Radfahrer, der eindeutig fremd aussieht, nicht entgeht. Da kommt ein Spielzeug!

rufen sie sich jetzt wohl zu und plärren „Monsieur, Monsieur!" und als er nur grüßt, aber nicht anhält, lassen sie sich für ihn ein besonders spaßiges Spiel einfallen: Steine werfen. Bei so vielen Werfern treffen natürlich einige, was dem Spiel zumindest für einen der Beteiligten etwas den Spaß nimmt. Da der Zielscheibe ihre Rolle nicht gefällt, visiert sie nach einer scharfen Wende die übermütigen Kleinen, die sich zum Werfen quer über die ganze Straße postiert haben, über den Lenkervorbau an und nimmt sie mit hoher Geschwindigkeit vor die Gabel. Als nun der Fremde plötzlich nicht mehr flüchtet, sondern mit grimmigem Gesicht und dem Brüllen eines wilden Tiers auf sie zufährt, nehmen die meisten statt Steinen ihre Beine in die Hand. Nachdem sie gesehen haben, dass Fremde auch böse werden können, fahre ich nach einer erneuten Wende weiter. Ob die Kinder hier überall so unartig sind? Das gäbe in diesem Land der kinderreichen und sehr kinderreichen Familien ein echtes Problem.

Ein gutes Stück später kommt die nächste Baumgruppe, die auf der Karte eingezeichnet war. Hier ist es wesentlich ruhiger und es wird langsam unangenehm heiß. In dem lichten Wäldchen breite ich meinen Regenumhang als Unterlage aus und nehme einen tüchtigen Zug aus der Wasserflasche. Nach Essen verlangt der Körper überhaupt nicht. Vielmehr ist er von den üppigen Mahlzeiten vom Vortag richtig träge, und der Magen fühlt sich noch voll an. Das ist ungewöhnlich für jemanden, der sonst immer und jederzeit essen kann. Kaum dass ich begonnen habe, auf dem Rücken liegend die angenehme Kühle des Schattens und das für die Augen erfrischende Grün der Baumkronen in mich aufzunehmen, höre ich Kinderstimmen. Ein halbes Dutzend Jungs zwischen sechs und zwölf Jahren hat mich entdeckt. Guten Tag, woher kommst du? Wohin willst du? Dürfen wir mit deinem Rad fahren? Jaaa, bittee! Wir dürfen fahren, ja? Nur ein bisschen fahren! Danke. Da es nur recht wenige sind, kann man ihnen den Spaß ja gönnen. Die meisten erreichen bei dem großen Herrenfahrrad kaum die Pedale, so dass man sowieso das Stahlross für sie festhalten muss. Es besteht also keine Gefahr, dass sie sich mitsamt dem voll bepackten Rad aus dem Staub machen. Erfahrungen mit besonders frechen Jungs in Jugoslawien legen es allerdings nahe, das Gepäck keine Sekunde aus dem Auge zu lassen. So eine Gelegenheit, irgend etwas Exotisches zu ergattern, kann verlockend sein.

Einer fragt, wieviel das Zahlenschloss kostet. Um zu zeigen, dass er es wirklich kaufen will, kramt er ein paar Münzen aus der Tasche. Mein Kopfschütteln deutet er so, dass das Angebot zu niedrig ist, und greift tiefer in die Tasche und hält mir eine ganze Hand voll Geldstücke hin. Das Angebot ist echt großzügig für das billige Ding. Aber der Junge weiß vermutlich nicht einmal so richtig, wie man damit umgeht, vielleicht nicht einmal, was das eigentlich ist. Es wäre zwar ein Statussymbol, aber das Geld kann er anderswo besser anlegen.

Außerdem habe ich das Schloss nicht zum Spaß mitgenommen. Es ist nicht besonders sicher, aber für kurze Zeit kann es wohl abschrecken. Bei Schlössern mit Schlüsseln musste ich schon erfahren, dass es problematisch wird, wenn durch Diebstahl oder ein anderes Missgeschick der Schlüssel verloren geht. Dann ist das Schloss nämlich wertlos - wenn man Glück hat und das Rad gerade nicht abgesperrt war. In Jugoslawien hatte sich einmal der bodenlose Leichtsinn, das Rad unabgesperrt auf dem Campingplatz abzustellen, als rettender Zufall erwiesen, nachdem beim Baden das Trikot mit dem Geld und den Schlüsseln gestohlen worden war. Für die restlichen drei Wochen jener Tour waren die Schlösser

dann nur noch als Zierde am Rad.

Jedenfalls muss sich der Junge damit abfinden, dass das Schloss unverkäuflich ist. Ein anderer will den Fremden zum Tee einladen, da sein Vater hier wohnt. Er ist auch sehr darum besorgt, dass seine Freunde nicht zu frech werden. Da die letzten Tage gezeigt haben, wie sich so eine Einladung ausweiten kann, und da ich endlich etwas weiter nach Süden vordringen will, verzichte ich auf das großzügige Angebot.

Verzichten muss ich auch auf die Fortsetzung der Pause. Wer weiß, ob nicht noch mehr neugierige oder gastfreundliche Leute kommen. Die Mittagspause ist also nicht immer so einfach einzuhalten. In Spanien war manchmal weit und breit kein Schatten zu finden, und in Marokko wollen sich die Leute verständlicherweise die mögliche Abwechslung nicht entgehen lassen, wenn schon einmal ein Fremder in ihre Welt eindringt. Und Menschen gibt es in Marokko offensichtlich überall, wo Schatten spendende Bäume wachsen. Und es gibt viele, viele Kinder, die äußerst neugierig und nicht immer so freundlich sind wie diese hier.

Outat-el-Haj

Wo aus Stunden Tage werden Da es inzwischen ziemlich diesig geworden ist, ist es nicht einmal zu heiß, um die Fahrt fortzusetzen. Ich beobachte die niedrigen Sandwolken, wie sie vom immer stärker wehenden Ostwind über die schmale Fahrbahn gewirbelt werden, um auf der anderen Seite nach und nach einen kleinen Wall aufzuschichten. Stellenweise zweigen Sandpisten in Richtung Sahara ab, Verlockungen für spätere Reisen.

Ich habe keinen Grund, mich zu beeilen. Außerdem fühlt sich unter anderem der Magen nicht besonders gut. Aber auf dem glatten, flachen Asphaltband läuft das Rad praktisch von selbst. Die Muskeln besorgen den Antrieb fast automatisch. Wenn das so bleibt, komme ich heute noch nach Outat-el-Haj, wenn nicht sogar bis Missour. Nach Missour wären es aber noch fünfzig Kilometer mehr, insgesamt zweihundert.

Im Verlauf der heutigen Route können sich nur zwei Probleme ergeben: Dass man im angestrebten Dorf als Ausländer nicht übernachten kann, oder dass ich die Ortschaft von der Straße aus übersehe. Die Siedlungen in dieser Gegend liegen bestimmt alle am Moulouya, vielleicht versteckt hinter Bäumen. Immer öfter zweigen Straßen in Richtung Fluss ab. Ohne Kilometerzähler und angesichts der gleichförmigen Landschaft lässt sich schwer abschätzen, welche davon zu einer Ortschaft führt und welche nur zu einsamen Gehöften. Die riesigen Markierungssteine an fast jeder Abzweigung sind auch keine große Orientierungshilfe, da der Wind im Laufe der Jahre von den arabischen Inschriften nur noch Spuren übrig gelassen hat. Leute, die man nach dem Weg fragen könnte, sind auch selten. Aber genau genommen ist das alles kein Problem, da sowohl die Ausrüstung als auch die Vorräte leicht für eine Übernachtung im Freien und für eine weitere Etappe ausreichen. Und vermutlich werde ich in dem flachen Gelände Outat-Oulad-El-Haj doch schon von weitem sehen.

Zwischendurch spendiert mir ein junger Mann, der einen Eselskarren mit einem Flüssigkeitsbehälter lenkt, einen Becher herrlich kühler Buttermilch. Das muntert auf, zumal der Ostwind immer stärker wird. Noch ist er als Seitenwind nicht bedrohlich, aber die Luft, die er aus der Sahara mitbringt, ist so abgestanden, dass sie eher niederdrückt statt zu erfrischen. Das Wort Fieberdämpfe taucht im Kopf auf, und tatsächlich fühle ich mich innerhalb weniger Minuten recht schlapp und beinahe fiebrig, als der stickige Wind immer deutlicher spürbar wird.

Zeitig am Nachmittag ist plötzlich rechts eine Ortschaft sichtbar. Die Zufahrt dorthin ist asphaltiert und der Wind drückt mich praktisch hinein. Passanten bestätigen, dass dies Outat-el-Haj ist. Schon bei einem der ersten Häuser winkt mich ein junger Mann in ein Geschäft, in dem es angenehm kühl ist. Er deutet auf die Wasserflasche auf meinem Gepäckträger, deren Inhalt zwar desinfiziert, aber durch die Sonne mehr als warm ist. Hilfsbereit bietet er an, sie mit einem Stück Eis zu kühlen. Da in jedem Reiseführer vom Genuss von Eis in jeglicher Form abgeraten wird, lehne ich das nette Angebot lieber freundlich ab. Ohne Plan geht die Fahrt dann wenige hundert Meter weiter in die Dorfmitte.

Der erste Ausländer seit sechs Jahren

Sekunden später ist das Rad von Neugierigen umringt, allen voran die Kinder. Nach wenigen Minuten sind schätzungsweise gut zweihundert Menschen auf dem Platz. Viel mehr werden hier gar nicht wohnen.

Komm mit!

Einige Erwachsene versuchen, das Fahrrad vor dem Zugriff allzu frecher Kinder zu schützen. Aber natürlich müssen die das Gepäck anfassen - solange der Fremde wegschaut. Sobald der sich nämlich zum Gepäckträger umdreht, weichen sie respektvoll fast einen Meter zurück, wogegen sich sogleich die auf der anderen Seite näher heranwagen. Jede weitere Änderung der Blickrichtung hat die gleiche Wirkung. Die ganze Meute lässt sich praktisch allein durch leichte Körperdrehungen dirigieren. Die Kinder haben also etwas Respekt vor dem Fremden und die Erwachsenen sind so rücksichtsvoll, dass sie darauf achten, dass trotz der nicht organisierten Menschenmenge niemand zu Schaden kommt. Das beruhigt.

Nach und nach höre ich einzelne Stimmen aus dem Chaos heraus. Monsieur, Monsieur! Einige Kinder rufen „Madam!". Bald ist aber bekannt, dass der Fremde auf Englisch besser anspricht als auf Französisch. Ein paar Leute, die sich in dieser Sprache unterhalten können, haben sich bald auf Sprechweite herangearbeitet. Immer öfter dringen englische Sätze durch. Komm mit! Einem jungen Mann, der Vertrauen erweckend aussieht und sehr gut Englisch spricht, zeige ich mit einem Nicken und einem O.K. Gesprächsbereitschaft an, worauf er mir eine Gasse durch die Masse bahnt. Angesichts des regen Interesses der Bevölkerung kann ich mich wohl sicher fühlen und mitgehen.

Der junge Mann ist ein Lehrer, der die Ferien in seinem Heimatdorf verbringt. Er heißt Tijani. Schon am folgenden Tag wird er in den Norden abreisen, wo er arbeitet. Ich kann heute Nacht in seinem Haus schlafen. Einer seiner Freunde bietet an, ab morgen den Gast zu übernehmen. Die Idee findet Tijani nicht gut. Hör nicht auf ihn. Du musst wissen, dass hier seit Jahren keine Touristen mehr waren. Der letzte war vor etwa sechs Jahren hier, ein Engländer oder Schotte, glaube ich. Hier würdest du Schwierigkeiten bekommen. Ich als dein Gastgeber würde mich möglicherweise auch verdächtig machen.

Freunde, Fieber und Verhöre

Beim ersten gemeinsamen Rundgang durch das Dorf wird er tatsächlich von ein paar Polizisten angesprochen. Sie wollen dich zu einer Routinebefragung auf die Wache bitten.

Jetzt bloß ruhig bleiben. Ich habe nichts zu verbergen und kann daher ganz unbefangen und frei jede Auskunft geben. Keine Angst vor Uniformen. Die machen nur ihren Job.

Einer der Polizisten kann ganz passabel Englisch. Hier kommen ganz selten Fremde her, und wir wollen keine Schwierigkeiten mit so einem ungewöhnlichen Fall bekommen. Wer weiß, was Ihnen auf der weiteren Reise durch Marokko widerfährt? Wenn die Polizei in einem anderen Ort mitbekommen würde, dass Sie hier waren und wir uns nicht gekümmert haben, könnten es Schwierigkeiten für uns geben. Daher nehmen wir jetzt ein Protokoll auf. Ihren Personalausweis, bitte. Name, Adresse … Wie hieß die Mutter, bevor sie geheiratet hat?

Hoffentlich verfolgt er die Familienchronik nicht zu weit zurück. Ab den Großeltern mütterlicherseits wird es schwierig mit den Mädchennamen. Aber sie übertreiben es nicht. Dafür finden sie die Vornamen sehr interessant und machen Bemerkungen zu Ähnlichkeiten mit arabischen und französischen Namen und anderen Wörtern. Anna ist zum Beispiel dem Arabischen Wort für ich - ana- sehr ähnlich.

Bei der Frage nach dem Grund der Reise komme ich ins Grübeln. Welche Beweggründe soll ich angeben? Zu meiner Erleichterung genügt Tourist. Das legen mir die Polizisten sogar in den Mund, als ich schweigend nach einer plausiblen und unverfänglichen Erklärung für meine Reise suche. Etwas schwieriger zu beantworten ist die Frage nach der weiteren Reiseroute, da ich sie selbst noch nicht kenne. Aber schließlich habe ich die Landkarte von Marokko in den letzten Wochen so oft studiert und so viele mögliche Strecken ausgearbeitet, dass auch diese Aufgabe lösbar ist. Die Polizisten kennen ihr Land ebenfalls und ergänzen die Route immer, wenn ich einen Ortsnamen gesagt habe und sie wissen, in welche Richtung die Reise weitergehen soll. Sobald ich eine Pause zum Überlegen einlege, kommen hilfreiche Vorschläge von verschiedenen Seiten. Ich muss nur zum richtigen Zeitpunkt nicken. So bleibt ihnen meine unbeholfene Aussprache der verschiedenen Ortsnamen erspart und ich kann mich nicht auf der lückenhaften Landkarte in meinem Kopf verirren. Eigentlich kommt es nur darauf an, dass die Route über Quarzazate um den großen Atlas herum und dann nach Marrakesch führen soll, und nicht in politisch brisante Gebiete ganz im Süden.

Schwieriger anzugeben ist das genaue Ausreisedatum. Anfang Oktober ist realistisch. Also: Anfang Oktober, Inschallah. Sie brauchen aber für ihr Protokoll ein genaues Datum. Bekommen sie. Später wird eine Abweichung um ein paar Tage bestimmt nicht verhängnisvoll werden.

Für die Abreise aus dem Ort wollen sie sogar die Uhrzeit wissen. Als sie hören, dass der ungewohnte Gast schon am nächsten Morgen um sieben Uhr weiterreisen will, sind sie sicher erleichtert. Endlich wünschen mir die netten Polizisten noch eine gute Weiterreise und ich kann wieder zu meinem beunruhigten Gastgeber gehen, der eine Straßenecke weiter unauffällig gewartet hat.

Sieben Uhr als Aufbruchszeit hält er für früh. Dabei hatte ich sie aus Rücksicht auf seine Abreise so gewählt. Na ja, jetzt müssen wir uns wohl an sieben Uhr halten, um Schwierigkeiten zu vermeiden. Schließlich bin ich dein Gastgeber und daher für dich verantwortlich. Touristen sind hier nicht üblich. Wahrscheinlich haben die Polizisten mehr Angst vor Scherereien wegen dir als vor du vor ihnen. Sie wissen gar nicht so recht, was sie mit dir oder

wegen dir machen sollen. Vor allem wollen sie keinen Ärger und müssen darum ganz korrekt sein. Am meisten fürchten sie wohl, dass dir etwas passiert, während du in ihrem Zuständigkeitsbereich bist. Da ist es ihnen bestimmt recht, dass du morgen schon so früh abreist.

Passiert ist höchstens, dass die Kühle in der Amtsstube meine Innereien ein wenig aufgewühlt hat. Und der warme Wind mit der abgestandenen Luft aus der Wüste macht dem Kopf zu schaffen. Fieberdämpfe. Eine Teepause in einem schützenden Gebäude wäre jetzt nicht schlecht. Andererseits ist dieser Spaziergang die einzige Möglichkeit, das Dorf noch ein wenig kennenzulernen. Der Meinung ist Tijani auch, und der soll nicht mit der Mitteilung beunruhigt werden, dass sein Gast sich nicht gut fühlt. Daher wird der Spaziergang vorerst fortgesetzt, und zwar unauffällig in die Richtung eines anderen Teils des Dorfes. In Sichtweite ist nämlich noch eine zweite Polizeiwache. Hier gibt es also mehr als eine Art von Polizei. Und das in so einem kleinen Dorf. Das kann ja noch lustig werden in den nächsten Wochen.

Das wachsame Auge des Gesetzes in anderer Uniform hat den Fremden bereits erspäht. Sogleich komt ein Gendarm auf uns zu und bittet mich auf die zweite Wache. Dort wird wieder ein Protokoll aufgenommen. Abermals werden die Fragen nach den persönlichen Daten gestellt. Der Fragenkatalog ist diesmal aber weit weniger ausführlich als bei den Kollegen. Das kleine Verhör ist recht schnell überstanden, doch Tijani wird sich trotzdem wünschen, mich niemals angesprochen zu haben. Ob es in Outat noch mehr Polizeiwachen gibt?

Für heute war dies die letzte offizielle Befragung. Dafür treffen wir an jeder Ecke Bekannte und unterhalten uns mit ihnen. Ah, Deutschland: Breitner mit dem Bart, Schumacher, Rummenigge, Hitler. Hitler finde ich gut, der hat's den Juden gezeigt. Bevor ich widersprechen kann, wirft der Lehrer schon ein, dass dieser Hitler ein Verrückter war und drängt dazu, weiterzugehen, bevor das Thema vertieft wird.

Außer Gesprächen steht heute noch der Abschied Tijanis auf dem Programm. Er und sein Freund BenAhmad, ein junger Mann mit Schnurrbart, haben dafür schon vor meiner Ankunft eine kleine Flasche Wein besorgt. BenAhmad wiederholt sein Angebot vom Nachmittag, ab morgen die Rolle des Gastgebers zu übernehmen. Er entschuldigt sich dafür, dass seine Englischkenntnisse nicht gut genug sind. Dann erzählt er, warum er Englisch gelernt hat:

Vor einem Jahr konnte er nur ein paar Worte. Eines Tages saß er dann in Rabat in einem Restaurant. Am Nebentisch waren Touristen. Als der Wirt denen die Rechnung präsentierte, hat es dem jungen Marokkaner die Sprache verschlagen. Der Gauner hat ein Vielfaches des richtigen Preises verlangt! Sobald der Wirt weg war, hat er versucht, die beiden zu warnen, dass der Wirt sie betrügen will. Leider haben sie ihn nicht verstanden. Da musste er hilflos zusehen, wie die Touristen übers Ohr gehauen wurden. Aber er hat sich vorgenommen, für weitere solche Fälle Englisch zu lernen. Und das hat er getan. Er spricht die Sprache ganz flüssig. Und er fühlt sich in der Lage, einen Englisch sprechenden Gast aufzunehmen. Um das Thema aus der Welt zu schaffen, erzählt Tijani die Geschichte mit den Polizeiwachen und dem praktisch offiziell registrierten Abreisetermin von sieben Uhr. Da kann man wohl nichts machen.

Aber heute abend willst du vielleicht noch Bier oder Wein haben? Unsere Flasche reicht gerade für zwei, aber in Outat gibt es einen Mann, der eine Lizenz für den Verkauf von Alkohol hat. Bier wäre nicht schlecht. Der Mann, der im Ort die alkoholischen Getränke vertreibt, sagt, dass er nichts an Ausländer abgeben darf und schickt die späten Kunden weiter. Als wir wieder unter uns sind, erklärt ihn BenAhmad zum Lügner. Er erzählt Lügen, weil er keine Schwierigkeiten will.

Na ja, es gibt Schlimmeres, als kein Bier zu bekommen. Eigentlich fühle ich mich sehr müde. Außerdem ist noch von Guercif her ein Völlegefühl übrig. Bei näherem Nachdenken ist das üppige Essen auf vollen Magen genau einen Tag her. Ein Tag Rad fahren braucht normalerweise weit mehr Energie, als man auf einmal aufnehmen kann. Ich muss mich hoffnungslos überfressen haben, und das nach den Tagen in Nador bei annähernder Nulldiät. Dazu kommt der Wind mit der abgestandenen Luft, der ein Fiebergefühl hervorruft. Oder will der Körper den Brennstoffüberschuss durch eine höhere Körpertemperatur loswerden? Eine tüchtige Portion Schlaf wird jedenfalls gut tun. Etliche Stunden daliegen, in Ruhe fertig verdauen und das Fieber rausschwitzen, morgen bei der nächsten Etappe den letzten Dreck aus dem Körper raushauen, und ich bin wieder wie neu.

Meine Gastgeber haben nichts dagegen, dass ich mich schon hinlege, während sie ihren Wein leeren. Am nächsten Morgen erzählt BenAhmad, dass er Wein eigentlich nicht so gut findet. Tijani habe sogar versucht, ihn zu schlagen. Na ja, Alkohol und Probleme zusammen machen manchmal aggressiv. Ich als Problemquelle werde jedenfalls demnächst abreisen. Ziemlich genau um sieben Uhr mache ich mich in Begleitung meines Gastgebers und BenAhmads auf den Weg, damit die Polizisten sehen, dass ich wirklich aufbreche.

BenAhmad wiederholt nochmals sein Angebot, den Aufenthalt zu verlängern. Aber es ist doch schon alles abgemacht! Ach, in Marokko gibt es immer einen Weg; ich übernehme die Verantwortung. Ich will aber keine Schwierigkeiten machen. Du schaust nicht gesund aus.

Der Ehrlichkeit halber muss ich ihm gestehen, dass ich mich auch nicht gesund fühle. Du könntest Schwierigkeiten bekommen, wenn du allein und krank durch Marokko radelst, das kann ich nicht verantworten. Es ist besser, du bleibst noch einen Tag und erholst dich. Ich übernehme die Verantwortung. Seinem Argument kann weder ich noch Tijani etwas überzeugendes entgegenstellen. Ein Tag Erholung wäre nicht schlecht und ein weiterer Tag in dem Dorf ist sicher auch interessant. Und das mit der Polizei wird sich regeln lassen. Man kann ja sagen, dass du krank geworden bist.

So wird ein Ruhetag eingelegt. Tijani ist zwar wegen der Polizei nicht davon begeistert, aber BenAhmad versichert noch einmal ausdrücklich, dass er die ganze Verantwortung übernimmt. Und der junge Lehrer selbst reist ja heute ab.

Während Tijani seine letzten Reisevorbereitungen trifft, zeigt mir BenAhmad schon einmal sein Dorf mit unzähligen Restaurants, einfachst eingerichteten Räumen mit offener Tür zur Straße. Einzelnen Leuten begegnen wir dabei immer wieder, zum Beispiel einem etwa elfjährigen Jungen, der frech schaut, für den sich BenAhmad aber verbürgt. Der ist in Ordnung. Und er mag dich. Es ist schön, wenn man in einem Ort Freunde hat.

Etikette

Am frühen Nachmittag hält Tijanis Bus, ein richtiger großer Omnibus mit voll bepacktem Dach, mitten auf dem Dorfplatz. Outat ist schließlich die größte Siedlung im Umkreis von mindestens fünfzig Kilometern. Nach der Abreise meines netten Gastgebers geht die Runde mit BenAhmad durch Outat-el-Haj weiter. Der scheint wesentlich mehr Leute im Dorf zu

kennen. Wie ich erfahre, hat er im Gegensatz zum etwas älteren Tijani erst vor kurzem seinen Schulabschluss gemacht, der sich so ähnlich anhört wie Baccelortée. Die Freunde BenAhmads kennen den englischen Ausdruck dafür nicht, aber es muss so etwas wie das Abitur sein, da er jetzt studieren darf. Jedenfalls kommt auf jeder Straße jemand auf ihn zu, um ihm herzlich zu gratulieren. Bei der Gelegenheit stellt er mich jeweils als deutschen Touristen Mister Martin vor. So kommt es, dass auch ich recht bald einigen Leuten im Dorf die Hand geschüttelt habe.

Die Begrüßungszeremonie ist ganz ähnlich wie in Deutschland: Man gibt sich die Hand und benützt Grußworte wie „la bas?" Das heißt wörtlich „nichts Schlechtes?", in diesem Fall „wie geht's?". Ein förmlicher Gruß ist „Salam aleikum!" - „Friede mit dir!" Junge Leute unter sich grüßen eher einfach mit „Salam!"-„Friede!" Zum Abschied sagt man „maaslama!" oder „bislama!" - „mit Frieden!"

Grundsätzlich reicht es aus, auf die Frage „la bas?" mit „la bas!" oder mit „bihair!" - gesund - zu antworten. „Alhamdulillah!" - „Gott sei gelobt!" - ist fast noch besser.

Am häufigsten beobachte ich aber einen längeren Begrüßungsdialog: Einer beginnt mit „la bas?" Der andere antwortet mit „bihair!" und fragt zurück: „la bas?". Das kann ein paar Mal so hin und her gehen, bis einer sagt „Alhamdulillah!" Nachdem der andere erleichtert ebenfalls den Herrn gelobt hat, ist die Vorbegrüßung vorbei und man erkundigt sich nach der Gesundheit der Familie des anderen oder sonstigen privaten Sachen. „Alhamdulillah!" kann man übrigens als Antwort für fast jede Frage anwenden. Da Gott vollkommen und allmächtig ist, kann man Ihn für alles loben.

Bei älteren Leuten fällt auf, dass sie sich dezent mit den Fingerspitzen auf die Brust klopfen, während sie mich grüßen. BenAhmad erklärt, dass das eine Art Demutsbezeugung ist. Irgendwie ordnen sie sich damit unter. Das bestärkt mich darin, die Geste nachzumachen. BenAhmad findet das aber nicht so gut. Man soll sich nicht unterordnen. Damit hat er recht, aber die anderen sollen sich auch nicht mir unterordnen. Also möchte ich die Geste mit einem Spiegelbild neutralisieren, durch Nachmachen.

BenAhmad findet es auch nicht gut, wenn man auf „schukran" - „danke" - wie im Arabischkurs mit „al 'afu" oder „afuan" antwortet. Das findet er überheblich, so, als ob das, wofür der andere sich bedankt, eigentlich wertlos wäre. Besser wäre zu sagen: „la schukra 'ala waschibin" - „kein Dank für das Nötige".

Owohl BenAhmad gedankenlose Überheblichkeiten in der Sprache und im Ausdruck ablehnt, lässt er sich nicht davon abbringen, mich stets „Mister Martin" zu nennen, auch nachdem ich ihm mehrmals versichert habe, dass Martin genügt. Mein Gastgeber meint, das gehöre sich so. Das finde nun aber ich nicht gut, da ich auch nichts Besseres bin als alle anderen. Selbst als Zeichen der Wertschätzung lasse ich Mister Martin nur gelten, wenn ich ihn „Scheich BenAhmad" nennen darf. Scheich ist kein offizieller Titel, sondern eine Anrede für Leute, die wegen ihres Alters oder ihrer Bildung angesehen sind. Da BenAhmad jetzt sein Abitur hat, darf ich ihn sicher mit „Ya Scheich BenAhmad" anreden. Das ist wiederum BenAhmad nicht ganz recht. Der wichtigste Grund für seine offizielle Anrede ist wahrscheinlich, dass sich Mister ganz gut macht. Wenn man mit Mister angeredet wird, flößt das anderen Leuten sicher ein wenig mehr Respekt ein, als wenn man nur dafür bekannt ist, dass man ganz allein mit dem Fahrrad nach Outat gekommen ist. Und Respekt ist ein gewisser Schutz. BenAhmad denkt da durchaus praktisch. Vielleicht hat er recht.

Studentenbude

BenAhmads Haus ist eigentlich nicht sein Haus. Bekannte haben es ihm für die Ferien zur Verfügung gestellt, damit er im Dorf wohnen kann. In zwei Wochen wird er in Rabat studieren, seine Eltern leben abseits des Ortes auf dem Land.

War Tijanis Haus sehr schlicht, so ist die Behausung von BenAhmad leer. Es ist ein einstöckiger Flachbau mit Eisentüre inmitten einer Häuserzeile. Wenn man durch die Eingangstür tritt, steht man in einem Innenhof. Um diesen herum sind Räume angeordnet, die nichts außer ein paar Matratzen, Decken und einem uralten Bettgestell enthalten. Fenster gibt es keine, Licht kommt über den Innenhof ins Haus. Wenn man also in einem Zimmer die Tür schließt, ist es darin völlig dunkel. Die Fußböden bestehen bestehen aus blankem Beton und stellenweise einem winzigen Gulli. Mehr gibt es eigentlich auf den ersten Blick nicht zu beschreiben.

Die Kühle des Hauses ist ja an und für sich ganz angenehm. Aber wenn der Darm sich schon von vornherein etwas schwach fühlt, kann so ein plötzlicher Temperatursturz unangenehme Folgen haben. Die Wärme hatte ihn noch besänftigt, aber die Kälte bewirkt nun, dass er sich plötzlich, fast ohne Vorwarnung, verkrampft und ungeduldig danach drängt, sich zu entleeren. Nicht, dass die Bauchkrämpfe besonders schmerzhaft wären, aber der Drang ist äußerst unangenehm. Man kann ihn zwar vorübergehend mildern, indem man die Muskeln anspannt, die dazu nötig sind, den Darminhalt zurückzuhalten, und den restlichen Körper entspannt. Dann ist einstweilen etwas Ruhe. Bei leichten Fällen kann man den Anfall dadurch sogar abwenden.

Diesmal kommen die Krämpfe aber wieder, so dass es nötig wäre, dem Drang nachzugeben oder sich auf den Bauch zu legen, was dem Darm die zur Entspannung nötige Wärme gäbe. Vom Hinlegen hält der gestrenge Gastgeber gar nichts. Zum Kampf gegen die Krankheit gehört Bewegung. Auch dem Bedürfnis nachzugeben ist in diesem Haus problematisch. Mitten in einem Nachbarzimmer ist zwar ein Stehklo im Boden installiert, aber BenAhmad weiß nicht, ob es schon an eine Kanalisation oder eine Versitzgrube angeschlossen ist. Außerdem hat er das Zimmer nur leihweise und will die vorhandenen Anlagen möglichst nicht beanspruchen.

Das einzige Klo, das in Frage kommt, ist also die Wüste, die das Dorf umgibt. Und es ist praktisch erst geöffnet, wenn die Sonne untergegangen ist und die Nacht Sichtschutz bietet. Aber für dringende Notfälle gibt es Bodenwellen, die auch am Tag einen kauernden Menschen verbergen, wenn nicht gerade jemand des Wegs kommt. Da bei einem Durchfall nicht viel Zeit zur Verrichtung der Notdurft beansprucht wird, kann man also eine kleine Sitzung riskieren. Wer weiß, was sonst passieren würde.

Essen, Trinken, Rauchen und alte Bekannte

Mangels eigener Küche essen wir immer in einem Lokal. Gut, dass das Essen dort bezahlbar ist. Die Auswahl hält sich in Grenzen. Zu Mittag macht der Wirt einen großen Topf voll Essen, meistens Taschin, Eintopf mit Gemüse der Region, ein wenig Fleisch und einem besonderen Gewürz, das ich erst seit Nador kenne. Wenn man - wie wir - erst kommt, wenn der Topf schon leergegessen ist, bildet Ei die Grundlage jeder machbaren Mahlzeit. Heute gibt es Rührei, das man hierzulande Omelett nennt. Als Beilage bekommen wir Tomatensalat mit Zwiebeln. Die Ärzte in Deutschland warnen zwar davor, in Afrika Salat zu essen, aber wie soll ich sonst an Vitamine kommen? In dieser Gegend habe ich noch keinen einzigen Obstbaum gesehen.

Der Salat ist genauso angemacht, wie ich es von zu Hause her kenne. Dadurch ist er mir so vertraut, dass ich nicht anders kann, als ihm zu vertrauen und ihn zu probieren.

Sogar alte Bekannte habe ich schnell. Einer davon ist nach wie vor der kleine Junge, der sich mit BenAhmad recht gut versteht und eigentlich immer entweder frech oder freundlich ist. Aber auch unter den Alten finde ich so etwas wie Freunde. BenAhmad stellt mich zum Beispiel einem nicht sehr großen aber kräftigen Mann mittleren Alters mit einem Gemütlichen Aussehen vor, der öfters in dem Lokal ist. Er ist Lastwagenfahrer. Ben Ahmad informiert mich darüber, dass der mich tief ins Herz geschlossen hat. Obwohl er mich nicht kennt? Vielleicht sehe ich einem guten Bekannten von ihm ähnlich. Oder ihm gefällt die Geschichte, dass ich allein mit einem Fahrrad vom fernen Deutschland bis hierher gefahren bin. Leider kann ich mich nicht mit ihm unterhalten, da er keine Fremdsprachen spricht.

Beim nächsten Spaziergang kommt uns eine Gruppe wohlgenährter Herren mit würdigem Aussehen entgegen. BenAhmad wechselt ein paar Sätze mit ihnen. Einige von ihnen sind von der Polizei. Die haben sich gewundert, dass du noch hier bist, weil du doch schon um sieben Uhr in der Früh weiterfahren wolltest. Ich habe ihnen gesagt, dass du dich nicht so gut fühlst und daher noch einen Tag bleibst. Sie finden es ungewöhnlich, dass du so weit mit dem Rad fährst. Sie selbst würden wohl nicht einmal zwanzig Kilometer schaffen.

Umso später der Abend wird, desto mehr Leute trifft man auf der Straße und in den Restaurants, vor allem junge Männer in unserem Alter. Ein paar von den Bekannten BenAhmads sind Studenten und können Englisch. Ich erfahre, dass in Marokko jeder, der die Bacchelortée geschafft hat, ein Fach an der Universität studieren darf und eine Bource bekommt, eine Art Stipendium von ungefähr hundertdreißig Mark im Monat. Das ist nicht viel, aber besser als nichts.

Teuer ist das Leben in Outat ja nicht. Geld braucht man aber trotzdem, zum Beispiel zum Rauchen. Einige Zigaretten sind selbst gedreht und wegen eines berauschenden Inhaltsstoffs relativ teuer. Es ist schwierig, in Marokko der Versuchung zu widerstehen, eines der wichtigsten landwirtschaftlichen Produkte des Rifgebirges zu testen. Aber die anderen haben Verständnis dafür, dass ich Zigaretten immer ablehne, ob mit oder ohne Haschisch. Grundsätzlich halten sie selbst vom religiösen und moralischen Standpunkt her nicht viel vom Rauchen. Nach neueren Erkenntnissen im Volksglauben gilt das Verbot von Rauschmitteln aber nur für deren übermäßigen Genuss. Außerdem: Was soll's? Kiff Kiff !

Eine Frage, die mir Leute immer wieder am Anfang eines Gesprächs stellen, ist die, was mir in ihrem Land bisher am besten gefallen hat. Ich bin noch nicht so lange hier. Und was hat dir dann bisher am besten gefallen? Was soll man da sagen, wenn man die Sachen so nimmt, wie sie sind und nicht bewertet und schon gar nicht in eine Rangliste einordnet? Die Frage lässt sich entweder gar nicht oder nur aus dem Bauch beantworten. Der Bauch sagt, dass er sich gerade krank fühlt, sogar zu schwach, um etwas zu essen. Stärkung könnte der Körper trotzdem gut gebrauchen. Das einzige sichere Lebensmittel ist momentan heißer Pfefferminztee. Meine Antwort lautet also: Der Tee.

Nach und nach bildet sich ein harter Kern von Leuten, die mit uns umherziehen. Einer davon ist Mahmud, ein junger Bekannter

oder Verwandter BenAhmads, und ein anderer ist BenIsa, ein Student in unserem Alter, der recht gut Englisch kann. Er erzählt, dass seine Großmutter ihm gesagt habe, dass man Fremden immer helfen müsse.

BenIsa wohnt zur Zeit bei seinen Eltern in Outat-el-Haj. Mahmud und noch zwei Freunde schlafen in dieser Nacht bei BenAhmad. In Marokko ist es ganz normal, spontan bei Bekannten zu übernachten. Für die paar Stunden hätte es sich auch nicht gelohnt, irgendwohin zum Schlafen zu gehen. Bis wir mit unserer Runde durch das Dorf mit allen seinen Treffpunkten fertig sind, ist es ungefähr Mitternacht. Auch danach gibt es noch genug Gesprächsstoff. Ich erfahre zum Beispiel, dass die Freunde sich bei BenAhmad erkundigt haben, wie ich mich allein im Notfall wehren könnte. BenAhmad hat darauf geantwortet, dass ich wahrscheinlich eine Knarre bei mir habe, eine Schusswaffe. Zu mir meint er, er befürchtet, dass ich unbewaffnet sei. Das findet er nicht gut. Vielleicht kann er mir wenigstens ein wenig Karate beibringen.

Im Schein einer einzigen Kerze, die von einer Colaflasche gehalten und erhöht wird, verstreichen beinahe zwei weitere Stunden, bis wir uns endlich auf die Matratzen verteilen. Da es mir noch immer nicht besonders gut geht, soll ich noch einen Tag bleiben. Müde wie ich bin, ist mir das recht.

Tag der Wirtschaft

Am Morgen gehen wir als Erstes ins Restaurant. BenAhmad fragt, was ich zum Frühstück wünsche. Auf die Gegenfrage, was denn zur Auswahl steht, ist er ehrlich verwundert. Alles was du willst natürlich: Ei oder Käse. Man kann also frei wählen, ob man zu seinem Fladenbrot ein gekochtes Ei oder Schmelzkäse will. Dazu gibt es selbstverständlich Pfefferminztee.

Tee hat etwas Einladendes. Es hat gar keinen Sinn, nur eine kleine Kanne zu bestellen. Sobald die auf dem Tisch steht, kommt bestimmt jemand, den man auf eine Tasse einladen möchte, und bei dem einen Gast bleibt es nicht. Sobald man zu viert ist, braucht man mindestens eine mittelgroße Kanne. Die ist aber auch schnell leer, da doch noch weitere Bekannte auf ein Glas sitzen bleiben. Wenn man dann aber eine große Kanne bestellt, kommt auf einmal niemand mehr zufällig vorbei und die anderen verabschieden sich wieder nach und nach, um ihren Geschäften nachzugehen.

Im Lokal ist das wichtigste Geschäft Tee trinken. Daneben unterhält man sich über alles Mögliche und Unmögliche. Natürlich ist es eine besondere Ehre für den Gast aus Europa, das Einschenken übernehmen zu dürfen. An der Schanktechnik mit dem hohen Bogen sehen die anderen, dass der Fremde sich schon ein wenig auskennt. Den Trick mit den zwei Gläsern machen sie Gott sei Dank doch lieber selber. Es wäre schade um den Tee.

Ein Mann, der sehr oft in diesem Lokal zu sehen ist, ist Kamal, ein Foolishman, wie BenAhmad ihn nennt. Dieser Kamal ist ein sehr hagerer, besser gesagt magerer Mann, der meistens an einem Platz in irgend einer Ecke sitzt und vor sich hinstarrt.

Foolishman heißt wohl so viel wie Narr, Idiot oder Verrückter. Das ist aber nicht wörtlich zu nehmen, wie BenAhmad erzählt. Einige, die mit ihm geredet haben, meinen, er wäre recht intelligent. Andere halten ihn sogar für weise. Aber er ist nicht wie die anderen. Keiner weiß, was er früher gemacht hat und wo er herkommt. Er spricht fast nie. Ich selbst bin versucht, alles, was ihm in den Mund gelegt wird, für ein Gerücht zu halten, da ich ihn nie sprechen gehört habe und mir für ihn keine Stimme vorstellen kann. Wenn mich jemand fragen würde, würde ich sagen, er ist wohl stumm. Er sagt nicht einmal seinen Namen. In Outat nennt man ihn einfach Kamal und er ist zufrieden damit.

Er ist überhaupt mit allem zufrieden, was er bekommt. Die jungen Leute im Dorf kümmern sich um ihn. Mal spendiert ihm jemand eine Tasse Tee, mal ein wenig zu Essen. Manchmal legen sie auch für eine neue Hose zusammen.

Einmal, als wir im Begriff sind zu gehen, stellt mich BenAhmad Kamal vor. Der verbeugt sich fast ehrfürchtig mit der Bewegung der rechten Hand zum Herz. Dabei wirkt er trotz seiner langsamen Art furchtbar schüchtern und nervös, richtig verängstigt. Das hat aber nicht unbedingt etwas mit mir zu tun. Verängstigt wirkt er eigentlich immer. Wer weiß, was für eine Geschichte sich hinter seinem Schweigen verbirgt.

Für den heutigen Tag hat BenAhmad sich vorgenommen, mir sein Heimatdorf zu zeigen. Als Sehenswürdigkeiten fallen ihm als Erstes die Restaurants ein, von denen er mir gestern bei weitem noch nicht alle gezeigt hat. Die Mehrzahl der Lokale ist sehr klein und alle sind sehr einfach möbliert. Sitzen tut man in den meisten Kneipen auf Brettern, die über Getränkekisten gelegt sind, oder auf roh gezimmerten schmalen Holzbänken. Für breitere Möbel wäre oft gar kein Platz. Auch die Tische wirken improvisiert.

BenAhmads Stammkneipe ist dagegen praktisch ein Luxuslokal. In einem vergleichsweise riesigen Raum stehen dort richtig robuste Tische und Stühle wie in einem rustikalen bayrischen Lokal. Die Theke besteht wie üblich aus einem Holzkasten mit Glasaufsatz, wie man es hierzulande bei einem Bäcker oder Metzger sieht. Dort sind Lebensmittel ausgestellt, die

der Wirt gerade feilzubieten hat: Brot und Eier. Hinter der Theke ist ein Regal mit Kochge-
schirr angebracht, auf dem vor allem Teekannen in verschiedenen Größen zu sehen sind.
Der Wirt ist ein gemütlicher, stattlicher un-
tersetzter Mann um die Vierzig, der meistens
besorgt dreinschaut und immer eine helle Daraja trägt.

Sogar ein Tischfußballspiel ist vorhanden. Damit spielt BenAhmad sehr gern. Leider habe
ich diese Geschicklichkeitsübung noch nie sehr
gut beherrscht und bin kein ernsthafter Gegner, zumal mir gleichzeitig mein Darm Schwierigkeiten macht und ich mich schon wieder ein
wenig fiebrig fühle.

Bei der Erkundung weiterer Lokale treffen wir
BenIsa. Der unterhält sich plötzlich auf Arabisch mit BenAhmad. Nach ein paar Minuten
bemerke ich, dass die beiden Hocharabisch reden, als ob sie mir die Gelegenheit bieten wollten, ein wenig davon zu verstehen. Tatsächlich
erklärt BenIsa nach einer Weile, dass dies als
Lektion gedacht ist. Ich soll mich ins Arabische einhören. Leider klappt die Verständigung nur in Englisch. Arabisch ist mir einfach
noch zu fremd. Aber ich werde ja noch länger
in diesem Land bleiben. In dieser Zeit werde
ich von der Sprache noch einiges lernen.

Ob ich es aber all die Wochen lang vermeiden kann, Haschisch zu rauchen? Die beiden
Freunde erzählen mir, dass es hier ganz normal ist, gelegentlich Haschisch zu rauchen, um
zu fliegen. Das ist zwar streng verboten, lässt
sich aber praktisch nicht nachweisen. Wenn
man raucht, sieht von weitem keiner, welchen
Inhalt der Tabak der Zigarette hat. Wenn ein
Polizist näher kommt, lässt man den Joint einfach fallen. Niemand wird davon Fingerab-
drücke nehmen.

Ich habe aber viele Leute mit einer Haschisch-
pfeife gesehen, einem geraden Röhrchen mit

einem winzigen Pfeifenkopf am Ende. Ist das
nicht reichlich auffällig? Kein Problem: Sobald man einen Polizisten kommen sieht, lässt
man die Pfeife fallen. Und wenn der Gesetzes-
hüter einen darauf anspricht, tut man verwundert: Oh tatsächlich, da liegt ja Ihre Pfeife,
Herr Kommissar! Normalerweise halten sich
Polizisten aus dergleichen Diskussionen heraus, um sich nicht lächerlich zu machen.

Die Freunde meinen, gelegentlich zu fliegen,
sich völlig zu entspannen, sei sehr wichtig.
Darum sei Haschisch rauchen auch gut für die
Gesundheit - wenn man es nicht zu oft mache.

Dem kann schon so sein, trotzdem meine ich:
Arme Menschen, die sich ohne Haschisch nicht
entspannen können!

Oh, ein Sprichwort!? Nein, eigentlich kein
Sprichwort.

Aber es hört sich so an. In Marokko sind
Sprichwörter sehr beliebt. Du hast schon
recht, aber alle Menschen haben irgendwann
einmal das Bedürfnis, zu fliegen. Und nicht
jeder kann sich Haschisch leisten. Leute, die
zu arm sind, um Haschisch kaufen zu können,
haben da ihre eigenen Methoden: Manche rauchen ihre Fingernägel, einige stülpen ein Brot
über einen Auspuff und warten, bis das Auto
losfährt, und wieder andere machen noch un-
appetitlichere Sachen, und all das nur, um zu
fliegen.

Da wir uns immer wieder mal mit jemandem
unterhalten oder uns ein Kännchen Tee genehmigen, schaffen wir es auch heute nicht, alle
die kleinen und winzigen Restaurants zu besuchen, die es in dem Dörfchen gibt.

Gegen Ende der Tour gesellen sich wie gestern
nach und nach einige Freunde zu uns, mit denen zusammen wir gegen Mitternacht in BenAhmads Wohnung gehen, wo wir noch stundenlang diskutieren. Für einen Fernseher besteht gar keinen Bedarf. Auch ohne diesen

Zeitfüller bleibt kaum Zeit zum Schlafen übrig. Ich kann das Kommunikationsbedürfnis
der jungen Männer schon verstehen. Schließlich haben sie ihre Jugend hier verbracht und
nach und nach trennen sich jetzt ihre Wege.
Die Ferienzeit ist eine der wenigen Gelegen-
heiten, zu denen alle wieder beisammen sind.
Auch heute gehen die meisten nicht einmal
nach Hause, sondern werden die wenigen Stunden bis zum Morgengrauen hier verbringen,
auf den Polstern und Matratzen, die sich in
den Zimmern verteilen.

Ich hoffe, dass wir morgen wenigstens ein klein
wenig ausschlafen können. Seit etwa elf Uhr
fühle ich mich nämlich wieder ein wenig krank
und schiele seitdem immer wieder nebenbei auf
die Uhr. Wann darf ich endlich schlafen? Einerseits ist es mir ein Ehre und äußerst interessant, ganz selbstverständlich im Kreis gleich-
altriger Marokkaner zu sitzen und ihre Probleme und Ansichten mitzubekommen, andererseits möchte ich so bald wie möglich wieder
gesund werden. Dafür sehe ich schwarz, solange ich praktisch keinen Schlaf bekomme. Vielleicht klappts morgen Nacht oder schon während des Tages.

Erholung und Urlaubsreise

Haare waschen

Zunächst wird aber auch am nächsten Morgen
keine Minute Sonnenlicht durch Schlaf vergeu-
det. Beim Morgengebet, also um halb sechs,
stehen alle auf. In diesem Fall ist mir das
recht, da ich sowieso etwas erledigen muss, und
zwar ziemlich dringend. Um diese Zeit ist auf
dem üblichen Gelände noch nicht viel los. Man
muss es nur bis dort hin schaffen. Ein halber
Kilometer kann ganz schön lang sein.

Nach meinem Spaziergang bemerke ich, dass
der Kanister mit dem entkeimten Trinkwas-

ser fast leer ist. So viel haben die Freunde
bestimmt nicht getrunken. Wasser bekommt
man zwar vermutlich jederzeit, aber eigentlich
wollte ich so vorsichtig sein, das erfrischende
Getränk immer vor dem Trinken immer mit
Micropur zu behandeln. Da die kleinen Tabletten zwei Stunden brauchen, bis sie wirken,
muss ich genügend Wasser auf Vorrat entkei-
men. Für jemanden, der diese Zusammenhän-
ge nicht versteht, würde es aber seltsam geizig,
auf jeden Fall sehr unangenehm wirken, wenn
ich darauf bestehen würde, ein alleiniges Recht
auf mein eigenes Wasser zu haben. So weit
ich mitbekommen habe, ist Teilen hier selbstverständlich, solange es um Kleinigkeiten wie
Wasser, Tee oder Essen geht. Ich würde ich
mich mehr als genieren, in dieser Hinsicht aus
dem Rahmen zu fallen. Aber wie mache ich
dann das mit dem desinfizieren?

Als ich mich nach dem Wasser erkundige, fragt
BenAhmad bei den Freunden nach. Der junge Mahmud hat seine schwarzen Locken gewaschen. Er hat gesehen, dass von gestern
noch einiges übrig war. Wer hat nach einer Reise nicht das Bedürfnis, den Straßenstaub abzuwaschen? Wasser ist zwar knapp,
aber schon auf der Baustelle an der Brücke
zwischen Taourit und Guercif hatten mir die
jungen Männer angeboten, dass ich an einer
großen Wassertonne die Haare waschen dürfe.

Und wer würde auf die Idee kommen, dass jemand ohne Not Wasser trinkt, das tagelang
in einem kleinen Kanister gelagert hat? In
Marokko unterscheidet man zwischen saube-
rem und schmutzigem Wasser und zwischen
frischem und warmen. Warm ist gleichbedeu-
tend mit abgestanden, frisch bedeutet kalt.
In der Praxis mag das oft im Endeffekt das
Gleiche sein, aber seit der Erfindung des Ge-
frierschranks und der Eiswürfel kann es täu-
schen. Eine abgestandene Siffbrühe bekommt
man sehr schnell kalt, wenn man will. Und seit

Micropur und dergleichen Mitteln und Möglichkeiten muss warmes Wasser nicht gleich schlecht sein.

BenAhmad sieht mir an, dass ich nachdenke und ist besorgt darum, dass möglichst keiner von uns eine schlechte Meinung vom anderen hat. In Outat kann man nämlich jeden Tag frisches Trinkwasser bekommen, sogar aus drei Möglichkeiten: Wasser am Kiosk zu kaufen ist nicht nötig, da es in Outat gutes Brunnenwasser gibt und wenn man etwas Zeit hat, kann man zu einer Quelle gehen, wo Wasser aus einem Stein kommt.

Als sich die Freunde vorerst wieder in alle Winde zerstreut haben, gehen BenAhmad und ich zum Ziehbrunnen, der nur ein paar Häuser weiter ist. Da wir sowieso bald zur Mineralwasserquelle wollen, nehmen wir nur BenAhmads Dreiliterkanister mit. Vor dem Brunnen, der wie in Guercif abschließbar in ein Wohngebäude integriert ist, stehen einige Leute in einer Schlange an und warten geduldig, bis ein zehnjähriger Junge ihre Behälter füllt. BenAhmad merkt an, dass man diese verantwortungsvolle Arbeit nicht unbedingt kleinen Kindern überlassen sollte. Damit das Wasser klar bleibt, muss man nämlich sehr behutsam mit dem Eimer umgehen. Sonst kann Schlamm vom Boden aufgewirbelt werden, vor allem, wenn wenig Wasser im Brunnen ist.

Der Junge ist eher auf eine zügige Abfertigung der wartenden Menschen bedacht. Mit einem lauten Platschen lässt er den Eimer in den Brunnenschacht fallen, wartet, bis der versinkt, zieht ihn wieder hoch und füllt den Inhalt in die mitgebrachten Gefäße. BenAhmad findet das gar nicht in Ordnung. Am liebsten würde er selbst das Wasser hochziehen, so, wie es richtig wäre. Aber das hätte jetzt auch keinen Sinn mehr, da aufgewirbelte Schwebstoffe im Wasser einige Zeit brauchen, um sich wieder zu setzen. Daher beschließt BenAh-

mad, mich zu beruhigen: Solange das Wasser kalt ist, ist es gut. Als er seine Portion bekommt, meint er, es wäre sogar recht sauber. Trotzdem soll ich nur davon trinken, solange es frisch ist. Spätestens morgen holen wir Mineralwasser aus dem Stein.

Krank

Als wir in unser Stammlokal gehen, hat sich schon herumgesprochen, dass ich krank bin. Der nette Fahrer hat mitbekommen, dass mit meinem Magen etwas nicht in Ordnung ist. Mit einem mitleidigen und besorgten Blick deutet er auf seinen Bauch. Wahrscheinlich fragt er, ob es sehr schlimm ist. La bas, Alhamdulillah! Nichts Schlimmes, Gelobt sei Gott. La bas sagt man zwar eigentlich, wenn gar nichts fehlt, aber man kann die Antwort wohl gelten lassen. Der gute Mann klopft mir aufmunternd auf die Schulter und ich beschließe gerührt, schnell wieder gesund zu werden, um ihm eine Freude zu machen.

Auch Kamal hat gehört, dass ich krank bin. Als ich mit BenAhmad das Lokal verlasse, steht er auf, geht auf uns zu und zeigt mir minenreich sein Mitleid. Das macht er mit einem so erbarmungswürdigen Ausdruck, dass ich ihn mit einem Lächeln und einem aufmunternden Gesichtsausdruck beruhigen muss.

Dabei ist es wahrscheinlich wirklich nur eine kleine Magenverstimmung, die bei einer Reise in einen fremden Erdteil mit anderen Bakterien normal ist. Ein paar Tage Gewöhnung, und ich werde wieder wie neu sein. Das bisschen Fieber und Durchfall gehören dazu, zur Zeit der Anpassung. Wahrscheinlich ist das vergleichbar mit einer aktiven Impfung, wo der Körper angeregt wird, Abwehrstoffe gegen Bakterien aufzubauen, die er bisher nicht kannte. Und in meinem Fall geht das gerade so schnell, dass die Maschine heiß läuft.

Am Nachmittag treffen wir wieder einmal die Polizisten und wieder unterhalten sie sich mit BenAhmad. Der berichtet nach dem Gespräch, sie wären etwas verärgert gewesen, dass ich angegeben habe, nur über Nacht zu bleiben, und trotzdem immer noch hier bin. Und das mit der Krankheit hat sie gar nicht beruhigt. Was sollen sie machen, wenn du hier, wo sie zuständig sind, stirbst? Richte ihnen aus, dass ich noch nicht vorhabe, zu sterben. Vielleicht erbaut sie das.

Erst der Fahrer, dann Kamal und jetzt die Polizisten. Langsam steckt mich die Besorgnis der anderen über die Problemchen mit der Verdauung und dem bisschen Fieber an. Trotzdem habe ich vor, bald gesund zu werden und weiterzuradeln. Ich brauche nur genügend Schlaf und Zeit, die Krankheit in Ruhe auszuschwitzen. Letzte Nacht hat es sich leider nicht ergeben, dass ich länger schlafen konnte, aber heute werde ich mich einfach früher hinlegen.

Milch

Jetzt wäre eine Stärkung recht. Aber was würde der Körper vertragen? Ein unbestimmtes Gefühl rät zu Milch. Du willst Milch? Natürlich gibts die in Outat! Am besten gehen wir zum Milchladen. Der ist fast am anderen Ende des Dorfes in Richtung Landstraße.

Auf die Bestellung BenAhmads hin bringt der nette Ladenbesitzer zwei große Gläser voll Buttermilch. BenAhmad findet, dass diese bekömmlicher ist als normale Milch. Mir schmeckt sie auch fast noch besser. Selber wäre ich allerdings nicht auf die Idee gekommen, dass es hier so etwas gibt, obwohl mir vor ein paar Tagen der Junge auf dem Eselskarren einen Becher voll der wunderbaren weißen Flüssigkeit abgegeben hat. Außerdem kann

ich auf Arabisch nur ein Wort für Milch - halib. Nicht einmal auf Französisch kann ich das Wort für das herrlich erfrischende und stärkende Getränk. Wie wichtig doch ausreichende Sprachkenntnisse für solche Kleinigkeiten sind!

An einer Hausmauer sitzt gerade eine Gruppe sehr einfach gekleideter Männer mit sonnengegerbten Gesichtern. Wie findest du diese Leute? Wie soll ich sie finden? Das sind Berber. Eine Sage erzählt, dass sie beim Turmbau von Babel vergessen wurden, als jeder eine andere Sprache bekam. Als sie reklamierten, gab ihnen Gott eine Brabbelsprache, oder wie man Ber-Ber auch immer übersetzen will.

Kino

Wenn du schon einmal hier bist, musst du auch unser kulturelles Angebot kennenlernen. Wir haben nämlich sogar ein Kino. Von der Idee bin ich grundsätzlich nicht so begeistert. Filme kann man jederzeit und überall anschauen. Dafür braucht man nicht eine einzigartige Urlaubsreise zu verschwenden. Andererseits ist es gerade so heiß, dass man nicht viel unternehmen könnte. Mit Schlafen - was ich am liebsten täte - wäre mein gestrenger Gastgeber sowieso nicht einverstanden. Außerdem ist die Tatsache sensationell, dass es hier ein Kino gibt, in diesem Ort am Rande der von Menschen besiedelten Welt, hier wo nicht einmal jedes Haus fließend Wasser und Strom hat. Wie wird der Filmpalast wohl aussehen?

BenAhmad geht auf ein Haus zu, das sich durch nichts von allen anderen unterscheidet. Der Eintrittspreis beträgt einen halben Dirham. Reich wird der Kinobesitzer also in diesem kleinen Dorf sicher nicht davon. Er kann aber nicht mehr verlangen, wenn er die Filme nicht alleine anschauen will. Wer geht überhaupt in solch einem Dorf ins Kino?

Meine Fragen klären sich schnell auf. Ein Mann in den Dreißigern kassiert die Eintrittsgelder und verweist auf die Plätze. In Deutschland würde man die Sitzreihen als Bierbänke bezeichnen. Nur sind die Bänke hier niedriger. Gleich wird sich herausstellen, warum. Aber erst suchen die Augen des neugierigen Fremden nach der Leinwand. Vergeblich. Auch kein Vorhang ist zu sehen, hinter dem sich eine solche verstecken könnte. Das einzige Helle in dem Raum ist die Öffnung der großen Tür. Fenster gibt es nicht. Dafür gibt es einen Fernsehapparat mit Videorecorder. Das ist das Abspielgerät.

Heute ist Action geboten: Bruce Lee. BenAhmad meint, der wäre der Beste. Ein ausgezeichneter Film, meint er. Und wie sich herausstellt, ist er auch für Fremde geeignet, die die Landessprache nicht verstehen. Die Schauspieler bedienen sich nämlich vorwiegend einer internationalen Ausdrucksweise: Die schnelle, bisweilen praktisch nahtlose Abfolge von meist akrobatischen Kampfszenen braucht keinen Text. Trotzdem fallen mitunter französische Worte, übersetzt in niederländische Untertitel. In diesem Raum können allerdings garantiert nur wenige Französisch oder Niederländisch, die meisten Besucher sind nämlich ziemlich kleine Kinder. Die Größeren und die Erwachsenen sind sicher in der Schule oder arbeiten. Also darum sind die Bänke so niedrig.

Obwohl sie nichts vom Text verstehen, schauen die Kleinen ganz fasziniert auf die aufregend bewegten Bilder im Fernsehapparat. Sie versäumen sowieso nichts, wenn sie die dümmlichen Sätze nicht verstehen.

Da musste ich also mit dem Fahrrad nach Marokko reisen, um meinen ersten Bruce-Lee-Film zu sehen. Na, besser spät als nie, oder?

Kölsch

Nach dem Kino wollen wir uns mit BenIsa der beliebtesten Freizeitbeschäftigung in Marokko zuwenden, dem Spazierengehen. Da BenAhmad nicht weiß, ob der Freund zu Hause ist und mich nicht umsonst umherschleifen will, darf ich mich ausnahmsweise ausruhen, bis er wiederkommt. Fast wird nichts aus der kurzen Ruhepause, da BenAhmad seinen Hausschlüssel nicht findet und befürchtet, ihn verloren zu haben. Zufällig habe ich aber beim Weggehen beobachtet, in welche Tasche er ihn gesteckt hat. Als er diese nochmals überprüft, findet er den kleinen Ausreißer tatsächlich und wundert sich ein wenig. Wenn du nicht krank oder müde bist, vergisst du wohl nicht so leicht etwas ?!

Im Haus merke ich, dass der Wechsel vom kühlen Kino in die warme Nachmittagssonne und von dort ins kühle Haus fast schon wieder zu viel für mich war. Der Interesse halber messe ich meinen Puls im Liegen: Neunzig. Auf dem Schiff hatte ich sechsundfünfzig im Sitzen, gleich nach dem Hinsetzen. Aber jetzt kann ich mich ja kurz entspannen. Hoffentlich unterhält sich BenAhmad schön lang mit BenIsa. Kaum hat sich mein erhitzter Kopf einigermaßen beruhigt, höre ich, wie die schwere Metalltür geht. Nichts passiert. Das waren wohl die Nachbarn. Die Türen sind so laut, dass die ganze Häuserreihe alarmiert ist, sobald eine der Haustüren betätigt wird.

Schon das zweite Türgeräusch kommt von BenAhmad und BenIsa. Yella, Yella! Auf geht's! Schneller! Wieso die Eile? Die Freunde meinen, es wäre nicht das Beste, sich hinzulegen, wenn man sich nicht gut fühlt. Dann hätte die Krankheit Zeit, sich breit zu machen. Das wäre gerade jetzt schlecht, wo ich schon wieder auf dem Weg der Besserung sei. Gehen ist besser. Das vertreibt die Krankheitserreger und stärkt die Abwehrkräfte. Vor einer Woche hätte ich ihnen zugestimmt, aber momentan fühle ich, dass ein Schläfchen ganz gut täte. Nur sechzehn Stündchen oder so und ich wäre wieder fit zum Bäume ausreißen. Schlaf schadet aber - nach dem Motto: Wenn wir ihn jetzt schlafen lassen, steht er vielleicht nicht mehr auf. Darum sind die Nächte hier selten länger als vier Stunden. Da ich mit dem Status als Kranker kaum die Autorität habe, mich durchzusetzen, bleibt mir vorerst nichts anderes übrig, als den Schlafmangel durchzustehen und zu versuchen, trotzdem gesund zu werden.

Ich wollte BenAhmad schon danach befragen, wovon die Leute hier nur leben. Man sieht vom Dorf aus weder Äcker noch nennenswerte Viehbestände und trotzdem scheint es den Leuten gut zu gehen. Heute besuchen wir die Felder, die ich vermisst habe.

Das ist zwar ein längerer Spaziergang, aber die Sonne steht nicht mehr so steil am Himmel und schafft es nicht mehr, die Hitze für einen einfachen Spaziergang unangenehm werden zu lassen. Unterwegs begegnen wir einen Mann im fortgeschrittenen Alter, den meine beiden Freunde gesucht zu haben scheinen. Während BenAhmad mit ihm redet, erklärt mir BenIsa, dass der Mann sehr gut Deutsch können muss. Hier kann aber niemand nachprüfen, ob das stimmt, weil er der einzige ist. Der Mann spricht nervös aber fließend und fehlerfrei in einem Dialekt, der mich an einen Schauspieler aus der Gegend von Köln erinnert. Leider ist der gute Mann zu aufgeregt für eine längere Unterhaltung, und ich bin zu überrascht, um auf die Schnelle einen Aufhänger für ein Gespräch zu finden. Wahrscheinlich haben wir beide den Eindruck, der andere lege keinen Wert auf eine längere Unterhaltung. So bleiben wir beim Austausch von Höflichkeitsfloskeln, vom Wie geht's? bis zum Mach's gut! Bis wir uns versehen, gehen wir wieder unserer

Wege. Ob er in Eile war? Ob er gedacht hat, mir wäre die Begegnung peinlich oder lästig? BenAhmad erzählt, er wäre gerade unterwegs zu Bekannten gewesen, die er nicht warten lassen wollte.

Sobald der Mann außer Hörweite ist, fragt BenAhmad, wie er geredet habe. Guten Tag, wie geht's? und so. Nein, ich meine, ob er Fehler gemacht hat, ob er korrekt Deutsch gesprochen hat. Ist Kölsch fehlerfreies Deutsch? Er hat die gleichen Fehler gemacht, die ein Deutscher gemacht hätte. Vielleicht hätte ich nicht erwähnen sollen, dass er Fehler gemacht hat, und den rheinischen Dialekt als fehlerfreies Deutsch akzeptieren, so schwer mir als Bayer das fällt.

Bevor sich das wahrscheinliche Missverständnis aufklären lässt, erzählt BenIsa, woher der Mann Deutsch kann: Nach dem Zweiten Weltkrieg schickte Frankreich Soldaten in die von ihnen besetzten Gebiete Deutschlands. Um der Bevölkerung Angst einzuflößen, wählten sie dafür die dunkelhäutigen Männer aus ihrer Kolonie Marokko. Darunter war auch der Mann, den wir soeben getroffen haben. Bemerkenswert ist, dass die Deutschen seitdem in Marokko einen relativ guten Ruf haben. Das hat nichts mit dem Judenvernichter Hitler zu tun, sondern mit dem Leben der marokkanischen Soldaten als unfreiwillige Besatzer. Damals war nämlich das Essen knapp und die Franzosen haben sich nicht weiter um ihre dunkelhäutigen Soldaten gekümmert. Statt dessen wurden sie von der deutschen Bevölkerung versorgt, nachdem die Leute gesehen haben, dass die dunklen Mohren auch Menschen waren, die außerdem noch weniger zu Essen hatten als sie selber. Bei diesen Marokkanern sind die deutschen Feinde von damals seither höher angesehen als die französischen Kolonialherren.

Später erzählt BenIsa, dass er heute irgendwie schlecht drauf ist. Den Grund erzählt er nicht, und er ist auch freundlich wie immer. Einmal meint er verschmitzt, er wünschte, er hätte Haschisch.

Übrigens sollte ich mir, wenn ich schon einmal hier bin, wenigstens das Spektakulärste ansehen, das es hier gibt: den Wochenmarkt. Der ist am Mittwoch.

Da Outat kein allzu aufregender Urlaubsort ist, wollen mir BenAhmad und BenIsa bis dahin auch ein wenig von der Umgebung zeigen. Morgen steht ein Tagesausflug auf dem Programm. BenAhmad will mir das Ziel auf meiner Karte zeigen, zwischen Outat und Guercif. Der scheint aber nicht drauf zu sein. Wie alt ist deine Karte? Ich habe sie erst heuer gekauft, aber Landkarten sind immer schon veraltet, wenn sie gedruckt werden. BenIsa meint, er wäre sehr überrascht gewesen, wenn der Ort schon eingezeichnet wäre. Der ist nämlich noch ziemlich neu, ein Projekt der Regierung. Da bin ich aber gespannt.

Wo man sonst vorbeifährt

Wieder ist der Abend fast schon früh geworden, und damit sich die Fahrt lohnt, wollen wir im Morgengrauen aufbrechen und den ersten Bus nehmen. Da muss ich durch. Bus fahren und spazieren gehen ist auch entspannend. Außerdem bin ich neugierig.

Der Bus fährt auf der Straße, die ich vor ein paar Tagen entlang geradelt bin, in Richtung Guercif. Mitten auf dieser einsamen Strecke steigen wir aus. Fast geduckt und völlig unauffällig liegt unser Ausflugsziel in Sichtweite der Straße. Das Dorf besteht aus sauberen niedrigen Lehmhäusern. Für die warme, trockene Gegend dürfte das ausreichen und für den Europäer ist es malerisch. Interessant ist es deshalb, weil es die größte Siedlung weit

und breit ist und inmitten einer äußerst kargen Landschaft liegt und weil sie mit einfachsten Mitteln erbaut ist, obwohl sie praktisch neu ist. Wahrscheinlich soll das Projekt der Entwicklung der Region dienen. Ich persönlich finde die Idee gut, die Häuser einfach und billig zu bauen, da bei niedrigen Baukosten rein rechnerisch mehr Geld für weitere vergleichbare Vorhaben übrig bleiben müsste, als bei aufwendigen und teuren Bauten.

Man diskutiert insgeheim, ob das ganze Projekt gut ist. Aber es ist besser als nichts, oder?

Du hast keinen Fotoapparat dabei. Was würdest du tun, wenn du einen dabei hättest? Sicher würdest du fotografieren. Würde ich wohl. Wahrscheinlich würde ich immer und überall fotografieren und hätte gar keine Zeit, mir die Sachen anzusehen oder mich mit Leuten zu unterhalten. Ich verdächtige Fotoapparate, dass sie die Wahrnehmung verzerren, den Blick auf malerische Motive konzentrieren und von den Menschen und der eigentlichen Reise ablenken. Da mein Gastgeber sehr auf meine Sicherheit bedacht ist, fände er das sicher besser. Dann könnten nämlich auch keine unehrlichen Zeitgenossen Kontakt zu mir aufnehmen. Dafür ist ein Fotoapparat ein teurer Gegenstand mehr, der gierige Blicke auf sich ziehen kann.

Leute sieht man praktisch keine. Wahrscheinlich arbeiten gerade alle irgendwo außerhalb, oder von den Häusern ist erst ein so kleiner Teil bewohnt, dass die paar Menschen noch gar nicht auffallen. Für die Mittagspause, in der man sich normalerweise zurückzieht, ist es eigentlich zu früh. Trotzdem wird es langsam so warm, dass ein guter Schluck wohltuend wäre. Heute geht es mir relativ gut und ich möchte, dass das so bleibt. Ich spüre deutlich, dass es mir gar nicht gut täte, wenn ich mich anstrengen würde oder sonst irgendwie meine Betriebstemperatur wieder erhöhen. Zum Kühlen finde ich Wasser am besten. Mit Schwitzen kann man die Körpertemperatur eigentlich immer regeln. Die Flüssigkeit dazu muss ich aber rechtzeitig trinken. Wer weiß, ob ich ein kaltes Getränk noch vertrage, wenn mein Körper sich wieder krank fühlt.

BenAhmad meint, Wasser bekäme man in Marokko überall. Er spricht einen kleinen Jungen an, der sofort in ein Haus geht und nach wenigen Minuten mit einer riesengroßen Emailtasse voll des frischen, klaren Durstlöschers zurückkommt.

Beim Spaziergang durch das ganze Dorf und dessen Umgebung bin ich derart darauf bedacht, dass ich nicht wieder krank werde aber gleichzeitig die anderen nicht aufhalte, dass ich gar nicht allzu viel mitbekomme. Während wir durch die Gassen marschieren, versuche ich, meinen Körper davon zu überzeugen, dass das Gehen dazu dienen soll, ihn zum Schwitzen zu bringen, damit er sich der restlichen Krankheitserreger entledigen kann. Spaziergehen kann jemanden, der es gewohnt ist, täglich über hundert Kilometer mit schwerem Gepäck über Berg und Tal Rad zu fahren, doch nicht allzu sehr anstrengen, selbst wenn er ein wenig geschwächt ist. Also reiß dich zusammen und werde gesund!

Tatsächlich geht es mir den Umständen entsprechend ganz gut, bis ich auf der Rückfahrt ein wenig zu viel Zugluft erwische. Aber wie könnte ich das verhindern? Im vollen Bus sind die Leute bei einer solchen Hitze einfach froh über jedes bisschen kühlenden Wind.

Als wir wieder in Outat angelangt sind und uns auf den Weg ins Restaurant machen, sehen wir, wie ein paar Männer einen großen Kühl- oder Gefrierschrank von einem Kleinlaster zu einem Haus transportieren. Wieviel kostet ein Kühlschrank in Deutschland? Da ich mich noch nie mit dieser Frage beschäftigt

habe, muss ich schätzen: Vielleicht tausend bis zweitausend Deutsche Mark. Was kostet er in Marokko? Etwa zweitausend, und die Qualität ist bestimmt nicht so gut wie in Deutschland. Wir stellen fest, dass auch ein Fernseher in Deutschland eher billiger ist. Und beim Essen sind die Unterschiede nicht sehr groß.

Im Restaurant bediene ich mich einiger arabischer Redewendungen. Das lässt die anderen, die mit am Tisch sitzen, aufhorchen. Ah, du sprichst Arabisch? Daraufhin klärt BenAhmad sie über die Kenntnisse seines Gastes auf: Bismillah, Inschallah, barak Allahu fik, Maschallah, ... - Mahlzeit, wenns gut geht, danke, wie Gott will, ... Wörtlich übersetzt heißen diese Ausdrücke: In Gottes Namen, so Gott will, Vergelts Gott, Gott sei gelobt, wie Gott will, ... Ob er seinen europäischen Gast als religiösen Menschen darstellen will?

Eher glaube ich aber, dass er klar machen will, dass meine Sprachkenntnisse zu nicht mehr als ein paar Floskeln reichen.

Heute rauchen meine Freunde im Restaurant ausnahmsweise Haschisch. Ich vermute, dass eine neue Lieferung in Outat angekommen ist. Sie beschreiben, wie leicht sie sich fühlen. Wie geht's dir eigentlich? Ein wenig schwach. Hm, vielleicht kommt das von unserem Rauch. Der weht genau in deine Richtung. Wir sollten die Plätze tauschen. BenIsa hat gehört, dass man auch schon durch Haschischrauch high werden kann. Vielleicht ist das nicht gut, wenn man ein wenig krank ist. Da in dem Restaurant heute auch einige andere Leute kiffen und die Luft davon gesättigt sein dürfte, wird ein Platzwechsel allein nicht viel bringen, aber ich bekomme wenigstens nicht mehr den ganzen frischen Rauch ab.

Vorschläge und Rückschläge

Dusche mit Mineralwasser

Nach dem Restaurantbesuch und dem unvermeidlichen Nachtspaziergang sitzen wir wieder bis nach Mitternacht mit Freunden beisammen, und auch diese Nacht endet mit dem Morgengebet. Ich verstehe zwar nicht ganz, warum wir so früh aufstehen müssen, aber diesmal hatte ich wenigstens nahezu fünf Stunden Schlaf.

Ich hatte dir versprochen, dass wir Mineralwasser holen, das aus dem Stein kommt. Gestern waren wir unterwegs, aber heute halte ich mein Versprechen. Du siehst, ich habe es nicht vergessen. Wie er nur darauf kommt, dass er mich für unzuverlässig halten könnte? Wahrscheinlich, merkt er, dass ich bei Versprechen immer sehr vorsichtig bin, egal ob sie von anderen kommen oder von mir.

Die Quelle liegt ein gutes Stück außerhalb von Outat, inmitten einer wüstenähnlichen Landschaft. Urplötzlich erscheint vor uns in einer flachen Senke ein wenige Meter hoher Berg. Davor taucht alsgleich der grüne Rahmen der Wasserstelle auf: Büsche und Sträucher. Beim Näherkommen sehen wir, dass sich hier im Gegensatz zur fast menschenleeren Umgebung eine Unzahl von Leuten tummelt. Männer in längsgestreiften Wollmänteln und mit einfachen Turbanen auf dem Kopf tränken ihre Esel; ein paar Frauen füllen wie wir Wasserkanister; Kinder spielen, werfen von einem Felsen aus Steine ins Wasser, baden, schwimmen ... - und das alles praktisch mitten in der Wüste, um einen winzigen See herum, der von nur ein paar Büschen umgeben ist. Das Wasser kommt aus den Bergen. BenAhmad deutet auf die vagen Umrisse im Westen, die hinter dem Dunst eine große Bergkette andeuten. Wahrscheinlich ist sie in Wirklichkeit näher, als die Sichtverhältnisse es vermuten lassen.

Um niemanden zu drängen, warten wir, bis die Quelle selbst frei ist. Ihre nächste Umgebung ist angeordnet wie eine riesige Brunnenanlage an einer Mauer. Der Wasserbehälter, also der See, wird von einem kräftigen Wasserstrahl gespeist, der aus der Mitte einer Felswand entspringt. Um den trockenen Fußes zu erreichen, muss man um den See herumgehen. Zwischen See und Wand hat gerade ein schmaler Pfad Platz. Durch das Gewässer zu waten wäre bei dem warmen Wetter auch nicht abwegig. Die Kleider wären im Nu wieder trocken. Nichts täte ich lieber, als ein Bad zu nehmen. Aber ich habe die Kinder beim Spielen beobachtet und mir die Wasseroberfläche angeschaut: Die Kleinen lassen ihren Bedürfnissen freien Lauf, auch ins Wasser. Zwar wird sich ein Pinkelstrahl im Wasser so weit verdünnen, dass er nicht weiter ins Gewicht fällt, aber - den braunen Würstchen, von denen ich zwei auf der Wasseroberfläche treiben sehe, möchte ich auf keinen Fall begegnen. Und wenn ich schon auf den ersten Blick gleich zwei erspäht habe ... ich fürchte, dass ich momentan zu anfällig gegenüber Bakterien und dergleichen bin. So beneide ich zwar den Jungen ein wenig, der mit sicheren Schwimmzügen das blaue Wasser durchmisst, aber nachmachen werde ich es ihm nicht. Gönne ich ihm also den Spaß und hoffe für ihn, dass es ihm nicht schadet!

BenAhmad schlägt vor, eine Dusche direkt unter dem kristallklaren Wasserstrahl zu nehmen, der aus der Wand kommt. Momentan ist nicht viel los, so dass wir niemanden stören werden. Auch wegen der Kleidung brauche ich mich nicht zu genieren. Wie ich sehe, haben andere Leute, die hier ein Bad nehmen, auch nur eine Unterhose an. Das sind zwar Kinder, aber wenn ein Einheimischer das befürwortet, kann ich es wohl wagen.

Das Duschbad ist herrlich erfrischend. Während ich das klare Wasser über meinen vom ständigen leichten Fieber verschwitzten Körper laufen lasse, kann ich in Ruhe die Umgebung beobachten. So sehe ich, dass kaum jemand von mir Notiz nimmt, ich also keinen Anstoß errege. Wer hier vorbeikommt, tränkt sein Tier, füllt seinen Kanister oder Schlauch auf und zieht weiter. Wer sollte mich also anstarren? Die Kinder sind selber nicht anders gekleidet und haben ihre eigenen Beschäftigungen. Stören tue ich auch niemanden. Wenn jemand mit einem Wasserbehälter in der Hand auf die Quelle zugeht, trete ich einfach zur Seite.

In der Sonne und der heißen trockenen Luft bin ich innerhalb weniger Minuten samt Unterhose wieder trocken. Sauber und mit Kanistern voller frischem Wasser ziehen wir wieder gen Outat-el-Haj.

Verblüht

Auf dem Rückweg betreten wir Outat über eine kleine Steigung, die zu einem größeren Haus führt, das relativ viel Platz um sich herum hat, keine befestigten Flächen oder Wege, nur Sand. Früher, als Outat noch Provinzhauptort war, war dies das Verwaltungsgebäude. Damals lag hier ein schöner Garten. Sogar Blumen hat es hier gegeben. Aber das ist schon Jahre her. Seit wir zu Missour gehören, hat sich hier niemand mehr gekümmert. So stapfen wir mit immer schwereren Schritten über den in der steigenden Hitze des späten Vormittags flimmernden Sandplatz. Es ist schwer, sich vorzustellen, dass hier noch vor wenigen Jahren ein kleines Paradies erblühte.

Als wir uns der Haustüre nähern, fragt mich BenAhmad, wie es mir heute geht. Gut, sehr gut. Er meint, das kommt wahrscheinlich von dem Bad.

Orangensaft

Auf dem Weg ins Café weist mich BenAhmad darauf hin, dass es im Ort eine Krankenstation gibt und eine Apotheke, die bestimmt eine Medizin gegen meine Beschwerden hat. Ich hege aber Bedenken, bei solchen Kleinigkeiten wie ein wenig Durchfall und Fieber irgendwelche Medikamente einzuwerfen, deren Beipackzettel mit den Dosierungshinweisen und Nebenwirkungen ich möglicherweise nicht einmal lesen kann. Meinem Gefühl nach wären jetzt viel Schlaf und Limonade die beste Medizin.

Außerdem könnte ich meine Satteltaschenapotheke ausprobieren. Der Arzt hat mir Medikamente eingepackt, aber woher soll ich wissen, welches ich jetzt einnehmen muss? Das für organische oder das für anorganische Ursachen?

Aber bei den Tees kann ich eigentlich nichts falsch machen. Hagebuttentee ist auf jeden Fall stärkend. Zudem gibt er dem Körper Flüssigkeit. Davon kann er jede Menge brauchen. Aber wie soll ich ihn kochen? Erst im Restaurant komme ich auf die Idee, dass der Wirt ja ständig Tee macht. Man muss das heiße Wasser anstatt ja nur über einen Teebeutel gießen.

Dazu muss ich aber erst welche aus meinem Vorrat mitbringen, morgen vielleicht. Heute steht erst einmal Tischfußball auf dem Programm. Gegen BenAhmad habe ich wieder keine Chance. Als der Wirt ein wenig Zeit hat, fordert mein Bezwinger den gutmütigen Mann heraus. Scheinbar widerwillig nimmt der Brummbär an und zeigt dem Herausforderer, wer hier dieses Spiel am besten beherrscht.

Für den Nachmittag schlägt BenAhmad wieder einen Kinobesuch vor. Davon bin ich weniger begeistert. So toll sind die Filme auch nicht. Dürfte ich ein wenig schlafen, während Du den Film ansiehst? Erbaut ist mein besorgter Gastgeber nicht von der Idee, mich allein im Haus zu lassen, aber schließlich stimmt er zu. Ich lasse dir den Schlüssel da, damit du spazieren gehen kannst. Sprich aber mit niemandem, auch wenn die Leute einen netten Eindruck machen. Ob er nicht etwas übervorsichtig ist? Er hat halt die ganze Verantwortung für seinen ausländischen Gast, der noch dazu gesundheitlich angeschlagen ist. Das kann schon nervös machen.

Die ersten zwei Stunden seit Tagen, in denen ich selbständig handeln kann, will ich gut nützen. Was wäre das Beste, was ich in zwei Stunden zu meiner Gesundung beitragen könnte? Die Neugier drängt zu einem Spaziergang allein. Der Körper braucht vor allem Flüssigkeit und Nährstoffe, Kalorien. Alles spricht für Limonade. Eine Steigerung wäre Saft. In den Kiosken in Outat wird auch ein Orangensaft im Pappkarton angeboten, der sich Miami nennt. Der geschwächte Magen hat fast Schwierigkeiten, die dicke, süße Flüssigkeit voll Fruchtfleisch aufzunehmen. Vielleicht wäre es besser gewesen, den Saft zu verdünnen. Aber das Wasser kann man ja zu Hause nachtrinken - wenn dann noch etwas zum Verdünnen da wäre. Urplötzlich kommt nämlich ein elender und unwiderstehlicher Brechreiz aus dem gequälten Magen hoch. Kaum ist die Tüte ausgetrunken, fließt der Inhalt in einen der immer trockenen Wassergräben, die die Straßen durchziehen. Somit war mein Ausflug nicht sehr erfolgreich. Den Verlust an der Flüssigkeit und den Mineralien, die im Graben gelandet sind, mache ich durch Wasser mit Mineraltabletten wett. Und in der Zeit, die mir bleibt, bis mein Gastgeber zurückkommt, halte ich endlich einmal wieder einen kleinen Mittagsschlaf. Mit dem hätte ich die Pause gleich beginnen sollen, anstatt auf Entdeckungsreise zu gehen und Versuche anzustellen. BenAhmad werde ich nichts davon erzählen.

Medizin, Meinungsfreiheit und Milchreis

Als der zurückkehrt, ist es natürlich wieder höchste Zeit für einen Spaziergang. So lange liegen ist nicht gut. Unterwegs nimmt er seinen Mut zusammen, um mich wegen meines Umgangs mit meiner Gesundheit zu schelten: Du weigerst dich, etwas zu essen und du weigerst dich, Medizin zu nehmen: Das macht mir Sorgen.

Mir fallen die Kohletabletten vom Apotheker ein. Die kann ich nehmen, und hinterher Mineraltabletten. Das kann wenigstens nicht schaden. Damit ist mein Gastgeber einverstanden.

Nachdem wir die Freunde abgeholt haben, mit denen er uns verabredet hat, kehren wir ins Haus zurück, damit ich meine Medizin nehmen kann. Skeptisch schaut BenAhmad auf die schwarze Brühe, die ich in meiner großen Stahltasse anrühre. Gespannt beobachten er, BenIsa und Mahmud, wie ich langsam, Schluck für Schluck, ohne abzusetzen, meine Medizin trinke, die in einem halben Liter Wasser aufgelöst ist. Und? Hilft es schon? Spürst du was?

Was erwarten die denn von einer Medizin? Seit wann beendet ein Medikament eine Krankheit auf einen Schlag? Ich hatte immer gedacht, dass nur der Körper selbst eine Krankheit besiegen kann und Medizin lediglich eine Hilfestellung dazu gibt. Hier sieht man das offensichtlich ganz anders. Ein Heilmittel muss schon Wunder wirken. Sie sind enttäuscht, dass nach dem halben Liter noch immer keine Besserung eingetreten ist. Offensichtlich war das ein schlechter Zaubertrank. Und wenn die großen schwarzen Tabletten schon nichts geholfen haben, was sollen dann die unscheinbaren kleinen weißen Mineraltabletten ausrichten? Gerade auf die setze ich meine Hoffnung. Ihr Mineralgehalt soll den

Körper und dessen Abwehrkräfte so weit stärken, dass er mit den Bakterien oder was auch immer besser fertig wird.

Bei einem Spaziergang mit BenAhmad und BenIsa unterhalten wir uns einmal mehr über Politik. Dabei sprechen wir wirklich nur relativ harmlose Themen an oder solche, die sowieso täglich im marokkanischen Fernsehen gezeigt werden. Als wir uns wieder einmal der Kreuzung nähern, von der aus man beide Polizeiwachen sieht und wo wir bereits zweimal die Gruppe Polizisten getroffen haben, mahnt BenAhmad zur Ruhe. BenIsa erklärt, dass man hier mit dem, was man sagt, vorsichtig sein sollte, vor allem auf der Straße. Irgendwoher weiß er, dass in Deutschland jeder jederzeit und überall sagen darf, was er will. Hier in Marokko sei das aber anders. Wenn wir uns so unterhalten würden wie eben, und zufällig bekäme ein Polizist das mit, könne es Schwierigkeiten geben. Daher redet man nur offen, wenn man ganz bestimmt unter sich ist.

So viel ich bisher mitbekommen habe, kann dann, wenn junge Leute unter sich sind, jeder über alles reden, und die Bandbreite der Gedanken und Meinungen ist sogar weiter, als ich sie von Deutschland kenne. Hier scheint jeder denkbare Gedanke auch gedacht zu werden.

Wieviel Undenkbares gibt es dagegen in Deutschland, wo jeder ganz legal seine Meinung frei äußern dürfte! Die Freiheit, die es bei uns gibt, kann sich die Macht, also die Wirtschaft, leisten, da sie über ihre Medien die öffentliche Meinung weitgehend unter Kontrolle hat. Jeder Gedanke wird sehr bald frei ausgesprochen, verbreitet und als gut oder böse beurteilt. Das Urteil wird als selbstverständlich akzeptiert und verinnerlicht, so dass bald kaum mehr jemand wagt, die bösen Gedanken auszusprechen, auch nicht im vertrauten Kreis.

In Marokko ist fast jede öffentlich geäußerte Meinung irgendwie anrüchig. Daher erfordert auf der Straße im Endeffekt jeder freie Gedanke den gleichen Mut. Wen schert es, was man denkt, wenn es sowieso gefährlich ist?

Essen ist mindestens genauso wichtig wie denken. Damit hapert es bei mir immer noch. BenAhmad gefällt das gar nicht. Es ist nicht gut, wenn du nichts isst. Hast du gar keinen Hunger? Ich kann mir momentan nicht vorstellen, irgendetwas zu essen, außer vielleicht ... Milchreis. Der Gaumen erinnert sich wohlig an leicht gesüßten Milchreis. BenAhmad findet meine Idee recht ausgefallen. Wo solle man hier Milchreis bekommen? Wahrscheinlich hält er meinen Vorschlag für Schikane. Der Patient will nichts essen, deshalb möchte er etwas Unmögliches. BenIsa ist amüsiert über die Situation. Das ist wie bei kleinen Kindern, die krank sind. Die wünschen sich auch immer etwas, was es nicht gibt. Ich will ja nicht unverschämt sein, aber ich wundere mich doch insgeheim. Was ist an Milchreis so ungewöhnlich? Das ist doch ein billiges Gericht? Ist hier Reis etwa Luxus? Außerdem war der Vorschlag nur eine ehrliche Antwort auf eine Frage. BenIsa verspricht, zu tun, was er kann. Am Abend sitzen wir bei seinen Eltern und es gibt köstlichen Milchreis.

Reiches Deutschland

Danach drehen wir wie immer eine Runde durch die Kneipen und Straßen von Outat. Immer wieder handelt ein Gespräch mit Freunden von Geld und Preisen. Wieviel kostet ein Auto bei euch? Wie sich herausstellt, sind viele Marken in Deutschland viel günstiger als in Marokko. Einige wissen aber, dass die Preise in anderen Ländern sogar noch niedriger sind.

Wieviel kostet es, ein ganz einfaches Zimmer zu mieten? Wie soll man mit wenigen Worten erklären, dass die Wohnkosten in Deutschland nicht bei der Miete für einen Betonwürfel von zweieinhalb Metern Seitenlänge aufhören, sondern dass fast jedes Haus automatisch an fließendes Wasser und Elektrizität angeschlossen ist, und dass man in Deutschland die Häuser wegen der Kälte im Winter und wegen des vielen Regens von vornherein sehr aufwendig baut, von den Heizkosten im Winter ganz zu schweigen?

Reichen hundert Mark? Auf dem Lande im Norden vielleicht, aber in München zahlt man schon für ein kleines Zimmer 500 Mark ohne Heizung. Auch wenn man gar keinen Luxus braucht? Heizung, Strom und fließendes Wasser hat fast jedes Haus, und das kostet, auch wenn man es nicht benutzt.

In Marokko reichen fünfhundert Mark im Monat sehr gut für eine kleine Familie mit ein paar Kindern. Damit ist man nicht reich, ein Auto kann man sich wohl nicht halten, aber man kann ein Haus mieten und gut leben.

Einmal fragt BenAhmad, wie teuer Reisen in Deutschland wäre. Da sind die Unterschiede enorm. Wenn man sein Essen im Supermarkt kauft, kann man sich ganz günstig durchschlagen. Im Restaurant zahlt man dagegen ein Mehrfaches der einfachen Lebensmittelpreise. Aber die Wirte müssen so viel verlangen, weil sie so viel Geld für das Lokal, die Wohnung und alles Mögliche zahlen müssen. Auch Übernachtungen können unglaublich teuer sein.

BenAhmad hat schon von Jugendherbergen gehört, die es in Marokko und fast allen anderen Ländern gibt. Wenn man ganz billig essen würde und in Jugendherbergen übernachten, käme man dann mit zehn Mark am Tag aus? Diese konkrete Frage lässt sich mit einem theoretischen Ja beantworten. Allerdings werden in letzter Zeit immer mehr Jugendherbergen in Anlagen mit hotelähnlichem Luxus umgebaut und dementsprechend teurer. Damit verschwindet nach und nach die letzte erschwingliche Übernachtungsmöglichkeit in Deutschland für einfache Touristen aus ärmeren Ländern. Wer dieses Land kennenlernen will, braucht entweder viel Geld oder die richtigen Bekannten - oder den Mut zu Schwarzarbeit und das Geschick, sich nicht erwischen zu lassen.

Jedenfalls kommt BenAhmad beim Vergleich der üblichen Preise und des Lebensstandards immer wieder zu dem Schluss, dass Deutschland unwahrscheinlich reich sein muss. Auch für die anderen halten es für ein Zeichen von Wohlstand, dass es in Deutschland ganz normal ist, ein Auto und eine Stereoanlage zu haben, und dass man mit fast jeder Arbeit genug Geld dafür verdienen kann.

Markttag

Hagebuttentee

Langsam nähert sich das Ende meines Aufenthalts in Outat, wo ich eigentlich nur übernachten wollte. Heute findet das Ereignis statt, wegen dem ich meinen Aufenthalt zum letzten Mal verlängert habe: Wochenmarkt. Bevor wir den besuchen, genehmigen wir uns zunächst eine kleine Stärkung in unserer Stammkneipe.

Diesmal nehme ich ein paar Teebeutel mit. BenAhmad erklärt dem Wirt, dass das ein spezieller Tee mit Heilkräften ist, und nach wenigen Minuten bekomme ich eine Tasse mit siedend heißem Wasser. Hagebuttentee soll viel Vitamin C haben. Ich beschließe, fest an die stärkende Wirkung zu glauben. Außerdem mundet mir der fruchtig - säuerliche Geschmack ganz gut. BenAhmad und der Wirt kosten auch. Beide schauen nach dem Versuch ein wenig betreten. Der Wirt meint, das wäre eben Medizin.

Auf dem Markt

Der Wochenmarkt erinnert entfernt an einen Flohmarkt. Angeboten wird alles Mögliche, was im Dorf normalerweise nicht zu haben ist, von Lebensmitteln und Gewürzen bis zu gebrauchten Haushaltswaren. Meistens liegt die Ware auf Decken ausgebreitet auf dem Boden. Die Händler schützen sich mit kleinen Zelten vor der Sonne.

Wie in Nador läuft hier ein kleiner Junge mit einer Thermoskanne durch die Menge und ruft „Beberr! Bebeeerrr!" Das kommt von „bert" - auf hocharabisch „barid" - und heisst „Kalt! Kalt!". Der Service ist grundsätzlich kostenlos, aber ein Trinkgeld von einem Rial oder Franc ist üblich. Rial ist eine frühere marokkanische Währung. Die gibt es zwar heute nicht mehr, aber die Leute sind so daran gewöhnt, dass sie die neue Währung mit Dirham zu hundert Centime einfach in das vertraute System integriert haben: Fünf Centime sind ein Rial oder Franc. Also sind zwanzig Franc - ein Dirham. Um nicht durcheinander zu kommen, rechne ich gleich in Mark um: Ein Rial ist ein wenig mehr wert als ein Pfennig.

Ein Verkäufer hat auf einer großen Decke einen ansehnlichen Haufen von Kleidungsstücken, wie sie in Europa üblich sind. Ich fresse einen Besen, wenn die nicht aus Kleidersammlungen stammen. BenAhmad bestätigt meine Vermutung und fragt, was ich davon halte. Er erzählt, es sei eigentlich nicht erlaubt, auf marokkanischen Märkten Kleider aus europäischen Sammlungen zu verkaufen, aber ... Achselzucken. Wenn die spottbillige Altware aus Europa den marokkanischen Markt überschwemmt, kann das einheimischen Kleidungsherstellern die wirtschaftliche Grundlage entziehen. Zumindest verdirbt es die Preise, die in Marokko sowieso kein hohes Einkommen ermöglichen.

Obwohl kein Gedränge herrscht, spüre ich kurz eine Hand an meinem Hintern, als wir an ein paar alten Frauen vorbeigehen. BenAhmad ist eigentlich nur auf den Markt mitgekommen, um ihn mir zu zeigen. Er entschuldigt sich dafür, dass er heute nicht besonders groß ist. Beim Betrachten der wenigen Stände sehe ich doch zwei Kleinigkeiten, die ich brauchen kann: Seife und eine Schnur. Bei der Seife gibt es nicht viel zu handeln. Der Händler hat Seifenstücke in zwei Größen und verkauft diese zu einem festen Preis. Am Stand, wo ich die schöne Perlonschnur gesehen habe, möchte ich fünf Meter. Darauf will der Händler aber nicht eingehen. Er hat aufgewickelte Stücke von zehn Metern Länge, und die will er nicht zerschneiden. Wahrscheinlich sagt er das nur, um nicht nur das halbe Geschäft zu machen, aber als mir auch BenAhmad rät, von der schönen Schnur doch gleich zehn Meter zu nehmen, kaufe ich sie ihm halt ab. Wer weiß, ob ich nicht doch einmal mehr brauchen werde. So viel wiegt ein Seil von fünf Millimetern Durchmesser auch nicht.

In der Mittagszeit kehren wir einmal mehr in BenAhmads Stammlokal ein. Am Markttag ist das Haus ziemlich voll. Aber darauf ist der Wirt natürlich vorbereitet, so dass es wir auch etwas zu Essen bekommen könnten. Leider wage ich momentan nicht, etwas Festes zu mir zu nehmen. Es wäre schade um die guten Sachen. Die würden nämlich sofort meinen Körper wieder verlassen, wenn nicht durch den Ausgang, dann gleich wieder durch den Eingang. Jetzt bin ich entlarvt. In diesem Zustand wird mich BenAhmad niemals weiterradeln lassen. Vorerst sagt er zwar nichts zu diesem Thema, aber ich bin mir sicher, dass er später darauf zu sprechen kommen wird.

Der neue Superheld

Für den Nachmittag hat er wieder einen Kinobesuch vorgesehen. Heute steht ein anderer Held auf dem Programm als Bruce Lee: Ein Neuer, der fast genauso gut ist. Manche sagen sogar, er wäre besser. Dass ich mir das nicht entgehen lassen darf, steht außer Frage. Daher protestiere ich auch nicht.

Angesichts der Nachmittagshitze ist es eigentlich ganz angenehm, im kühlen Kinosaal zu sitzen. Nur zwei Sachen nerven dabei: Das unsinnige Gekloppe auf dem Bildschirm und der große plötzliche Temperaturabfall zu draußen. Der schlägt nämlich wieder mal auf die Eingeweide, und es ist gar nicht so leicht, die Unruhe in den Gedärmen im Sitzen unauffällig unter Kontrolle zu halten. Das ist mein inneres Kontrastprogramm zum Film, das heißt, Kontrast eigentlich nicht, weil beides ein einziger Kampf ist, der zwar zwischendurch ruhiger wird, aber immer wieder neu aufflammt.

BenAhmad ist ganz begeistert von dem neuen Helden, der von einem gewissen Jean-Claude van Damme dargestellt wird. Schon der Vorspann ist sehr überzeugend: Der Held macht sich kampfbereit: In einem Bild legt er seinen Patronengürtel um, im nächsten schnürt er seine mächtigen Springerstiefel, im dritten lädt er seine beindruckende Waffe und im vierten ist er im vollen Staat seiner Ausstattung und seiner Muckis zu sehen. Schließlich wird der Bildschirm geviertelt und in jedem Viertel sieht man jeweils das Ergebnis der Einstellungen: Der Held ist kampfbereit. Dann geht's los, Action pur mit ein wenig französischem Text und niederländischen Untertiteln. Zimperlich ist van Damme nicht mit seinen Gegnern, aber diese dezimieren sich bisweilen auch gegenseitig. Ein klägliches „Vermoord mir nicht!" (wahrscheinlich „Ermorde mich nicht!") - und schon wird der Unterbösewicht

für seine Unfähigkeit oder einen Verrat oder was auch immer von seinem Chef mit ein paar Kugeln hingerichtet. Ein Böser weniger.

Wenn mir auch der Überblick zwischendurch verlorengeht, dürfte der wackere Held am Schluss praktisch der einzige noch lebende Hauptdarsteller sein. Mein Freund ist wahrscheinlich vom unerbittlichen Kampfgeist des Helden und von den Ansätzen von Technik so hingerissen, die hinter den Schlägereien stecken. Und es gibt wie gesagt Schlimmeres, als die heißen Stunden des frühen Nachmittags in einem kühlen Kino zu verbringen.

Cola mit Dosenmilch

Danach sind wir wieder unterwegs. Ein Freund weiß ein Hausmittel für meine Beschwerden: Coca Cola mit Dosenmilch. Das hört sich nach einer gnadenlosen Kraftmischung an. Wahrscheinlich kann den, der das überlebt, so schnell nichts mehr umwerfen. Coca Cola gibt es an jedem Kiosk. Dosenmilch müsste es auch geben. Allerdings ist sie wegen des Markttages überall ausverkauft. An jedem Kiosk bedauert der Verkäufer, dass er heute ausnahmsweise keine Dosenmilch mehr habe. Erst bei einer der allerletzten Möglichkeiten kann eine Dose mit der weißen, dicken Flüssigkeit erstanden werden. Jetzt wird es ernst. Die Zutaten sind zwar jede für sich nicht tödlich, aber die Mischung hört sich grausig an. Doch wenn es helfen soll, muss es runter. Wenn man an einen kalten Milchkaffee mit Zucker denkt, wird es schon gehen.

Ein Schluck. Alle schauen gespannt. Haben die noch nie jemanden - Dosenmilch mit Cola trinken sehen? So schlimm schmeckt das gar nicht, stark halt. Entspannen, an Milchkaffee denken. In kleinen schnellen Schlucken trinke ich das Glas aus. Tief durchatmen, konzentriert entspannen. Erwartungsvolle Blicke richten sich auf den tapferen Patienten. Und wie hat es geschmeckt? Stark. Sehr stark.

BenIsa traut sich als erster, die Spannung der anderen zu erklären: Coca Cola mit Dosenmilch gilt als todsicheres Brechmittel. Die Medizin hätte helfen sollen, deinen vergifteten Magen zu entleeren. Darum haben die so komisch geschaut: Diese Bazis wollten mich reihern sehen! Da hätte ich also statt an kalten Kaffee besser an rohe Krötenleber mit Senf in Wassermelonensaft denken sollen. Wieso können die nicht vorher sagen, dass das ein Brechmittel sein soll? Jedenfalls hat es etwas gestärkt. Wer weiß, wie ich momentan sonst so viele Kalorien in mich hineingebracht hätte.

Charlie Chaplin

Beim heutigen Nachmittagsspaziergang gehen BenAhmad und BenIsa mit mir wieder in die Gegend, in der wir den deutschsprachigen ehemaligen Besatzer getroffen haben. Diesmal wollen mir die beiden ein Original von Outat vorstellen: den marokkanischen Charlie Chaplin. Der Mann wird so genannt, weil er ständig Scherze auf Lager hat. Eigentlich hatten sie gehofft, ihm auf dem Markt zu begegnen. Aber ausgerechnet heute war er nicht da. Als wir ihn treffen, ist er zwar nicht zu Scherzen aufgelegt, gibt aber jedem von uns höflich die Hand. Ein Händedruck von so einem prominenten Mann ist schon eine tolle Sache. BenAhmad ist damit aber nicht ganz zufrieden. Schade, dass du nichts von seinen Scherzen erlebt hast. Er ist wirklich großartig. Gut und schön, aber hätte der gute Mann stehenden Fußes für drei Fans, die ihm auf dem Feld begegnen, eine Vorstellung geben sollen?

Suppenwirt

Da mein Gastgeber aus Solidarität ebenfalls nichts zu Mittag gegessen hat, hängt ihm am Abend der Magen bis zu den Knien. Glaubst du, du könntest Suppe essen? Die Idee ist genial. Suppe ist bestimmt genau das Richtige für den noch geschwächten Magen und den ausgetrockneten Körper. In Outat gibt es einen Wirt, der sich auf Suppen spezialisiert hat. Die meisten seiner Kunden sind Kinder. Das Lokal schaut genauso unscheinbar aus wie alle anderen auch. Es wirkt nur noch etwas kleiner, vielleicht wegen der Reihe von Kesseln, aus denen der Gast sich eine Suppe aussuchen kann. Die nehmen viel Platz ein. Serviert wird praktisch sofort. Die Suppe schmeckt nicht besonders, aber sie besteht aus viel Flüssigkeit, ist gut warm und etwas nahrhafter als Wasser. Wieso sind wir nicht schon früher auf diese Idee gekommen?

Bald drängt BenAhmad darauf, zu gehen. Er hat die Suppe besser in Erinnerung, viel besser. Wahrscheinlich hat der Wirt das Rezept geändert. Oder das Geschäft ist heute so gut gelaufen, dass der arme Mann nicht anders konnte, als die Suppe mit Wasser zu strecken, um keinen der vielen Gäste abweisen zu müssen.

Auch BenAhmad will seinen Gast noch nicht weiterschicken. Da ich noch nicht ganz fit bin, beschließen wir, meine Abreise noch um ein oder zwei Tage zu verschieben.

Nach Hause telefonieren - eine unendliche Geschichte

Am nächsten Vormittag finde ich, dass ich wieder einmal ein wenig Milch vertragen könnte. Ich denke dabei an die vielen Nährstoffe. BenAhmad ist einverstanden und geht mit mir zum Milchladen. Dort passt er auf, dass ich nicht zu viel von der köstlichen Flüssigkeit trinke. Wahrscheinlich hat er Recht damit, auch wenn die Buttermilch nach mehr schmeckt. Danach muss BenAhmad zum Postamt, um etwas wegen seines Studienbeginns in Rabat zu regeln.

Drinnen erinnert mich das Telefon daran, dass ich zu Hause versprochen habe, ungefähr jede Woche anzurufen. Seit dem letzten Anruf sind schon mindestens zehn Tage vergangen. Glaubst du, dass man von hier aus nach Deutschland telefonieren kann? Wir können ja fragen. Ich glaube, du hast gute Chancen. Das Postamt sieht mit seinen Schaltern und Telefonkabinen fast genauso aus wie eines in Europa. Der Mann hinter dem Schalter meint, dass es technisch schon möglich wäre, nach Deutschland zu telefonieren. Man müsse dafür allerdings eine Leitung bei Radio Casa bekommen, die haben Leitungen nach Europa. Das könne etwas dauern, da automatische Telefone stets Vorrang haben.

Gegen eine Pause in dem relativ kühlen Postamt ist ganz und gar nichts einzuwenden, und so wird der Auftrag gegeben, eine Verbindung nach Deutschland herzustellen. Einer der Postbeamten zieht sich sogleich in den Raum mit der Telefonvermittlung zurück und macht sich an die Arbeit. Fein, man kann also hier am Rand der Sahara in ein Postamt gehen und nach Deutschland telefonieren. Das ist zwar praktisch Handarbeit, aber sobald die Verbindung hergestellt ist, kann man mit jemandem reden, der dreitausend Kilometer entfernt ist. Eine halbe Stunde später erklärt der Mann am Schalter bedauernd, dass sein Kollege mehr Schwierigkeiten hat als erwartet. Radio Casa ist ständig besetzt.

Durch die Tür zum Vermittlungsraum sieht man den Kollegen unermüdlich hantieren. Wenn der so eifrig dabei ist, hat er sicher frü-

her oder später Erfolg. Da es aussieht, als ob es länger dauern könnte, entschuldigt sich BenAhmad für eine halbe Stunde, da er noch eine Besorgung machen muss. Als er wiederkommt, hat sich noch nichts getan. Nach weiteren eineinhalb Stunden lässt der Telefonist ausrichten, dass es ihm wirklich leid tut, aber er kommt einfach nicht gegen die automatischen Telefone durch. Ob wir den Auftrag stornieren wollen? Nein, irgendwann muss er es ja schaffen. Eine Stunde später schließt das Postamt. Der Beamte am Schalter fragt höflich nach, ob der Kollege seine weiteren Versuche auf morgen verschieben darf. Da es auf einen Tag mehr oder weniger wirklich nicht ankommt und der unermüdliche Mann in der Vermittlung heute sicher den härtesten Arbeitstag seit langem gehabt hat, wird die Operation Auslandsgespräch auf morgen vertagt.

Auch Warten macht hungrig, und so gehen wir zu BenAhmads Stammlokal. Leider ist der große Topf mit dem Taschin bereits leer. Wir begnügen uns also mit ein paar Rühreiern. Morgen kommen wir einfach früher.

Beim Spaziergang am frühen Abend erfahre ich, was BenAhmad gemacht hat, als er mich für eine Weile allein im Postamt zurücklies: Er hat mir in der Apotheke eine Medizin gekauft, mittelgroße weiße Dragees in einer grünen Schachtel. Der Apotheker hat gesagt, das wäre genau das Richtige für solche Fälle. Und er hat wirklich gute Medikamente, bestimmt ebensogute wie in Europa. Er weiß ja nicht, dass meine Abneigung nicht speziell marokkanischen Medikamenten gilt, sondern unnötig verabreichten Chemiehämmern allgemein. Bei solchen Kleinigkeiten soll der Körper die Krankheit einfach selbst bekämpfen. Das dauert, aber es trainiert die innere Abwehr, sollte es wenigstens. Hier steht die Meinung eines Laien gegen die eines anderen Laien.

Ich handle BenAhmad auf die niedrigst mögliche Dosis herunter. Vielleicht helfen sie ja, und BenAhmad sieht erleichtert wenigstens eine Spur guten Willens bei mir.

Der Abend verläuft wieder unter vielen, vielen Gesprächen mit etlichen Leuten und wird sehr lang. Die meisten Themen kommen mir seltsam bekannt vor, sei es von Nador oder Guercif her, von den letzten Tagen in Outat: Zum Beispiel geht das Gerücht um, dass sich der amerikanische Popsänger Michael Jackson einer Geschlechtsumwandlung unterzogen hat und jetzt eine Frau ist. Andere erzählen, dass Adolf Hitler womöglich nach dem Zweiten Weltkrieg als Charlie Chaplin weitergelebt hat. Die Rolle des Großen Diktators muss von Chaplin sehr überzeugend gespielt worden sein. Auf welche Art und Weise sich wohl diese Gerüchte in diesem Winkel der Welt verbreiten?

An Deutschland interessiert neben dem Klima und der Haltung der Bevölkerung zu Ausländern die essbare Tierwelt. Wie in Nador spricht man von den Schweinen als den Tieren mit dem Rüssel; die Kühe sind die riesigen Tiere mit den Hörnern. Ja, Schafe und Ziegen gibt es in Deutschland auch, aber die sind selten. Den Namen des deutschen Radfahrers, der bei der diesjährigen Marokkorundfahrt so gut abgeschnitten hat, kenne ich leider nicht. In Deutschland haben Familien oft nur ein oder zwei Kinder. In Marokko ist so etwas kaum vorstellbar: Hier haben die Frauen meist über zehn, manchmal sogar zwanzig Kinder.

Wenig verwunderlich ist die Beliebtheit des Sängers Cat Stevens. Schließlich ist der zum Islam übergetreten, was sicher in der ganzen arabischen Welt im Fernsehen gewürdigt wurde. Seinem Lied Father and Son begegnet man buchstäblich in jeder Straße. ... Its no time to make a change. I am old and I am happy - you are young and thats your fault ... Was wird wohl aus der jungen Generation in Ma-

rokko werden? Zumindest hat mich in Outat noch niemand um ein Certificat de Bergement gebeten.

Am nächsten Morgen sind wir praktisch die ersten Kunden im Postamt. Die Beamten haben die Nummer noch. Also macht sich einer von ihnen sogleich an den Fernsprechapparat, während wir geduldig auf einer Bank im Schalterraum sitzen und warten. Man hört den Mann im Telefonraum praktisch pausenlos telefonieren. Die Verbindung zu Radio Casa scheint ausgerechnet ihm vorenthalten zu bleiben. Ein paar Mal teilt uns sein Kollege mit, dass jetzt Radio Casa an der Leitung ist. Leider folgt auf den Hoffnungsschimmer jeweils bald die Enttäuschung, weil die Leitungen nach Europa gerade besetzt sind. Aber steter Tropfen höhlt den Stein. Irgendwann muss es doch funktionieren, bei dieser Hartnäckigkeit.

Um die Mittagszeit meldet sich der Magen. Da wir vor hatten, heute ein warmes Mittagessen einzunehmen, haben wir beim Frühstück gespart. Die Aussicht auf einen guten Gemüseeintopf ist so verlockend, dass wir einfach eine kurze „Wartepause" einlegen.

Das warme Gemüse mit dem speziellen marokkanischen Gewürz, das sogar als Heilmittel für den Magen benutzt wird, tut wirklich gut. Es ist gar nicht so einfach, größere Gemüsestücke mit dem Brot in den Mund zu befördern. So besteht anfangs der größte Teil meiner Mahlzeit aus Brot, das mit der gewürzten Soße getränkt ist. Aber nach und nach erwische ich auch die eine oder andere Kartoffel, Aubergine oder andere Gemüsestücke. Gegen Ende des Mahls werden die Fleischstücke aufgeteilt, die ebenfalls in ein gutes Taschin gehören. BenAhmad kann überhaupt nicht verstehen, wie ich ein so edles und gesundes Lebensmittel wie Fleisch ablehnen kann.

Fleisch ist in Marokko wahrscheinlich tatsächlich ein gesundes Lebensmittel, da in der rest-

lichen Nahrung der Anteil an Fett und Eiweiß eher gering ist. Außerdem können sich
in dieser Gegend die meisten nicht viel Fleisch
leisten. Und zu guter Letzt halte ich es für
unwahrscheinlich, dass die Bauern hier für
die Tierproduktion jene unübersichtliche Masse von Medikamenten, Hormonen und anderen Chemikalien benutzen, die in Deutschland
Fleisch zu einem denaturierten Etwas macht,
das nicht mehr viel mit Fleisch im früheren
Sinne zu tun hat. Das Hammelstückchen
schmeckt tatsächlich nicht schlecht. Und da
ich meine leichte Abneigung gegen Fleisch gezeigt habe, wird es wenigstens gerecht aufgeteilt. Sonst hätte ich als Gast wahrscheinlich
den Löwenanteil erhalten.

Damals musste man nach Marokko fahren, um
ganz selbstverständlich ein Stück Fleisch von
einem natürlich ernährten Tier zu bekommen.
In Deutschland hätte man 1988 dafür praktisch selbst ein Tier aufziehen müssen. Eigentlich ist das ein teuer erkaufter Wohlstand,
wenn für mehr Masse und günstigere Preise ge-
sunde Lebensmittel praktisch landesweit aus-
gerottet werden. Jedenfalls gönne ich den Leuten hier den bescheidenen Luxus, der in Europa für viele unbezahlbar wäre. Und ich lerne diesen Luxus schnell zu schätzen und lasse
ihn mir schmecken. Nach dem Essen, der ersten vollwertigen Mahlzeit seit Tagen, die der
Magen ohne zu Murren angenommen hat, gehen wir frohen Mutes zum Postamt. Du wirst
sehen, die müssen nur eine Leitung von Radio Casa bekommen, dann hast du die Verbindung.

Im Postamt erzählt der Beamte am Schalter,
dass sein Kollege vor etwa einer Stunde eine
Leitung nach Europa bekommen hätte. Leider wären wir da nicht da gewesen. Aber er
versucht es weiter. Ob man sich da aufregen
sollte? Aber selbst wenn wir hier gewesen wären, wäre die Verbindung vielleicht nicht zu-

stande gekommen. Und besser so, als telefo-
niert und vor Hunger außer einem tief sitzen-
den Knurren keinen Ton herausgebracht. Da
man jetzt nichts mehr ändern kann und es immerhin schon einmal geklappt hätte, warten
wir eben, bis es noch einmal funktioniert. Was
treu ist, kommt wieder.

Offensichtlich sind Telefonverbindungen vom
Rand der Wüste nach Deutschland nicht treu,
und so gibt es bis Feierabend keine weitere
Verbindung. Man müsste eben ein Automatentelefon haben. Die im fünfzig Kilometer
weiter gelegenen Missour haben eines. Da hat
der wackere Mann in der Vermittlung also fast
eineinhalb Arbeitstage lang pausenlos und völlig vergeblich versucht, eine Verbindung zustande zu bringen, und muss sich jetzt auch
noch entschuldigen, dass es nicht geklappt hat.
Da kann man halt nichts machen. Maschallah!
Wie Gott will!

Nach der missglückten Aktion gehen wir auf
eine Kanne Tee in BenAhmads Stammlokal
und spielen Tischfußball. Nach den zwei Tagen Ruhe und Kühle im Postamt fühle ich
mich frisch und ausgeruht und weder Darm
noch Magen machen irgend welche Schwierigkeiten. Ich bin also topfit, und da ich nichts zu
verlieren habe, kann ich gegen den Meister be-
freit aufspielen, worüber der durchaus erfreut
ist.

Leider wird auch dieser Abend wieder sehr
spät, dabei ist BenAhmad ein notorischer
Frühaufsteher. Deshalb bleiben mir auch diesmal nur sehr wenige Stunden Schlaf. Dafür
habe ich inzwischen gelernt, jede Gelegenheit
zur Entspannung zu nutzen, sei es ein Kinobesuch, eine Teepause oder eine lange Wartezeit
im Postamt.

Als Tourist in Outat

Schriftgelehrt

Samstag Vormittag sind mehr Leute im Lokal als sonst um diese Zeit. Irgendwie hat sich herumgesprochen, dass ich nicht nur ein paar marokkanische Redewendungen beherrsche, sondern auch die Arabische Schrift. Das soll jetzt getestet werden. Einer bringt eine Seite aus einem Schulbuch. Wieder einmal wird mir bewusst, wie knapp hier Papier ist, und damit der Lesestoff. Außer Preislisten, vereinzelten Limonadenreklameschildern in Gaststätten, dem Personalausweis und den Aufschriften der Lebensmittel am Kiosk gibt es praktisch nichts zum Lesen. Wie der Junge wohl an eine einzelne Schulbuchseite gekommen ist?

Ich bestehe den Test mehr schlecht als recht. Die meisten der Wörter, die ich ablese, verstehe ich nicht, und ohne Vokalzeichen spreche ich die meisten Silben ganz und gar nicht richtig aus. Aber die Mitlaute sind richtig und die aufmerksamen Zuhörer können einen Sinn aus den Leseversuchen heraushören. Oft deckt er sich sogar mit dem, was auf der Vorlage steht. Damit ist bewiesen, dass ich Arabisch lesen kann.

Als der nette Fahrer, der am selben Tisch sitzt, eine Bemerkung macht, gibt ihm jemand den Zettel. Er schaut ihn sich kurz an und meint, dieses französische Zeug habe er nicht gelernt. BenAhmad übersetzt seine Worte für mich und fügt hinzu, dass der gute Mann nicht lesen kann, und dass er sich jetzt sicher geniert. Das kann durchaus sein, wenn ein junger Deutscher, der nicht einmal die Sprache beherrscht, die arabischen Schriftzeichen kennt, und er nicht. Einige schauen betreten und wir wechseln das Thema, um den sympathischen Mann nicht zu kränken.

Duschen aus dem Kanister

Als das Wasser in den Kanistern wieder einmal nicht mehr frisch genug ist, um es bedenkenlos trinken zu können, nutzen wir es für ein Bad. BenAhmad zeigt mir, wie man es anstellt, dass die vier Liter, die noch übrig sind, dazu ausreichen:

Zuerst füllt er sorgfältig meine Stahltasse auf. Mit deren Hilfe macht er sich von oben nach unten nass, ohne einen Tropfen zu verschwenden. Einen Teil des Wassers fängt er mit den Händen auf, um es nochmals über seinen Körper zu gießen. Schnell wird der nasse Körper eingeseift. Fast noch sorgsamer als beim nass machen wird die Seife wiederum von oben nach unten abgewaschen. Als BenAhmad fertig ist, ist der Kanister noch halb voll. BenAhmad hat nur drei Tassen Wasser gebraucht, eineinhalb Liter.

Jetzt da ich das System begriffen habe und weiß, was ein Marokkaner vom Rand der Wüste unter einem Bad versteht, kann ich es ihm nachmachen. Bei mir muss der restliche Kanisterinhalt reichen, sonst würde es eine Weile dauern, bis ich die restliche Seife los werde. Also bin ich besonders sparsam und fange jede Hand voll Wasser mehrmals auf. Obwohl ich um einiges mehr Hautoberfläche habe als mein Gastgeber, und keine Übung in dieser Duschtechnik, brauche ich am Ende nicht mehr als er. Wir hätten sogar noch fast einen Liter Wasser mehr verprassen können.

Zu Mittag ist Taschin bereits aus, also gibt es Omelett, aber diesmal ein ganz besonderes. BenAhmad ist sicher, dass ich staunen werde. Das Ei ist mit Tomaten angerührt! So etwas habe ich wirklich noch nicht gegessen, aber es schmeckt ausgezeichnet und leicht wie Frühlingssonne. BenAhmad hat nicht ganz unrecht damit, dass es ein wenig wie Zitrone ist.

Der Zehn Gebote erster Teil

Heute müssen wir unbedingt ins Kino gehen. Diesmal steht kein Karatefilm auf dem Programm, sondern ein ganz besonderer: Kennst du die Zehn Gebote? Ja, die gibt es auch in der Bibel. Über die läuft heute ein großartiger Film mit Charlton Heston. Ich habe ihn zwar vor Jahren schon einmal gesehen, aber da ist etwas, das ich nicht verpassen möchte: die Szene, in der Moses Gott sieht. Natürlich sieht man Ihn da nicht wirklich, aber die Darstellung ist sehenswert.

Bei diesen Argumenten kann man es BenAhmad nicht antun, nicht mitzugehen. Außerdem habe ich selbst den Film noch nicht gesehen. Von den Sandalenschinken kenne ich nur Ben Hur, weil ich davon das Buch habe. Witzig finde ich, dass mein Gastgeber sich gerade für die Szene mit der indirekten Darstellung von Gott interessiert. Sein Namenszug ist zwar in der islamischen Welt allgegenwärtig, aber eine bildliche Darstellung von Ihm allerstrengstens verboten.

Im Kino sitzt praktisch das gleiche Publikum wie immer. Den Kindern scheint es egal zu sein, ob Bruce Lee, Moses oder van Damme für das Gute kämpft. Dieser Film wird wohl für die Kleinen relativ langweilig werden, da er mehr Dialoge hat als die Prügelstreifen, und sie davon garantiert nichts verstehen. Dafür werden sie von der üppig eingesetzten Filmmusik und den dazu gehörenden ausdrucksstarken Bildern umso mehr ergriffen sein, auch wenn sie nicht genau wissen werden, worum es geht.

Als die das erwählte Volk nach gut eineinhalb Stunden immer noch nicht am Berg Sinai ist, stellen wir fest, dass der Film Überlänge haben muss. Hier bedeutet das, dass er nicht auf eine Videokassette gepasst hat, und pro Vorstellung gibt es eine Kassette. Schließlich haben wir auch nur den einfachen Eintritt bezahlen müssen. BenAhmad ist sehr enttäuscht, dass wir die Szene mit Gott noch nicht gesehen haben. Die ist wohl auf dem zweiten Teil. Der kommt wahrscheinlich morgen.

Barbier

Einer der vielen kleinen Läden, die sich besonders um die Hauptstraße herum zwischen den Häusern verstecken, ist ein Friseursalon. Der Raum ist klein, aber schon von der Straße aus sieht man, dass es alles gibt, was man zum Haare schneiden und Frisieren braucht: Friseurstuhl, Spiegel, Waschbecken, Scheren und Rasiermesser. Ein paar kleine Stühle warten auf Kunden. Da wir gerade die einzigen wären, meine letzte Rasur schon eine Zeit her ist und der Raum schön kühl aussieht, halte ich es der Überlegung wert, hineinzugehen. BenAhmad meint, ein Haarschnitt wäre auf keinen Fall nötig, aber eine Rasur könne nicht schaden. Und die Beurteilung des Aussehens durch einen Freund gilt umso mehr, wenn man schon seit einer Ewigkeit keinen Spiegel mehr gesehen hat. Seit dem Friseurbesuch in Spanien? Da hatte ich womöglich nicht einmal die Brille auf. Rein mit uns!

Der Mann rasiert ganz geschickt. BenAhmad hat für alle Fälle seine eigenen Rasierklingen dabei. Woran man auf so einer Reise alles denken müsste... Den Schnurrbart auch? Zögernd entfernt der Barbier auch die Stoppeln unter meiner Nase. BenAhmads Schnurrbart, der dem des polnischen Arbeiterführers Lech Walesa ähnelt, darf er nicht anrühren. Den stutzt sein stolzer Träger fachmännisch und sorgfältig mit ein paar sanften Schnitten selbst, mit dem Werkzeug des Fachmanns und vor dessen Spiegel, versteht sich.

Die Wüstensöhne

BenAhmad bedauert sehr, dass ich keinen Fotoapparat dabei habe. Auch Passfotos zur Erinnerung habe ich nicht dabei. Die Fahrt ist so wenig geplant, dass ich nur kurz daran gedacht hatte, für alle Fälle ein paar Bilder machen zu lassen. Statt dessen bin ich dann aber ein wenig früher aufgebrochen. Die Fototechnik ist ja heute weltweit verbreitet. Ich habe es mir interessant vorgestellt, in einem marokkanischen oder spanischen Grenzstädtchen nach einem Laden zu suchen, in dem man Passfotos machen lassen kann. So etwas wäre für mich ein Grund für eine Stadtrundfahrt, auf die ich sonst wahrscheinlich verzichten würde.

Sogar im abgelegenen Dörfchen Outat gibt es einen Fotografen. BenAhmad beschließt, dass wir dort ein Erinnerungsfoto schießen lassen. Da meine Abreise näher rückt, will er keine Zeit versäumen und sofort einen Termin ausmachen. Währenddessen kann ich mich kurz ausruhen.

Mein Puls ist nach wie vor fast auf neunzig, und das im Liegen. Wahrscheinlich habe ich leichtes Fieber. Sonst hilft in solchen Fällen viel heißer Tee und ein langer Schlaf. Tee gibt es eigentlich genug. Da mein Flüssigkeitsbedarf durch den leichten Durchfall erhöht ist, bleibt aber zum Schwitzen zu wenig übrig. Schlaf gönnen mir die Freunde nicht viel, sondern halten mich Tag und Nacht auf den Beinen. Bei den gängigen Vorurteilen über die faulen Mittelmeerbewohner, die auch unter meinen marokkanischen Gastgebern selbst verbreitet sind, hätte ich nie gedacht, dass der Ausdruck „Yella, Yella!" - „Auf, Vorwärts!" weit häufiger gebraucht wird als „Kiff Kiff' - egal.

BenAhmad hat es auch wieder fast eilig, als er zurückkommt. Der Fotograf hat gerade Zeit. Diesmal komme ich BenAhmad zuvor: Ich

weiß: Yella, Yella! Nachdem wir uns gekämmt und saubere Hemden angezogen haben, gehen wir los zum Fotografen. Dessen Atelier ist in einem ganz normalen Wohnhaus. Eingerichtet ist er aber schon ganz professionell, mit unauffälligen Sitzmöbeln, Lichtquellen und verschiedenen Gegenständen zur Ausschmückung des Hintergrunds und der Motive. BenAhmad möchte ein ganz typisches Foto machen und besteht darauf, dass wir uns typisch arabisch ablichten lassen. Dazu müssen wir uns weiße Tücher aufsetzen, die mit eingearbeiteten schwarzen Kordeln auf dem Kopf festgehalten werden. Die Idee begeistert mich auf Anhieb überhaupt nicht. In den zehn Tagen, die ich bereits in Marokko bin, habe ich noch keinen einzigen Menschen gesehen, der so ein Ding auf hatte. BenAhmad räumt ein, dass diese Kopfbedeckung vielleicht in Marokko nicht sehr weit verbreitet sei, aber typisch arabisch wäre sie allemal. Also soll er seinen Willen haben und wir lassen uns nebeneinander auf zwei Hockern ablichten. Dabei muss ich versuchen, den Größenunterschied zwischen uns, der auch beim Sitzen bemerkbar ist, ein wenig auszugleichen. Jetzt hat BenAhmad wenigstens ein Erinnerungsfoto von seinem merkwürdigen Besucher aus dem hohen Norden.

Revanchen

Nach dem Fototermin spielt BenAhmad wieder einmal eine Partie Tischfußball gegen den Wirt. Nach ein paar Seitenwechseln erklärt mir BenAhmad bedeutungsvoll, dass sie jetzt um Geld spielen. BenAhmad ist also praktisch ein Profi. So weit ich sehe, spielt der Wirt etwa um eine Klasse besser als mein Gastgeber und schreibt sowieso BenAhmads Rechnungen an. Aber es geht ja um keine hohen Beträge und die nächste Bource kommt bestimmt.

Schließlich darf auch ich gegen BenAhmad

spielen, der sogar das eine oder andere Match gegen den Wirt gewonnen hat. Da mir nicht schwindlig vor Fieber ist und ich mich nicht auf einen rebellierenden Darm konzentrieren muss, habe ich das Spiel ganz gut im Blick und bin so in Form, dass ich sogar ein wenig mehr gewinne als verliere.

BenAhmad hat heute den Suppenwirt getroffen und mit ihm geredet. Für die dünne Suppe hat er sich entschuldigt. Er hatte sie mit Wasser verdünnt, um reich zu werden. Dafür hat er versprochen, heute besonders gut zu kochen. Du wirst sehen, das ist gar kein Vergleich. Er kocht hervorragende Suppen. Wollen wir dem Gauner eine zweite Chance geben?

Die Suppe ist diesmal tatsächlich wesentlich dicker als beim letzten Mal, und sie hat auch einen richtig kräftigen Geschmack. Ob er sie nur für diejenigen Gäste so macht, die sich nach dem letzten Mal beschwert haben?

Auf unserem Rundgang, der selbstverständlich auf das Essen folgt, treffen wir wie immer jede Menge Bekannte, und schließlich bildet sich auf dem weiteren Weg wieder ein harter Kern, der mit zu BenAhmads Wohnung kommt. Ohne lärmempfindliche Familienmitglieder oder wertvolle empfindliche Einrichtungsgegenstände ist diese wirklich bestens zum Feiern geeignet.

Inzwischen habe ich schon bemerkt, dass die jungen Leute hier nicht zu Übertreibungen neigen, was Rauschmittel angeht. Oft wird ganz darauf verzichtet. Sonst trinkt oder raucht man halt so viel, bis sich der gewünschte Zustand einstellt. Mehr wäre sowieso zu teuer. Dabei diskutiert man, oft stundenlang. Diskutieren ist wahrscheinlich die zweitbeliebteste Beschäftigung der Marokkaner nach Spazieren gehen.

Meski

Eine Uhr geht auf Reisen

Natürlich übernachten die Freunde nach der Feier im Haus. Platz und Polster gibt es ja genug. Das war eine Art Abschiedsfeier. Die Gäste fahren morgen weg. Mahmud muss einen sehr frühen Bus erwischen. Kannst du ihm deine Uhr leihen, damit er rechtzeitig hinkommt? Er legt sie dann unter die Matratze. Als ich am nächsten Morgen die Gäste aufbrechen höre, kann man in dem fensterlosen Raum mit geschlossenen Türen die Uhrzeit tatsächlich nicht einmal erahnen.

Heute lässt der Hausherr ausnahmsweise einmal ausschlafen. Als wir aufstehen, ist die Uhr nicht da. Wahrscheinlich hat sie dieser Mahmud über Nacht um das Handgelenk geschnallt, damit er sie am Morgen bestimmt findet, und dann vergessen, sie abzunehmen. BenAhmad ist sehr verärgert. Das gehört sich nicht. Wenn er sie gestohlen hat, bringe ich ihn um, das versichere ich dir. Be sure, I'll kill him.

Du willst morgen aufbrechen? Schade, sonst hättest du eine Chance, deine Uhr zurückzubekommen. Mahmud ist nämlich gar nicht weit weg. Er ist mit seiner Familie für fünf Tage nach Meski gefahren. Dort ist es wunderschön. Wenn du noch Zeit hättest, könnten wir dort hinfahren. Es würde dir bestimmt gefallen. Vielleicht hat er ja nur vergessen, die Uhr abzunehmen. (Dann müsste er ihn nicht umbringen.) Da es auf diesen einen Tag nun auch nicht mehr ankommt, beschließen wir, uns von einem Sammeltaxi bei Meski absetzen zu lassen. Hast du übrigens gewusst, dass Mahmud erst vierzehn ist? Den Jungen mit dem knochigen Körperbau würde man tatsächlich leicht um ein paar Jahre älter schätzen.

Die Taxis fahren wie die Busse am Hauptplatz

ab. Ein Fahrer braucht mindestens vier bis fünf Fahrgäste, damit die Fahrt sich rentiert. Ein Mann, der die gleiche Richtung nimmt, ist gleich gefunden. Jetzt müssen wir warten, bis noch ein weiterer Fahrgast in unsere Richtung fahren will. Die Wartezeit überbrücken wir vor dem Café am Hauptplatz, wo es richtigen Rasen und Schatten spendende Bäume gibt. Rasen habe ich in Outat sonst nirgends gesehen, und auch Bäume sind im Umkreis des Dorfes wirklich rar.

BenAhmad schlägt vor, dass wir unsere Stühle auf den Rasen stellen. Das ist dem Wirt aber nicht recht. Wenn das alle machen würden ... Wahrscheinlich will er die Übersicht über seine Gäste behalten. An so einer Haltestelle besteht die Gefahr, dass jemand vergisst, seine Zeche zu bezahlen, wenn sein Bus oder Taxi ankommt. Jedenfalls dürfen wir diese Engstirnigkeit nicht unterstützen und machen es uns ohne Stühle an einer schattigen Stelle auf der Begrenzung der Rasenfläche bequem.

Ich habe die Wirtschaft nicht von innen betrachtet, aber die vergleichsweise zierlichen Metallstühle und die kleinen runden Tische auf der Terrasse vor dem Lokal deuten darauf hin, dass das Restaurant das erfolgreichste und nobelste im Dorf ist. Es hat schließlich auch die beste Lage.

Nach einer Dreiviertelstunde ist ein weiterer Fahrgast hinzugekommen. Wir können aufbrechen. Sobald wir im Taxi sitzen, finden sich noch zwei, die mitfahren wollen. Damit ist der alte Mercedes voll. Bei der Hitze ist es sehr angenehm, dass alle Fenster in dem voll besetzten Wagen geöffnet sind.

Wieder einmal geht es ein Stück auf der schmalen Straße zurück, auf der ich hergekommen bin, diesmal mit viel Gas über die geraden Stücke und mal mit Schwung und mal vorsichtig durch die Bachbefestigungen. Der Fahrer weiß offensichtlich, wo er wie schnell fahren kann. Über eine Schlaglochpiste bringt er einen der Fahrgäste zu einem kleinen Ort, der praktisch mitten in der Wüste liegt, obwohl hier eigentlich der Moulouya fließen müßte. Dann geht es zurück zur Hauptstraße, und ein paar Kilometer später fahren wir wieder einen abgelegenen Weiler an. Die angrenzende Oase ist Meski. Wir steigen zusammen mit den beiden restlichen Mitfahrern aus, da mir BenAhmad bei einem Spaziergang die schöne Landschaft zeigen will.

Leider habe ich nur einen getrübten Blick für die erfrischend grüne, von Bewässerungsgräben durchzogene Oase übrig. (Ich nenne diesen Flecken Erde Oase, da die Landschaft außen herum fast wüstenhaft kahl ist.) Die Zugluft im Taxi und vielleicht auch ein wenig das Geholpere auf den Straßen zu den Weilern hat meine Gedärme wieder aufgerührt. Das macht einen Spaziergang sehr unangenehm. Andererseits soll BenAhmad nicht beunruhigt werden, da sich in zwei Tagen unsere Wege trennen. Also will ich mir keine Eile anmerken lassen. Aber einfach ignorieren lässt sich der Druck leider auch nicht, vor allem nicht lange. Wenigstens sind hier viele Büsche, kleine Felder und Bäume, die einen Sichtschutz bilden können. Allerdings gibt es auch andere Leute, und zwar immer da, wo man sich verstecken will. Das macht die Sache spannender.

Mitten zwischen den Feldern und Wäldchen steht ein großes Steingebäude, ein Marabut. Dort hält sich die Familie von Mahmud auf. Eines von den Geschwistern Mahmuds bringt den Neuankömmlingen gleich eine Tasse mit Wasser. Nach dieser Erfrischung setzen BenAhmad und ich uns mit Mahmud auf die Treppe zum Marabut. BenAhmad erzählt Mahmud gleich, dass wir wegen der Uhr hier sind. Wahrscheinlich fügt er hinzu, dass ich verärgert bin. Oder war das Ganze eine zwischen den beiden abgesprochene Finte, die mich veranlassen sollte, noch ein paar Tage zu bleiben und diesen wunderschönen Fleck Erde anzuschauen?

Jedenfalls ist die Situation ein wenig peinlich. Mahmud hat nämlich die Uhr um. Da ich weder das Versäumnis, die Uhr zurückzugeben, verharmlosen will, noch mir und den anderen den schönen Tag verderben, muss ich ein wenig überlegen, wie ich den richtigen Ton treffe. BenAhmad berichtet als Dolmetscher, dass Mahmud vergessen hat, die Uhr abzunehmen, und dass es ihm leid tut. Was soll er auch sonst sagen? Mahmud übergibt mir die Uhr und entschuldigt sich. Was antworte ich? Al 'afu! Das sagt man zwar eigentlich, wenn jemand Danke gesagt hat. BenAhmad hat aber gemeint, der Ausdruck bedeutet, dass das, was der andere gemacht hat, für einen selbst nichts bedeutet. Wenigstens hier könnte dieser Satz passen, im Sinne von nichts passiert. Er scheint tatsächlich nicht falsch zu sein. BenAhmad wirkt freudig von meiner Antwort überrascht. Er wiederholt für Mahmud, dass ich Al 'afu gesagt habe, und meint, er solle jetzt noch danke sagen. Damit ist die Situation bereinigt und wir können mit dem gemeinsamen Spaziergang beginnen. Ein Wäldchen weiter liegt ein eingefasster See, ein rechteckiges Wasserbecken, das mindestens so groß ist wie ein Schwimmbad. Der speist wahrscheinlich die Wassergräben. BenAhmad erzählt, dass das Becken sehr tief sei. Die besten Schwimmer hätten schon vergeblich versucht, den Grund zu erreichen. Ein Bad wäre jetzt gerade recht. Leider finden weder Mahmud noch BenAhmad, dass das momentan gut wäre. Vermutlich können beide mangels Lernmöglichkeit in Outat nicht schwimmen und fürchten um die Gesundheit ihres Gastes. Außerdem ist das Becken wahrscheinlich gleichzeitig ein Trinkwasserspeicher. Da wäre es allerdings unappetitlich, wenn darin Leute schwimmen würden.

Tierquälerei als Vergnügen

Dafür gibt es am Wasser eine andere Freizeitbeschäftigung. Um einen Zulauf oder Abfluss des großen Wasserbeckens ist meterhoch Erde angehäuft. Auf diesen Hügeln spielen etliche Kinder. Einige davon hängen Schnüre ins Wasser, die an Stöcken befestigt sind. Bei genauerem Hinsehen bemerke ich die Angelhaken an den Enden. Willst du angeln?

Mahmud lässt sich eine der sehr einfachen Angeln geben und versucht sein Glück. Darf hier jeder fischen? Ja, es gibt sowieso nur kleine Fische. Angeln ist hier nur Zeitvertreib. Und was macht man mit den Fischen? Was man will. Die meisten werfen sie weg oder geben sie den Kindern zum Spielen. Das finde ich nicht gut. Aber es ist so. Bald hat Mahmud einen Fisch gefangen. Ein drittel Abendessen könnte der schon abgeben. Aber Mahmud und BenAhmad denken nicht daran, das arme Tier zu essen. Ich weiß nicht mehr, ob Mahmud ihn wieder ins Wasser zurückgeworfen hat, oder ihn den Kindern gegeben. Hoffentlich das erste, obschon auch das unnötige Tierquälerei wäre. Der Haken tut bestimmt weh, und welchen Sinn hat es, einen Fisch um des Fangens willen fangen, ohne ihn essen zu wollen? Aber ihn lebendig als Spielzeug freizugeben, wäre absolut grausam.

Die Kinder denken sich nichts Böses dabei, wenn so ein wehrloses Wesen zappelnd auf dem Sandboden seinen letzten verzweifelten Kampf ficht. Und niemand denkt daran, das Tier wenigstens kurz und einigermaßen schmerzlos zu töten. Wer will diese Arbeit machen? Wenn man das Tier im Sand liegen lässt, stirbt es ja praktisch von selbst.

Außerdem wäre ein toter Fisch weniger unterhaltsam für die Kinder. Angeln ist ja nur

Unterhaltung, ein harmloser Freizeitspaß. Die Großen angeln und die Kleinen dürfen mit der Beute spielen.

Keiner will sich vorstellen, was das für den Fisch bedeutet: eine Stahlspitze in den Kiefer bekommen, die sich wegen des Widerhakens immer tiefer ins Fleisch bohrt, je heftiger man sich wehrt; an diesem widerlichen Haken hochgezogen werden und dann - ganz langsam ersticken müssen, viele, viele qualvolle Minuten lang. Wie das wohl für einen Menschen wäre? Vielleicht so: Ein Band ist so fest um den Hals geschnürt, dass man überhaupt keine Luft mehr bekommen kann, und man hat keine Möglichkeit, es los zu bekommen. Was tun? Zappeln? Um sich schlagen? Daliegen und auf das Ende warten? Umherrennen? Sich winden? Egal! Alles hilft nichts, auch wenn du es noch nicht so recht glauben kannst. Noch kannst du dich bewegen. Du wirst schwächer, aber es geht noch. Die Lungen beginnen, zu schmerzen - Panik. Zappeln, früher hat es doch auch funktioniert, hat die Lunge stärker gearbeitet, wenn du dich bewegt hast. Jetzt hilft es nichts, du könntest nur noch auf dein Ende warten. Du wartest aber nicht, du musst kämpfen. Aber es hilft nichts, die Lungen schmerzen immer mehr, aber sie bekommen keinen Sauerstoff.

Stunden später - Fische sind zäh und erleben die Zeit wahrscheinlich als länger, weil sie nicht so lange leben - nach einem endlosen Todeskampf probierst du noch einmal, ob du dich noch bewegen kannst - nichts geht mehr. Du reißt den Mund weiter auf als je zuvor - vergeblich. Du nimmst alle Kraft zusammen, alle Kraft; solange du dich bewegen kannst, lebst du. Du nimmst alle Kraft zusammen, und du schaffst unter unendlichen Schmerzen ein letztes Zucken - dann kommt das Ende.

Während der ganzen Zeit, in der das Tier vergeblich nach Luft ringt und sich dabei auf dem trockenen Boden wund scheuert, ist es ein Spielzeug von kleinen Kindern, ein lebendiges Spielzeug, etwas richtig lebendiges, über das man Macht hat. Das zappelnde Ding geht zwar bald kaputt, aber dann kann man auch so damit spielen, wie mit einer Puppe. Garantiert kommt von den Kleinen keiner auf die Idee, dass dieser Fisch ein eigenständiges Wesen ist, das auch gerne leben würde. Genauso gedankenlos sind die Großen, die ihnen ihren Fang zum Spielen schenken, ohne ihn vorher zu töten.

In Deutschland würde man das „nicht waidgerecht" nennen. In einem Leitfaden zur Sportfischerprüfung heißt es, dass man gefangene Fische, die man im Trockenen aufbewahrt, sofort betäuben und töten soll. Besonders zähe Tiere wie Aale sollen gleich ausgenommen werden. Das nennt man waidgerecht, und in dem Buch wird das wie eine Gnade dargestellt. Vorher wird dem Leser nämlich versichert, dass die Wissenschaft zu dem Schluss gekommen ist, Fische hätten ein viel geringeres Schmerzempfinden als Menschen und andere Säugetiere. Da ist es doch eine echte Gnade, eine Wohltat für den Fisch, wenn man das bisschen Schmerz auch noch abkürzt. Und wegen des Hakens im Kiefer braucht man sich schon gar keine Gedanken zu machen.

Weder der Wissenschaftler noch der Autor des Sportfischerbuches sind Fische. Ich aber auch nicht. Und den Fischen werde ich auch nicht helfen können.

Mahmud, der den zweifelhaften Zeitvertreib wie BenAhmad für einen harmlosen Spaß hält, gibt mir die Angelrute, damit auch ich mein Glück versuchen kann. Unmotiviert bewege ich den Stock, an dem eine dünne Schnur mit Haken ohne Köder hängt. Bloß nicht anbeißen, Fische! Ihr werdet doch nicht so blöd sein, das gebogene Stahlstück für einen Wurm zu halten. Die sind tatsächlich nicht so blöd, nicht bei mir. BenAhmad meint, das wäre Pech. Er selbst probiert es als Letzter und hat nach ein paar Minuten einen gefangen, wirft ihn aber wieder ins Wasser zurück, da er es nicht gut findet, die Tiere sinnlos zu töten.

Eine Nacht im Marabut

Nachdem also auch wir unseren Spaß gehabt haben, bekommen die Kinder die Angel wieder zurück. Es wird langsam Zeit für das Abendessen mit Mahmuds Vater im Marabut. Dessen Frau und die Töchter speisen nicht am gleichen Tisch. Das Mahl beginnt mit der Händewaschung und der Teezubereitung. Mahmuds Vater spricht feierlich einen Satz auf Arabisch, während er das Teegeschirr samt Beuteln mit Zutaten zu mir hinschiebt. BenAhmad übersetzt, dass der Mann sich die Ehre gibt, den Tee von mir zubereiten zu lassen. Die Ehre ist natürlich ganz auf meiner Seite, aber wie mischen die Marokkaner ihren Tee? Er schmeckt nach Pfefferminze und Zucker und ich habe gehört, dass auch Schwarztee drin sein soll. Aber welche Menge gehört von welcher Zutat in eine Kanne? Ich fürchte, dieser Ehre kann ich mich nicht als würdig erweisen. Schließlich will ich niemanden vergiften. Zu meiner Verteidigung möchte ich sagen, dass ich vor der Tour kein Teetrinker war und normalerweise mit kaltem Wasser vorlieb genommen hatte.

Als Essen gibt es Couscous, ein wunderbar leichtes Gericht für einen angeschlagenen Magen. Natürlich soll auch hier der Gast wieder den Löwenanteil vom Fleisch bekommen, obwohl er das Getreide als besonders leichte Stärkung bevorzugt.

Nach einem kleinen Verdauungsspaziergang wird es dunkel. Hier auf dem Land bedeutet das Schlafenszeit. Der Schlafraum ist die gleiche Ecke, in der der Esstisch gestanden hatte.

Alle verfügbaren Teppiche und Decken werden hier ausgebreitet, und jeder bekommt eine leichte Decke. Erst jetzt wird offenbar, wie groß die Familie Mahmuds wirklich ist, zumindest in etwa. Bei den vielen Mädchen, die da durcheinanderwuseln, ist es um diese Tageszeit schwierig, zu zählen - und es würde zu lange dauern. Schließlich will man ja selbst auch noch einen Schlafplatz zwischen all den Kleiderbündeln finden. Mahmud und BenAhmad haben schon je einen Platz gefunden. Da hinten ist eine Lücke, die lang genug ist, mittendrin. Das nenne ich Familienanschluss.

Nach angenehm vielen Stunden Schlaf meldet sich wieder einmal der Bauch. Und es ist stockfinster. Leider lassen sich die Eingeweide nicht beruhigen. Wenn ich nicht aufstehe, gibt es eine äußerst peinliche Katastrophe. Aufstehen geht ja noch, aber wie kommt man über die Nachbarinnen, ohne auf eine draufzutreten? Schließlich möchte ich nicht die ganze Familie wecken. Es ist einfach zu dunkel, um zu sehen, wer wo liegt. Selbst wenn es ein wenig heller wäre, würde man zwischen den zusammengerollten Kleidern und Decken kaum eine Lücke finden, in der man einen Fuß der Größe dreiundvierzig hinstellen könnte.

Weil es gehen muss, geht es, und niemand scheint aufgewacht zu sein. Im Sternenlicht ist es leicht, einen guten Platz zu finden. Im stockdunklen Marabut muss allerdings der Weg zurück wieder weitgehend blind gefunden werden. Aber erleichterten Bauches schwebe ich einfach in meine Lücke, die sogar noch frei ist. Wahrscheinlich hat niemand etwas von dem kleinen Ausflug bemerkt.

Beim Morgenspaziergang halten es die Freunde wieder für keine gute Idee, Schwimmen zu gehen. BenAhmad meint, nachdem man so lange krank war, ist es zu gefährlich, ins Wasser zu gehen. Das könnte einen Rückfall geben.

Außer der Gesundheit macht BenAhmad auch meine Sicherheit Kopfzerbrechen. Immer wieder fragen mich auch andere Leute, wie ich mich im Notfall verteidigen könnte. Dass ich allein und unbewaffnet unterwegs bin, gefällt ihm gar nicht. Etwas Karate könnte dir nicht schaden, Mister Martin. Ich werde noch versuchen, dir ein wenig davon beizubringen. Außerdem werde ich dir noch eine Waffe bauen. Du kennst doch die Stöcke, die mit einer Kette verbunden sind. Das wird nicht schwierig nachzubauen sein. Dann zeige ich dir, wie man mit denen spielt.

Vorerst führen mir BenAhmad und Mahmud einen unbewaffneten Karatekampf vor. Die beiden beginnen, sich mit Händen und vor allem mit den Füßen gegenseitig anzugreifen und die Angriffe des anderen abzuwehren. Was für einen Einfluß so ein Kino auf die Freizeitgestaltung der Jugend haben kann! Ob der Kinobetreiber sich seiner Macht und Verantwortung bewusst ist? Unter den großen Kindern Mahmud und BenAhmad sind die Karatespielchen harmlos und machen ihnen sichtlich Spaß. Leider sind meine Innereien schon wieder so rebellisch, dass ich bei jeder unbedachten Bewegung eine unappetitliche Panne befürchten muss. Sorgen machen will ich den beiden auch nicht, so schaue ich halt zu und versuche, mich zu entspannen, damit sich mein Innenleben wieder beruhigt. Dank der Sonnenwärme und des langsamen Spaziertempos gelingt das recht gut, und ich kann den Tag in der kleinen Oase genießen. Allein der Anblick und der Duft der Wasserfläche wirkt erfrischend.

Harter Heimweg

Eigentlich kann man es hier ganz gut aushalten. Vielleicht sieht BenAhmad das genauso und findet einen Vorwand, der es rechtfertigen

würde, noch einen Tag hierzubleiben. Leider muss er diesmal selbst einen Termin im Auge behalten: Den Studienbeginn in Rabat. Als ich gerade sinniere, wann BenAhmad wohl vor hat, nach Outat zurückzukehren, meint dieser, jetzt wäre es höchste Zeit, aufzubrechen. Womöglich müssten wir uns sogar ein wenig beeilen. Er möchte den Bus nehmen. Wenn man zur richtigen Zeit an der Hauptstraße ist, hält er wahrscheinlich. Wenn nicht, müssen wir versuchen, ein anderes Fahrzeug anzuhalten. Bis zur Straße ist es noch ein längerer Fußmarsch.

Außerhalb der bewässerten Gärten und Felder sieht man kaum Pfade auf dem harten sandigen Boden. Obwohl BenAhmad sich hier nach eigenen Angaben nicht gut auskennt, steuert er zielstrebig in eine Richtung. Nach der Sonne kann man sich ja ganz gut orientieren. Ich befürchte zwar, dass wir nicht senkrecht auf die Straße zulaufen, aber verfehlen werden wir sie sicher nicht. Wir müssen sie nur rechtzeitig erreichen, bevor der Bus kommt. Dass das nicht garantiert ist, merke ich, als BenAhmad fragt, ob ich ein wenig laufen könne. Laufen ist eine meiner Lieblingsbeschäftigungen und macht mir auch in der größten Sommerhitze nichts aus, wenn ich genug zu trinken bekomme - und keinen Durchfall habe. Mein Darm wird nämlich durch das Geholpere beim Dauerlauf manchmal sogar schon angeregt, wenn ich in einer guten Verfassung bin.

Da sich der natürliche Gang der verspeisten Mahlzeiten sowieso auf Dauer nicht aufhalten lassen wird, und mich die diesbezüglichen Bemühungen nur beim Laufen behindern, fordere ich eine kurze Pause zur Verrichtung der Notdurft ein. BenAhmad ist davon zwar nicht begeistert, aber da hier viele kleine Baumgruppen und keine Menschen sind, lässt sich das praktisch im Vorübergehen erledigen. Jetzt könnten wir von mir aus richtig laufen. BenAhmad meint aber bald, wir hätten vermutlich genug Zeit aufgeholt und könnten wieder normal gehen. Schließlich sind wir jetzt schutzlos der Sonne ausgesetzt, und man sieht schon die schnurgerade leichte Erhöhung, auf der die Straße verlaufen muss.

Als wir auf einem schmalen Weg ein Feld durchqueren, kommen uns drei Frauengestalten entgegen. Beim Näherkommen zögern sie etwas. Als sie doch auf uns zumarschieren, können wir die ängstlichen, aber stolzen, von Sonne, Sand und Wind gezeichneten Gesichter und die zerschlissenen Kleider über den gebückten Gestalten sehen. Grußlos gehen wir aneinander vorbei. Als sie außer Hörweite sind, meint BenAhmad, das wären Frauen von Armen. Sie waren ängstlich. Das Wort „ängstlich" betont er besonders.

Bald haben wir die Straße erreicht. Beim ersten Windhauch bekomme ich wieder Bauchkrämpfe. Vom Essen ist immer noch etwas übrig und das will jetzt raus, und zwar schnell. Im Straßengraben wäre das technisch kein Problem. Der Haken liegt bei der Zeit: Wir wissen nicht, wann genau der Bus kommt. Jeden Moment kann er auftauchen. Dann müssen wir ihn anhalten. Es wäre äußerst peinlich, wenn genau dann, wenn der Bus stehen bliebe, alle Passagiere auf der rechten Fensterseite aus der Vogelperspektive einen jungen Deutschen beim Verrichten eines anrüchigen Geschäfts beobachten könnten.

Da BenAhmad sich nicht ganz sicher ist, ob wir den Bus nicht schon verpasst haben oder ob er uns überhaupt mitnehmen wird, schlägt er vor, dass wir schon langsam in Richtung Outat gehen. Wenn wir dann doch mitgenommen werden, ist es gut, wenn nicht, erreichen wir trotzdem problemlos noch heute Outat. Meinem Darm wäre eine kleine Ruhepause lieber gewesen. So bleibe ich gelegentlich ein paar Schritte zurück, um mich zusammenzukrüm-

men und so die unteren Eingeweide wieder zu beruhigen. Natürlich macht sich BenAhmad Sorgen darüber. Wenn ich wieder krank werde, kann er sich ja nicht mehr lange um mich kümmern, da er nach Fès muss. Wie er mir in den letzten Tagen wiederholt versichert hat, bin ich für ihn inzwischen wie er selbst, demnach müsse er sich genauso um mich kümmern wie um sich selbst. Ich versuche, ihn zu beruhigen: Nur kleine Probleme, ganz kleine Probleme.

Da wir sowieso keine andere Wahl haben und es mir bis auf die gelegentlichen Krämpfe ganz gut geht, marschieren wir ein paar Minuten lang, bis tatsächlich der Bus kommt. BenAhmad hat also sehr genau kalkuliert. Er gibt selber zu, dass wir in diesem Fall Glück gehabt haben. Bald sind wir in Outat und können uns ausruhen.

Der Busfahrer wechselt durch die offene Tür ein paar Worte mit BenAhmad. Dann gibt er wieder Gas und fährt weiter. Das ist so schnell gegangen, dass ich gar nicht weiß, ob er überhaupt richtig angehalten hat. Der Bus war voll und der Fahrer wollte keinen einzigen weiteren Fahrgast mehr aufnehmen. Jetzt müssen wir es mit Autostop probieren. Das hört sich einfach an, aber auf dieser Strecke fahren kaum Autos, wie ich schon bei meiner Fahrt mit dem Rad festgestellt habe. Die paar Mercedesse, die uns überholen, sind mit fünf Personen oder mehr voller als voll. Hier fährt kaum jemand los, bevor sein Fahrzeug wirklich ausgelastet ist. Sogar bei den klapprigen kleinen Lastern, die unsere Richtung nehmen, stehen die Leute auf der Plattform über dem Laderaum so gedrängt, dass nicht einmal mein marokkanischer Freund sich ohne Angst dazuquetschen würde.

Vielleicht müssen wir tatsächlich bis Outat marschieren. Da der Bus vorbei ist, kann ich jetzt ja eine tiefe Stelle im Straßengraben suchen und verunreinigen. Danach ist das Marschieren wirklich kein Problem mehr. Der Ostwind, der immer stärker die dicke, warme Luft aus der Wüste über die Straße bläst, dröhnt zwar heiß in meinem Schädel, aber das wird sich geben, sobald wir in Outat bei einer Kanne Tee sitzen. Ein Toyota-Pick-up hält an und fährt weiter, nachdem der Fahrer mit BenAhmad geredet hat. Der wollte uns mitnehmen, aber nur für zu viel Geld. Er hat gesehen, dass du ein Europäer bist und das wollte er ausnutzen. Nicht mit mir! BenAhmad ist erstaunt und vor allem verärgert darüber, wie sich einige seiner Landsleute gegenüber Ausländern verhalten.

Der Fahrer hat durch seine Unverschämtheit die Chance vertan, seine Fahrtkosten ersetzt zu bekommen und wir müssen weiter laufen. Da die Abenddämmerung noch in weiter Ferne ist, sind wir guter Dinge. Für BenAhmad als Marokkaner ist Gehen sowieso eine ganz normale Beschäftigung und mir als verhinderten Radfahrer schadet ein wenig Bewegung auch nicht. Wir wundern uns fast, als ein Berbertruck anhält, auf dessen Laderaumdach erst eine Hand voll Leute sitzt. Auf der Plattform ist so viel Platz, dass die Leute sitzen können! Unsere Wanderung ist beendet.

Eigentlich hatte ich vorgehabt, von der Ladefläche aus den Ausblick auf die Landschaft zu genießen. Aber durch das Schütteln wegen der ungenügenden Federung und den Fahrtwind geraten erneut meine Gedärme in Bedrängnis. Ich hatte gedacht, dass ich vorhin im Straßengraben ganz gründlich war, aber gereicht hat es offensichtlich nicht. Ich kauere mich also wie die meisten meiner Mitfahrer an die niedrige Bordwand gelehnt auf den Boden und hoffe, dass die Krämpfe verschwinden.

Wenn man hier sitzt, versteht man, warum einige stehen: Anders als unbequem kann man das Sitzen hier nicht nennen. Beim Rad fahren war mir die Straßenoberfläche nahezu perfekt eben vorgekommen, aber das kann man hier oben kaum glauben. Wenn man auf dem grob gezimmerten Holzdach sitzt und sich an die quer verlaufenden Latten lehnt, die die Wand zusammenhalten, spürt man jedes Asphaltkörnchen. Das Fahrzeug ist ganz offensichtlich so gebaut, dass jede noch so kleine Unebenheit verstärkt wird. Im Sitzen sieht man natürlich auch nicht, wie die Straße auf den nächsten Metern wird. Daher wird man immer wieder fast ohne Vorwarnung mit dem Rücken gegen die Wand geschleudert.

So schlimm kommt mir die Fahrt aber nur vor, solange Darm und Kopf mich ärgern. Sobald ich es geschafft habe, beide durch Entspannung und Willenskraft zur Ruhe zu bringen, wird das Geholpere fast zu einem einschläfernden Geruckle. Ich kann die Aussicht auf den trüb blauen Himmel genießen und bemerke sofort, wenn der Laster steil bergab auf eine Steinrinne zufährt, kann mich also darauf einrichten. Fast bin ich so entspannt, dass ich einnicken könnte, als wir Outat erreichen.

Wasser und Knopfzellen

Dort treffen wir am Busbahnhof BenIsa. Da sich das Wetter hierzuzu anbietet, legen wir, wie einige andere Leute, auf einem nahe gelegenen Hügel eine Rast ein.

Heute ist ein Händler im Dorf, der Quarzuhren verkauft. Wenn du deine nicht mehr bekommen hättest, hättest du hier eine kaufen können. Die Dinger sind sogar noch etwas billiger als in Deutschland. Wie gut sie sind und wie lange sie halten, kann ich als Laie nicht beurteilen. BenIsa ersteht eine neue Batterie für seine Uhr. Als er sich daran macht, sie einzusetzen, frage ich ihn, was er mit der alten macht?

Ich habe in den zwei Wochen, die ich bis jetzt in Marokko war, keine einzige Mülldeponie, keinen Abfallbehälter oder sonst irgend etwas gesehen, was auf eine geordnete Entsorgung von Müll hingewiesen hätte. Was wird hier schon verpackt oder weggeworfen? Und wer kauft hier schon etwas, was nach kurzer Zeit so kaputt ist, dass man es nicht mehr reparieren kann? Fabrikneuen Müll zu verkaufen, würde hier als Betrug angesehen. Was macht also BenIsa mit der alten Batterie?

Das hat er sich selber schon überlegt. Er wird sie wohl wie alle anderen irgendwo in die Landschaft werfen. Er hat zwar schon Gerüchte darüber gehört, dass das nicht gut sein soll, aber was bleibt ihm übrig? Ein älterer Mann, der ganz in der Nähe sitzt und auch gerade eine Batterie ausgetauscht hat, nimmt seine alte in den Mund, um darauf rumzulutschen. BenIsa meint, dass das hier viele so machen, weil das Metall ein so schön kühlendes Gefühl im Mund gebe. Andere geben die Dinger kleinen Kindern zum Lutschen oder Spielen. Ob er nicht weiß, dass die Magensäure so eine Batterie zerstören kann, wenn man sie verschluckt, und dass der Inhalt so giftig ist, dass man davon sterben kann? Das hat von den beiden Freunden noch keiner gewusst. Ja, wer soll es dann sonst wissen, wenn nicht jemand mit Abitur und Studium? Wer weiß, wie viele Kinder hier schon einige Zeit nach dem Genuss einer Knopfzelle plötzlich und ohne erkennbaren Grund gestorben sind? Hoffentlich hat die Verdauung bisher bei allen möglichen Opfern die kleine Zeitbombe rechtzeitig wieder ins Freie befördert, wo sie „nur" den Wüstenboden oder Äcker und Gärten vergiftet.

Nach und nach geht das Gespräch mehr über meine Heimat. In Deutschland gibt es viel Wasser. Wahrscheinlich sogar sehr viel Wasser? Ja, aber leider ist das meiste davon inzwischen giftig. Wieso man in Deutschland diesen kostbaren Schatz straflos vergiften darf, kann man kaum in wenigen Sätzen klar machen. Muss man sich für die Sorglosigkeit der letzten Generation und der jetzigen im Umgang mit den wichtigsten Lebensgrundlagen schämen, die im eigenen Land herrscht?

Die Bewohner anderer Länder würden es genauso machen, wenn sie könnten. Das, was wir Entwicklung nennen, ist einfach eine Sackgasse. Hoffentlich machen es die anderen Länder wenigstens ein bisschen besser. Ich wundere mich schon immer, dass man, wenn man eine Lebensweise kopiert, die man für insgesamt besser hält, auch die offensichtlichen Nachteile übernimmt. Könnte man nicht raffinierter sein und nur das nachmachen, was einem wirklich nützt? Das Problem ist vermutlich, dass man in der nord-westlichen Zivilisation von klein auf lernt, dass die Zerstörung der Natur die Grundlage zu einem guten Leben ist. Und woher sollen andere Zivilisationen, die uns wegen unserer Macht und der Vorteile unserer Lebensweise nachahmen wollen, auf die Idee kommen, dass an dieser Grundeinstellung ein Haken ist?

Dazu kommt in diesem Fall, dass es sich Produzenten, die in ärmeren Ländern lediglich einen kleinen, aber problemlosen Absatzmarkt sehen, wirklich sehr einfach machen. In den westlichen Industrieländern weiß inzwischen praktisch jedes Kind, dass der Inhalt der winzigen Batterien in den Quarzuhren, so giftig ist, dass man diese nicht auf den normalen Müll werfen darf. In Marokko wissen nicht einmal Studenten, wie gefährlich diese Dinger sein können. Die Hersteller und Händler verkaufen die Batterien, ohne dafür zu sorgen, dass der Verbraucher von den Gefahren des Produktes gewarnt wird.

Rüsten für den Abschied

Kleiderordnung

Nachdem für uns beide der Tag der Abfahrt näher rückt, wird es Zeit, aus BenAhmads Wohnung eine Waschküche zu machen. Da der Innenhof einen kleinen Gulli hat, ist das kein Problem.

Um zu schauen, welche Sachen zum Waschen nützlich sein könnten, muss ich an mein Fahrrad mit den Packtaschen, das in einem abgesperrten Zimmer sicher verwahrt ist. Erstmals seit unendlich vielen Tagen sehe ich den immer noch aufgepackten Drahtesel wieder, der an der Wand lehnt, jederzeit bereit, mich über den langen Asphaltstreifen am Rande der Wüste weiter nach Süden zu tragen. Ich kann kaum noch glauben, dass es bald wieder so weit sein wird.

Das Zimmer ist normalerweise abgesperrt, da BenAhmad hier seine Habseligkeiten aufbewahrt. Die bestehen aus ein paar Kleidungsstücken, die an einigen Haken an der Wand hängen. Von denen wählt er welche aus, die ebenfalls einer Wäsche bedürfen.

Zur großen Waschaktion werden die betreffenden Kleider in der Nähe des Abflusslochs auf den Boden gelegt. Aus dem Kanister wird vorsichtig Wasser darauf gegossen, bis es einigermaßen durchweicht ist. Dann kommt die neu erworbene Seife zum Einsatz. Mit ihr wird der Stoff eingerieben, bis er schäumt. Bei einem Kleidungsstück, das nur etwas verstaubt und verschwitzt ist, würde es jetzt ausreichen, die Seife durch Kneten durch alle Poren zu drücken. Aber was macht man mit dem T-Shirt, das durch den Kontakt des nass geschwitzten Rückens mit der Bordwand des Berbertrucks hartnäckige, dicke, dunkle Streifen bekommen hat? Man könnte es auf dem Fußboden rubbeln oder mit meiner Handbürste bearbeiten. Letzteres findet BenAhmad etwas brutal. Das Loch, das sogleich im Stoff entsteht, gibt ihm recht. Wenigstens bleichen die Streifen ein wenig aus. Wenn man das Hemd öfter wäscht, wird es wohl nach und nach wieder sauber. Bis dahin kann man es ja als Unterhemd tragen.

Die Hose ist auch ordentlich dreckig. Schließlich hat sie schon einige hundert schweißtreibende Kilometer über die staubigen Landstraßen Marokkos mitgemacht. Und an schweißnasser Kleidung haftet Staub besonders gut.

BenAhmad meint, es wäre nicht unbedingt nötig, immer eine langen Hose zu tragen. Du als Ausländer dürftest schon in Unterhosen Rad fahren. Das würden die Leute verstehen. Viele wissen, dass das in Europa und Amerika so üblich ist. In den großen Städten wie Rabat oder Fés dürftest du sogar ohne Probleme in Unterhosen auf der Straße rumlaufen. Dort machen das viele Touristen so. Du würdest da nicht weiter auffallen. Für Unterhosen gebraucht er das Wort Slip. Kurze Hosen als Oberbekleidung sind in arabischen Ländern noch weitgehend unbekannt. Wahrscheinlich finden die Einheimischen hier Leute in Unterwäsche obszön oder einfach lächerlich. Da ich weder Anstoß erregen noch mich zum Gespött machen will, entschließe ich mich trotz der Erlaubnis eines echten Marokkaners, in europäischer Radsportkleidung zu fahren, weiterhin die lange Hose anzubehalten.

Vor dem Einschlafen verrät BenAhmad, dass auch er, wie seine Freunde, gerne philosophische Gedanken wälzt, logisch kombiniert und eifrig nach Lösungen sucht. Eine Frage beschäftigt ihn zur Zeit besonders, da ihm hierzu keine befriedigende, einleuchtende Antwort einfällt. Es geht um die Allmacht Gottes. Im Koran heißt es, dass Gott allmächtig ist. Demnach kann Er alles, wirklich alles. Dort heißt es aber auch, dass Er unfehlbar ist, dass Er keine Fehler macht. Wenn Er aber alles kann, müsste Er auch Fehler machen können. Wenn Er aber Fehler machen würde, wäre Er nicht unfehlbar. Ist das kein unlösbarer Widerspruch?

Ich muss zugeben, dass ich mich noch nie so wortwörtlich mit der Bibel befasst habe. Vor allem ist es für messerscharfe Schlussfolgerungen in solch heiklen Fragen schon reichlich spät. Das heißt aber nicht, dass ich deshalb die Frage als unlösbar stehen lasse. Ich bringe die Weisheit, Übersicht und Entscheidungsfreiheit des Allmächtigen ins Spiel. Wieso sollte Gott etwas Schlechtes machen? Er hat die Macht zu allem. Am Ende würde er aber alles so machen, dass es gut wird. Er könnte etwas machen, das uns wie ein Fehler erscheinen würde. In seiner Weisheit würde er aber dafür sorgen, dass am Ende alles zum Guten führt. Inzwischen ist auch BenAhmad zu müde für eine logische Diskussion. Ihm bleibt nur noch, zu bemerken, dass ihm aufgefallen wäre, dass ich sehr gerecht sei, alle Seiten einer Sache sorgfältig abwäge und niemandem Unrecht tun wolle. Du könntest ein guter Richter werden.

Am nächsten Morgen kann ich es kaum glauben, dass sowohl die Hose als auch das Hemd schon trocken sind. In Deutschland hätte das womöglich Tage gedauert.

Vorgriff auf Missour

Obwohl man in diesem kleinen Dorf wirklich billig lebt, geht mir nach und nach das Geld aus. Seit der Ankunft in Melilla habe ich nichts mehr umgetauscht. Das muss vor über zwei Wochen gewesen sein. Als ich BenAhmad erkläre, dass ich Schecks habe, die ich an jeder Bank einwechseln kann, versteht er, warum ich kaum Bargeld mit mir führe. In Missour gibt

es eine Bank; dort kannst du Geld abheben. Er fragt, ob es mir recht ist, noch am gleichen Tag in die Nachbarstadt zu fahren. Da ich ohnehin übermorgen mit dem Rad hinfahren werde, könnte ich dort gleich Vorbereitungen treffen.

Nach Missour fahren wir mit dem Bus. Zurück werden wir voraussichtlich auch einen erreichen. Die Fahrt wird also nicht teuer.

Zu meiner Erleichterung ist die Strecke genauso eben und glatt wie die Straße vor Outat. Mein Weg nach Süden wird also zumindest bis Missour nicht durch schlechte Straßenverhältnisse behindert werden. Missour selbst ist dem ersten Eindruck nach größer als Outat-el-Haj. Auf jeden Fall scheint es wichtiger zu sein: Im Zentrum steht zum Beispiel eine Telefonzelle, und man sieht mehr Geschäfte. Ein Schriftzug über einer Haustür lädt sogar in eine Kung-Fu-Schule ein. Auch die Häuser selbst kommen mir eine Spur größer und sauberer gebaut vor als in Outat. Ob die Telefonzelle das berüchtigte Automatentelefon ist, mit dem man bevorzugt Verbindungen bekommt?

Als Erstes gehen wir in die Bank. Innen unterscheidet sich das Gebäude eigentlich nur durch die größere Zahl von Beschäftigten von einer europäischen Filiale eines Kreditinstituts. Daher ist man auch bald dran, obwohl schon einige andere Kunden vorher da waren. Die Bedienung ist so prompt, dass ich noch gar keine Zeit gefunden habe, unauffällig einen Scheck aus seinem Versteck zu holen. Also muss ich für jedermann sichtbar den Beutel mit den Geldgutscheinen hervorkramen. Nach meiner Unterschrift und einer kurzen Wartezeit darf ich aus einer besonders geschützten Kabine mein Bargeld abholen. Schon bin ich wieder flüssig.

Draußen meint BenAhmad, es wäre nicht gut gewesen, vor allen Leuten meine Geldtasche hervorzuziehen. Wie sonst hätte ich aber an sie rankommen können? In Marokko ist man doch keinen Moment unbeobachtet. Natürlich bringe ich normalerweise gleich nach dem Aufstehen das Geld und die Papiere, die ich an dem jeweiligen Tag brauchen könnte, in einer gesonderten, leichter erreichbaren Tasche unter. Aber heute habe ich ja erst während des Vormittags erfahren, dass wir nach Missour zur Bank fahren. Du kannst beruhigt sein, Scheich BenAhmad, ich weiß, dass man vorsichtig sein muss.

Wie sich mein Freund nach Kräften um mich kümmert, sehe ich wieder einmal bei unserer nächsten Aktion. Da führt er mich zu einem Wirt, den er kennt und handelt für mich den Preis für ein Zimmer aus. Unter Zimmer ist hier ein leerer Raum mit Matratze zu verstehen, genau wie in BenAhmads Haus. Das Zimmer reserviert er für die beiden Nächte nach meiner voraussichtlichen Abfahrt aus Outat. Ich soll also übermorgen fahren und mich dann erst einmal wieder einen Tag lang ausruhen. Dabei sind mir ehrlich gesagt fünfzig Kilometer zu kurz für eine Etappe. Aber wahrscheinlich ist der Vorschlag meines fürsorglichen Gastgebers insofern nicht schlecht, als ich bedenken muss, dass ich durch die gesundheitlichen Schwierigkeiten und die zweiwöchige Trainingspause ein wenig geschwächt bin. Außerdem muss ich den Plan wohl weniger als Zwang verstehen, sondern mehr als väterliche Weisung. Ob ich mich daran halten werde, entscheide ich übermorgen in Missour.

Gerade als alles geregelt ist, müssen wir schon wieder zur Bushaltestelle gehen. Nicht einmal für ein Kännchen Tee war Zeit.

Als wir in Outat die letzten Kurven vor der Bushaltestelle nehmen, zeigt BenAhmad auf einen offensichtlich mongoloiden jungen Mann, der schwankend über einen Platz stolziert und jedem freundlich zuwinkt: Da vorne ist noch ein Foolishman.

Couscous - Besuch bei der Familie Ben-Ahmads

BenAhmad hätte mich gerne schon früher seiner Familie vorgestellt, aber er wollte mir den weiten Weg nicht zumuten, solange ich krank war. Daher ergibt sich die Gelegenheit erst jetzt. Die Familie wohnt in einem Dorf, das keine zwei Stunden Fußmarsch von Outat entfernt ist. Für den Hinweg nehmen wir ein Sammeltaxi.

Mein Gastgeber hat mindestens noch zwei Brüder, die gerade auch da sind. Schwestern sehe ich keine. Zweimal fragt BenAhmad, ob ich nicht auch finde, dass sein Bruder huge sei. Huge heißt eigentlich riesig. Der junge Mann ist zwar ein wenig größer als BenAhmad, aber riesig ist er wirklich nicht, eher breit. Möglicherweise meint BenAhmad, er wäre fett. Fett kann man ihn noch nicht nennen, aber wahrscheinlich will er ihn necken. Da ich in dieser Gegend erst wenige übergewichtige Leute gesehen habe, trifft die Bezeichnung vielleicht sogar irgendwie zu.

Heute habe ich also die Ehre, bei der Familie zum Essen eingeladen zu sein. Das Haus ist sehr einfach, aber die Einrichtung lässt eigentlich kaum Wünsche offen. In zumeist offenen Regalen und auf Ablagebrettern über Kopfhöhe ist aller erdenklicher Hausrat untergebracht. Weiter fällt mir nichts Ungewöhnliches auf. Deutsche Haushalte sind ähnlich ausgestattet, allerdings vorwiegend hinter furnierten Spanplatten und vermutlich mit mehr Maschinen.

Wie bei allen Eltern gibt es auch einen Fernseher. Bei den Nachrichten wird wie immer als Erstes über den Baufortschritt der großen Moschee in Casablanca berichtet, mit Kommentaren und Spendenaufrufen von Prominenten.

Die zweite Nachricht handelt wie gehabt davon, dass israelische Soldaten wieder einmal palästinensische Zivilisten umgebracht haben. Etwas später kommt Sport. Zur Zeit laufen die olympischen Spiele. Schlagzeile des Tages ist, dass ein gewisser Ben Johnson, der eine Goldmedaille über 100 Meter gewonnen hatte, des Dopings überführt worden ist. Dazu wird eine Szene gezeigt, in der der Supersprinter zu einem Trinkbecher greift.

Zu Essen gibt es ein ganz feierliches Mahl: Couscous. Wenn man beim Besuch eines Fremden Couscous zubereitet, ist das ein Zeichen besonderer Wertschätzung.

Anschließend hat BenAhmad einiges mit seinen Eltern zu bereden. Währenddessen darf ich mit seinem großen Bruder spazieren gehen. Leider bin ich gerade nicht besonders fit und mit meinen Gedanken sonstwo. Daher gebe ich ganz und gar keinen guten Gesprächspartner ab. Weil mein Begleiter kein Englisch spricht, möchte ich die Gelegenheit nutzen, mein Arabisch ein wenig aufzubessern. Da wir gerade durch eine Art Allee gehen, frage ich ihn, was Baum heißt, und was das Wort für Schatten ist. Um ihm zu zeigen, dass ich mit den Wörtern etwas anfangen kann, bilde ich eine Genitivverbindung: Der Schatten des Baumes. Leider bin ich heute so zerstreut, dass ich mir die Wörter nicht länger als fünf Minuten merken kann.

Bevor ich gerade zum vierten Mal nach den gleichen Wörtern fragen will, gebe ich es freiwillig auf. Ich sehe BenAhmads Bruder genau an, dass ihn das Spiel irritiert. Ich kann ein wenig Arabisch, sogar etwas Grammatik, reise wochenlang alleine durch ein arabisches Land, aber ich kann mir keine zwei Wörter auf einmal merken. Irgendwie ist mein Kopf heute besonders wenig aufnahmefähig. So muss mein Begleiter das auch sehen, und schließlich wandeln wir wortlos weiter über die kar-

gen Felder. Wir haben uns damit abgefunden, dass wir nicht allzu viel miteinander anfangen können.

Bald nach dem Spaziergang verabredet BenAhmad sich mit seinen Brüdern für den nächsten Tag auf dem Markt, und wir machen uns auf den Rückweg nach Outat.

Kampfzwirn

Auf meiner Reise habe ich zwei Paar Schuhe dabei: Radschuhe und Sandalen. Die Radschuhe sind sehr schmal, so dass sie sich problemlos in den Korb aus Rennhaken und Riemen schieben lassen, der auf den Pedalen befestigt ist und bei Bedarf fest zugezogen werden kann. Bei diesen Schuhen kann ich das unbesorgt machen, da sie nur eine leicht gerillte Kunststoffsohle haben. Die bleibt kaum am Pedal hängen, wenn man den Fuß mal schnell aus dem Korb ziehen muss.

Rennradschuhe haben an der Sohle eine Platte mit einer tiefen Rille. Die klemmt sich bei festgezogenen Riemen so am Pedal fest, dass sie überhaupt nicht daran denkt, sich vom Pedalsystem zu lösen, auch wenn man den Fuß mit aller Kraft hochzieht. Damit lässt sich eine Tritttechnik einüben, bei der das linke Bein das Pedal hochzieht, während das rechte hinuntertritt und umgekehrt. Auf langen Strecken ist das Kraft sparend und schonender für die Knie. Aber vor dem Anhalten muss man rechtzeitig die Riemen lockern, oder man erlernt rechtzeitig eine Sturztechnik, bei der möglichst alle Knochen heil bleiben, Arme, Handgelenke und Schlüsselbein eingeschlossen. Zudem ist es unangenehm, mit den hohen Metallplatten am Schuh auch nur wenige Schritte zu gehen.

Mit meinen Schuhen kann ich die Pedale zwar kaum anziehen, aber wenigstens erlaubt die harte Sohle eine gute Kraftübertragung beim Treten. Gehen kann ich mit ihnen problemlos und bekomme jederzeit schnell einen Fuß aus dem Pedalkorb frei. Leider habe ich das Gefühl, dass die Füße in diesen Kunststoffschuhen relativ leicht schwitzen. Die Verlockung ist also groß, auch zum Rad fahren die Sandalen anzuziehen. Bis Marokko hat es gedauert, dass ich das ausprobiert habe. Das Ergebnis ist überraschend positiv: Alle Stellen, an denen der Rennhaken den Fuß berühren könnte, werden vom Leder der Sandalen geschützt. Die Sandalen erweisen sich damit als rennhakentauglich.

Wegen der weicheren Sohle stecken die Sandalen sogar fester im Käfig als die Radschuhe, wenn man die Riemen festzieht. Aus Erfahrungen mit Turnschuhen und dergleichen weiß ich, dass man Gummisohlen bei Bedarf trotzdem schnell aus dem Käfig zerren kann. Da es im heißen Marokko sehr angenehm ist, wenn der Wind um die Füße streichen kann, hatte ich eigentlich von Nador bis Outat fast nur noch die Sandalen zum Radeln an.

Leider sind die nicht gerade für diesen Zweck gemacht. Schon nach den wenigen Etappen hat sich gezeigt, dass die Nähte durchgescheuert werden, wenn man sie immer wieder in den Käfig stopft und herauszieht. Und nach den vielen ausgedehnten Spaziergängen durch Outat gehen sie langsam aus dem Leim.

Als das ganz offensichtlich wird, bedauert BenAhmad, dass er kein Nähzeug in seiner Wohnung in Outat hat. Natürlich habe aber ich welches dabei. Da es sowieso gerade Mittagszeit ist und eigentlich zu warm zum spazieren gehen, marschieren also BenAhmad, BenIsa, Mahmud und ich zu BenAhmads Haus, um uns ein wenig auszuruhen und nebenbei die Schuhe auszubessern.

Als ich meine Reparatursachen auspacke, staunen die anderen bei einigen Teilen nicht

schlecht. Wahrscheinlich habe ich Werkzeuge dabei, nach denen man in den Werkstätten von Outat lange suchen müsste. Wieso sollte es hier auch Fahrradwerkzeug geben, wo doch praktisch nie Fahrräder vorbei kommen?

Sehr verwundert sind meine Freunde über den Zahnkranzabzieher, ein Stück Fahrradkette, das an einer über zwanzig Zentimeter langen schmalen Eisenplatte angebracht ist. Spaßhaft meine ich, dass man das Ding auch als Waffe benutzen könnte. Natürlich habe auch ich in den Karatefilmen die Kampfgeräte gesehen, die aus zwei Stöcken bestehen, die mit einer Schnur verbunden sind. Ob sie mich jetzt für einen heimlichen Ninja halten? Ein guter Ruf als gefährlicher Mensch kann auf Reisen hilfreich sein und möglicherweise Gesindel fern halten.

Als ich die starken Nähzwirne herauskrame, kann ich mir gerade noch einen weiteren Scherz verkneifen. Der Faden ist nämlich jeweils auf einem sternförmigen Stück Pappe aufgewickelt. Für einen flüchtigen Beobachter ziehe ich also jetzt zwei Wurfsterne hervor, wie die Kämpfer in den Kung-Fu-Filmen. Wer aber genau hinsieht, kann sofort erkennen, dass die Dinger aus Pappe sind, oder zumindest, dass Fäden darauf aufgespult sind. Mit dem Sehen ist das in diesem Haus aber so eine Sache: Solange es hell ist, genügt das Tageslicht, das durch den Innenhof kommt, gerade nur, um die Zimmer so weit zu erhellen, dass man nicht gegen die Wände rennt. Immerhin braucht man also keine Kerze zu verschwenden. Andererseits sieht man nicht allzu gut, selbst in den Mittagsstunden. Wahrscheinlich ist das der Grund, dass meine marokkanischen Freunde die Pappsterne so anstarren. Glauben die wirklich, ich hätte fernöstliche Kampfgeräte in meinen Taschen verstaut?

Fast flüsternd fragt BenAhmad, ob ich ihm und unseren Freunden nicht erklären möchte, was das ist. Leider kenne ich den Namen auf Englisch nicht. Mein Überlegen lässt die Spannung noch ein wenig steigen. Endlich wickle ich ein wenig Faden ab und deute eine Nähbewegung an, um alle Bedenken zu zerstreuen. Dann biege ich die Spitzen der Pappsterne ein wenig: Papier.

Ah ja.

Um das Thema zu wechseln, hole ich eine Nadel hervor, fädle ein und beginne mit der Reparatur der zerfledderten Sandale. BenAhmad scheint mit meinen Nähkünsten nicht zufrieden zu sein. Moment, ich helfe dir. Als ich ihm die Sternpappe reiche, hat er sich schon so weit beruhigt, dass er nicht davor zurückzuckt.

Heute probieren wir eine der letzten Gaststätten aus, in denen wir noch nicht waren. Das musst du auch gesehen haben. Wir müssen aber vorsichtig sein, da der Wirt sehr schmutzig ist. Vor zwei Jahren hat die Polizei sein Lokal geschlossen, weil es so dreckig war. Am Abend wirkt alles dunkel und schmutzig, da fällt der Zustand des Lokals nicht weiter auf, nur der Wirt ist ein besonders dunkler Hauttyp. BenAhmad empfiehlt etwas Gegrilltes, da das Feuer desinfiziert. Er selbst sucht sich aber etwas anderes aus. Vielleicht versteht er das als Mutprobe. Wieso geht er überhaupt mit jemandem, der eine Woche lang Schwierigkeiten mit dem Magen hatte, in ein Lokal, das dafür bekannt ist, dass es nicht besonders sauber ist?

Frische Feigen

Ich kann kaum glauben, dass schon wieder Mittwoch ist - Markttag. Vor etwa zehn Tagen hatte ich mich entschlossen, bis zum nächsten Markt in Outat zu bleiben. Das wäre vor einer Woche gewesen. Vor einer Woche war ich um diese Uhrzeit noch überzeugt, den letzten Tag in Outat zu verbringen. Jetzt erlebe ich zum zweiten Mal den Wochenmarkt am Rand der Wüste.

Diesmal bummle ich eigentlich nur zum Schauen umher. Meine Ausrüstung habe ich ja schon auf dem vorigen Markt ergänzt. Für das Dorf ist es ein so wichtiges Ereignis, dass sich niemand vorstellen kann, dass es für jemanden keine Bedeutung hat. Für die meisten ist es der Höhepunkt der Woche. Wie ich bald bemerke, sind diesmal nicht die gleichen Händler vertreten wie letztes Mal

Abwechslung im Speiseplan könnte mir nicht schaden. Ob es Obst gibt? Irgendein Bauer wird doch wohl etwas Vitaminhaltiges anbauen und auf dem Markt anbieten. Früchte scheinen in dieser Region rar zu sein. Außer Feigen ist heute nichts im Angebot vertreten. Die habe ich bisher nur als Trockenobst kennengelernt. Frisch schmecken sie bestimmt noch besser. Ich nehme ein paar Handvoll. Der Händler packt das Obst in einen durchsichtigen Plastikbeutel und verschließt diesen mit einem Knoten. Plastik soll als Verpackung für Obst nicht so gut sein, aber da ich vor habe, sie bald aufzuessen, mache ich mir weiter kaum Gedanken darüber.

BenAhmad besorgt mir ein bestimmtes Gewürz, das als Heilmittel für den Magen gilt. Es ist das gleiche wie das Hauptgewürz im Taschin. Er hat Leute gefragt, die sich da auskennen, und alle haben bestätigt, dass es wirkt. Wenn du also unterwegs wieder Schwierigkeiten mit dem Magen bekommst, kannst du diese Kräuter benutzen.

Er selbst wird sie ebenfalls gleich ausprobieren. Er gibt zu, dass er mit seiner Speisenwahl beim schmutzigen Wirt von gestern Abend das Schicksal doch zu sehr herausgefordert hat.

Jetzt hat er die Wellenlänge gefunden, auf der

er mir helfen kann: Tabletten habe ich fast immer abgelehnt, aber bei Heilpflanzen bin ich aufgeschlossener, wie er am Beispiel des Hagebuttentees gesehen hat.

Regen, Schnee und mehr und weniger schwer erfüllbare Bitten

Am Nachmittag ziehen Wolken auf, seit dem Tag meiner Ankunft in Outat ein ungewohntes Bild. Selbst damals hatte es nur etwas Wind gegeben. Heute bedecken die Wolken jedoch nicht gleichmäßig den Himmel, sondern sammeln sich in großen Haufen. Vielleicht gibt es Regen, meint BenAhmad.

Der ist hier ziemlich selten, das sieht man an der praktisch völlig kahlen Landschaft, die außerhalb des Moulouiatals vorherrscht. Um diese Jahreszeit regnet es immerhin manchmal. Tatsächlich fängt es bald zu tröpfeln an. Überall sieht man die Menschen von der Straße flüchten. In den Eingängen der Läden und Lokale scharen sich die Leute. BenAhmad geht dagegen ungerührt weiter. Regen ist gut, wieso sollte er vor ihm flüchten? Er mag ihn. Ich selber habe keine Lust, mit klatschnassen Kleidern auf meinem gerade erst halbwegs genesenen Bauch herumzulaufen und dränge ein wenig. Unser Stammlokal, ist schon in Sichtweite. Vor meinem geistigen Auge geht gleich ein schwerer tropischer Regen nieder, so einer, der in wenigen Sekunden alles durchnässt. Schließlich sind wir in den Subtropen, und auch da sollen Regengüsse oft verheerend sein.

Tatsächlich aber sind wir, bis wir das Lokal erreicht haben - schon fast wieder trocken. Der leichte Niederschlag hat aufgehört, bevor er richtig begonnen hatte. BenAhmad fragt sich nochmals, wieso alle, der regengewohnte Deutsche eingeschlossen, vor den paar erfrischen-

den Tropfen weggelaufen sind. Und ich wundere mich, ob das ein hier typischer Regen war.

Von jungen Leuten, die wohl ursprünglich ebenfalls vor den Tropfen geflohen waren und jetzt auf den Stühlen vor dem Lokal sitzen, werde ich gefragt, wie denn das Wetter in Deutschland sei. Sie können weder Englisch noch Französisch. Einer fragt nach etwas, wofür ihm der Ausdruck fehlt. Er zeigt nur mit der flachen Hand etwas an, dessen Höhe nach und nach zunimmt. Erst nach ein paar Minuten verstehe ich, dass er Schnee meint. Kein Wunder, dass keiner hier ein Wort dafür kennt. Wozu auch?

Da heute wieder Markt war, ist es gar nicht so leicht, Proviant für die Weiterfahrt aufzutreiben, sogar wenn man nur Brot und Käse kaufen will. Wie vor einer Woche haben die vielen Besucher die kleinen Läden praktisch leergekauft. Brot ist kein Problem, aber der sonst allgegenwärtige Schmelzkäse ist beim ersten Kiosk nicht zu bekommen. Beim zweiten fragt der junge Verkäufer BenAhmad mit sorgenvoller Miene etwas. Der erklärt, dass der Käse einen aufgedruckten Richtpreis hat. Der Junge hat aber den Käse einem Kollegen abkaufen müssen, da er bei ihm ausverkauft war. Daher fragt er verschämt nach, ob er heute ein paar Pfennig mehr verlangen darf, damit er ein klein wenig Gewinn macht.

Auch im Lokal hat sich herumgesprochen, dass der Tag meiner Abreise naht. Der Fahrer will mir für die Rückfahrt die Adresse seiner Schwester in Spanien geben. Sie ist seit sechzehn Jahren dort und hat ihm einmal ihre Adresse geschickt. Falls ich auf dem Rückweg dort vorbeikomme, soll ich ihr Grüße von ihm ausrichten. Der Mann zieht eine Visitenkarte aus seiner Brusttasche und zeigt BenAhmad, wo dort die Adresse steht. Allerdings zeigt er dabei auf eine Stelle mit einer Firmenwerbung. Als BenAhmad ihm sagt, dass die Adresse auf der Rückseite stehen muss, besteht der gute Mann darauf, dass er wohl am besten wissen müsse, wo seine Schwester was hingeschrieben habe. Da BenAhmad diplomatisch ist und das Kärtchen sowieso in die Hand nehmen muss, um die Adresse abzuschreiben, kommt er trotzdem ohne Ärger und große Diskussionen an die Adresse, indem er die Pappe möglichst unauffällig umdreht.

Leider ist die Adresse in Santander, und das liegt im Nordwesten von Spanien, weit vom kürzesten Weg nach Deutschland entfernt. Aber wer weiß ... Ich sage ihm, dass Santander fünfhundert Kilometer von der Strecke nach Deutschland entfernt liegt.

Die Zehn Gebote BenAhmads

Vor der Abfahrt schreibt BenAhmad mir noch eine Liste von Hinweisen für meine Reise durch Marokko in mein Heft. Er erteilt sie in Form von zehn Geboten, in Anlehnung an den Film, dessen ersten Teil wir vor Kurzem zusammen gesehen haben:

1. Don't forget to look for bank when you arrive to town.

   * Vergiß nicht, eine Bank aufzusuchen, wenn du in einer Stadt ankommst.

2. Try to not speak a lot of with every one except tourists and old men...

   * Versuche, nicht mit jedem viel zu sprechen, außer mit Touristen und alten Männern...

3. Don't take out your money in front of the people.

   * Nimm dein Geld nicht vor den Leuten heraus.

4. Try not to sleep out.

   * Versuche, nicht draußen zu schlafen.

5. If you want to buy something, ask at first how it costs.

   * Wenn du etwas kaufen willst, frage zuerst, wieviel es kostet.

6. When you arrive to a town and you shouldn't find hotels, try to spend your night near commissariat (police).

   * Wenn du in einer Stadt ankommst und keine Hotels finden solltest, versuche, deine Nacht neben der Polizeiwache zu verbringen (Kommissariat).

7. Don't eat every thing but try to divide food on time (Example: you may not eat figen after drinking milk).

   * Iß nicht alles, sondern versuche, das Essen zeitlich zu verteilen (Beispiel: Du darfst keine Feigen essen, nachdem du Milch getrunken hast).

8. Don't go far from people.

   * Geh nicht weit von den Leuten weg.

9. Take care of gentlemen. (Some ones try to be kind with you in order to steal your money)

   * Nimm dich in acht vor Gentlemen. (Manche versuchen, nett zu dir zu sein, in der Absicht, dein Geld zu stehlen.)

10. Don't walk much at night.

    * Geh nicht viel nachts spazieren.

Wieder auf der Wüstenstraße

Am nächsten Morgen sieht es tatsächlich so aus, als ob die Fahrt weitergehen würde. Da die Etappe ja nur nach Missour führen soll, breche ich erst mitten am Vormittag auf. BenAhmads Brüder und BenIsa sind da, um sich zu verabschieden. BenAhmad begleitet mich bis zum Ortsausgang. Auf dem Weg schauen wir noch einmal kurz beim Milchhändler vorbei und sagen ihm Bescheid, dass er in Zukunft einen Kunden weniger hat. Mein besorgter Freund und Gastgeber BenAhmad gibt mir noch ein paar letzte Ratschläge mit auf den Weg und ich setze meine Fahrt nach Süden fort.

Das war also ein Dorf am Ende der Welt mit seinen ganz normalen Bewohnern, in dem ich nun fast zwei Wochen verbracht habe, nicht wie ein Tourist, sondern wie ein Gast. Ich durfte an vielen Sachen Teil haben. Über den Satz „Du bist ein Marokkaner", den ich öfters zu hören bekam, wenn ich eine Sache nicht so sah, wie man es von einem Touristen erwartet hätte, war ich jedes Mal sehr geschmeichelt und sogar ein wenig stolz. Bei aller Ähnlichkeit, Annäherung, Seelenverwandtschaft und Sympathie war mir aber immer bewusst, dass das nicht meine Welt war und dass ich bald nur noch davon würde erzählen können.

Unter der fürsorglichen Obhut BenAhmads war ich immer gut aufgehoben, für meinen Geschmack oft zu gut. Er hat alles für mich getan, was er für gut hielt, und ich konnte mich eigentlich nie in einem auch nur annähernd ausreichendem Maße erkenntlich zeigen. Was kann ich als Tourist einem Einheimischen schon bieten? Vielleicht werde ich erst viel später richtig begreifen, was sich in den zwei Wochen wirklich abgespielt hat. Momentan sind nur noch die Krankheit, Meski und ein paar Kinobesuche in meinem Gedächtnis lebendig. Zwei ruhige, sonnige Wochen Ferien in einem Dorf liegen hinter mir.

Nach wenigen Minuten ist von Outat nichts mehr zu sehen. Die Straße schaut aus wie nördlich des Dorfes auch: Schmal, geteert und gerade. Nur die Straßengräben sind ungewohnt zartgrün gefleckt. Der Regen von vorgestern hat unzählige Samen sprießen lassen. Stellenweise sieht man auch in der Ebene ein paar grüne Sprosse, aber die meisten sind im Straßengraben. Wie wenig Wasser reicht, um diese fast kahle Landschaft zum Leben zu erwecken! Da macht das Fahren noch mehr Spaß.

Jetzt bin ich wieder ungebunden und allein! Niemand sorgt sich mehr um mich. Für mich als Freiheit liebenden Menschen ist es unangenehm, wenn sich ein Kumpel für mein Wohlergehen verantwortlich fühlt, wenn der andere durch mich eingeschränkt und belastet ist, ohne dass ich das überhaupt will. Die Zeit, die ich in dem Dorf am Ende der Welt mit BenAhmad, BenIsa und all den anderen verbracht habe, möchte ich auf keinen Fall missen und meinem Gastgeber und Beschützer werde ich für immer dankbar sein. Aber jetzt bin ich wieder da, wo ich in meinem jetzigen Lebensabschnitt hin gehöre: Auf der Straße. Und dort bin ich allein für mich verantwortlich.

Zum Beispiel muss ich jetzt wieder selbst dafür sorgen, dass ich bei Kräften bleibe. Am besten halte ich mich zuerst an die Feigen, die ich gestern auf dem Markt erstanden habe. Die werden in ihrem Plastikbeutel auch nicht besser.

Als ich die Tüte aufmache, strömt mir ein leicht alkoholischer Duft entgegen. Die Früchte sehen aber noch gut aus, abgesehen davon, dass sie ein wenig schwitzen. Die klebrige Haut ziehe ich sowieso vorsichtshalber ab, so dass ich keine Bedenken habe, eine Feige zu kosten: Der Geschmack ist sehr süß und aromatisch und tatsächlich ein wenig alkoholisch, als ob die Frucht in einer gehaltvollen Bowle gelegen hätte. Wahrscheinlich hat sie in dem Plastikbeutel zu gären begonnen, aber sie schmeckt nach mehr. So gute Feigen habe ich noch nie gegessen. Hoffentlich werde ich nicht bereuen, dass ich so viele verspeist habe.

In der Tat fühlen sich wähend der nächsten Kilometern meine Beine ungewohnt schwer an. Ob das nun am Alkohol in den Feigen liegt, an meinem Trainingsrückstand oder an der Hitze? Egal, nach Missour ist es sowieso nicht weit.

Die Bauchkrämpfe, die sich etliche Kilometer weiter einstellen, bringe ich schon gar nicht mehr mit den Feigen in Verbindung. So etwas habe ich in den letzten beiden Wochen oft gehabt. Ich trenne mich rasch von der vermeintlichen Ursache, vergrabe sie im Sand und fahre erleichtert weiter.

Gegen Mittag lege ich an einer schattigen Stelle, wo schon andere Leute an einem Tisch beim Essen sitzen, noch eine Rast ein. Pausen sind die Würze einer Radtour. Wer weiß, ob ich in Missour Zeit finden werde, eine Kleinigkeit zu essen. Das mache ich besser jetzt.

Eine junge Familie hat von ihrem Mahl einen Teller voll Taschin übrig. Das bieten sie mir an. Ich habe nichts gegen ein warmes Taschin und lasse mir meinen Campingteller füllen. Das ist den Leuten sehr recht, weil sie gleich weiterfahren wollen. Es schmeckt ganz gut und bekommt mir auch nicht schlecht.

Missour erreiche ich eigentlich viel zu früh, um schon mein Lager aufzuschlagen. Obwohl BenAhmad bereits alles organisiert hat, würde ich nur allzu gerne noch weiterfahren. Ein paar Orte sind ja zwischen hier und Midelt noch eingezeichnet, zwar noch viel kleiner als Outat und Missour, aber immerhin. Bevor ich mich entscheide, kaufe ich zunächst am Kiosk

ein, Joghurt und Brot. Der Händler weist darauf hin, dass er auch Sidi Harazem hat, also Mineralwasser in großen Plastikflaschen. Die hat er in einer Kühltruhe und nicht im Regal. Da in den Packtaschen zwar mehr als genug Wasser für die Fahrt nach Missour ist, die Vorräte aber wohl nicht ganz bis Midelt reichen würden, nehme ich das Angebot gerne an. Dann muss ich nicht so viel Brunnenwasser desinfizieren. Damit unterstütze ich zwar das umweltschädliche Spazierenfahren eines Rohstoffes, der auch in der Region vorhanden ist, aber es ist einfach bequemer.

Als ich gerade meine Einkäufe verstaue, beginnt ein junger Mann ein Gespräch mit mir. Er ist Englischstudent und interessiert sich für die Philosophie eines Reisenden. Er findet es grundsätzlich falsch, einfach weiterreisen zu wollen, wenn es die Möglichkeit gibt, sich mit jemandem zu unterhalten und zudem einen lehrreichen Aufenthalt zu haben. Dennoch akzeptiert er die Entscheidung des fremden Radfahrers, gleich wieder aufzubrechen.

Um zu verhindern, dass es hier einen Volksauflauf gibt wie in Outat und möglicherweise noch einmal einen so langen Aufenthalt, verzichte ich sogar darauf, zu telefonieren. Es wäre zwar interessant, zu testen, ob die Telefonautomaten tatsächlich nach Deutschland durchkommen, aber morgen bin ich sowieso in Midelt und dort gibt es garantiert mindestens genauso gute Telefone. Nichts wie weiter, solange es noch geht!

Kurz nach Missour überholen mich ein paar Radfahrer, die ersten, die ich in Marokko sehe. Sie sitzen auf großen, schwarzen, altmodisch anmutenden Rädern mit sehr breiten Gepäckträgern. Die athletischen jungen Männer sind trotz der behäbig aussehenden Fahrzeuge und der leichten Steigung schnell wie der Wind. Mühelos ziehen sie vorbei und halten locker ein Tempo, mit dem ich auf meinem sportlichen Reiserad kaum mithalten kann. Nach ein paar Kilometern biegen sie flugs in eine Straße nach Westen ab. Entweder fahren die so gut, oder ich bin noch etwas geschwächt. Wahrscheinlich trifft beides zu.

Am späteren Nachmittag komme ich an einer Häuserreihe vorbei, die vielleicht hundert Meter neben der Straße liegt. Die flachen grauen Bauten könnte man glatt übersehen, wenn nicht eine der Türen knallrot gestrichen wäre und wenn nicht etwa ein Dutzend junger Frauen dem einsamen Radler lachend zuwinken und zurufen würden. Mein erster Impuls ist, auf den winzigen Ort zuzufahren und abzuwarten, was passiert. Viel weiter werde ich heute sowieso nicht kommen. Andererseits macht mich stutzig, dass hier so viele Frauen im Freien sitzen und Passanten auf sich aufmerksam machen, also genau das Gegenteil von dem tun, was ich in den anderen Orten erlebt habe. Das ist an sich kein Grund dafür, den Ort zu meiden, aber meine Nase wittert Ärger. Ungewöhnliche Situation in unbekannter Region: Finger weg!

Ich fahre weiter, ohne anzuhalten, als ob ich noch etwas vor hätte. Was genau ich noch vor habe, ist mir selbst schleierhaft. Auf der Karte sind zwischen dem winzigen Dörfchen und Midelt lediglich ein paar Kasbahs eingezeichnet. Die Berber dort gelten als scheu, so dass ich mich ungern den Bewohnern einer solchen Lehmburg aufdrängen würde. Für eine Übernachtung kommt eigentlich nur noch das Himmelszelt in Frage. In dieser Gegend leben so wenig Menschen, dass es unwahrscheinlich ist, dass mich jemand sieht. Sobald die Sonne den Horizont berührt, schiebe ich mein Rad hundert Meter in die Halbwüste und breite dort meinen Schlafsack aus.

Zur echten Abenteuerromantik gehört jetzt ein Lagerfeuer. Ich mache mich daran, mir eine Tasse Tee zu kochen. Eine schmale Rin-

ne im Boden ist geradezu ideal, um den Benzinkocher hineinzustellen. Damit erhalte ich praktisch einen natürlichen Herd. Leider hat das Benzin von der Tankstelle seine Tücken: Am Anfang brennt die Flamme ganz gut, aber nach einer Minute droht sie, auszugehen; daraufhin drehe ich den Benzinhahn ein wenig auf. Das hilft, aber nach ein paar Sekunden gibt es einen dumpfen Knall und eine Stichflamme. Das Feuer lodert jetzt und die Düse knattert wie ein Auto mit kaputter Zündung und gibt in unregelmäßigen Abständen immer wieder einmal einen Knall von sich. Hoffentlich brenne ich nicht die spärliche Vegetation in der ohnehin fast kahlen Landschaft ab. Aber dafür stehen wahrscheinlich die winzigen brennbaren Büsche zu weit auseinander. Als ich die Benzinzufuhr ein wenig drossele, geht der Kocher mit einem letzten Knall aus. Da nach mehreren ähnlich verlaufenden Versuchen das Wasser immer noch gerade lauwarm ist, beschließe ich, den Boden nach brennbarem Material abzusuchen. Da es inzwischen stockfinster ist, fällt mir das gar nicht so leicht. Gibt es hier überhaupt Holz? Nach wenigen Minuten habe ich eine gute Hand voll abgestorbener, dorniger Zweige gesammelt. Während die wacker vor sich hin brennen, suche ich ein wenig weiter. So einfach geht das! Wozu braucht man überhaupt einen Benzinkocher?

Am nächsten Morgen wache ich erst bei Sonnenaufgang auf, da man hier nicht einmal das Rufen eines Muezzin hört. Gut ausgeruht mache ich mich auf nach Midelt. Dort will ich einen halben Tag Pause machen und mir den Ort anschauen, als Beispiel für eine Stadt in dieser Region.

Der Vormittag gleitet ruhig, einsam und mäßig heiß dahin, kein einziges Dorf, kaum Bauwerke und nur wenige Menschen und Fahrzeuge lenken mich ab. Ich beschließe, die Einsamkeit zu genießen. Schon um die Mittagszeit werde ich wieder unter vielen Menschen sein.

Als vor mir nach und nach ein größeres Gebirge aus dem leichten Dunst auftaucht, kommt wie vor Outat ein starker Wind auf, diesmal aber von Westen. Und das, wo ich doch demnächst nach Midelt in diese Richtung abbiegen werde! Sechzehn Kilometer gegen einen aufkommenden Sturm! An der Abzweigung bläst der Wind so stark, dass die Versuchung groß wird, Midelt eine unbekannte Stadt sein zu lassen und gleich nach Süden weiter zu fahren. Morgen will ich die sechzehn Kilometer sowieso wieder zurückfahren und dann endgültig nach Süden abbiegen. Was mich letztlich nach Midelt drängt, ist die Tatsache, dass auf der Karte in Richtung Süden ein Pass eingezeichnet ist, und davor keine Ortschaften oder Quellen angegeben sind, in denen man die Wasservorräte nachfüllen könnte. Zum nächsten eingezeichneten Ort nach dem Pass hätte ich zwar nicht viel weiter als nach Midelt, aber falls dort das Wasser knapp wäre, müsste ich meinen großen Wasserverbrauch bis auf Weiteres deutlich einschränken. Zum nächsten größeren Ort sind es von hier immerhin sechzig Kilometer. Und wer weiß, wie der Pass dem immer noch geschwächten Körper bekommt. Lieber ausruhen, auf den einen Tag kommt es nicht an. Also auf, gegen den Wind!

Der wirft einen Radfahrer zurück wie eine Wand. Ich muss runterschalten und strampeln wie auf einer Passstraße, nur dass hier kein Ende abzusehen ist. Unsinn, laut Karte sind es nur sechzehn Kilometer. Dass man dafür so lang brauchen kann! Hätte ich doch gleich nach Süden fahren sollen? Jetzt ist es zu spät. Als Midelt in Sichtweite kommt, wird der Gegenwind noch stärker. Links stehen zwei große, halb offene, schwarze Zelte. Eine Frau ruft den Fremden heran. Momentan ist alles willkommen, was nicht bedeutet, gegen den Wind strampeln zu müssen, der inzwi-

schen sogar noch heftiger geworden ist. Was die Frau will, verstehe ich nicht. Wer weiß, ob sie überhaupt Arabisch spricht. Sie deutet immer wieder auf ihren kleinen Sohn, der im übrigen genauso schmutzig ist wie seine Mutter und die vielen Geschwister, die neugierig herumstehen. Der Kleine will mit dem Fremden spielen, aber seine Mutter hält ihn zurück und will mit mir über etwas verhandeln, worüber auch immer. Als deutlich wird, dass eine Verständigung zu schwierig ist, gibt sie auf. Auf nach Midelt!

In Midelt

Wieder verhockt

Ausgekochte Geschäftspraktiken

Fast inkognito

Diesmal bildet sich keine Menschentraube. Wahrscheinlich ist man hier an Fremde gewöhnt. Nur ein paar junge Leute kommen auf den bepackten Fremden zu. Darf ich Ihnen ein Hotel zeigen? Ein ungefähr fünfzehnjähriger Junge namens Mahmud, der Englisch spricht, bekommt den Zuschlag, bevor die Lage doch noch unübersichtlich wird. Ob das Hotel etwas taugt, muss ich vor Ort selbst beurteilen. Ein paar der anderen, denen der Junge zuvorgekommen ist, geben nicht gleich auf. Ich habe ein besseres Hotel! Bei mir wohnst du billiger! Könntest du mir helfen, einen Brief zu übersetzen? Hör nicht auf sie, das sind lauter Verrückte. Hör einfach nicht hin, der Verrückte ist er.

Jedenfalls bedeutet die allgemeine Aufmerksamkeit, die einem Fremden zuteil wird, dass höchstwahrscheinlich argwöhnisch beobachtet wird, was er macht und wie es ihm ergeht. Das ist eine gewisse Kontrolle und gewährt, dass die momentane Begleitperson nicht alles mit einem machen kann, was sie will. Um diesen Effekt zu verstärken, plaudere ich auf dem Weg zum Hotel auch ein wenig mit den anderen.

Dieses Hotel ist mit achtzehn Dirham zwar ein wenig teurer als ich vermutet hätte, aber im Vergleich zu Europa sind vier Mark fünfzig immer noch sehr günstig. Auf dem Flur ist sogar ein Waschbecken mit fließendem Wasser. Außerdem ist das Haus in einem sehr sauberen Zustand. Dafür sorgt sicher die Frau des Hauses, eine kräftige Dame, die einen sehr resoluten Eindruck macht. Tatkräftig muss sie schon sein, wenn sie als Frau ein Hotel führt.

Baden

Der Junge schlägt einen Besuch in einem Bad vor. Oh ja, baden! Gegen eine Erfrischung ist nach der trockenen, staubigen und windigen Fahrt nichts einzuwenden. Am Waschbecken im Flur ist an eine gründliche Reinigung nicht zu denken.

Gut, gehen wir ins Bad. Ich möchte nur ein wenig verschnaufen. Wie lange? Eine halbe Stunde schon. Das ist ihm zu viel. Er möchte gleich aufbrechen, da er mir nach dem Bad noch etwas zeigen will. Gut, aber ich ziehe mich noch schnell um. Umziehen? Irgendwie wirkt der Junge ungeduldig. Wie lange dauert das? Zehn Minuten sind ihm zuviel. Dabei wäre das gerade genug, um nach der anstrengenden Fahrt gegen den warmen und staubigen Wind ein wenig Luft zu holen. Als ich dem jungen Drängler bedeute, dass unter zehn Minuten nichts geht, muss er trotzdem warten. Eigentlich hätte mich diese Eile misstrauisch machen sollen, aber damals war ich wohl etwas zu müde zum Denken. Ganz diffus kann

ich mich noch daran erinnern, dass ich es für eine seltene Gelegenheit gehalten habe, in einer kleinen Stadt ein marokkanisches Bad zu besuchen. Dabei hatte ich keine Ahnung, was ein arabisches Hammam eigentlich ist.

In schnellem Schritt führt mich der Junge durch einige Straßen und Gassen. In einer Seitenstraße erkenne ich über einem Eingangstor das Wort Hammam, das groß in arabischen Buchstaben angeschrieben ist. Hammam heißt Bad. Als ich den Schriftzug vorlese, fragt der Junge verwundert, woher ich das weiß. Das steht doch da. Du kannst Arabisch? Er wird noch hektischer. Warum nur? Hat er etwas vor, wozu er einen möglichst ahnungslosen Touristen braucht? Aber ich habe sowieso kaum Bargeld und in einem öffentlichen Gebäude mit vielen anderen anständigen Leuten zusammen fühle ich mich sicher. Und ich bin neugierig geworden und will das Bad von innen sehen.

Drinnen muss ich meine Sachen abgeben, auch die gesamte Kleidung. So muss ich mich zum ersten Mal auf meiner Reise von der Tasche mit dem Pass trennen. Ein Mitarbeiter des Bades nimmt die Sachen in Empfang, auch meine durch und durch verschwitzte und dreckige Wäsche, die ich wegen der Hektik beim Aufbruch nicht mehr wechseln konnte. Peinlich ist das schon. Ich wickle sie zusammen mit den Sachen in meine Hose. Seid bitte vorsichtig, da ist mein Ausweis dabei! Kein Problem, die gehen sehr sorgsam mit den Sachen um.

Im Bad selbst erfahre ich hautnah und intensiv, was ein orientalisches Hammam ist: Ein Dampfbad, eine stickige Hölle! Die Hitze ist an der Grenze des Erträglichen, wohl wie in einer Sauna, die ich auch nur vom Erzählen her kenne. Bloß ist hier die Luft keineswegs trocken, sondern im Gegenteil so feucht, wie sie gerade nur sein kann, vollständig gesättigt. Eigentlich ist nicht einmal mehr Platz für Schweiß. Der Körper kann sich also kaum durch Schwitzen kühlen. Nachdem man ein paar Mal verzweifelt nach Luft geschnappt, dabei aber nur nach Achselhöhlenschweiß schmeckenden warmen Nebel erwischt hat, ergibt man sich in sein Schicksal und lässt sich langsam dünsten. Möglichst nicht bewegen und den Körper von sich aus auf den Dampf reagieren lassen. Zig teils durchaus wohlgenährte und ältere Araber können sich nicht irren. Was die vertragen, wird einen jungen, durchtrainierten Radfahrer, dem Schwitzen eigentlich Spaß macht, nicht umbringen. Wenn ich nicht durch die Krankheit und die Fahrt etwas angeschlagen wäre, würde es mir wahrscheinlich auch nicht viel ausmachen. „S'chun!" - Mein Begleiter nennt mir das arabische Wort für die Hitze.

Nach und nach bekomme ich mit, dass es hier auch etwas anderes gibt als heiße Luft: In einer Art Nische, die genauso groß und heiß ist wie der erste Raum, stehen Eimer mit kaltem Wasser, das einige Männer zum Waschen benutzen. Leider taucht gleichzeitig mit dieser Entdeckung unter den anderen Besuchern die Frage auf, ob ich als Fremder mich auch waschen darf. Eigentlich sei das Hammam dazu da, sich für die Gebete rein zu machen. Ob man einen Ungläubigen an dieser Art Zeremonie teilhaben lassen kann? Gegen einen Besuch des Dampfbades an sich sollte nichts einzuwenden sein; Luft ist für alle da. Aber an der Waschung teilnehmen? Vielleicht wäre die Reinigung für die Moslems ungültig, wenn sie mit dem selben Wasser in Berührung kommen wie zuvor ein Ungläubiger. Da gerade kein Glaubensgelehrter anwesend ist, einigt man sich nach kurzer Diskussion darauf, dass ich im Bad bleiben darf, mich aber nicht mit dem kalten Wasser abwaschen soll.

Mein Begleiter meint, es wäre sowieso nicht ungefährlich, den erhitzten Körper mit kaltem Wasser abzuwaschen. Also schwitze ich noch ein Weilchen geduldig weiter und achte dabei darauf, dass ich den Gläubigen nicht in die Quere komme. Zur Belohnung bringt mir Mahmud doch noch einen Eimer mit kaltem Wasser, mit dem ich mir in einer eigenen Ecke die Brühe aus Schweiß und Staub von der Haut abspülen kann.

Nach dem Bad fühle ich mich nach langer Zeit wieder einmal so richtig sauber. Nur die Knie sind etwas weich. Hoffentlich gibt das keinen gesundheitlichen Rückschlag. Ich muss das Bad positiv sehen. Ich bin ausgepumpt und damit irgendwie kräftemäßig gereinigt. Auf dieser Grundlage werde ich mich wieder aufbauen, Inschallah.

Teppich

Als ich mit immer noch etwas wackligen Beinen aus dem Bad schreite, kommt Mahmud erbarmungslos alsgleich zum nächsten Programmpunkt: Do you want see tipik? Was er wohl mit Tipik meint? Etwas Typisches? Was meint er mit „etwas Typisches?" Wahrscheinlich Sehenswürdigkeiten. Wir gehen jetzt zu einem Freund auf eine Tasse Tee und schauen uns dann Tipik an. Tee ist gut nach dem Schwitzbad.

Der Freund, ebenfalls noch ein Teenager, wohnt vielleicht zwei Straßen weiter in einem Haus, das mit Stoffen vollgestapelt ist. Wir gehen in einen kleinen Nebenraum, der nur aus Textilien zu bestehen scheint, und leeren dort gemütlich ein Kännchen Tee. Wohlig saugt der erschöpfte Körper die heiße, süße Flüssigkeit auf. Endlich keine Hektik mehr!

Als die Kanne leer ist, kommt der Gastgeber zu Sache: Du bist also gekommen, um einen Carpet zu kaufen. Carpet? Ach so! Carpet heißt Teppich. Der Gastgeber ist peinlich berührt, dass ich nicht einmal das englische Wort für seine Ware kenne und ich selbst bin ebenfalls reichlich verwundert. Wie kommt der nur darauf, dass ich einen Teppich wollen könnte? Mahmud hat's ihm gesagt. Und wie kommt der auf die Idee? Hat er mich einfach auf gut Glück mitgeschleppt? Die Erleuchtung kommt bald: Tipik. Tipik! Im Arabischen gibt es eigentlich weder ein e noch ein ch, wie es in Deutschland gebraucht wird. In der Umschrift wird so aus einem e gerne ein i und aus ch manchmal ein k. Mit Tipik hat Mahmud also Teppich gemeint. Und Teppiche anschauen heißt, einen Teppich kaufen! Was soll ich auf einer Radtour mit einem Teppich ???

Der Gastgeber wird langsam ungeduldig. Ich bin kein Café, sondern ein Teppichhändler. Nach kurzem Hin und Her schaut die Sache so aus, dass das Ganze vielleicht irgendwie ein Missverständnis ist, aber dass ich schließlich gesehen haben muss, dass dies hier ein Teppichgeschäft ist und kein Café. Dazu muss man keine Sprachen können. Ich kann nicht einmal behaupten würde, Mahmud hätte mir nichts von einem bevorstehenden Teppichgeschäft gesagt. Verstanden habe ich es halt nicht. Wenn ich jetzt ginge, was ich natürlich jederzeit kann, hätte ich die Gastfreundschaft unter Vorspiegelung falscher Tatsachen ausgenutzt.

Mit diesem aggressiven Schluss setzt mich der Gastgeber psychisch unter Druck, während Mahmud alles nicht so recht verstanden zu haben scheint und mir Mut macht, einen der vielen schönen und trotzdem preisgünstigen Teppiche auszusuchen. Und das alles, nachdem mir Sonne, Wind und Dampfbad das letzte bisschen Hirn aus dem Kopf geblasen und gedampft haben! Mahmud weist darauf hin, dass im Nebenraum die Eltern des Gastgebers gerade einem deutschen Paar Teppiche vorführen, aber größere und viel teurere. Während ich belämmert dasitze und versuche, mich aus der Affäre zu ziehen, ohne dass es böses Blut gibt, legt der Gastgeber ein paar Teppiche bereit, kleine Teppiche, kaum größer als ein mittelgroßes Handtuch. Du kannst dir meine Teppiche ja anschauen, und wenn dir keiner gefällt, gehst du wieder. Aber ich habe sehr schöne Teppiche, gute Qualität und Handarbeit. Such dir einen aus, der Preis ist in etwa gleich. Es muss wohl sein. Oder soll ich doch Teppich für Teppich ablehnen und damit riskieren, den Jungen zu beleidigen? Schauen wir mal, was er anbietet.

Er hat zwei Sorten: Die meisten sind Berberteppiche mit mehr oder weniger bunten Mustern, die mir alle aus Deutschland recht bekannt vorkommen, also offensichtlich nicht ungewöhnlich sind. Die anderen nennt er Tuareg, wohl nach einem Beduinenstamm. Die schauen ganz anders aus, mit bunten Symbolen aller Art statt mit Mustern. An solche kann ich mich nicht erinnern. Die sind wohl seltener. Und falls ich tatsächlich so ein Ding bis nach Deutschland mitschleife, dann ein nicht ganz gewöhnliches. Doch wenn der Gastgeber unbedingt einen Teppich verkaufen will, dann muss er wenigstens mehrere seiner schönsten Exemplare von beiden Sorten herzeigen.

Echt Handarbeit! Gute Qualität! Immer wieder reibt er mit den Fingerkuppen über die Oberfläche der farbenfrohen Bettvorleger, um deren Robustheit vorzuführen. Die meisten sind tatsächlich ganz hübsch, aber ich kenne mich da überhaupt nicht aus und kann mich zweitens immer noch nicht damit anfreunden, einen Teppich zu kaufen. Was soll ich damit? Für die Eltern. Wieder ein Argument entkräftet. Ich sitze fest.

Da von den lustigeren Tuareg-Teppichen nicht so viele im Angebot sind, ist bald einer ausgesucht. Wieviel willst du bezahlen? Jetzt wird es ernst. Vielleicht kann ich mich herausreden.

Ich weiß aber nicht, wieviel du haben willst. Du bist doch der Händler und kennst die Preise.

Aber du willst den Teppich kaufen. Also wieviel?

Eigentlich will ich doch gar keinen, aber nenne einen Preis und wir verhandeln darüber.

Ich habe zuerst gefragt. Nenne du einen Preis und wir verhandeln darüber.

Ich hätte doch als erster fragen sollen. Jetzt darf ich mir einen Preis ausdenken. Zu wenig wäre eine Beleidigung und zu viel ein Zeichen von Dummheit. Eine Beleidigung schickt sich nicht für einen Gast, aber ich war schon so dumm, das Wort Tipik nicht zu verstehen und zu einem Unbekannten auf eine Tasse Tee mitzukommen. Jetzt gilt es, den Schaden klein zu halten. Es heißt, dass man das Angebot eines Händlers ungefähr um die Hälfte herunterhandeln kann. Beim Handeln trifft man sich in der Mitte. Wenn man diese beiden Faustregeln als gültig voraussetzt, kann man als Interessent wohl mit der Hälfte des Preises, den man für angemessen hält, in die Verhandlung einsteigen. Aber was kostet ein kleiner Teppich in Marokko?

Fünfzig Mark dürfte in Ordnung sein, das wären zweihundert Dirham. Ich müsste demnach hundert Dirham bieten, das ist garantiert nicht zu viel und eine runde Summe. Aber ich will gar keinen Teppich und der Händler nervt mich. Wenn ich besonders wenig biete, wirft er mich vielleicht raus und ich komme ohne Teppich davon ...

80 Dirham.

Meine Rechnung könnte aufgehen: Das Angebot hat eingeschlagen wie ein Donnerwetter. Der junge Händler schaut entsetzt und sagt

vorerst kein Wort und auch Mahmud wirkt äußerst verlegen. So kann man also wortgewandte junge Teppichverkäufer sprachlos machen. Das ist zwar unhöflich, beleidigt seine Ware und wird böses Blut geben. Aber wenn er unbedingt will, dass ich seinen Teppich tausende von Kilometern über die Landstraßen transportiere, dann soll er wenigstens beim Verkauf Blut und Wasser schwitzen. Ein wenig Gerechtigkeit muss schon sein.

Du wolltest, dass ich einen Preis nenne und das habe ich getan. Übrigens willst du den Teppich verkaufen. Ich will gar nicht unbedingt einen. Du bekommst bestimmt noch Kunden, die für diesen Teppich viel mehr bezahlen und sich noch über den Kauf freuen.

80 Dirham für einen Teppich aus echter Handarbeit? Das wären 20 Mark.

Richtig.

Ich könnte ihm noch sagen, dass ich das mit der Handarbeit bezweifle. Das lasse ich aber, da ich keine Ahnung habe, wie man so etwas erkennt. Der Händler schnappt nach Luft, um seine Fassung wiederzugewinnen und macht seinen Preis: 400 Dirham. Das sind hundert Mark, auch eine runde Summe und genauso viel, wie ich als erstes Angebot erwartet habe. Du hast deinen Preis gesagt und ich sage jetzt meinen. Mit einem Blick zwischen Trotz und Triumph schaut er mich an.

Ob er sonst mit einem niedrigeren Preis eingestiegen wäre? Ich zeige mich vorerst hart: Vergiss es. Der Teppich ist schön und andere zahlen bestimmt gerne so viel dafür. Aber ich nicht.

Dann nenne deinen Preis.

Da ich wohl sowieso nicht ohne Teppich herauskommen werde und nicht mehr Streit will als nötig, überspringe ich die 90 und biete 100 Dirham. Das ist immer noch unrealistisch, aber ich muss dem Verhandlungspartner Zeit geben, von seinen 400 Dirham herunterzugehen. Der schaltet aber vorerst auf stur und geht nur auf 390. Weiter könne er nicht, das wäre sowieso wenig, und diesen Preis hätte ich nur meiner Hartnäckigkeit zu verdanken.

Währenddessen hat Mahmud aufgeschnappt, dass die Deutschen den Eltern einen Teppich für 500 Mark abgekauft haben, natürlich einen großen Teppich. Er meint damit wohl, dass ich hier sehr billig davonkomme. Ich sehe in diesem Beispiel dagegen eine Bestärkung meines Ratschlags, den Teppich doch einem reicheren Touristen für mehr Geld zu verkaufen.

Endlich muss der junge Händler zugeben, dass er mir unbedingt einen Teppich verkaufen will. Das verschlechtert seine Verhandlungsbasis grundsätzlich. Als wir auf 80 gegen 40 Mark sind, meint er, ich mache ein knallhartes Geschäft, und das solle nicht geschmeichelt sein. Daraufhin reibe ich ihm noch einmal unter die Nase, dass er derjenige ist, der das Geschäft machen will, nicht ich. Ich verliere nichts, wenn der Handel platzt.

Bald bleibt ihm nichts mehr übrig, als meine Fairness anzusprechen und seine Gewinnspanne preiszugeben. Wenn man ihm glauben kann, liegen seine Selbstkosten bei etwa sechzig Mark und er will natürlich Gewinn machen. Letzteres ist verständlich, aber durch seinen Ton genervt stehe ich kurz davor, ihm seine Gewinnspanne als Bezahlung für den Tee und seine Arbeitszeit zu geben und den Teppich hierzulassen. Aber mein Überlebensinstinkt hält mich davor zurück, ihm diesen Vorschlag zu machen, der ihn als Beleidigung womöglich bis aufs Messer reizen könnte. Lieber verschenke ich später den Teppich, wenn er mir zur Last fällt. Meinen Fehler habe ich schon vorhin begangen, als ich Mahmud hierher begleitet habe. Jetzt gilt es, heil herauszukommen. Dazu muss ich nur den Teppich kaufen nach der abgedroschenen Leier „Du hilfst mir und ich helfe dir". In meinem Fall heißt das: Du hast einen schönen Teppich und ich habe ein wenig Geld verdient. Wie mich so was nervt! Aber jetzt stecke ich drin.

Schließlich kostet der Teppich 280 Dirham, 70 Mark, kein Weltuntergang für das Budget einer so langen Reise. Das verteilt sich letztlich auf unter eine Mark am Tag. Von den schätzungsweise zwei Kilogramm Gewicht kann man das leider nicht sagen.

Der Verkäufer bietet an, den Teppich als Paket nach Deutschland zu schicken. Darin hat er Erfahrung, er macht gute Pakete. Das wäre aber teurer als der Teppich selbst. Zum Mitnehmen näht er das Prachtstück gut zusammengelegt fest in einen Jutesack ein, bis nur noch eine ganz kompakte und wahrscheinlich wasserdichte Rolle zu sehen ist, kaum größer als ein amerikanischer Football. Danach bin ich zwar immer noch nicht glücklich über meinen Kauf, aber es ist für alle besser, sich selbst nach dem härtesten Handel freundschaftlich die Hand zu geben. Daher lasse ich mir zu dem guten Geschäft gratulieren.

Auf dem Heimweg weist natürlich auch Mahmud nochmals darauf hin, dass das ein guter Preis war und dass die meisten mehr bezahlen. Er muss das sagen, um zu zeigen, wie erfolgreich seine Führung war. Schließlich will das Entgelt für seine Führerdienste gerechtfertigt sein, über das bisher noch überhaupt nicht gesprochen worden ist. Midelt ist teurer als Outat. Aber es ist ja eine Stadt.

Natürlich sind wir auf dem Weg zum Hotel nicht allein. Zum Beispiel will ein junger Mann mit Arafat-Stoppelbart, dass ich ihm helfe, einen Brief an einen deutschen Freund zu schreiben. Mahmud warnt zwar, der sei verrückt, aber damit will er wohl einen möglichen Konkurrenten abqualifizieren. Außerdem versteht er nicht, was dieser zu mir sagt. Während Mahmud nämlich ganz passabel Englisch kann, spricht der Briefschreiber ein deutsch-französisches Kauderwelsch. So wird er auch nicht ärgerlich über die abschätzigen Worte Mahmuds, da er sie einfach nicht versteht. Ich denke mir meinen Teil dazu.

Wir einigen uns schließlich darauf, den Brief morgen früh zu schreiben, vor meinem Aufbruch. Eigentlich hätte ich nichts dagegen, noch einen Tag hierzubleiben, mich auszuruhen, das hiesige Telefon zu testen und Midelt anzuschauen. Doch da ich keine Lust habe, von Mahmud zu dessen restlichen Freunden aus dem Handel geschleppt zu werden, beschließe ich, am nächsten Tag aufzubrechen. Vielleicht bleibe ich ja doch für eine weitere Nacht, aber in einem anderen Hotel. Hier ist es zwar ganz nett, aber Mahmud kennt die Adresse und ich will mir den Ort lieber ohne Führer ansehen, sofern das möglich ist.

Ein Tag statt eines Briefes

Hermann, der Deutsche

Nach dem Bad kann ich fast noch besser schlafen als sonst. Als ich am Morgen mein aufgepacktes Rad durch das Eingangstor auf die Straße schiebe, erwartet mich der Briefeschreiber schon. Er heißt Ahmad. Letztes Jahr war ein anderer Deutscher in Midelt, Hermann. Dem will er einen Brief schreiben. Die Deutschen sind in Ordnung, so gradraus. Er benutzt dieses im Bairischen gebräuchliche Wort für direkt. Ob das bedeutet, dass Araber nicht gradraus sind, sondern hinterhältig? Dass sie Gedankengängen gerne unerwartete Wendungen geben, habe ich schon oft genug erlebt.

Während des Gesprächs führt er mich zu seinem Haus. Das liegt einige Straßen weiter hinter einer hohen Mauer. Es ist recht flach, aber einige Zimmer lang. Vor dem Haus liegt ein großer Garten mit eigenem Brunnen, der sein Wasser aus den Bergen bekommt. Das ist genauso gut wie das Mineralwasser Sidi Harazem.

Mein Gastgeber stellt mich seiner jungen Mutter und einigen seiner Schwestern vor. Der Vater ist gerade nicht da. Er und Ahmad beschäftigen sich mit Mineralienhandel. In einem großen Zimmer bewahren sie neben einer stattlichen Anzahl von Polstermöbeln etliche mehrere Kilogramm schwere Steine auf, die mit unterschiedlichen bunten Kristallen bewachsen sind. Ahmad weist mich darauf hin, dass sogar welche mit Vanadium dabei sind. Das muss seiner Betonung nach ein wertvolleres Metall sein. Ob ich nicht ein paar Steine nach Deutschland mitnehmen wolle? Aber wenn man sich überhaupt nicht auskennt, hat der Handel keinen Sinn. Und soll ich die Steine auf dem Fahrrad dreitausend Kilometer weit mitschleppen?

Ahmad erzählt eine Geschichte von einem jungen Deutschen, der bei der ersten Begegnung mit ihm mit dem Rucksack in Midelt war. Hier ist er dann in den Handel mit Mineralien eingestiegen. Beim nächsten Mal ist er schon mit dem Mercedes gekommen. Ahmad meint, ich würde beim nächsten Mal auch mit dem Mercedes kommen, wenn ich jetzt einsteige. Wir einigen uns darauf, das Gespräch nicht so ernst zu nehmen. Ich will etwas über Marokko lernen und nicht mit kristallisierten Metallen reich werden. Also lädt er mich erst einmal auf eine Tasse Tee in ein Restaurant ein. Er scheint keine Eile mit dem Brief zu haben. Oder er will ihn beim Tee trinken schreiben.

Unterwegs fragt Ahmad, was ich gestern gemacht habe. Der Wahrheit entsprechend erzähle ich das mit dem Hammam, und, dass ich einen Teppich hätte kaufen sollen. Dabei drücke ich mich so aus, dass man kaum

auf die Idee kommen kann, dass ich tatsächlich einen gekauft habe. Der neue Begleiter
soll mich nicht für naiv und kaufwütig halten.
Dessen Reaktion bestätigt mich in meiner Zu-
rückhaltung:

Einen Teppich brauchst du in Midelt wirklich
nicht zu kaufen. Die Händler haben hauptsächlich Teppiche aus der Manufaktur, hand-
gewebt an der Maschine. Und echte Handarbeit verkaufen sie zu teuer. Eingekauft wird
diese auf dem Land, direkt bei den Berbern.
Die machen richtige Handarbeit und verkaufen ihre Ware für ein bisschen Taschin. Wenn
du einen Teppich willst, gehst du am besten
gleich zu denen.

Nach einem gemütlichen Spaziergang durch
ein einfaches, aber sauberes Stadtviertel erreichen wir das Restaurant. Der Wirt heißt Mohammad und das Restaurant ist eher ein Café.
Ahmad scheint gar nicht mehr an den Brief zu
denken. Stattdessen macht er seinem Gast die
Umgebung von Midelt schmackhaft: interessante Landschaften und Galerien mit unzähligen Mineralien (Was er wohl mit Galerien
meint? Nachfragen hat fast keinen Sinn, da
wir keine gemeinsame Sprache haben, die wir
beide gut genug können); alte Häuser - Kasbahs - , die von Berbern bewohnt sind; Berber,
die in schwarzen Zelten wohnen. All das und
viel mehr könne man von hier aus besuchen.
War der Brief ein Lockmittel, um einen Kunden für ein lokales Fremdenverkehrsangebot zu
gewinnen?

Nach dem gestrigen Tag ist mir eine der Warnungen BenAhmads wieder in den Sinn gekommen: Hüte dich vor den Jungen, sie sind
nur hinter Geld her! Andererseits bin ich neugierig, was es hier als mögliche Angebote für
Touristen gibt und wie es verkauft wird. Aber
mein Forscherinteresse zeige ich vorerst nicht.

Stattdessen lenke ich das Gespräch auf die Infrastruktur der Stadt. Gibt es in Midelt ein

Telefon, mit dem man nach Deutschland telefonieren kann? Ich müsste nämlich wieder
einmal zu Hause anrufen.

Telefonat

Natürlich gibt es hier ein Postamt mit Telefon.
Von da kann man sicher nach Deutschland telefonieren. Hallo, schick Geld, und so. Ein
paar deutsche Redewendungen kann er ganz
gut, wahrscheinlich von diesem Hermann. An
den Ausdrücken, die Ahmad von ihm gelernt
hat, kann man sich den Charakter des Deutschen und den Umgang zwischen den beiden
vorstellen.

Das Postamt ist etwas größer als das in Outat
und hat mehrere Telefonkabinen. Wie in Outat gibt man dem Mann am Schalter einen Zettel mit der anzurufenden Nummer und wartet dann in einer der Kabinen, bis die Verbindung hergestellt ist. Und was im Dorf Outat in zwei Tagen nicht geklappt hat - funktioniert hier im wichtigen Hauptort Midelt beim
ersten Versuch! Daheim geht zwar niemand
ran. Es ist ja auch gerade Arbeitszeit. Aber
für diesen Fall habe ich vorgesorgt und auch
die Nummern von ein paar Nachbarn mitgenommen. So kann ich wenigstens ein Lebens-
zeichen heimschicken. Ich bekomme tatsächlich eine weitere Verbindung in meine Heimat-
stadt, ganz einfach und selbstverständlich wie
ein Ortsgespräch. Als ob der Rang der Ortschaften die Verbindung zum Telefonnetz bestimmen würde. Wahrscheinlich tut er das, solange das Leitungssystem noch nicht im Stande ist, alle Teilnehmer im Land bestmöglich
zu versorgen.

Alles klar? Hast du schöne Grüße ausgerich-
tet, schick Geld und so? Ob Ahmad versteht,
was „schick Geld" heißt? Hat er diese Redewendung von diesem Hermann oder hat er vor,

den Aufenthalt hier für mich recht teuer zu gestalten? Wir werden sehen. Ich werde auf der Hut sein, wie mir BenAhmad in einem seiner Gebote geraten hat.

Was ist übrigens mit dem Brief? Nachher. Erst gehen wir nach Hause. Auf dem Weg treffen wir einen Freund, Hassan, einen Vierzehnjährigen, der ständig Haschisch raucht. Bis wir ankommen, ist Essenszeit. Ich speise zwar wegen der Frauen und Mädchen nicht mit der Familie, aber ich habe ja am Morgen Joghurt und Brot eingekauft und die Mutter lässt mir eine Mischung aus Omelett und Fladenbrot bringen, was sehr gut schmeckt.

Inzwischen hat mir Ahmad angeboten, dass ich im Haus seiner Eltern übernachten kann. Dann kann ich mir Midelt noch in Ruhe ansehen. Heute würde ich sowieso nicht mehr weit fahren. Also mache ich es mir im Mineralienraum gemütlich.

Spazieren

Als Ahmad von seinen Erledigungen zurückkommt, hat er ein Angebot für mich: Ein Freund hat sich bereit erklärt, mit mir am Montag eine Tour in die Berge zu machen, eine Übernachtung bei Berbern im Zelt eingeschlossen. Das sind gute Bekannte von meinem Führer. Da die Berber aber einfache und fast mittellose Leute sind, ist es angemessen, ein paar Gastgeschenke mitzubringen - Zucker, Gemüse und so. Zweihundert Dirham reichen dafür bestimmt aus. Ich nehme zwar auf Grund von Ahmads Tonfall an, dass von den zweihundert Dirham nicht alles die Berberfamilie erreichen wird, aber ein Honorar für ihre Dienste wäre Ahmad und seinem Freund gegönnt.

Am Nachmittag machen wir einen Spaziergang durch die Gärten, Felder und Dörfer um Midelt. Die Kinder in den Dörfern haben dabei besonderen Spaß. Immer wenn eine Horde den Fremden erspäht, proben sie ihre Französischkenntnisse: „Madame! Madame!" „ Senc Dirham!" oder „Dame Arschooh!"

Ich antworte darauf mit „Salam!", einem arabischen Gruß, der Friede bedeutet. Darauf sind die Kinder kurz sprachlos: Ein Ausländer, der Arabisch spricht! Aber sogleich haben sie sich wieder gefasst und rufen ebenfalls „Salaam!" So geht es ein paar Mal hin und her, bis wir das Ende der Siedlung erreicht haben und wieder unbehelligt durch die Gärten und Felder spazieren. Hier sieht man nur vereinzelt Leute. Die Wege sind sehr schmal, jedes Fleckchen wird für den Anbau genutzt; oft gehen wir auf den Einfassungen der Bewässerungsgräben. Die sind hier offensichtlich sehr wichtig. Sonst würden die fruchtbaren Gärten wohl eher den umliegenden Bergen ähneln, die wüstenhaft kahl aufragen. Wahrscheinlich regnet es auch hier sehr selten, so wie in Outat.

Als wir uns wieder dem Ortskern von Midelt nähern, treffen wir ein paar Freunde Ahmads. Einer davon ist Hassan, der junge Hachischraucher, dem wir vorher schon begegnet sind, ein anderer ist Aziz, ein Student, der sein Wochenende hier verbringt. Er studiert Geographie oder Geschichte. Die beiden Fächer haben in Marokko das gleiche Grundstudium. Langsam wird es aber Zeit für ihn, sich zu entscheiden.

Eine Entscheidung für ein Studienfach ist in Marokko noch wichtiger als in Deutschland. Zwar bekommt jeder Student ein Stipendium, aber dafür müssen Regeln eingehalten werden: Man muss gleich nach der Baccelortée sein Studium beginnen und darf nicht das Studienfach wechseln oder ein zweites anfangen. Wenn man Zwischenprüfungen nicht schafft, kann man praktisch nicht mehr studieren. Viele junge Leute, die die Hochschulreife geschafft haben, beginnen vor allem deshalb ein Studium, damit sie so lange wie möglich von der Straße weg sind. Hier ist es so, dass jedem nach seiner Ausbildung Arbeitslosigkeit droht. Die Chancen müssen wirklich sehr schlecht sein. Aber für die Zukunft sehe ich einen Hoffnungsschimmer: Wenn so viele Leute eine gute Ausbildung erhalten, zahlt sich das früher oder später immer aus. Auch wenn die jungen Leute nicht sofort eine Chance bekommen, kann ihnen keiner mehr die erworbene Bildung wegnehmen. Mit deren Hilfe werden sie nach und nach einen Platz in der Gesellschaft finden und diese dadurch bereichern. Vor allem die Wirtschaft kann immer mehr auf gut ausgebildete Kräfte zurückgreifen und damit nach und nach die verheerende Abhängigkeit von den reichen Industrieländern überwinden. Wenn man allerdings die Schulabgänger nach ihrer hochwertigen und teuren Ausbildung derart vernachlässigt, wie es hier der Fall zu sein scheint, ist das eine teure Verschwendung. Wer hat etwas davon, wenn Wissen in den Köpfen brach liegt und veraltet? Was hat Marokko davon, wenn die fähigsten Köpfe in spanischen Treibhäusern und französischen Gaststätten und Fabriken als Handlanger arbeiten?

Aziz will sich zwar für Geschichte entscheiden, aber er meint, Geographen hätten in Marokko noch ganz gute Chancen. Vor allem im Bereich der Bodenschätze würden diese gebraucht.

In der Abenddämmerung gehen wir zusammen mit ein paar Freunden auf eine Kanne Tee in Mohammads Restaurant. Dort unterhalten wir uns wieder einmal über alles Mögliche und Unmögliche. Stimmt es, dass in Deutschland viele eine Familie mit nur ein oder zwei Kindern haben? Vom Wetter hat Aziz gehört, dass es in Deutschland oft sehr kalt ist, aber der Sommer müsse wundervoll sein. Bei einzelnen Diskussionen wechselt die Sprache und

ich verstehe nur noch einzelne Wörter.

Aziz hat eine Uhr, die zwar öfters stehen bleibt, aber immer ein Weilchen läuft, sobald er sie auf die richtige Zeit gestellt hat. Wenn ich dem Gespräch nicht folgen kann, studiere ich derweil die Uhr. Als ich den Fehler entdecke, entkommt mir ein hörbares „Ich hab's!". Erschrocken fragt Aziz, was los sei. Ich erkläre ihm, dass sich bei der Uhr augenscheinlich die Zeiger verhaken, sobald sich der Minutenzeiger anschickt, den Stundenzeiger zu überholen. Aziz meint, da müsse er wohl das Glas entfernen und versuchen, die Sache zu reparieren.

Zweite Nacht in Midelt

Noch vor Mitternacht, viel früher, als ich es von den privaten Treffen in Outat her gewohnt bin, gehen wir zu Ahmads Haus zurück. Schlafen darf ich in dem Polster- und Steinzimmer, wo man sich wie auf einer Liegewiese einen Platz aussuchen kann. Mein einziger Zimmergenosse ist Ahmads Vater. Vielleicht muss der die Mineralien bewachen.

Auf den relativ festen Polstern schlafe ich wieder sehr gut. Zeitig am Morgen, noch vor Sonnenaufgang, höre ich etwas rascheln. Undeutlich erkenne ich, wie der Gastgeber, der meterweit entfernt geschlafen hat, sich erhebt, etwas auf den Fußboden breitet und praktisch hinter dem Polsterberg verschwindet. Danach hört man nur noch ein Murmeln und sieht bisweilen die ausgestreckten Hände auftauchen. Er verrichtet sein Morgengebet. Danach legt er das Schaffell, das als sein Gebetsteppich dient, sorgfältig zusammen. Der fromme Mann wirkt alt und ausgezehrt. Vielleicht ist er krank oder einfach erschöpft nach einem harten Arbeitsleben.

Ein Sonntag

Rauchen

Als Ahmad auftaucht, gehen wir als Erstes wieder zu Mohammad. Auf dem Weg kommen wir wieder auf den Brief an Hermann zu sprechen. Wir einigen uns darauf, ihn mittags zu schreiben. Vorerst trinken wir mit Aziz und anderen Freunden ein paar Kännchen Tee und drehen dann eine kleine Runde durch den Ort. Sonntags trifft man die meisten Bekannten.

Aziz berichtet über eine schlechte Nachricht, die er im Radio gehört hat: Seine bevorzugte Zigarettensorte ist teurer geworden. In Kiosken und auf Handkarren werden normalerweise etwa vier Marken angeboten: Die meistgerauchte heißt Casa; die ist mit knapp einem Dirham pro Schachtel die zweitbilligste Sorte und hat einen annehmbaren Geschmack, wie die Raucher versichern. Die billigste kostet zwar noch etwas weniger, schmeckt aber nach einhelliger Meinung fürchterlich. Natürlich führen Händler auch amerikanische Sorten, meistens Marlboro. Die sind äußerst beliebt, aber genauso teuer wie in Deutschland. Eine einzelne Marlboro kostet also fast so viel wie eine Schachtel Casa. Kein Wunder, dass viele sich diese exklusiven Teile einzeln bei Straßenhändlern kaufen.

Immer wieder trifft man diese Händler, auf deren bauchhohen Handwagen verschiedene bunt verpackte Waren zum Verkauf bereit liegen, meist Bonbons, Stifte, Kaugummis, Zigaretten und Zigarettenpapier. Das besondere an diesen fahrbaren Läden ist, dass man Waren auch einzeln bekommt, also zum Beispiel eine einzelne Zigarette, einen Kaugummi oder ein Bonbon. Die Verkäufer sind meistens Kinder, die nicht älter aussehen als vierzehn.

Aziz hat übrigens vor kurzer Zeit einmal in einer Bibliothek ein Buch über Deutschland gefunden und ein wenig darin herumgeblättert. An eine Stadt namens München kann er sich nicht erinnern, aber wenn er gewusst hätte, dass er mich treffen würde, hätte er es genauer gelesen.

Aus Deutschland sind vor allem Wörterbücher sehr gesucht. Das einzige, das im Bekanntenkreis momentan vorhanden ist, ist ein Büchlein aus Rabat mit höchstens fünfzig Seiten in halbem Postkartenformat, in dem einzelne Wörter vom Arabischen ins Deutsche übersetzt sind, einschließlich arabischer Umschrift für die deutschen Wörter. Wenn man an die Masse an Sprachführern und Wörterbüchern denkt, die in deutschen Buchhandlungen angeboten werden, kann man sich gar nicht vorstellen, wie knapp und begehrt so etwas in Marokko ist. Die jungen Leute wollen nämlich deutsch lernen, der Verdienstchancen im Tourismus wegen. Einige liebäugeln auch damit, eines Tages ins gelobte Deutschland auszuwandern.

Einfach einen Brief

Gegen Mittag trennen sich unser aller Wege wieder. Das Mittagessen bei Ahmad läuft ab wie gestern. Gerade als ich mich zu einem Verdauungsschläfchen hinlegen will, kommt Ahmad wegen des Briefs. Es stellt sich heraus, dass er noch keinerlei konkrete Vorstellung davon hat, was er mitteilen will. Ich solle einfach schreiben, was man halt so schreibt. Dass private Briefe bei uns in Deutschland - außer bei Anrede und Gruß - vorwiegend selbst formulierte Sätze enthalten, kann ich ihm mit meinen schwachen Sprachkenntnissen nicht so recht vermitteln, zumal er nicht ganz bei der Sache zu sein scheint.

Im Arabischen füllt man spielend leicht bereits eine viertel Seite mit den Grußformeln, der allgemeinen Referenz an Gott und dem obligatorischen Einleitungssatz, so dass bald ein kompletter Brief steht - aber im Deutschen? Ich mache ein paar Vorschläge, die Ahmad aber nicht versteht. Schließlich meint er, wir müssten gehen, da wir eine Verabredung hätten. Mein Verdacht erhärtet sich, dass der Brief nur ein Vorwand war, mit dessen Hilfe er mich in seinen Einflussbereich gebracht hat.

Wie dem auch sei, wir gehen in die Stadt. Heute ist es ein wenig bewölkt, so dass die Temperaturen selbst am sehr frühen Nachmittag durchaus erträglich sind. Der letzte Abend war sogar nahezu kühl. Man merkt, dass wir Herbst haben, auf 1500 Meter Meereshöhe sind und uns mitten in den Bergen befinden.

Der Supersportler

In der Stadt spricht ein etwas dicklicher Mann mittleren Alters mit mir auf Englisch mit großem Sachverstand über die wichtigsten Resultate der Olympiade. Er freut sich sichtlich, dass er jemanden aus dem berühmten Sportland Deutschland vor sich hat. Während des Gesprächs wundert er sich allerdings immer mehr, dass einem Deutschen nicht einmal das Abschneiden seiner Landsleute bei den momentan laufenden Olympischen Spielen bekannt ist. Er dagegen kennt jedes Detail.

Nach und nach gibt er sich damit zufrieden, dass man beim Rad fahren nicht so oft zum Fernsehen kommt. Ihm geht der Gesprächsstoff trotzdem nicht aus. In den letzten Jahren hat es alle möglichen Sportergebnisse gegeben. Zu seinem Leidwesen ist er aber über die deutsche Sportszene wesentlich besser informiert als sein Gegenüber, der mitten im Sendebereich der deutschen Sportschau wohnt und aufgewachsen ist. Verzweifelt sucht er immer neue Aufhänger zum Fachsimpeln, findet aber nur wenig Echo. Und selbst das ist meist dünn und nicht mehr auf dem neuesten Stand.

Die Sendezeiten der einschlägigen Sportsendungen verbringe ich halt lieber mit Rad fahren oder Tischtennis spielen.

Schließlich sieht der Experte enttäuscht ein, dass sein Gesprächspartner mit Sport nicht viel am Hut hat. Er hat lernen müssen, dass es auch in Deutschland absolut unsportliche Leute gibt. Sein halb entsetzter, halb abschätziger Blick bringt mich fast zum Lachen. Es ist einfach überraschend, wenn man in einer so fremden Welt einem so vertrauten Phänomen begegnet wie dem Pantoffelsportexperten, dem Sesselstar.

Tischtennis

Bald überlässt mich Ahmad der Obhut von Aziz. Dieser fragt, ob ich Tischtennis spiele. Ein Wirt hat eine Platte im Nebenzimmer seines Lokals.

Das Restaurant sieht nobler aus als das von Mohammad und als alle Gaststätten in Outat-el-Haj. Die Einrichtung wirkt solider und teurer, obwohl alles ganz einfach ist. Der Eintritt ins Tischtenniszimmer kostet sechs Dirham. Das macht den Raum garantiert zu einer lohnenden Erwerbsquelle. Momentan sind etwa ein Dutzend Jugendliche drin. Ob die alle bezahlt haben? Spielen können doch nur je zwei Leute. Man zahlt also relativ viel Geld dafür, dass man höchstens zweimal pro Stunde ein wenig spielen darf.

Der Preis ist hier übrigens das einzig Luxuriöse: Die Platte ist schon recht abgestoßen, sieht im Vergleich zu den Schlägern aber gut aus. Die besten davon sind die, die in der Mitte noch ein Stück Belag aufweisen. Bei manchen spielt man nur noch auf der gelben Schwammunterlage, bei anderen einfach auf dem Holz. Von einigen hängt ein gutes Stück Belag weg. Der Wirt könnte schon ein wenig

Zeit und Leim verwenden, um seine Erwerbsquelle funktionsfähig zu erhalten.

Trotz der schäbigen Ausrüstung und des über-
teuerten Eintritts macht den Teenies das Spielen Spaß. Großartige Könner sind nicht dabei,
aber gegen gleich Starke kann man immer gut
kämpfen. Also sieht man auch hier spannende,
ehrgeizig geführte Spiele.

Aziz fällt auf, dass ich wenig rede. Siehst du
nicht, dass sich hier alle unterhalten und scherzen? Doch, aber ich kann auf Arabisch und
auf Französisch nur sehr wenige Ausdrücke.
Das reicht gerade zum Einkaufen. Ich verstehe
doch gar nicht, was die anderen reden.

Nach einiger Zeit bin ich an der Reihe. Um
dem fremdländischen Gast eine Chance zu geben, bekommt er einen nicht allzu starken
Gegner und darf aus sechs vorhandenen Schlägern wählen. Ich nehme den besten. Der hat
auf einer Seite noch fast den ganzen Belag, Au-
ßennoppen mit Unterlage, und auf der anderen
noch den halben.

Beim Spiel bemühe ich mich, dem Gegner die
Bälle so zuzuspielen, dass er sie zurückschla-
gen kann. Dann bleibt der Ball länger im
Spiel, und das Eintrittsgeld rentiert sich mehr.
Nachdem jedoch der Junge auch den leichten
Bällen nicht viel entgegenzusetzen hat, tritt
als nächstes ein älterer, kräftigerer Junge mit
blauer Mütze gegen mich an. Ich habe ihn
bisher insgeheim Kapitän genannt, wegen der
Kopfbedeckung und weil er offensichtlich von
den Anwesenden am besten spielt. Er erweist
sich auch als ernsthafterer Gegner. Wenn ich
den Ball zu einfach zurückgebe, spielt er mich
aus. Mit der Zeit kommen recht ansehnliche
Ballwechsel zustande.

Schade, dass die Jungs angesichts all der Be-
geisterung, mit der sie bei der Sache sind, keine richtige Trainingsmöglichkeit haben. Der
Wirt spart schon arg an der Ausrüstung. So-

lange so viele Leute trotzdem kommen, kann
er sich das ja anscheinend erlauben. Aber in
manchem geht er entschieden zu weit. Als zum
Beispiel Aziz gegen mich spielt, bemerken wir,
dass der Ball einen Riss hat. Da ein kaputter
Tischtennisball ganz anders aufspringt als ein
ganzer, gehen wir mit dem Ding zum Wirt.
Der ist nach einer Untersuchung des Balles
bereit, den Schaden zu beheben. Wer selbst
Tischtennis spielt, weiß, dass es dazu praktisch
nur die Möglichkeit gibt, den Ball auszuwech-
seln. In Midelt ist man da weiter: Der Wirt
nimmt aus einer Schublade eine Rolle Tesa und
versieht den Ball mit einem fast unsichtbaren
Streifen. Gönnerhaft reicht er Aziz den reparierten Ball.

Wenn dieser sich bedankt hätte und damit
weitergespielt, dann hätte ich mich gewundert,
dass der Ball nicht schon mehr Tesafilmstrei-
fen hat. Wie lange hält so ein Ball? Solange
er einigermaßen rund ist? Wieviele Risse hält
er aus? Wie springt ein Ball ab, der mit Tesa
geklebt ist? ... Die Fragen bleiben unbeant-
wortet, Aziz akzeptiert die Reparatur nicht.

Nach einer kurzen, fast heftigen Diskussion muss der Wirt einen neuen Ball heraus-
rücken. Den reparierten legt er behutsam in
eine Schublade. Aziz meint, so etwas habe er
noch nie gesehen. Da ist er nicht der einzige.
Übrigens spielt er gar nicht schlecht, eigentlich
besser als der Kapitän. Nach dem Spiel meint
er, er wisse jetzt, wie ich zu schlagen sei. Aber
jetzt sind die anderen dran.

Draußen reden wir noch einmal über den Ball.
Aziz findet den Geiz des Wirtes unmöglich.
Vielleicht sind Bälle schwierig zu bekommen?
Nein, die gibts für zehn Dirham im Laden, und
schließlich zahlt man Eintritt. Zehn Dirham?
Das kosten in Deutschland Wettkampfbälle.
Solche wie der von vorhin, ein chinesischer Ball
mit einer deutlichen Rille zwischen den Hälf-
ten, würde vielleicht umgerechnet zwei Dir-

ham kosten, wenn überhaupt. In Deutschland sind einige Sachen viel billiger als in Marokko.

Langsam frage ich mich ernsthaft, was in Deutschland überhaupt teurer ist. Immer mehr komme ich zu der Einsicht, dass die Deutschen für marokkanische Verhältnisse tatsächlich unvorstellbar reich sind. Trotzdem scheinen auch hier die meisten recht gut zu leben.

Auf dem Weg zu Mohammad treffen wir wie verabredet auf Ahmad. Mit ihm machen wir einen Spaziergang in die Umgebung, über Felder und durch malerische kleine Siedlungen aus einfachen Lehmbauten. Einmal rede ich ein Maultier an, das verschiedene Sachen an uns vorbeischleppt und uns im Gegensatz zu seinem Herrn interessiert mustert: Servus Muli!

Erst verstehe ich nicht, wieso Ahmad und Aziz zusammenzucken. Schließlich fragt mich Aziz, was ich soeben gesagt hätte. Ich habe das Tier gegrüßt. Und wie hast du es gegrüßt? Es hat sich nämlich angehört, wie Mul, so heißt es auf Berber. Ja, genau, Muli habe ich es genannt, so kann man im Deutschen zu Maultier sagen. Die beiden sind verblüfft über die Ähnlichkeit der beiden Wörter und versuchen, weitere Übereinstimmungen herauszufinden. Die Katze, die uns im nächsten Moment über den Weg läuft, heißt zum Beispiel in der hiesigen Berbersprache Musch ... Ah, ja, in Deutschland soll es ja auch Berber geben, vielleicht ist von denen etwas in die deutsche Sprache eingesickert. Berber in Deutschland? Ich habe in Deutschland noch nie etwas von Berbern gehört, abgesehen von Obdachlosen, die sich so nennen. Genaueres wissen Aziz und Ahmad auch nicht darüber.

Morgen fährt Aziz sehr früh ab zum Studieren. Über Ahmad kann ich seine Adresse bekommen. Ich bin dann also wieder allein mit Ahmad und gespannt, was aus der Tour in die Berge wird.

Versprechen, Ausreden, Tee und viele Spaziergänge

Wir warten

Am Morgen gehen wir wie verabredet sehr zeitig zu Mohammad und warten auf den Freund, der mich abholen soll. Als der nach fast einer Stunde noch nicht da ist, nimmt Mohammad an, dass ihm vielleicht etwas dazwischen gekommen ist. Wenigstens Bescheid sagen hätte er können, oder einen Botenjungen schicken. Er wird uns doch nicht vergessen haben? Ich werde das Gefühl nicht los, dass an der Sache irgend etwas faul ist und sehe meinen Argwohn bestätigt, der mich von Anfang an nicht so recht an die Sache glauben lassen hatte.

Ahmad findet die Panne schade. Wir müssen uns unbedingt die Berge anschauen, mit den Galerien und Mineralien. Vielleicht kommst du doch noch auf den Geschmack und steigst in den Handel ein. Vielleicht hat sich der Freund nur in der Uhrzeit geirrt. Ich schaue mal, wo er bleibt, und du wartest hier.

Jetzt am Montag Morgen sind kaum Leute da. Bleibt der Blick auf die Einrichtung und die nächste Umgebung. Im Gastraum stehen luftig verteilt kleine Tische und Stühle, die fast jeden Wirt in Outat neidisch machen könnten. Ansonsten ist die Ausstattung ebenso schlicht wie dort: Theke und Regal mit Teekanne und Geschirr. Hier gibt es nicht einmal eine Tafel, an der Preise für Speisen angeschrieben sind, und auch keine Limonadenreklame. Seit ich hier bin, hat Mohammad nichts anderes verkauft als Tee. Sind die Töpfe und Pfannen nur Zierde? Wovon lebt der Mann?

Mein Ausblick auf die Straße ist sehr beschränkt. Ich sehe durch die Tür auf einen Marktstand und beobachte die Leute, die dort vorbeigehen oder stehen bleiben. Auch hier ist momentan nichts los. Montag früh sind die Menschen anderweitig beschäftigt. Ich wollte ja in diesem Augenblick eigentlich auch unterwegs sein.

Als Ahmad zurückkommt, berichtet er, dass er den Freund nirgends angetroffen habe. Schade. Aber du interessierst dich sicher für alte Häuser, Kasbahs? Du könntest eine echte alte Kasbah besichtigen und dort übernachten. Ich habe mich schon erkundigt, das ist sicher möglich. Außerdem kann ich dir noch einen super Ausflug in die Berge organisieren, mit Galerien und vielen Mineralien. Du wirst nur noch staunen!

Um Ideen ist mein Gastgeber auch sonst überhaupt nicht verlegen. Einmal ist er von einer seiner Einfälle derart begeistert, dass er knapp davor ist, vor Lachen zu platzen, und sich eine Weile nicht beruhigen kann: Nach Marokko bist du mit dem Rad gefahren, für den Rückweg gibt es nur ein einziges passendes Verkehrsmittel: ein Kamel. Du reitest auf einem Kamel nach Hause!

Ich muss zugeben, dass ich selbst schon auf diese Idee gekommen bin, aber da ich Schwierigkeiten mit dem Zoll befürchte und mir so ein Tier leid täte, wenn es mich von seinem Heimatland in das ferne kalte Deutschland tragen müsste, verwerfe ich den Gedanken.

Vorerst besichtigen wir aber den Markt. Bei den Bettlern, die am Straßenrand die Hand aufhalten und demütig klingende Sprüche murmeln, ermahnt mich Ahmad, ihnen nichts zu geben. Angesichts eines Schusterladens mit einem breiten, offenen Fenster zur Straße fällt mir ein, dass meine Schuhe schon wieder im Begriff sind, aus dem Leim zu gehen. Ob ich sie gegen die stabil anmutenden Sandalen in dem Laden tauschen sollte? Ich zeige Ahmad, dass meine kaputt sind. Der reicht sie dem Mann im Laden, der sich sogleich an die Arbeit macht. Überall, wo die Nähte im Aufgehen begriffen sind, schlägt er ein paar Nägel ein. Das schaut stabil aus. Ich vertage den Kauf neuer Sandalen noch, da ich jetzt aus Neugier wissen möchte, wie lange diese Reparatur vorhält.

Später darf ich alleine ins Haus zurückgehen. Ahmad muss noch etwas erledigen. Unterwegs treffe ich einen älteren Mann, den ich in Straßenkleidung fast nicht wiedererkenne: Ahmads Vater, meinen Zimmergenossen. Er ist sichtlich erfreut darüber, mich zu treffen und begrüßt mich mit einem herzlichen Händedruck.

Exklusives Arrangement

Als Ahmad ankommt, erzählt er, dass er mit Bekannten geredet habe, die für mich eine Nacht in einer Kasbah organisieren könnten. Er bräuchte nur etwas Geld, etwa zweihundert Dirham für die Unkosten und ein Geschenk. Schließlich werden sie extra für dich kochen.

Ich glaube ihm zwar nicht, dass er die ganzen zweihundert Dirham für den angegebenen Zweck verwenden wird. Vermutlich traut er sich nicht, sich für seine Mühe bezahlen zu lassen, und holt sich seinen Anteil auf diese Weise. Ich betrachte das als eine Art Handel: Er bekommt etwas mehr Geld und ich lerne dafür. Zum Beispiel werde ich erfahren, ob sich das Arrangement mit der Kasbah genauso in Luft auflöst wie der geplante Aufenthalt bei den Berbern im Zelt in den Bergen, wo nur meine zweihundert Dirham für Lebensmittel real waren.

Lahsan

Auf einem Spaziergang über die Felder begegnen wir Lahsan. Der Freund Ahmads ist nicht besonders groß und kräftig, und wenn man ihn kennenlernt, weiß man nach wenigen Minuten, dass man es mit einer listigen Person zu tun hat. Zumindest hält er selbst sich für schlau. Was immer man ihm sagt, er versteht sofort alles und auch die vermeintlichen Hintergedanken des anderen. Das lässt natürlich mehr auf seine eigene Persönlichkeit schließen, als auf seine Menschenkenntnis. Ansonsten ist er ein unterhaltsamer Zeitgenosse, stets zu Scherzen aufgelegt und zum Lachen bereit.

Eines seiner Steckenpferde ist die Philosophie. Diese Vorliebe teilt er mit vielen Marokkanern, wie ich inzwischen gemerkt habe. Leider habe ich mit Lahsan einen noch kleineren Wortschatz gemeinsam als mit Ahmad. Aber wenn man wie wir Zeit hat, ist das kein Problem. Wenn der andere etwas nicht versteht, holt man eben etwas weiter aus und dann womöglich noch weiter, bis er verstanden zu haben scheint, worauf man hinaus will.

Lahsans Philosophie läuft wohl darauf hinaus, dass der Mensch die Freiheit hat, hinzukommen, wo er will. Alles muss er selber machen. Aber Allah hat den Schlüssel. An ihm liegt es letztendlich, ob man das, was man sich erarbeitet, auch erreicht. Oder so ähnlich. Bestimmt verstanden habe ich, dass er sich nicht streng an die geläufigen Vorschriften des Islam hält. Gegen Wein hat er zum Beispiel nichts einzuwenden. Nicht der Mensch hat darüber zu bestimmen, ob man Wein trinken darf, sondern Gott urteilt, ob er es gutheißt.

Geld wechseln

Am frühen Abend sind wir zusammen mit ein paar anderen bei einem Freund. Einer von den anderen ist Hussein. Der kennt jemanden, der Geld wechselt. Nach der Geschichte mit dem Teppich habe ich kaum noch Bargeld und müsste sowieso in den nächsten Tagen auf die Bank oder in eine Wechselstube. Hussein kann das für dich erledigen. Du bleibst hier und er geht für dich zum Wechseln. An und für sich ist mir das gar nicht recht, da ich der Freundlichkeit immer noch nicht so recht traue und an der Zuverlässigkeit der Leute zweifle, mit denen ich hier zu tun habe. Andererseits will ich wieder einmal niemanden beleidigen. Am besten versuche ich, den möglichen Schaden nach Kräften zu begrenzen. Die Freunde erwarten wahrscheinlich, dass ich jetzt ein oder zwei Hundertmarkscheine zum Wechseln hervorziehe. Einen solchen habe ich aber nicht mehr. So einen Betrag würde ich auch nicht ohne weiteres einfach so aus der Hand geben. Die Versuchung könnte zu groß sein. Reiseschecks habe ich auch nur im Wert von hundert Mark. Bleiben nur noch fünftausendfünfhundert Peseten, auch eine schöne Summe. Der Fünfhunderter ist zwar in einem schlechten Zustand und bereits mit Tesafilm repariert, aber ich habe ihn aus einem Geldautomaten in Malaga bekommen.

Wieder einmal wird mir ein wenig zu spät meine Dummheit bewusst: Peseten werde ich in ein paar Wochen garantiert wieder brauchen, auch wenn mir hier niemand glaubt, dass ich mit dem Fahrrad zurück nach Deutschland fahren werde. Jetzt lasse ich sie umtauschen, wobei ein merklicher Teil des Wertes als Umrechnungsgebühr beim Wechsler bleiben wird. Und in Spanien muss ich dann wieder neu wechseln, ebenfalls gegen Gebühr. Zu spät.

Während Hussein unterwegs ist, erzählen die anderen, dass sich zur Zeit noch mehr Deutsche in Midelt aufhalten. Heute ist ein einzelner Tourist mit dem Bus eingetroffen und mindestens seit Sonntag sind zwei Deutsche in Midelt, die ebenfalls mit dem Fahrrad gekommen sein sollen, darunter womöglich eine Frau. Midelt ist also stärker von Ausländern besucht als Outat. In der Gewissheit, in meinem Leben sowieso noch genug Deutsche zu treffen, schenke ich den Berichten keine allzu große Beachtung.

Wenig später kommt Hussein zurück und bringt das gewechselte Geld mit. Der Betrag ist in etwa in Ordnung, wenn auch seltsamerweise kein Kleingeld dabei ist. Vielleicht war es das automatische Bakschisch für den Boten. Husseins Freund hat sich allerdings nicht getraut, den lädierten Fünfhunderter zu wechseln. Das müsse man in Spanien probieren. Hier sei er wertlos.

Bei Mohammad

Immer mehr wird mir bewusst, dass mein häufigster Aufenthaltsort in Midelt das Restaurant von Mohammad ist. In dem kühlen Café setze ich mich meistens so, dass ich wenigstens Ausblick auf den benachbarten Marktstand habe. Wie immer gibt es nicht viel zu sehen. Am auffälligsten ist noch eine Gruppe von Touristen, die der Kleidung nach Engländer sein könnten. Die schwärmen in Unterhosen und auch sonst meist halb nackt auf dem Markt herum und sehen noch aufgedunsener aus, als ich von deutschen Touristenbussen her gewohnt bin. So viel rosiges, leicht angebranntes Fleisch! Was die Marokkaner dadurch wohl für einen Eindruck von Europa gewinnen?

Besonders aufdringlich prägt sich der Anblick einer drallen Frau mittleren Alters ein, deren rotgebrannte Beine mächtig dick aus den viel zu engen, extrakurzen Shorts herausquellen. Wie muss dieser Anblick auf einen Orientalen wirken, wenn ihn sogar ein Europäer schon äußerst bemerkenswert findet? Körperfülle gilt in Marokko bei Frauen als begehrenswert. Und es heißt, dass man Huren oft an ärmelloser Oberbekleidung erkennt. In Shorts oder kurzen Röcken herumzulaufen, würde hier wahrscheinlich nicht einmal einer Nutte einfallen.

Nach und nach erfahre ich, was es mit den Kochgeräten auf sich hat, die hinter Mohammads Theke ein äußerst geruhsames Dasein fristen: Das Restaurant liegt mitten in einem Geschäftsviertel, einem großen Markt; wenn man hungrig ist, versorgt man sich an den jeweiligen Ständen mit Lebensmitteln und bringt sie Mohammad zum Kochen oder Braten. Das hat den Vorteil, dass man weiß, aus welchen Zutaten das Essen zusammengestellt ist. Und der Wirt muss keine Vorräte bereithalten. Wie er dabei allerdings wirtschaftlich überlebt, ist mir rätselhaft. Eigentlich hat das Restaurant kaum Umsatz außer gelegentlich einer Kanne Tee und ganz selten einem Kochauftrag.

Ahmad und ich sorgen also wenigstens dafür, dass Mohammad nicht verhungert. Ich gebe Ahmad Geld, für das er auf dem Markt Eier und Hackfleisch kauft, was Mohammad dann in der Pfanne brät. Essen tun wir zu dritt. Diese Art Rührei mit Hackfleisch, die wir in den paar Tagen in Midelt meistens zu Mittag zubereiten lassen, ist auch für Anfänger so leicht mit Brot aufzunehmen, dass ich einigermaßen mithalten kann und jeweils ganz gut satt werde.

Sicher hätte Mohammad auch irgendwo Besteck, aber hier kümmern sich alle sehr darum, dass ich möglichst viel von den üblichen Sitten und Gebräuchen lerne. Dazu gehört auch das Essen. Die Sprache ist natürlich ebenfalls wichtig. Dass ich lesen kann, ist schon nicht schlecht, aber in fast keinem Lehrbuch liest man etwas über Schimpfwörter. Da es doch heißt, dass die das Salz in der Sprache sind, ist Ahmad eifrig darauf bedacht, mir einige lokale

Kraftausdrücke beizubringen.

Als besonders typisch für Midelt hebt Ahmad die Berber und deren Sprache hervor. Hatte man in Outat noch alles, was damit zu tun hatte, scherzhaft als Gebrabbel abgetan, so darf ich von Ahmad einige Wörter und Ausdrücke des örtlichen Berberdialekts lernen. Bald kann ich auf Berber bis vier zählen, jemandem eine Zigarette anbieten, eine Zigarette ablehnen und „Guten Appetit" wünschen. Sicher habe ich damals noch viel mehr gelernt, aber inzwischen wieder vergessen. In meinem jugendlichen Leichtsinn hatte ich nicht nur darauf verzichtet, einen Fotoapparat mitzunehmen, sondern machte auch fast keine Notizen, nach dem Motto: Bemerkenswert ist, was man sich merkt.

Einmal gehe ich mit auf den Markt, um zu sehen, wo genau die Zutaten herkommen. Der Supermarket für die frischen Lebensmittel ist ein großes Gebäude am Rand des Bazars, in dem sich etliche Stände für Gemüse, Eier, Fleisch und Geflügel verteilen. Was für das Gebäude spricht, ist die Kühle. In der Hitze, die um die Mittagszeit im Freien herrscht, würden die ausgestellten Waren schnell verderben. Hier ist erstens ohnehin kühl, und zweitens gibt es Strom für Kühl- und Gefriergeräte. Aus einem solchen holt der Händler, bei dem Ahmad einkauft, auch das Fleisch. Dieses zeigt er erst dem Kunden und stopft es dann auf dessen Wunsch in den Fleischwolf. An einem anderen Stand erstehen wir ein paar Eier. Mohammad haut schließlich diese Einkäufe für uns drei in die Pfanne - Omelett.

Ob die Ernährung aus Omelettes, Tee, Omelettes und Tee auf Dauer gesund ist? Zwischendurch mal Obst wäre nicht schlecht. An einem Stand stechen mir Kisten voller schöner gelber Äpfel ins Auge, die ersten Äpfel überhaupt, die ich in Marokko sehe. Aber Ahmad hat es eilig. Ich gewinne immer mehr den Eindruck, dass er sich bemüht, dass mich möglichst wenig Leute in seiner Gegenwart sehen. Fehlt meinem Aufenthalt der offizielle Segen der örtlichen Polizei? Oder ist es hier nicht so streng wie in Outat, und Ahmad hat nur irgendwie ein schlechtes Gewissen? Warum aber? Vielleicht ist die Hektik ja nur seine Art. Auf jeden Fall bleibe ich wie immer wachsam.

Manchmal komme ich mir fast wie eingesperrt vor. Es drängt mich, einfach aufzubrechen und wieder etwas völlig anderes zu sehen. Aber die die vier Tage bis zum Wochenmarkt werde ich wohl noch bleiben, und in der Woche Midelt so viel über Marokko lernen, dass ich mich einigermaßen auskenne. Anfangs war es mir noch recht, dass ich mich in dem kühlen Café während der Mittagsstunden ausruhen durfte. Aber ich habe mich schnell erholt, und jetzt bräuchte ich mehr Bewegung. Draußen ist es zur Zeit auch nicht heiß. Wir sind auf ungefähr fünfzehnhundert Metern Höhe über dem Meeresspiegel inmitten von Bergen, zwischen dem Hohen und dem Mittleren Atlas. Mir kommt das Wetter vor wie in Deutschland an besonders schönen Septembertagen: tagsüber warm aber nicht stechend, am Abend so kühl, dass ein Pullover oder eine Jacke angenehm sind, und nachts recht frisch. Man trägt hier keine dünnen Darajas mehr wie in Outat, sondern meistens Jellabas, rundum geschlossene Wollmäntel mit Kapuze. Leute, die sich europäisch kleiden, tragen Jacken. Ahmad zum Beispiel hat eine aufwendig gearbeitete Jacke aus vorwiegend weißem Jeansstoff an. Er erzählt, dass es solche hier auf dem Markt gibt. Seine habe zehn Mark gekostet. Wieviel kosten solche Jacken in Deutschland? Ich bezweifle, dass er meine Erklärung verstanden hat, dass seine Jacke höchstwahrscheinlich gebraucht ist, aus einer Kleidersammlung in Europa stammt und ursprünglich gut das zehnfache gekostet hat.

Ahmad denkt sich wohl zu Recht, dass ein

Tourist auf dem Markt nicht auffällt und dass ich inzwischen auch allein zu Mohammads Café zurückfinden kann, darum darf ich nach und nach immer wieder einmal bummeln gehen. Einer meiner ersten Streifzüge über das Gelände ist der Suche nach Vitaminen gewidmet. Ein Stand voller Äpfel sieht besonders verlockend aus. Der Preis entspricht etwa dem in Deutschland zur Hochsaison. Das ist teurer als ich es hier von anderen Obstarten gewohnt war. Ob der Händler einen Sonderpreis für Ausländer gemacht hat? Ich versuche, zu handeln. Der Händler besteht aber auf seinem Preis, da er nur seine besten Äpfel auf den Markt fährt. Die Äpfel sehen wirklich fast schon zu perfekt aus, und sie schmecken wunderbar erfrischend nach der einseitigen Ernährung in letzter Zeit. Mein Magen fühlt sich zum ersten Mal seit langer Zeit wieder wie zu Hause. Ahmad erzählt nachher im Café, dass es hier um diese Jahreszeit viele Äpfel gibt. Das klingt vielversprechend für die nächsten Tage.

Bettler

Ahmad hat mir zwar eingeschärft, den Bettlern nichts zu geben, aber ein einziges Mal drücke ich doch einem einen Dirham in die Hand. Der Mann nickt dankend. Anschließend schaue ich mich noch einmal kurz bei den nahe gelegenen Marktständen nach Obst um. Als ich ein paar Minuten später an einer Gasse gleich neben Mohammads Restaurant vorbeischlendere, winkt mich der Bettler von vorhin heran. Er spricht zwar keine meiner Fremdsprachen, aber er macht sich ganz natürlich verständlich: Du hast mir gerade eben einen Dirham gegeben. Ja und, was will er jetzt? Er deutet auf eine besonders schmale Gasse oder einen Hauseingang. Dort schaut eine alte Frau heraus, seine Mutter. Die zieht sich wieder zurück, dafür kommt eine junge Frau mit einem Baby auf dem Arm - seine Frau und sein Kind, wahrscheinlich nicht das einzige. Bevor er mir noch mehr von seiner Familie zeigen kann, kommt Ahmad des Wegs. Als der mich anspricht, zieht der Bettler sich unauffällig zurück.

Ahmad hat nur gesehen, dass der Mann mich angesprochen hat oder ansprechen wollte und schärft mir nochmals ein, keinem Bettler etwas zu geben. Jedenfalls werde ich nie erfahren, worauf der arme Mann hinauswollte, als er mir seine Familie vorführte.

Ein sauberes Studienobjekt

Als mal wieder die Zeit für einen Spaziergang gekommen ist, frage ich Ahmad, wo man hier Wäsche waschen kann. Meine Hose hätte das dringend nötig. Ahmad kennt einen guten Platz und meint, es wäre gerade eine gute Zeit, da jetzt keine Frauen dort wären. Wir gehen durch die bewässerten Felder ein wenig außerhalb der Siedlung, bis wir den Waschplatz erreichen. Dieser ist ein winziger Teich, in den aus einer Rinne in etwa einem Meter Höhe ständig Wasser läuft. Weit und breit ist außer uns kein Mensch zu sehen. Es kann also niemanden stören, wenn ich meine Hose ausziehe. Splitternackt bin ich darunter ja auch nicht. Das reichlich verstaubte Beinkleid tauche ich unter und drücke es durch, damit es sich vollsaugt. Ahmad erscheint das zu umständlich. Mit gekonnten Handgriffen peitscht er es der Länge nach ins Wasser, zieht es heraus und wiederholt diesen Bewegungsablauf, nachdem er das Kleidungsstück umgedreht hat. Das mache ich ihm nach: patschpatschpatschpatsch. So geht es schon besser, was? Dann zeigt er mir, wie man das Wasser wieder herausbekommt: zusammenlegen und von oben nach unten ausdrücken, weiter zusammenlegen und wiederholen ... Die gewaschene und ausgedrückte Hose hängen wir in einen Busch neben der Wasserstelle.

Da noch immer keine Leute zu sehen sind, frage ich, ob es in Ordnung wäre, wenn ich unter der Wasserrinne ein Bad nähme. Als ich unter der erfrischenden Dusche stehe, taucht eine alte Frau auf und kommt direkt auf das Wasserloch zu. Für eine unbemerkte Flucht ist es zu spät und in Panik wegzurennen halte ich für sinnlos. Erstens habe ich soieso eine Unterhose an und zweitens wäre selbst der Anblick eines unbekleideten Mannes bestimmt nicht neu für eine Frau ihres Alters. Also bleibe ich vorerst unter meiner Dusche stehen und tue so, als ob das völlig normal wäre.

Die Dame wirkt nicht entsetzt, sondern vielmehr neugierig. Sie tritt so nah wie möglich an das Wasserloch und beugt sich noch ein wenig vor, damit sie mich möglichst gut sieht. Hat sie doch noch nie einen Mann in Badekleidung gesehen? Minutenlang starrt sie mich an, ganz aufmerksam, als ob sie jede Kleinigkeit einzeln und eingehend studieren wollte. Langsam fühle ich mich wie ein Tier im Zoo. Mir kommt es vor, als ob sie mich mindestens eine Viertelstunde lang anstarren würde. Sie denkt vermutlich, dass das vielleicht ihre einzige und letzte Gelegenheit ist, einen Europäer mit so wenig an in echt und aus der Nähe betrachten zu können.

Ich dagegen weiß nicht, wie ich reagieren soll. Je länger ich mir ihre forschende Mine ansehe, desto mehr ist mir zum Loslachen zumute. Da Blicke nicht weh tun und ich sowieso nie mehr hierher kommen werde, lasse ich ihr das Vergnügen und bleibe unter der kühlenden Dusche stehen. In Wirklichkeit ist es wahrscheinlich keine Viertelstunde, sondern nur wenige Minuten, in denen die Dame mich mustert, bevor sie wortlos weitergeht. Danach kann ich mich in die Sonne legen, diesmal wirklich unbeobachtet. Obwohl es schon drei Uhr Nachmittag sein dürfte, bin ich recht schnell samt Unterhosen getrocknet.

Zu meiner Überraschung ist inzwischen sogar die Hose so weit. Die warme trockene Luft in Marokko hat schon ihre Vorteile. Hierher hätte ich sogar eine dieser Feuchtigkeit saugenden und speichernden Baumwollhosen mitnehmen können. Die wäre angenehmer auf der Haut gewesen. Da ich aber vom letzten Jahr her wusste, wie unendlich lang Baumwolle feucht bleibt, hatte ich mich für diese Tour für ein Mischgewebe entschieden.

Hand Made in Thailand

Am späteren Nachmittag sind wir natürlich wieder bei Mohammad. Heute soll mir die Gelegenheit geboten werden, Souvenirs zu erstehen. Ich erkläre Ahmad zwar, dass ich nicht das geringste Interesse daran habe, aber er versichert mir, dass ich nichts kaufen müsse. Der Abwechslung wegen willige ich ein. Gleichzeitig nehme ich mir aber vor, nicht das Geringste zu erstehen. Du musst nichts kaufen - gut, ich werde nichts kaufen. Garantiert führt er mich deshalb auf den Markt, weil er mit einem Händler eine Provision für seine Vermittlung vereinbart hat. Ich habe gehört, das sei so üblich. Das ist natürlich Ahmads gutes Recht, aber heute werden er und sein Händler mit mir nur einen Zeitverlust verbuchen können. Auf jemanden, der eine Vorauszahlung auf eine Tagestour als alleiniges Risiko des Kunden betrachtet, muss man in dieser Hinsicht keinerlei Rücksicht nehmen. Soll er schwitzen und sich mit mir blamieren!

Ahmad führt mich in den Markt hinein, der direkt vor dem Restaurant beginnt. Ein paar Schritte nach links und dann wieder rechts, und dann sehen wir auf der rechten Seite unser Ziel, einen Souvenirladen. Das Geschäft steht auf einer ungefähr einen Fuß hohen Tribüne und ähnelt mit seinen übersichtlichen Regalen eher einem Ladengeschäft als einem Marktstand. Der Verkäufer ist sehr freundlich und bittet uns in seinen Laden. Was wollen Sie kaufen? Nichts. Ahmad schaut nicht erfreut über über meine Antwort aus, aber er strahlt eine Art Siegesgewissheit aus. Er meint, dass ich mir die Sachen wenigstens anschauen könne. Aber ich kaufe nichts. Diesmal bin ich vorsichtiger als in dem Teppichgeschäft und sorge gleich für klare Verhältnisse. Wenn ich das Angebot von Anfang an konsequent ablehne, kann mir niemand vorwerfen, ich hätte irgendeine Gastfreundschaft missbraucht.

Ahmad deutet auf die Regale mit hübschen Souvenirs und meint, da wären doch schöne Sachen für die Bekannten und Verwandten in Deutschland dabei. Schon, aber ich möchte den Kram nicht dreitausend Kilometer auf dem Rad mitschleppen. Er kann immer noch nicht glauben, dass ich den Heimweg auf dem Fahrrad zurücklegen werde, geht aber auf den Einwand ein: So eine Teekanne wiegt doch kaum etwas. Aber sie nimmt Platz weg. Aber du kannst etwas hineintun; fühl mal, wie leicht so eine Kanne ist. Sobald ich die Teekanne angefasst habe, tritt der Verkäufer (der von der Unterredung kein Wort verstanden hat) wieder auf den Plan. Such dir eine Kanne aus, sie haben alle den gleichen Preis. So? Zwar finde ich, dass eine Teekanne für mich das passende Souvenir überhaupt wäre, aber wenn, dann kaufe ich so ein Teil frühestens kurz vor der Ausreise aus Marokko.

Da sich die beiden nicht abschütteln lassen werden, will ich die Zeit nutzen, um eine Verhandlungstaktik auszuprobieren: Ich will den Verkäufer beim Wort nehmen: Alle Kannen haben den gleichen Preis. Ich werde die schäbigste Kanne aussuchen und sie an Hand ihrer Mängel herunterhandeln; sobald der Preis

lächerlich niedrig ist, werde ich auf die Vereinbarung mit dem Einheitspreis zurückkommen und für den ausgehandelten Preis die schönste Kanne verlangen. Danach habe ich entweder eine sehr günstige Teekanne im Gepäck, oder es gibt einen Händler weniger, der mir etwas verkaufen will. Die zweite Möglichkeit würde ich bevorzugen.

Zur Auswahl stehen zwei Arten von Teekannen: filigran gearbeitete silberne Kännchen, die so aussehen wie die in den Teehäusern, und welche aus einem gelblichen Metall, die kleiner sind, aber dennoch klobig aussehen und bei denen anstatt schmückender Verzierungen Materialfehler ins Auge fallen. Beide kosten hundert Dirham. Ahmad rät mir zu der silbernen. Für die würde ich mich auf jeden Fall auch entscheiden, der Taktik halber wähle ich aber die verhaute. Ahmad ist entsetzt: Die ist zwar aus Kupfer, aber die andere ist silberhaltig und viel schöner. Sie ist zwar größer, aber leichter. Ich weiß das selber - und bleibe bei der hässlichen.

Sogleich mache ich den Verkäufer auf einen der Materialfehler aufmerksam, um den Preis zu senken. Der lässt sich dadurch nicht beeindrucken: Das ist ein Zeichen für Handarbeit, marokkanische Handarbeit. Mit kritischem Blick drehe und wende ich das Kännchen in meiner Hand. Made in Thailand ist auf dem Boden eingeprägt. Belustigt über diese Entdeckung frage ich, was diese Inschrift bedeutet. Zu meiner Verwunderung können sie weder er noch Ahmad entziffern: Das ist die Signatur des Handwerkers. Ich gehe nicht weiter auf diesen Punkt ein, dafür weiß ich jetzt, dass ich dem Verkäufer nichts zu glauben brauche und ihn nicht bemitleiden muss, wenn er leer ausgeht. Oder hieß der Handwerker tatsächlich „Made in Thailand"? Vielleicht wurde aber auch der Händler selbst von einem Zwischenhändler übers Ohr gehauen.

Fast zu bald stellt der Verkäufer die Frage, ob ich mich überhaupt für die Kanne interessiere. Ahmad hat ihm demnach der Provision halber nicht davon unterrichtet, dass ich eigentlich nicht kaufwillig bin. Als ich das klarstelle, geht der Verkäufer schnell mit dem Preis runter. Ich versuche, meine Taktik zu erklären, mit dem Ergebnis, dass zu Ahmads Erleichterung wieder die silberne Kanne im Gespräch ist. Daraufhin lehne ich vier bis fünfmal ein Angebot mit jeweils deutlichem Preisabschlag ab, und schließlich kostet die Kanne nur noch vierzig Dirham. Als ich auch dieses wirklich günstige Angebot nicht annehme, bleibt dem Verkäufer nichts anderes übrig, als höflich meinen Abschied zu erwidern. Obwohl es ein Schnäppchen gewesen wäre, bin ich doch froh, mein Gepäck nicht damit belastet zu haben.

Haschisch

Ahmad selbst raucht nicht viel Haschisch. Er weiß, dass es in großen Mengen ungesund ist. Außerdem ist es zu teuer. Der vierzehnjährige Hassan dagegen qualmt ein Gerät nach dem anderen. Mohammad meint, ich solle ihn mir noch einmal gut anschauen. Wenn ich bei meinem nächsten Besuch in Marokko nach Hassan fragen würde, könne es sein, dass ich zu hören bekäme, dass er jetzt tot ist. Hassan hat die Bemerkung verstanden, ist aber keineswegs betrübt darüber, sondern wirkt high und zufrieden.

Aber nicht nur unter den jungen Männern gibt es starke Raucher. Bei einem Spaziergang macht mich Mohammad auf einen alten Mann aufmerksam, der einen besonders großen Joint raucht. Das ist eine Maschine, was? Dabei wirkt der Alte völlig friedlich und gelöst vom Alltag.

Haschisch ist hier allem Anschein nach noch leichter zu bekommen als in Outat. Wenn man im Café sitzt und etwas braucht, schickt man jemanden auf den Markt, und der kommt nach wenigen Minuten mit dem Stoff wieder. Da die wenigsten Leute Haschischpfeifen haben, ist es üblich, Joints zu drehen. Manche rauchen keine reinen Tabakzigaretten und kaufen daher bei Bedarf von einem der Straßenhändler einzelne Zigaretten und Zigarettenpapier.

Die Zigarette wird aufgerissen, das Haschischbröckchen, das man in den Tabak mischen will, in einer Streichholzflamme geröstet, Tabak und Haschisch fein zwischen den Fingern zerrieben und miteinander vermengt, und die Mischung wie normaler Tabak in Zigarettenpapier gedreht. Ich habe hundert Mal dabei zugeschaut, aber nie mitgeraucht. Dabei heißt es hier, viele Deutsche kämen nur deshalb nach Marokko, weil hier Haschisch so billig ist. Gerade die Deutschen sind bekannt, ja berüchtigt dafür, hier besonders viel und oft Haschisch zu rauchen.

Hotel Mohammad

Heute bittet uns Mohammad nach Feierabend in seine private Wohnung. Die ist gleich neben seinem Lokal, auf der anderen Seite des nicht überdachten breiten Ganges, der vom Markt zum Restaurant und zu Mohammads Wohnung führt - und zu den Schlafräumen für Gäste. Die Übernachtung dort kostet einen halben Dirham. Der Schlafsaal besteht aus einem Raum mit Matten, Teppichen und Decken und wird vorwiegend von Händlern benutzt, die auf den Wochenmarkt gehen.

Das große Tor vom Markt zu diesem Gang wird über Nacht verschlossen. Einzelne Übernachtungsgäste lässt Mohammad durch eine kleine Tür ein, die im Tor eingebaut ist.

Mohammads gute Stube ist klein, aber gemütlich eingerichtet mit allerlei Sitzgelegenheiten,

Teppichen und einem Radio. Zu Ehren seiner Gäste hat er ein Räucherstäbchen angezündet.

Als Erfrischung gibt es etwas zu rauchen und marokkanisches Bier. Fès hat eine Brauerei. Das Getränk schmeckt wie Pils und ist in Flaschen zu 0,3 Liter abgefüllt. Die Flasche kostet sechs Dirham, also mehr als ein Pils in einem Supermarkt in Deutschland. Wein soll noch teurer sein. Dabei ist der hier wirklich nicht gut, wie mir schon etliche Einheimische versichert haben, und wird zum Teil sogar in Plastikflaschen angeboten. Wein in Glasflaschen muss für den Normalverbraucher fast unerschwinglich sein.

Im Umgang mit dem Bier sind wir auch hier recht sparsam. Da man es als meistens als zusätzliches Rauschmittel in Verbindung mit Haschisch zu sich nimmt, ist die Wirkung einer Flasche oft tatsächlich schon ganz deutlich zu erkennen. Auch Ahmad und Mohammad können sich nicht vorstellen, dass man von einem Drittelliter Bier nicht betrunken wird. Sie haben sicher noch nie probiert, Bier zu trinken, ohne gleichzeitig Haschisch zu rauchen, und sind daher sehr besorgt um mein Wohlergehen, als ich mich voll Appetit meiner Flasche widme: Wenn es zuviel ist, brauchst du es nicht auszutrinken.

Entweder weil es heute recht spät wird und ich Ahmads Vater aufwecken könnte, oder weil Ahmad nicht einen angetrunkenen Gast mit nach Hause nehmen will, soll ich heute bei Mohammad übernachten. Aus den Sitzgelegenheiten und einer Decke ist gleich ein Lager bereitet und ich lerne wieder einmal eine neue Behausung kennen. In der Nacht hört man öfters heftiges Klopfen an der Hauptpforte. Meistens mischt sich ein Rufen dazu. Mohammad wacht zwar bisweilen davon auf, aber er scheint sich nicht weiter darum zu kümmern. Ob das Leute sind, die um diese Zeit noch in sein Hotel wollen?

Lesen

Am nächsten Morgen kommt Ahmad zeitig zum Frühstückstee ins Restaurant und bringt mich danach in sein Haus zurück. Dort lässt er mich mit seinem Vater allein. Er muss ihm gesagt haben, dass ich die arabische Schrift lesen kann. Vorsichtshalber fragt der alte Herr in Körpersprache noch einmal nach. Als ich mit schwija - ein wenig bejahe, möchte er das sofort ausprobieren. Fast fieberhaft schaut er hin und her und überlegt, was er mir zur Probe geben kann. Dabei fällt sein Blick mehrmals auf den Koran, den er aber anfangs doch nicht dazu benutzen will. Schließlich entscheidet er sich aber doch für das heilige Buch. Das ist eine Ehre für mich.

Er blättert eine Seite auf und deutet auf eine Stelle, die ich vorlesen soll. Das Buch ist schön geschrieben. Die Schrift ist etwas verspielt, aber für einen Anfänger, der sich Mühe gibt, ganz gut zu lesen. Wenn ich nur besser Arabisch könnte! Die Wörter, die ich sofort erkenne, kann ich leidlich aussprechen; längere und unbekannte Wörter lese ich aber manchmal Buchstabe für Buchstabe und spreche die Silben gleich aus, noch bevor ich das Wort zu Ende gelesen habe. Dabei kommt es vor, dass ich Wörter erst erkenne, nachdem ich sie buchstabiert und zunächst völlig verzerrt ausgesprochen habe. Trotzdem erkennt mein wohlmeinender Prüfer viele Wörter wieder und korrigiert bisweilen, wie ein Wort richtig ausgesprochen wird. Insgesamt scheint er zufrieden zu sein und gibt mir noch eine Stelle vom Anfang des Buches zum Lesen, bei der ich auch schon mehr Übung beweise. Sein deutscher Gast ist fähig, aus dem Koran zu lesen.

Kasbahs, Mulis und Schlawiner

Alte Häuser

Heute würde sich Ahmad gerne mein Rad aus-
leihen, um Bekannte in einer Kasbah zu besuchen, die ein paar Kilometer außerhalb von
Midelt liegt. Grundsätzlich hätte ich dagegen
nichts einzuwenden, aber ich habe nach wie
vor im Sinn, meine Reise mit dem Rad fortzusetzen, und bei meinem Gastgeber kommt
es gelegentlich vor, dass Sachen einfach so
verschwinden, nicht wieder auftauchen und
schließlich einfach totgeschwiegen werden, weil
ich ja nicht kleinlich sein will. Vielleicht tue
ich ihm mit meinem Misstrauen Unrecht, aber
er hat eifrig daran gearbeitet, dieses aufzubauen. Wenn ein paar Geldscheine sich hinter
zweifelhaften Vorwänden in Luft auflösen, ist
das am Ende nicht tragisch: Ein Hotelaufent-
halt würde genauso viel kosten. Wenn aber
mein Fahrrad unter einer Ausrede verschwän-
de, wäre mir das ganz und gar nicht recht.
Zwar könnte ich per Bus weiterreisen, aber das
wäre nicht das Gleiche.

Gründe, wieso ein Fahrrad nicht zurückkommt, lassen sich mit etwas Phantasie leicht
finden: zum Beispiel eine Panne, die so ernsthaft ist, dass es sich nicht mehr lohnt, das Rad
zu reparieren. Oder man kann die Panne einfach in Marokko nicht reparieren und es war
besser, das Rad zurückzulassen und ohne weiterzureisen. Oder er musste das Rad wegen
einer Panne stehen lassen, und bis wir kommen, um es abzuholen, ist es weg. Was genau
ihm dazu einfiele, weiß ich nicht, aber ich bin
sicher, ihm fiele etwas ein. Was, das kann ich
sehr einfach erfahren, wenn ich ihm mein Rad
leihe. Spätestens am Abend werde ich wissen, warum ich es nie mehr wiedersehen werde. Auf die Geschichte, die ihm dazu einfallen wird, kann ich verzichten, ich will ihn aber
auch nicht beleidigen.

Die häufigste Panne ist sicher ein Platten. Davon hat Ahmad sicher auch gehört und er
kann sich jederzeit absolut glaubwürdig auf die
unbefestigten Straßen in den Bergen berufen.
Die Ausrede nehme ich ihm weg! Erst öle ich
alle beweglichen Teile, um ihm zu zeigen, dass
ich mit der Technik vertraut bin und es keinen Sinn hat, mir diesbezüglich etwas vorzu-
machen. Ja, ja, schönes Fahrrad, kulyaum bihair wa alahair - immer in Ordnung, meint er
daraufhin mit einem leicht zweideutigen Ton.
Die Prozedur dauert ihm vermutlich zu lange. Da die Gefahr eines Plattens auf den Ge-
röllpisten um Midelt tatsächlich nicht gering
ist, statte ich ihn mit einem Ersatzschlauch
und Reifenhebern aus, zeige ihm die Luftpum-
pe und erkläre ihm, was er bei einem Platten
tun muss. Schließlich, als er schon reichlich
überfordert und ein wenig blass aussieht, gebe
ich ihm noch das Schloss und erkläre ihm, wie
man es benutzt. Das ist ihm nun vollends zu
umständlich, und er verzichtet auf den Ausflug.

Statt dessen gehen wir wieder einmal spazieren. Diesmal fragt Ahmad, ob ich mich
für „alte Häuser" interessiere. Ich wundere
mich kaum noch über die deutschen Wörter,
die vereinzelt in seinem Kauderwelsch auftauchen. Wahrscheinlich stammen die von Hermann.

Das alte Haus, auf das wir zugehen, ist eine
kleine Lehmburg, eine Kasbah. Da wir niemandem zu nahe kommen wollen, belassen wir
es dabei, im Parterre den Gang zu durchwan-
deln, der zwischen der Außenmauer und einer
Wand mit ein paar Holztüren durch das ganze
Gebäude führt. Als wir nach gut zehn Metern wieder ans Tageslicht treten, haben wir
nicht mehr gesehen als einen dunklen Gang.
Von außen sind die Gebäude schöner. Die
Kasbahs hier sind zwar ganz schlicht gebaut
und nicht so reich verziert wie die, die man in

den Reiseführern sieht, haben aber doch etwas Exotisches. Statt einzelner kleiner Häuser für ein oder zwei Familien sind Kasbahs richtige Wohnburgen mit meistens zwei Stockwerken, in denen ganze Großfamilien oder die Bewohner eines kleinen Dorfes Platz finden. Von außen sieht man davon nur die hohe Mauer, ein oder zwei Tore und ein paar schmale Fensterschlitze im ersten Stock. Geritzte Würfel aus getrocknetem Lehm.

Auch die muss man bauen können. Ahmad zeigt mir Kasbahs, die ziemlich stümperhaft geflickt worden sind. Er schüttelt dazu nur den Kopf und meint, ein starker Regen könne genügen, um die ausgebesserte Wand wieder zu zerstören. Früher oder später wären wohl die meisten Kasbahs dem Verfall ausgeliefert. Das deutlichste Beispiel schaut tatsächlich so aus, als ob ein kleines Kind etliche Quadratmeter Mauer einfach hingebatzt hätte.

Laster

Am Mittwoch kommen ständig Leute zu Mohammad, die übernachten wollen. Heute kommen viele Händler an, die am Donnerstag auf den Markt gehen und nicht in einem teuren Hotel absteigen wollen. Ob es so etwas auch an anderen Orten gibt und ob man dort auch als Tourist übernachten darf?

Heute wollen wir noch eine Kasbah richtig besuchen. Vorher aber treffen wir uns mit Lahsan. Mohammad hatte sich mit ihm verabredet und Lahsan hat diesmal eine Flasche Wein dabei, eine durchsichtige Plastikflasche, die mit ihren Querrillen einer Wasserflasche zum Verwechseln ähnlich sieht. Unser Treffpunkt, ein sanfter Abhang, der Midelt abgeneigt ist und wo kaum Leute vorbeikommen, hat den Vorteil, dass man fast ungestört dem Laster des Alkoholgenusses frönen kann. Der

Nachteil ist, dass hier kaum auf die Schnelle Geschirr aufzutreiben ist. Wein aus der Flasche macht zwar auch betrunken, aber der Sinn der Sache sollte eigentlich der Genuss sein. Zu diesem Zweck hat Lahsan eine zweite, leere Flasche dabei. Die köpft er geschickt mit einem Taschenmesser. Jetzt können wir den oberen Teil der Flasche als Weinkelch benutzen. Nach und nach begreife ich, wieso in Marokko so wenig Müll auf den Straßen liegt, obwohl ich noch nie einen amtlichen Abfallbehälter oder gar eine Deponie gesehen habe: Hier wird einfach alles von irgend jemandem verwertet. Müll gibt es noch kaum. Aber das könnte sich bald ändern. Wer weiß, wie viele Knopfzellen schon auf den Feldern verstreut liegen?

Nicht nur Abfälle werden genutzt. Lahsan zieht drei Maiskolben unter seiner Jacke hervor und macht ein eindeutiges Handzeichen, das bedeutet, dass er die nicht vom Markt hat. Lahsan findet es augenscheinlich sehr lustig, dass jetzt ein Ausländer aus dem korrekten Europa in die Sache eingeweiht ist. Danach lässt er uns wieder allein. Er muss noch etwas organisieren. Ahmad erklärt mir, dass wir jetzt eine Kasbah besuchen werden. Die Leute dort sind Berber und recht schüchtern und man sollte nicht allzu viel von ihnen erwarten. Dafür sind sie anständig. Ob das heißt, dass Araber nicht anständig sind?

Fußbodenheizung und Penthouse

Als Mohammad und ich nach einer Weile auf die Wohnburg zugehen, kommt uns Lahsan entgegen und bringt die drei Maiskolben mit - gebraten. Während wir sie verspeisen, feixt Lahsan ein wenig: Der Deutsche isst Diebesgut. Nach dieser ungesetzlichen Vorspeise machen wir uns auf in die Kasbah. Das Erdgeschoß erinnert mich an heute Vormittag. Man geht einen Gang entlang, rechts die Außenmauer und links schwere Türen. Dahinter wohnen die Tiere, wenn sie nicht auf der Weide sind, meistens Schafe und Ziegen. Die Hühner leben auf dem Dach und die Menschen im ersten Stock. Die Ställe sind praktisch die Fußbodenheizung für die Menschen.

Die erreicht man über eine Treppe. Hier oben kommt der Baustoff Lehm so richtig zur Geltung. Wie unten sind die Wände, Böden und Decken aus diesem Material. Eigentlich sieht man nirgends Ecken und keine Wand macht einen geraden Eindruck. Dafür sorgen Installationen wie zum Beispiel ein Herd, der in die Wand eingearbeitet ist. Luft und Licht erhalten die Räume durch Löcher in der Decke. Oft regnet es hier bestimmt nicht. Und falls es doch dazu kommen sollte, lassen sich die Luken leicht schließen. Faszinierend ist, wie wenig Gerümpel herumsteht. Außer ein paar Kochgeräten und einem kleinen Metallherd sieht man praktisch keinen Hausrat.

Die Frau, die wir besuchen, hat gerade Brot gebacken. Vorher hat sie übrigens die Maiskolben gebraten. Wenn wir ein bisschen früher gekommen wären, hätten wir gesehen, wie diese Brotfladen hier hergestellt werden. Zum Kochen bevorzugt die Frau den Metallherd. Der funktioniert besser als der Einbauherd aus Lehm in der Wand. Ihr Baby bevorzugt Rohkost frisch von der Mama. Jetzt weiß ich, was die Araber meinen, wenn sie sagen, dass die Frauen der Berber selbstbewusster sind.

Ständig sieht man Frauen ohne Kopfbedeckung, deren Weg durch die Küche führt. Die Raumaufteilung wird vermutlich nichts anderes zulassen, aber wenn man bedenkt, dass man sonst in einem Haus praktisch überhaupt keine erwachsenen Frauen zu Gesicht bekommt, ist das bemerkenswert. Wie wir an unserem Beispiel sehen, empfangen sie sogar Gäste, männliche Gäste, und niemand denkt

sich etwas dabei. Die Leute, die durch die Küche müssen, grüßen entweder kurz oder gehen einfach so vorbei.

Die scheinbare Gleichgültigkeit hat ihren Grund wohl darin, dass die Leute sich vorwiegend mit ihren Arbeiten befassen, damit das Gemeinwesen funktioniert. Ahmad hatte mir erzählt, dass in Kasbahs aus eben diesem Grund selten Gäste empfangen werden.

Nach einiger Zeit kommt ein junger Mann, auf den wir vermutlich gewartet haben, bis er mit seiner Arbeit fertig war. Er heißt Muha und sieht für einen Marokkaner ziemlich ungewöhnlich aus. So einen blondgelockten Hünen würde man zuallerletzt in einer Lehmburg mitten in Marokko erwarten. Lahsan, Ahmad und ich begleiten ihn in sein Zimmer. Für ihn hat man auf dem Dach der Kasbah einen zusätzlichen Raum gebaut, ein richtiges Penthouse.

Nachdem wir ein Essen bekommen haben, unterhalten wir uns noch eine Weile. Da Muha keine Fremdsprachen spricht, sogar kaum arabisch, und ich in der Berbersprache gerade einmal bis vier zählen und eine Zigarette anbieten kann, müssen Lahsan und Ahmad ständig dolmetschen. Schließlich lassen sie mich trotzdem bei Muha zurück. Wahrscheinlich war das abgemacht und ich habe es nur nicht richtig aus Ahmads Kauderwelsch herausgehört. Das wird wohl das Arrangement mit dem Besuch der Kasbah sein - inklusive Übernachtung.

Muha beherrscht zwar keine Fremdsprachen, aber das liegt bestimmt nicht daran, dass er sich nicht dafür interessieren würde. Vielmehr verbringen wir jetzt, da die anderen weg sind, unsere Zeit damit, Wörter auszutauschen. Einer zeigt auf einen Gegenstand, jeder spricht ihn in seiner Sprache aus und schreibt jeweils das Wort, das er vom anderen gehört hat, in sein Notizbuch.

Ein ähnliches Büchlein wie Muha hatte Ben-

Ahmad auch. Wahrscheinlich ist es üblich, neues Wissen in einem persönlichen Buch festzuhalten. Das ist auch vernünftig, sofern man bisweilen nachliest. Bei mir selbst habe ich festgestellt, dass ich mir Sachen merke oder nicht, egal ob ich sie aufgeschrieben habe oder nicht. Nachlesen tue ich äußerst selten. Auch beim Verfassen dieser Reiseerinnerungen vergleiche ich das Geschriebene meist erst nach dem Niederschreiben mit den weniger als spärlichen Aufzeichnungen aus dem Tagebuch.

Aber die wichtigsten marokkanischen Ausdrücke zu notieren, ist sicher nicht falsch. Muha diktiert sie, ich schreibe sie in lateinischer Umschrift nieder und Muha ergänzt mit eher unbeholfenen arabischen Schriftzeichen. Die lateinischen Buchstaben scheint er gar nicht zu kennen. Sogar meinen Namen spricht er Murtin aus, obwohl ich ihn öfters korrigiere. Dafür schaffe ich es immer noch nicht, eine besondere Form des H so auszusprechen, dass man es nicht mit einem anderen H verwechselt. Ungewohnte Laute sind für die Stimmwerkzeuge einfach schwierig herzustellen..

Schließlich notiert Muha seine Adresse in mein Heft. Könntest du mir bitte eine Frau besorgen, wenn du wieder in Deutschland bist? Wenn eine Frau den großen, blonden, kräftigen und freundlichen jungen Mann vor sich sehen würde, würde sie sich sicher zweimal überlegen, ob sie so eine Möglichkeit abschlägt. Aber welche Europäerin kauft eine Katze im Sack?

Auf mein Zögern hin meint er, es wäre ihm egal, was für eine Frau es sei. „Und wenn sie sechzig ist". Er will zum Arbeiten nach Europa. Endlich eine Abwechslung: Jemand, der ohne Certificat de Bergement nach Deutschland will. Bei seinem Aussehen wäre die Möglichkeit, durch eine Heirat dort hinzukommen, durchaus realistisch. Vielleicht ergibt sich ja eine Möglichkeit. Aber bessere Chancen, an eine europäische Frau zu kommen, hätte er

doch bei gelegentlichen Besuchen des Marktes oder anderer von Touristen aufgesuchter Plätze in Midelt.

Zur Schlafenszeit bereitet mir Muha ein Lager aus einigen Teppichen und Decken, die zusammen fast die Dicke einer Matratze haben. Er selbst hat ein altmodisches Eisenbett mit schön quietschenden Federn, auf denen ein dicker Fleckerlteppich mit einer üppigen fransigen Rückseite liegt. Den haben die Frauen extra für ihn gemacht.

Morgenstund ...

Auf den Teppichen schläft man recht gut und garantiert nicht zu weich. Am Morgen wacht man in lauer Luft auf dem Dach einer Kasbah auf, praktisch mit den Hühnern, die die direkten Nachbarn des Penthouses sind. Zum Thema Morgentoilette macht Muha vor, wie man den Tee vom Vortag los wird. In der Sonne ist die Feuchtigkeit bald verdunstet. Man sollte nur weit genug weg von den Luftlöchern der darunter liegenden Wohnungen sein.

Im Laufe des Morgens kommt Ahmad und fragt, wie es geht. Nach dem Austausch der Förmlichkeiten frage ich ihn, wo in diesem Gebäude die Toiletten sind. Ahmad führt mich in den Garten und überlässt mich dort mir selbst und meinem Instinkt. Mir fallen die vielen Obstbäume mit schönen roten Äpfeln auf. Um den Obstgarten herum gibt es einen Gürtel von dürrem Gras und Büschen. Den kann man bei der Verrichtung privater Bedürfnisse als Sichtschutz benutzen. Man muss nur taktisch vorgehen und überlegen, von welcher Seite jemand kommen könnte. Natürlich ist das Glückssache. Am besten orientiert man sich daran, wie das die anderen machen. Das lässt sich an den Hinterlassenschaften der Vorgänger leicht nachvollziehen.

Nachdem alles unauffällig erledigt ist, lerne ich das Wort für Apfel - tfäh. Baum kann ich ja schon - schaschara. Ahmad hat gemerkt, dass mir die Früchte gefallen und meint, es wäre kein Problem, sich einen zu nehmen. Ich bin gerade dabei, einen Apfel zu verspeisen, als Lahsan vorbeikommt. Der meint mit seinem verschlagenen Grinsen, dass ich jetzt wohl auch unter die Diebe gegangen wäre und deutet auf den Apfel. Als ich fertig bin, meint Ahmad, ich solle mich möglichst nicht mit dem Butzen sehen lassen und diesen unauffällig verschwinden lassen. Es wäre nicht wegen des Diebstahls, sondern weil es als Geste der Respektlosigkeit gedeutet werden könnte, wenn man sich einfach so einen Apfel pflückt.

Direkt vor der Kasbah steht ein Hagebuttenbusch. Ahmad erzählt, dass die kleinen Jungen gerne mit dem Inneren der roten Früchte die Mädchen ärgern. Das Zeug juckt nämlich. Darauf erzähle ich ihm, dass diese Wirkung auch in Deutschland bekannt und bei Kindern beliebt ist. Außerdem kann man daraus Tee machen. Darüber wundert der Marokkaner sich etwas. Tee macht man hier aus diesen Früchten normalerweise nicht.

Später wollen wir den Bewohnern der Kasbah nicht weiter lästig fallen und machen uns auf den Weg zurück nach Midelt. Stören würden wir übrigens kaum. Die Leute gehen ihrer Arbeit nach, ohne uns weiter zu beachten.

Vor der Kasbah zeigen mir Ahmad und Lahsan ein paar schlichte dunkelgraue Armreifen mit eingeritzten Mustern und einen aus Blech mit Scharnier, der mit bunten Glassteinen besetzt ist. Du brauchst doch sicher Geschenke für die Frauen in deiner Familie? Die Leute in der Kasbah haben sich geniert, dir die Sachen zu verkaufen, aber wir machen dir einen guten Preis für sensationelle Qualität. Womöglich haben die Schlawiner von dem Geld, das für die Leute in der Kasbah bestimmt war, et-

was abgezweigt, um Schmuckstücke zu kaufen, die sie gewinnbringend weiterverkaufen wollen. Wahrscheinlich sind die Armreifen tatsächlich von Frauen aus der Kasbah, vielleicht als Gegenleistung für den zahlenden Gast. Wie dem auch sei, die beiden wollen halt ein wenig Geld dazuverdienen, bevor ich endgültig abreise.

Ahmad weist öfters ausdrücklich darauf hin, dass die einfachen Reifen Silber enthalten und daher recht wertvoll sind. Da die Dinger nicht so viel wiegen, handle ich einen Preis für einen davon aus. Um ihre Ware ganz loszubringen, geben sie mir beide Silberreifen und den bunten für zusammen den doppelten ausgehandelten Preis für einen Reifen. Um Souvenirs brauche ich mich also nicht mehr zu kümmern.

Unser Weg führt uns danach wieder einmal zu Mohammad, wo ich ein flüssiges Frühstück einnehme, während Ahmad noch einige Besorgungen macht.

Inventur

Nach dem Morgentee mache ich mich auf zu Ahmads Haus, um für die Weiterreise zu packen. Das Meiste ist sowieso noch in den Taschen, wie seit meiner Ankunft, aber ich will mich morgen nicht mehr viel um mein Gepäck kümmern müssen.

Zu Ahmads Haus finde ich inzwischen problemlos. Als ich meinen Schlafraum betrete und die Augen sich an das schummrige Licht dort gewöhnt haben, sehe ich ein paar Plastiktüten und allerlei sonstigen Kram herumliegen. Ahmad hat tatsächlich der Versuchung nicht widerstehen können, meine Packtaschen zu durchsuchen!

Einerseits finde ich das unverschämt. Andererseits hat es eine innere Logik: Die Untersuchung meiner Packtaschen dient der Befriedigung seiner Neugier als Gegenleistung dafür, dass er mir allerhand Interessantes aus Midelt und Umgebung gezeigt hat. So kann ich mit viel gutem Willen die freche Aktion gutheißen.

Jedoch finde ich dieses Eindringen in meine Privatsphäre peinlich. Ahmad hat bei seiner Untersuchung ein ganzes und ein viertel Brot entdeckt, das in der Woche in der warmen marokkanischen Luft verschimmelt ist. Das hatte ich am Tag nach meiner Ankunft in Midelt gekauft, weil ich gleich nach dem Briefschreiben aufbrechen wollte. Wenigstens gibt es einen Komposthaufen. Dass Brot hier so schnell so stark schimmelt! Wahrscheinlich denkt sich mein Gastgeber zu Recht, dass ich es hätte essen sollen, aber wann hatten wir schon Zeit dazu, wenn wir einmal hier waren? Ehrlich gesagt habe ich es zwischendurch vergessen.

Bei einigen der anderen Sachen fragt er nach der Bedeutung, und das in einem Ton, als ob ich ihm für meine Ausrüstung Rechenschaft schuldig wäre. Im Unterbewußtsein warte ich darauf, dass er angesichts der vielen banalen Gebrauchsgegenstände ungeduldig fragt, wo denn jetzt seine Souvenirs seien. Leider widerstrebt es mir, seine Art, die nach meinen bisherigen Maßstäben unehrlich hintenrum ist, zu belohnen.

Als ich meine Sachen unauffällig auf ihre Vollständigkeit hin untersuche, habe ich kurz den Verdacht, dass er sich sein Souvenir schon genommen hat. Hatte ich mir nicht vor der Überfahrt ein Paar Pedale gekauft? Nach der Reparatur in der Werkstatt bei Loja war ich zur Vorsicht noch in einem Kaufhaus und habe geschaut, ob es dort Pedale gibt, die in Frage kämen, falls ich die alten ersetzen müsste. Hochwertig war das Angebot nicht, aber für Notfälle hatte ich ein Paar ausgesucht. Schließlich zweifelte ich aber doch am Sinn des Kaufs, denn die Sorgenkinder waren ja wieder fest montiert. Grundsätzlich kann dann eigentlich die nächsten paar tausend Kilometer nichts Ernsthaftes mehr passieren. Selbst wenn die Kugeln sich weiter in das Lager einfressen, wieder zu knacken beginnen und schließlich zermahlen werden, wird es auf jeden Fall noch für die Runde durch Marokko reichen. Habe ich die Pedale nun trotzdem gekauft oder nicht?

Im Gepäck sind sie auf jeden Fall nicht mehr. Vermutlich waren sie nie drin. Ich möchte Ahmad nicht zu Unrecht verdächtigen. Warum sollte er sich ausgerechnet ein Paar Fahrradpedale nehmen? Bei den wenigen Fahrrädern, die hier unterwegs sind, gibt es doch kaum einen Absatzmarkt für Ersatzteile. Solch ein plumper Diebstahl sähe ihm auch gar nicht ähnlich. Warum aber hat er mein Gepäck untersucht?

Gut, dass ich morgen sowieso abreisen werde. Bis dahin werden wir schon noch in Anstand durchhalten, ohne unser Gesicht zu verlieren. Falls er die Pedale tatsächlich genommen haben sollte, müsste ich ihm eigentlich dankbar sein, da sie im Grunde nur Ballast wären. Die Mechaniker in Andalusien haben gute Arbeit geleistet.

Markt

Heute ist Markttag, also mein letzter Tag in Midelt. Da ich wegen dieses Ereignisses so lange in dieser Stadt geblieben bin, gehen wir selbstverständlich hin, auch wenn ich mir nichts „besonderes" davon erwarte.

Der Wichtigkeit Midelts entsprechend ist der Markt größer als der von Outat. Da es in Midelt im Bazar die ganze Woche über Obst und Gemüse gibt, besteht das Angebot auf dem Wochenmarkt mehr aus Tieren und selteneren Gebrauchsgegenständen. Natürlich ist auch hier ein Händler mit einem großen Berg voll günstiger europäischer Gebrauchtkleidung zu finden. Hier wird Ahmad seine Jacke gekauft haben.

Für einen Betrachter, der europäische Märkte gewohnt ist, die vor allem von Menschen wimmeln, ist der Parkplatz besonders witzig. Der ist keine Asphalt- oder Kieswüste, die mit luftbereiften Blechkarossen in ordentlichen Reihen locker bedeckt ist. Autos sieht man selbst am Markttag nur wenige. Auch der Esel, der in Outat das Bild bestimmt hatte, ist in der Minderzahl. Das bevorzugte Transportmittel für Mensch und Last ist hier das Maultier. Ahmad nennt es „Mercedes Berber". Diese hübschen schwarzbraunen Tiere müssen wie ein Auto irgendwo geparkt werden, während ihr Herrchen auf dem Markt ihr Futter verdient. Wenn man sie abstellt, sind sie aber bei weitem nicht so ruhig wie ihre deutschen Blechkollegen. Auf dem großen Parkplatz geht es fast so lebhaft zu wie auf dem Markt. Wer weiß, worüber die vielen hundert Mulis sich so lautstark unterhalten? Manche werden streiten, anbandeln, sich vorstellen. Alte Freunde von vergangenen Märkten werden sich erzählen, was seit dem letzten Treffen geschehen ist. Andere werden nach ihrem Herrn rufen. Vielleicht haben auch einige Durst oder womöglich ist es dem einen oder anderen zu eng. Ein Maultier bekommt nämlich wesentlich weniger Stellfläche zugebilligt wie hierzulande ein Auto. Es wäre kein Wunder, wenn in dieser Enge die eine oder andere Streiterei, Rauferei oder Beisserei entstünde. Ich stelle mir vor, wie ich als Maultierbesitzer in dem lauten lebendigen Knäuel von Warmblüterleibern mein Tier wiederfinden sollte. Nummernschilder gibts nicht, und von weitem schauen die Viecher sich sehr, sehr ähnlich.

Die zum Kauf stehenden Tiere veranstalten ein Spektakel, das dem des Muliparkplatzes um nichts nachsteht. Ahmad muss immer wieder schmunzeln, wenn eine Ziege oder ein Schaf besonders laut blökt. Mit gemischten Gefühlen schaue ich zwei Schafen nach, die gerade in einem Handwagen weggekarrt werden und aus vollem Halse Bäääääh! schreien. Ob die einen Job bei einem Metzger bekommen, einen als frisches Blut in einer fremden Schafherde, oder als privates Festessen?

Unausgesprochenes Abkommen

Nach dem Markt können wir nicht bei Mohammad einkehren, da der gerade heute in eine andere Stadt zum Einkaufen gefahren ist. Er hat über die unverschämt hohen Preise in Midelt geschimpft. Das macht er nicht mit. Also bleibt uns nicht viel mehr übrig, als wieder einmal einen Spaziergang durch die Felder um Midelt zu unternehmen. Das ist praktisch für meinen vorsichtigen Gastgeber: Dort sehen mich kaum Leute, ich bin beschäftigt und ganz zufrieden und er muss sich nicht mit Gewalt etwas Neues einfallen lassen. Zwischendurch machen wir auf einem mit Gras bewachsenen Hügel Pause, um über kompliziertere Dinge zu reden, die man ohne nennenswerte gemeinsame Sprachkenntnisse nur mit Hilfe von Händen und Füßen besprechen kann.

Wenn wir uns unterhalten, redet eigentlich fast nur Ahmad. Er wird nicht müde, mich mit Komplimenten zu bedenken, die mich ein wenig stutzig machen. Wenn ich sein Kauderwelsch richtig verstehe, preist er ständig meine Klugheit und Schlauheit. Den Sprachensalat kann ich unmöglich wiedergeben, nur was ich hiervon herauszuhören glaube. „Idéa" ist sein häufigstes Wort. Ich kombiniere, dass er meint, dass jemand, der so eine ausgefallene Art zu Reisen hat, sich auch sonst auf ungewöhnliche Art erfolgreich durchschlagen wird.

Das schmeichelt einerseits, andererseits unterstelle ich ihm insgeheim, dass er mich ein wenig ausnehmen will. Indem er mich als schlau bezeichnet, will er mich in dieser Hinsicht in Sicherheit wiegen. Es wäre ja logischerweise allzu verwegen von ihm, jemanden, der so gerissen ist wie ich, übertölpeln zu wollen.

Insgesamt sieht er die ganze Geschichte wohl so ähnlich an wie ich: als eine Art heimliches, unausgesprochenes Abkommen: Er kümmert sich um mich, bringt mir ein paar Sachen bei, und ich bin dafür nicht böse, wenn zwischendurch ein paar Dirham aus meiner Tasche weder dort landen, wo sie sollten, noch zu mir zurückkommen. Die Tricks, mit denen er mir das Geld aus der Tasche zieht, sind dabei eine Lektion für sich, nach dem Motto: „Diesmal bin ich ein paar Dirham los, aber beim nächsten Aufenthalt bin ich gewarnt, dann falle ich nicht mehr auf die gleiche Masche herein, dann kenne ich einige der Anzeichen, wenn etwas nicht mit rechten Dingen zugeht." Dafür, dass er mir „Marokko in Midelt" nahebringt, hat er sich das Geld mehr oder weniger verdient, das er nach den geplatzten Ausflügen zurückzugeben vergessen hat.

Ich kann es aber nicht lassen, bisweilen auf eine höfliche Art und Weise anzudeuten, dass ich merke, was los ist. Wenn er mich zum Beispiel fragt, wie mir Midelt gefällt, spiele ich auf seine leeren Versprechungen an, mir dies und jenes zu zeigen: Von Midelt habe ich doch noch kaum etwas gesehen außer Mohammads Café, den Souk und ein paar Gärten.

Nach dem Markt gibt er sich nicht mit der üblichen Antwort zufrieden, sondern stellt die Frage ein wenig anders: Wie hat es dir in Midelt gefallen? Jetzt ist der richtige Zeitpunkt, um auf seine kleinen Betrügereien anzuspielen: Midelt ist recht teuer.

Die Antwort hat er nicht erwartet. Schließlich lebe ich fast gratis hier, von den gut bezahlten aber ausgefallenen Ausflügen abgesehen. Wahrscheinlich ahnt er, dass ich gerade auf diese anspiele; jedenfalls brummt er ein wenig. Dann stimmt er mir etwas widerwillig mit der Bemerkung zu, dass Mohammad ja heute aus dem gleichen Grund zum Einkaufen weggefahren sei.

Gas

Später werde ich wieder bei Mohammad abgesetzt, der inwischen zurück ist. Zwischendurch erstehe ich für heute und morgen auf dem Markt ein paar Äpfel. Vorräte lege ich keine an, da ich morgen abreisen will und vermute, dass in dieser Region zur Zeit überall Obst angeboten wird, und wahrscheinlich überall günstiger als in der Metropole Midelt. Nach vielleicht einer Stunde kommt Ahmad mit einer Bitte zurück: Er braucht Geld.

Diesmal traut er sich nicht mehr, den Trick mit einer Tour und Auslagen für Gastgeschenke anzuwenden. Um in den letzten Tagen nicht ganz leer auszugehen, benutzt er seinen Vater. Schließlich hat der nun schon etliche Male das Zimmer mit mir geteilt und mich sogar aus dem Koran vorlesen lassen. Das Beste daran ist aber, dass der gute Mann vermutlich nichts von seiner Rolle weiß.

„Ungern" bittet Ahmad mich, diesem aus der Klemme zu helfen: Er soll die Gasrechnung bezahlen, hat aber kein Geld im Haus und die Banken haben schon geschlossen. Die zweihundert Dirham würde ich auch bestimmt am nächsten Tag zurückbekommen.

Zu seinen Gunsten nehme ich einmal an, dass das Haus tatsächlich einen Gasofen hat. Aber die runde Summe von zweihundert Dirham kommt mir so bekannt vor, dass er sich den letzten Satz hätte sparen können. Er will ein Abschiedsgeschenk von zweihundert Dirham und hat dafür keinen besseren Vorwand gefunden. Soll er haben, übermorgen reise ich ab, und in Midelt werde ich nicht mehr auf die Bank gehen. Wer weiß, wofür er dann sonst noch dringend Geld bräuchte.

Mit diesen zweihundert Dirham gebe ich ihm eine letzte Chance, doch noch einmal ehrlich zu sein. Ob er das kurze Lachen bemerkt hat, mit dem ich sein Versprechen quittiert habe, dass er das Geld zurückzahlen wird? Egal, wie dieser letzte Streich ausgehen wird: Ärgern lasse ich mich dadurch nicht. Das ist mir das Spiel nicht wert. Verdient oder nicht: Die Ruhepause in Midelt hat mir bestimmt nicht geschadet und die Woche war insgesamt auch nicht teurer, als sie in Spanien gewesen wäre.

Durch den Mittleren Atlas

Sonne, Berge und zu viel Eile

Wieder frei

Am nächsten Morgen komme ich tatsächlich einigermaßen früh los. Als Abschiedskomitee sind Ahmad und ein paar Freunde da. Ahmad begleitet mich noch zu einem Kiosk, wo ich mich mit ein wenig Proviant eindecke. Schließlich verabschieden wir uns kurz und mit wenigen Worten: La Ba's! Bihair! - und meine Fahrt geht weiter, in den Mittleren Atlas.

Nach dem Einkauf und dem Abschied steht die Sonne doch schon wieder recht hoch am Himmel. Nur die Höhe und die fortgeschrittene Jahreszeit halten die Temperaturen erträglich. Nach den vielen ruhigen Tagen lasse ich die Etappe langsam angehen. Falls ich Marrakesch aus meinem Programm streiche, habe ich alle Zeit der Welt, die Landschaft in mich aufzusaugen. Über wieviele Kilometer Straße meine Reifen rollen? Kiff Kiff! Marokko läuft nicht weg, es kommt auf einen zu.

Warmes Wasser und fruchtige Äpfel

Um die Mittagszeit wird es doch wieder richtig heiß. Mit dem Fahrrad ist das nicht so schlimm, da der Fahrtwind ja kühlt und es kein Problem ist, ausreichend Wasser mitzunehmen. Mindestens eine Flasche ist stets griffbereit auf den Gepäckträger gespannt. Diesmal habe ich dort sogar Marken-Mineralwasser aus der Kühltruhe vom Kiosk. Dass die klare lebenswichtige Flüssigkeit in der Sonne mehr als lauwarm wird, ist gut so, denn dann kann man mehr davon trinken, ohne dass der Magen durch die plötzliche Kälte irritiert wird.

Leid tun können einem nur die Fußgänger, die in der kahlen Landschaft von oben und von unten gebraten werden, durch die erbarmungslos niederstechende Sonne und den aufgeheizten Boden aus Sand und Steinen, der einen guten Teil der Wärme nach oben zurückstrahlt. Kein Windhauch kühlt die Fußgänger, weit und breit ist kein Schattenspender zu sehen, und jeder Liter Wasser würde ein Kilo mehr an Gewicht zum Schleppen bedeuten.

Froh, mit dem Fahrrad unterwegs zu sein und nicht zu Fuß, sehe ich von weitem zwei Gestalten, die sich auf einem steinigen Pfad nähern. Fast gleichzeitig erreichen wir eine Weggabelung. Die beiden sind Kinder, ein Junge von vielleicht sieben Jahren und ein etwa elfjähriges Mädchen. Die Große ruft etwas. Als ich vor den beiden anhalte, deutet sie auf die Wasserflasche am Gepäckträger. Natürlich bekommt sie einen Schluck ab. Sie nimmt einen kräftigen Zug - und spuckt in einem weiten Bogen wieder aus. Das Wasser ist ja total warm, meint sie wohl. Verstehen tu ich praktisch kein Wort, aber sie beherrscht die Körpersprache recht lebendig. Um ihr zu zeigen, dass ich sie nicht vergiften wollte, nehme ich selber ein paar Schlucke aus der Flasche.

Da sie natürlich nicht weiß, wo es herkommt, tut sie aber eigentlich gut daran, dem Wasser nicht zu trauen, sobald sie merkt, dass es nicht mehr frisch ist.

Warmes Wasser hin oder her - sie ist nicht sehr scheu. Immer wieder deutet sie auf mein Gepäck und wiederholt ein paar mal das Zeichen, dass ich ihr etwas zeigen soll, durch das man mit beiden Augen durchschauen kann. Aber was meint sie nur? Foto? Entweder sie versteht das Wort nicht, oder sie meint etwas anderes, vielleicht einen Feldstecher. Den habe ich auch nicht. Die Brille will sie sich auch nicht aufsetzen, und da ich ansonsten weder ein Fernglas noch einen Fotoapparat im Gepäck habe, verabschiede ich mich freundlich, sehr zur Erleichterung des kleinen Bruders, dem die lange Diskussion mit dem großen, ungewöhnlichen Fremden sichtlich immer unheimlicher geworden ist. Die Kleine ist nicht allzu beleidigt und nach höflichen Abschiedsgrüßen ziehen wir alle wieder unserer Wege.

An einer großen Kreuzung mitten in einer praktisch leeren Landschaft bietet sich mir ein Bild, das ich von Jugoslawien und Frankreich her kenne: Jemand steht neben ein paar Kisten Obst an der Straße und bietet seine Ware feil. Der Mann sieht auf der großen Asphaltfläche richtig verloren aus. Viel Kundschaft kann er bei dem bisschen Verkehr auch nicht haben. Auf keiner der drei Straßen sieht man Autos. In den Kisten sind hübsche rotbackige Äpfel, die kommen mir gerade recht. Um die Qualität zu testen, nehme ich vorerst einen einzigen. Dafür will der Mann gar kein Geld haben. Ob er denkt, ich könne mir nicht mehr leisten? Jedenfalls ist die Geste sehr nett.

Zahlreiche Warnungen haben mich so vorsichtig gemacht, dass ich den Apfel mit Wasser aus der Trinkflasche abwasche und dann schäle, bevor ich ihn esse. Er schmeckt sehr gut. Davon nehme ich noch ein Kilo. Das reicht, um mich mindestens den ganzen Tag über frisch zu halten.

Auf meinem weiteren Weg säumen immer mehr Leute neben Apfelkisten die Straße; den möglichen Kunden, die von Süden kommen, dürfte der Mann an der großen Kreuzung zuvorgekommen sein. Dafür brennt die Sonne dort aber besonders erbarmungslos, und die Luft wird vom schwarzen Asphalt noch zusätzlich aufgeheizt. Die anderen dagegen haben einzelne Bäume als Schattenspender.

Als ich von weitem zwischen den Bäumen eine Wasserfläche sehe, beschließe ich, dort meine Äpfel zu waschen. Sobald ich von der Hauptstraße abzweige, bin ich sofort von ein paar Kindern umringt. Indem ich meine Hände und einen der Äpfel reibe, zeige ich ihnen, was ich vorhabe. Sofort bringen sie mich zu der Wasserstelle, die nur ein paar Meter entfernt ist. An der Einfassung des Beckens lehne ich mein Rad an und widme mich meinen Äpfeln.

Die vier Kinder, die mich begleitet haben, drängen sich sehr neugierig um mich. Ich beschließe, jedem einen Apfel zu geben, damit sie beschäftigt sind. Jetzt muss ich natürlich schnell machen, bevor noch mehr kommen. Drei der Kinder waschen ihre Äpfel ebenfalls in dem großen Wasserbecken. Nur der kleinste steht recht verloren da. Er sieht kaum über den Beckenrand, und wenn er hinaufklettern würde, wäre ein einzelnes seiner Händchen zu klein, um den Apfel festzuhalten, während er ihn mit der anderen abreiben würde. Er würde ihm bestimmt ins Wasser fallen. Den Blicken, die die drei Größeren auf den Kleinen werfen, entnehme ich, dass sie das auch so sehen. Dass sie aber trotzdem erst hastig ihre Äpfel waschen und aufessen, deutet darauf hin, dass sie wie ich vermuten, dass bald noch mehr kommen würden. Bevor ich den Apfel des Kleinen gegen einen gewaschenen austauschen kann, hat der schon die Initiative ergriffen und in seinen hineingebissen. Er wird's hoffentlich überleben. Wahrscheinlich haben die Bauern hier sowieso kein Geld für Spritzmittel, und die paar Bakterien müsste ein Einheimischer schon gewohnt sein. Bevor noch mehr Kinder kommen können, bin ich schon wieder auf der Straße. Wahrscheinlich hatte ich Glück, dass noch Mittagszeit ist. Ich habe zwar gesehen, dass ich meinen Apfelvorrat jederzeit auffrischen kann, aber was hätte ich gemacht, wenn sie alle gewesen wären und die Kinder sich darum geprügelt hätten? Unsinnige Vorstellung! - Zur Zeit gibt es hier wahrscheinlich mehr als genug Äpfel für alle, und für die Kinder fällt bestimmt ausreichend Obst ab.

In Richtung Timahdite begegne ich kaum noch Menschen. Außerdem geht es immer mäßig bergauf, wie an einem Pass. Fast wundere ich mich, dass mich die Steigung relativ wenig anstrengt. Die Berge in Marokko hatte ich mir als die reine Hölle vorgestellt, brutal staubig und erbarmungslos heiß. Aber hier oben ist es heute recht angenehm. Ich radle meistens durch Wald, der angenehm Schatten spendet. Und eine sehr kleine Übersetzung fahre ich auch, aus Respekt vor dem unbekannten Marokko. Ganz unvermutet stehe ich auf einmal vor einem Schild: Col du Zad 2178 m. Darauf war ich gar nicht gefasst. Ein Blick auf die Karte zeigt mir aber, dass ich noch auf dem vorgesehenen Weg bin. Den Pass hatte ich auf der Karte einfach übersehen. Das kommt davon, wenn man ständig die Route ändert. Zumindest steht mir jetzt eine schöne lange Abfahrt bevor. Die Straße ist in bestem Zustand, so dass ich hemmungslos rasen könnte. Das hat die Landschaft aber nicht verdient, die zwar unspektakulär ist, aber auf jedem Kilometer mehr Grün bietet, als ich im ganzen letzten Monat zusammen gesehen habe.

So habe ich bis zum Einbruch der Dunkelheit noch keine Ortschaft erreicht. Ehrlich gesagt stört mich das überhaupt nicht. Hier oben war es so schön ruhig. Diese Stimmung möchte ich für diese eine Nacht behalten, die paar Stunden. Dann kann Marokko wieder mit all seinen Menschenmengen kommen, und ich werde mich darauf freuen. Gerade jetzt scheint langsam Schluss mit der Wildnis zu sein. Überall sieht man mannshohe Steinmauern. Da aber weit und breit keine Häuser zu sehen sind, vermute ich dahinter unbewohnte Gärten, die vor ungebetenen Besuchern beschützt werden sollen. Daneben wird man sich schon hinlegen können. Was niemand weiß, wird niemanden stören. Auch ist kein Gebell zu hören. Das hätte mich auch gewundert. Soweit ich bisher mitbekommen habe, halten sich die Marokkaner nur Haustiere, die einen direkten landwirtschaftlichen Nutzen abwerfen, wie Hühner, Schafe und Ziegen, oder Tragtiere wie Esel und Maultiere. Daneben sieht man höchstens noch Katzen. Wieso sollte das hier anders sein? Voraussichtlich wird mich also niemand auffressen, wenn ich mich neben einer Mauer für die Nachtstunden ausbreite.

Die wenigen Leute, die in der Nacht an mir vorbeikommen, scheinen ein wenig erschrocken beziehungsweise beunruhigt auszusehen. Vermutlich sind Schlafsäcke und Rennräder mit Packtaschen in Marokko kein alltäglicher Anblick.

Eine Stunde vor Sonnenaufgang höre ich, dass die Zivilisation ganz in der Nähe sein muss. Der Ruf zum Morgengebet erfüllt das Land! Nach einem kleinen Imbiss fahre ich hinab in ein kleines Dorf, in dem es um diese Uhrzeit keinen Sinn macht, anzuhalten. Ein gutes Stück weiter spricht mich ein junger Mann an. Als er hört, dass ich aus Deutschland komme, ist er sehr interessiert. Sein Großvater war vor langer Zeit für einige Jahre in Deutschland und hat viel davon erzählt und viele Briefe geschrieben. Ob ich mich mit ihm ein wenig darüber unterhalten möchte? Gerne. Wozu bin ich denn sonst hier?

Mohammad wohnt bei seinen Eltern und Geschwistern in einem kleinen und einfachen Haus mit einer sehr niedrigen Decke. Aber er hat ein eigenes Zimmer. Dort hängt unter anderem ein alter Hunderttausendmarkschein an der Wand, den der Großvater einmal nach Hause geschickt hat. Keiner weiß hier, was der wert ist. Wahrscheinlich doch eine ganze Menge?! Ich versuche, seine hoffnungsvolle Vorfreude ein wenig zu bremsen. Was immer er damals wert war, heute hat er höchstens einen Sammlerwert. Wie erklärt man jemandem, mit dem man kaum eine gemeinsame Sprache hat, die galoppierende Inflation?

Und wie erklärt man ihm, dass man von einem gewissen Adolf Hitler keine allzu hohe Meinung hat, obwohl der neben einigen Fußballern immer noch einer der in Marokko bekanntesten Deutschen ist? Mohammad ist nämlich von ihm begeistert. Wenn es heute in Marokko einen gäbe, der so anpackt, dann wäre das sein Idol, für den würde er alles machen.

Bevor wir uns verabschieden, macht Mohammad mich noch darauf aufmerksam, dass es in dem Zedernwald vor Azrou viele Affen gibt. Das sind aber sehr freche Affen. Manche Leute beschweren sich darüber, dass sie betteln, oder ihnen einfach das Essen wegnehmen. Das macht mich neugierig. Ich habe noch nie frei lebende Affen gesehen.

Vorerst sehe ich aber echte Menschen und sogar eine echt marokkanische Baustelle. Die Leute dort laden mich zu einem Frühstück ein. Während ich mit meinem Brot süßen Sirup auftunke, kann ich beobachten, wie das Baumaterial für eine Wand entsteht, deren Verlauf durch eine gespannte Schnur gekennzeichnet ist. Die dunkle Masse wird in einem gut einen Meter großen Berg aus Stroh, Erde und Was-ser angerührt, der mich eher an einen Misthaufen erinnert, als an einen Betonmischer. Sie muss wohl ihren Zweck erfüllen. Das restliche Haus steht ja bereits.

Als ich mich gestärkt habe, zeigt mir einer der drei Männer seine aufgeschürfte Hand und fragt, ob ich da etwas tun könne. Ich packe mein Verbandszeug aus, desinfiziere die Wunde mit einer Tinktur und schütze sie mit einem Pflaster. Auf die Bitte des Mannes hin teile ich meinen Pflastervorrat mit ihm. Schließlich sind beim Radeln, wo Sonne und Luft kleine Kratzer heilen, Pflaster bei weitem nicht so wichtig wie beim Bauen, wenn man mit den Händen ständig etwas anfasst.

Anschließend deutet der Mann auf seine alte Mutter, die sich bucklig und gebrechlich im Hauseingang zeigt. Ob ich denn nichts gegen ihre Schmerzen hätte - Aspirin? Damit kann ich leider nicht dienen. Schmerzmittel habe ich nicht in meinem Gepäck. Der Mann wirkt ein wenig ungläubig, muss aber akzeptieren, dass er nichts bekommt. Einmal mehr muss ich erkennen, dass man sogar als Radfahrer bei der Zusammenstellung seiner Ausrüstung auch an andere denken könnte. Aber wo die Grenzen ziehen?

Affiger Zedernwald

Einige Kilometer weiter führt die Straße durch einen großen Nadelwald. Das wird der Zedernwald mit den berüchtigten Affen sein. Der mäßig lichte Wald wirkt auf mich mit seinem Schatten und dem sanften Duft, der die Luft erfüllt, sehr einladend. Kurzerhand steuere ich mein Rad gut hundert Meter über den nicht allzu weichen Waldboden, bis ich eine passende Sitzgelegenheit finde. Hier lasse ich mich erst einmal nieder und schaue, was passiert. Einige der hellgrauen schwanzlosen Affen scheinen mich zu beachten, halten aber einen respektvollen Abstand von mindestens dreißig Metern ein. Sobald ich mich bewege, weichen die nächsten noch ein wenig zurück. Diese Gruppe ist also nicht ganz so frech. Wahrscheinlich könnte ich ungestört essen. Von der Straße aus dürfte mich niemand sehen, und Häuser sehe ich in der Nähe auch keine. Demnach ist es unwahrscheinlich, dass ich von neugierigen Leuten umringt werde. Die Affen sind hoffentlich scheu genug, dass sie sich erst für die Reste interessieren, wenn ich weg bin. Wegen Mohammads Warnung beschränke ich mich dennoch darauf, die Waldluft zu genießen und die Tiere zu beobachten und verschiebe das Mittagessen noch ein wenig.

Auch im dicht besiedelten Marokko gibt es also Plätze, an denen man fast unbeobachtet eine Pause einlegen kann. Die drei Jungen, die nach wenigen Minuten fast wie aus dem Nichts auftauchen, sind um die fünfzehn Jahre alt und reden davon, dass man für eine Attraktion wie diesen Wald mit den Affen Eintritt bezahlen muss. Ich bin nicht sicher, ob sie das so gemeint haben, und ob sie die Kassiere sein wollten, aber sicher haben sie nicht gemerkt, dass ich ihre Geschichte verstanden habe. Und ich habe nicht im Sinn, irgend eine Sprache zu verstehen, selbst wenn sie Deutsch reden würden. Nachdem der fremde Radfahrer also mehrere Male freundlich genickt und sonst keinerlei Anzeichen dafür von sich gegeben hat, dass er irgend etwas kapiert hätte, geben sie auf, verabschieden sich und verschwinden so schnell und unauffällig, wie sie gekommen sind. Bevor sie einen Dolmetscher oder Verstärkung holen, mache ich mich auch wieder auf den Weg und fahre ab nach Azrou.

Von dem bekannten Ort registriere ich vorerst nur eine Straße voller geschlossener Läden. Hier wird gerade Mittagspause sein. Eine Ecke weiter bin ich auf einmal auf einem Markt.

Dort erstehe ich neben Brot und Schmelzkäse Obst und Nüsse zum Knabbern, konzentrierte Energie.

Von hier aus will ich wieder ein wenig nach Süden fahren. Die ehemalige Königsstadt Rabat liegt zwar fast greifbar nahe im Norden, aber die Gegend dort gilt als gefährlich. Lieber schaue ich mir noch ein wenig den Mittleren Atlas an. Da es erst früh am Nachmittag ist, entschließe ich mich, auf einer kleineren Straße über Orte namens Ajabo und Âïn Leuh nach Khenifra zu fahren. Die Straße wird zwar höher liegen und damit wegen der Steigungen anstrengender zu fahren sein, aber laut Karte müsste sie einfach schöner sein, und ich habe ja Zeit, nachdem ich das Vorhaben aufgegeben habe, auch den Süden Marokkos zu durchfahren.

Übernachtung in der Ersten Klasse

Auf einem längeren mäßig steilen Anstieg fällt mir auf, wie mitteleuropäisch hier manche Häuser aussehen. Vorher habe ich in ganz Marokko noch keine Giebeldächer gesehen. Vielleicht gibt es hier so viel Regen, dass das nötig ist. Die Landschaft ist ja auch so grün wie in den Alpen, mit Wiesen und Wäldern außerhalb der Felder. Einmal kommen mir sogar Reiter auf Pferden entgegen. Das ist wieder ein deutlicher Aufstieg gegenüber Midelt, wo Maultiere als Reit- und Lasttiere üblich waren. In der Gegend von Outat hatte ich gar keine Lasttiere außer Eseln gesehen. Vermutlich nimmt mit der Nähe zu den Metropolen Fès und Meknès der Reichtum zu. Vereinzelt stehen aber immer noch Zelte auf den Wiesen. Aus der Richtung von einem davon rennen zwei kräftige Mädels im fortgeschrittenen Teenageralter den Hang hinauf in meine Richtung und rufen Monsieur! Monsieur!

Was die wohl wollen? Da wir in einem Tourismusgebiet sind, nehme ich an, dass es wahrscheinlich um irgendwelche geschäftlichen Interessen geht, welche auch immer. Ich beschließe daher und unter dem Eindruck von Midelt, mich nicht angesprochen zu fühlen und kein Französisch zu können, und fahre weiter.

Bald bin ich wieder in einem Wald. Es geht weiterhin bergauf und die Bäume sind ganz an die Straße gerückt. Sobald es flach wird, hört der Asphaltbelag auf. Da die Straßendecke trotzdem noch fest ist, beschließe ich, vorerst weiterzufahren. Spätestens morgen erreiche ich sowieso wieder die Hauptstraße. Auf einmal huscht ein größerer Affe drei Meter vor dem Rad über die Straße. Ein paar kleine folgen, und dicht darauf die Mama. Und weg sind sie.

Nach wenigen hundert Metern ist die Straße wieder geteert. Es war also reine Zeitverschwendung, sich über den weiteren Straßenzustand den Kopf zu zerbrechen. Auch wenn es jetzt doch wieder eine Weile bergauf geht, werde ich auf dieser Nebenstrecke noch ein gutes Stück vorankommen. Auf der Karte ist der höchste Punkt in der Gegend mit 1935 Meter eingetragen, und das ein gutes Stück neben der Straße. Demnächst muss die Steigung also aufhören. Während ich so vor mich hin strample und sinniere, wie lange die Steigung noch höchstens dauern kann, kommt mir ein offener Geländewagen entgegen. Die Insassen, junge Männer, rufen mir etwas zu. Ich verstehe nur, dass es wahrscheinlich Englisch ist, und schon sind sie vorbei. Irgendwann entfernt sich der Wald weiter von der Straße und die Strecke wird flacher. Ich fahre über eine mit Gras bewachsene Hochebene. Obwohl die Sonne scheint, sind die Temperaturen angenehm und die Stimmung ist so friedlich, dass ich unbedingt eine längere Rast einlegen muss. In der Nähe von drei moderneren flachen Häusern beziehungsweise größeren Holzbaracken, die eher unbewohnt aussehen, lasse ich mich nieder, packe meine Essenssachen aus und schaue in die Weite. Eigentlich sieht man auf der Wiese nur ein paar große schwarze Zelte und in der Ferne die Umrisse von Bergen. Der Rest ist Ruhe.

Nach etwa einer halben Stunde nähert sich von Azrou aus ein Auto, wieder ein offener Geländewagen. Einer der jungen Männer spricht mich in einwandfreiem Englisch an, das nach Wochen des sprachlichen Improvisierens ganz ungewohnt ist. Ob ich verstanden hätte, was er mir vorhin vom Auto aus zugerufen hätte. Kein Wort. Er hatte noch dringend nach Azrou gemusst und keine Zeit zum Anhalten gehabt. So hat er mir einfach zugerufen, dass ich an der Schule warten solle. Der Mann fragt, ob ich sein Gast sein will. Er heißt Mahmud und ist Lehrer hier und ich kann in der Schule übernachten. Da mir der Ort gefällt und die Leute ehrlich ausschauen, sage ich zu. Die Freunde fahren nach Hause in den Ort und Mahmud und ich bleiben allein zurück.

Eigentlich gibt es hier zwei Lehrer, einen für die unteren Klassen und einen für die größeren Kinder. Beide unterrichten normalerweise in je einer Schulbaracke. Das dritte Gebäude ist als Wohnhaus für die Lehrer vorgesehen. Allerdings ist vor Kurzem eine der zwei Schulen eingestürzt. Er zeigt mir, wo an einer Ecke das Dach auf dem Boden des Klassenzimmers liegt. Bis das Gebäude repariert ist, wechseln sich die beiden Lehrer ab, eine Woche lang unterrichtet der eine die Kleinen, eine Woche lang der andere die Großen. So etwas hätte ich mir als Schüler auch gewünscht.

Für den Mahmud gibt es in dieser Woche ein Problem: Sein Kollege hat vergessen, ihm den Schlüssel für das Wohnhaus zukommen zu lassen. Wir werden also im Schulgebäude übernachten. Seine Schlafstatt ist schon improvisiert: Decken auf Schultischen. Als Herd dient ein Kocher. Das ganze Gemach ist mit Decken vom Klassenzimmer abgetrennt. Zwei weitere Tische werden zu einem Gästebett zusammengeschoben. Darauf hat ein Schlafsack bequem Platz. Zum Abendessen kocht Mahmud ein wenig Gemüse. Ich selbst kann etwas Brot beisteuern.

Zwischendurch frage ich den Herrn Lehrer, welche Reihenfolge eigentlich das arabische Alphabet hat. Er meint, es habe eigentlich keine. Beim Aufzählen der Buchstaben lehnt er sich an das lateinische an.

Zum Thema Nachrichten meint Mahmud, dass er zum Bau der großen Moschee in Casablanca ein gestörtes Verhältnis habe. Als Staatsdiener sei er nämlich verpflichtet, einen ansehnlichen Anteil seines Einkommens dafür zu spenden. Das ist für ihn besonders schwierig, da er neben seinem Beruf Jura studiert. Das ist nicht ganz legal, weil jeder nur ein Studium machen darf, und das nur gleich nach der Baccelortée. Er darf sich halt nicht erwischen lassen. Andere Länder, andere Sitten. Wahrscheinlich hat diese strenge Regelung seinen Sinn darin, dass einer breiten Bevölkerungsschicht ein Studium ermöglicht werden soll, der Staat aber nur eine begrenzte Zahl von Studienplätzen finanzieren kann. Die Regelung wird also dafür da sein, dass nicht jemand zwei und dafür ein anderer gar keinen Platz bekommt.

Ansonsten geht es einem Lehrer hier oben sehr gut. Schüler sind die Kinder der Berbernomaden, die in der Gegend umherziehen. Und die Eltern wissen das Angebot zu schätzen. Immer wieder geben sie den Kindern etwas für den Lehrer mit, je nachdem, was anfällt, zum Beispiel Milch, Käse oder ein Stück Fleisch. Verhungern muss er also hier bestimmt nicht. Ein Dach über dem Kopf hat er auch, sofern es hält, Inschallah.

An Nutzpflanzen gibt es in der Gegend vor allem Apfel- und Birnbäume, und im Winter liegt richtig Schnee, von November bis März oder April. Darum ist auf meiner Karte in der Nähe von Azrou auch ein Skilift eingezeichnet. Das Klima muss hier fast so sein wie in Deutschland. Wir sind ja auch auf mindestens fünfzehnhundert Metern über dem Meeresspiegel.

Als Nachtisch gibt es schwarze marokkanische Oliven. Die habe ich noch nie gegessen. So schrumpelig sie aussehen, so fein schmecken sie. Was ich mir da bisher entgehen lassen habe! Dabei gibt es die öligen Früchte auf jedem Markt und sie sind bestimmt um ein mehrfaches billiger als in Deutschland. Was gibt es schöneres, als bei Sonnenuntergang in die Weite zu schauen und dabei nicht mehr zu tun zu haben als Oliven zu lutschen und hin und wieder einmal einen Kern auszuspucken?

Auf der Schulbank schläft es sich recht gut. Sie ist sogar mit einer Decke als Laken bezogen. Was für ein Service!

Für die nächste Etappe empfiehlt mir Mahmud ein Café in Khenifra gegenüber dem Kino. Das bewirtschaftet ein dicker Wirt namens Hassan. Auf den Namen ist er recht stolz. Wenn man ihn mit „Ya Hassan!" anredet, freut er sich recht. Außerdem macht er besonders leckere Fischgerichte. In Sachen Übernachtung hat er auch einen Tip: Wenn er nicht in einem Hotel oder bei Freunden übernachtet, sucht er sich einen Platz ein gutes Stück außerhalb der Ortschaft zum Schlafen.

Der nächste Tag ist ein Sonntag. Da ist auch in Marokko schulfrei. Trotzdem stehen wir einigermaßen früh auf und nach einer Tasse Tee und einem kleinen Imbiss geht es langsam weiter.

Quelle und See in den Bergen

Als richtiges Frühstück wünscht sich der Körper erst einmal ein paar Vitamine. Hier oben ist mir jeder Vorwand für eine Pause recht. Umso langsamer ich vorwärtskomme, desto mehr und länger kann ich die Ruhe dieser Landschaft in mich aufnehmen. Die Sonne steht schon wieder hoch am strahlend blauen Himmel, aber es ist noch nicht heiß, so dass man keinen Schatten braucht. Ich sehe auch keine Leute, die einen mit neugierigen Fragen und großzügigen Angeboten nicht zur Ruhe kommen lassen. Nur ein paar große schwarze Zelte stehen in einigen hundert Metern Entfernung auf der weiten Wiese, die an eine riesengroße Alm erinnert. Hier oben verliert sich alles, was sich nicht bewegt, in der Weite. Wahrscheinlich sieht mich gar keiner, wenn ich mich hinsetze und einen Apfel esse.

Sobald ich mich auf einer Unebenheit niedergelassen habe, taucht ein kleiner, vielleicht vierjähriger Junge aus dem Nichts auf, setzt sich dazu und beobachtet wortlos, wie der Fremde seinen Apfel verspeist. Vom Lehrer weiß ich, dass die Leute hier oben es nicht nötig haben, zu betteln. Und der Junge sitzt tatsächlich nur ganz ruhig da, als ob er dazugehören würde. Ob der schon bei dem Lehrer in die Schule geht? Sobald ich aufgegessen habe, hole ich noch einen Apfel aus der Tasche, gebe ihn dem braven Jungen und verabschiede mich mit einer höflichen Verbeugung. Als ich mich nach ein paar Metern umdrehe, geht der Kleine gerade ganz gelassen auf die Zelte zu.

Ein gutes Stück weiter wird die Umgebung felsiger. Laut Karte müssen in der Nähe Quellen sein, die Quellen des Flusses Oum er-Rbia, wohl eines der größten Flüsse in Marokko.

Im Schatten einer hohen zerklüfteten Felsgruppe sitzen ein paar alte Männer am Straßenrand. Sie winken den fremden Radfahrer her. Ohne viele Worte zu gebrauchen, bieten sie an, dass mir einer von ihnen die Quelle zeigt, während ein anderer ein Auge auf das Fahrrad hält. Kriminell schauen die Männer nicht aus, und so nehme ich den Service an. Quelle hört sich nach gutem Trinkwasser an. Ich nehme eine große Flasche mit.

Wenn man um ein paar Felsen herumgeht, erblickt man plötzlich einen in Felsen eingefassten See. Das ist wirklich ein erfrischender Anblick, der zu einer längeren Rast verlockt, vielleicht sogar verbunden mit einem Bad. Andererseits soll das Fahrrad doch nicht allzu lange aus dem Auge gelassen werden. Ältere Männer sind zwar nach den zehn Geboten von BenAhmad vertrauenswürdig, aber in diesem Fall haben sie ihre Dienste angeboten. Und die Grundregel lautet: Traue dem, den du um etwas bittest, sei aber vorsichtig, wenn jemand dir etwas anbietet. Leider trüben Misstrauen und Nachdenken meinen Blick so stark, dass ich kaum noch weiß, wie die Gumpe insgesamt ausgesehen hat. Auf jeden Fall ist sie bei einem Ausflug in diese Gegend einen Besuch wert. Am Rand sind einzelne kleine Wasserbecken natürlich abgeteilt. Stellenweise sieht man dort Wasser aus der Felswand quellen. Der Führer deutet auf eine dieser Stellen und die Flasche. Darum lasse ich mich nicht zweimal bitten.

Am Ausgangspunkt bei den anderen Männern und dem Fahrrad kommt die Abrechnung. Der Führer muss sein Bakschisch bekommen. Obwohl ich wieder einmal so leichtsinnig war, den Preis nicht imVoraus auszuhandeln, sind die Männer recht moderat. Die Bewachung des Fahrrades gilt ebenso als Dienstleistung. Aber auch die kostet keinen Wucherpreis.

Gut eine Stunde später erreiche ich einen See, der laut Karte Aguelmane Azizga heißen müsste und fast einsam inmitten einer kargen Wiese liegt. Nur vor einem Wohnmobil mit spanischem Kennzeichen halten Leute auf Campingmöbeln eine Mahlzeit, und in ein paar hundert Metern Entfernung steht ein kleines Haus.

Da das Wetter hier auf dieser Höhe im Winter so ähnlich wie in Deutschland ist, friert der kleine See bestimmt gelegentlich zu. Demnach wohnen hoffentlich keine gefährlichen tropischen Würmer oder sonstige unangenehmen wilden Gesellen im Wasser. Also auf ins kühle Nass!

Nachdem ich eine kleine Runde geschwommen bin, kommt eine größere Schar Kinder jeden Alters angestürmt. Die nehmen ungewohnterweise kaum Notiz von den Fremden, weder von den Spaniern noch von mir, sondern widmen sich eifrig ihrem Spiel im Wasser. Das kann mir nur recht sein, aber das Rad will ich trotzdem nicht aus den Augen lassen und entschließe mich, es bei dem kurzen Bad bewenden zu lassen.

Die Spanier haben inzwischen ihr Picknick beendet. Dabei ist praktisch eine ganze Tortilla übrig geblieben. Die bieten sie freundlich dem fremden Radfahrer an. Das Angebot ist sehr nett und ich nehme gerne ein großes Stück an. Es schmeckt gut, aber ich will nicht gierig erscheinen. Und wer weiß, wie sich so ein Eierkuchen bei dem warmen Wetter in einer Packtasche hält. Die bisherigen Verdauungsbeschwerden auf dieser Reise haben gereicht. Im Wohnmobil haben die bestimmt einen Kühlschrank. Den Rest können die außerdem zu viert leicht in den nächsten Stunden verputzen. Also: Danke, es reicht. Es war sehr nett von Ihnen und hat sehr gut geschmeckt, aber bei der Sonne hält es sich womöglich nicht so gut. Wahrscheinlich haben sie mein gebrochenes Spanisch nicht so recht verstanden, und so ist vor allem die Frau, die ich für die Chefin und Köchin halte, etwas irritiert, dass der hungrige Fremde nicht alles

einpackt und mitnimmt. „Er will's nicht!" höre ich mindestens zweimal aus ihrer Unterhaltung heraus. Wie in ihrem Heimatland erweisen sich die Spanier auch hier als zurückhaltend und drängen mir nichts auf.

Nach der willkommenen Stärkung fahre ich weiter. Bald kommt eine schöne Abfahrt nach Khenifra. Da es noch recht früh am Nachmittag ist, lasse ich den Wirt Hassan einen netten Mann aus einer Erzählung des Lehrers sein und setze die Fahrt in Richtung Südwesten fort. Die Straße führt nach Kasba-Tadla. Dort ist die nächste größere Abzweigung nach Marrakesch. Leider haben die insgesamt fast vier Wochen Aufenthalt in Nador, Outat und Midelt bewirkt, dass die Zeit, die für Marrakesch bleibt, sehr knapp werden wird. Wahrscheinlich wird sie sogar so knapp, dass sich der Besuch der berühmten Stadt gar nicht mehr lohnt. Die endgültige Entscheidung, ob ich Marrakesch tatsächlich noch ansteuern werde, ist aber erst morgen fällig. Kasba-Tadla liegt zwar ein wenig tiefer als Khenifra, aber es ist noch hundert Kilometer entfernt.

Wieder wild gecampt

Nach etlichen Kilometern auf einer kurvigen flachen Hauptstraße durch eine erfrischend schöne bergige Landschaft schreitet die Dämmerung bedenklich fort. Da auf der Karte nur winzige Dörfer eingezeichnet sind, die mit mir sicher nichts Vernünftiges anfangen können, suche ich mir einen gemütlichen Platz im Freien, möglichst weit weg von der Hauptstraße. Um diese Zeit sind hier abseits der Ortschaften wohl keine Leute mehr unterwegs.

Nach ein paar Bissen Brot geht's ab in den Schlafsack. Und schon geht die Tür eines kleinen Hauses in der Nähe auf und zwei Leute gehen vorsichtig auf den Fremden zu: Ein junger Mann unter zwanzig und eine Frau, die wahrscheinlich noch etwas jünger ist - Hand in Hand. Nach einem kurzen Gespräch über das Woher und Wohin bietet der junge Mann an, bei ihm im Hause Brot zu essen. Danke, ich will dir keine Umstände machen. Außerdem ziehe ich es vor, unter dem Sternenhimmel zu übernachten. Einem jungen Händchen haltenden Paar muss eine Vorliebe für Sternenlicht doch einleuchten. Wenn denen nicht, wem dann? Sie verstehen es auch und bieten an, lediglich „das Brot" in ihrem Haus zu essen. Aber sie sind nicht hartnäckig. Vielleicht sind die beiden insgeheim froh, nicht länger gestört zu werden.

Beim Aufruf zum Morgengebet mache ich mich sofort auf den Weg. Da heute Montag ist, haben die Geschäfte wieder geöffnet. Nach und nach gewöhne ich mir an, bei kleinen Lebensmittelläden kurze Pausen einzulegen. Dabei lasse ich meinem Körper jeweils eine Kohlenhydratbombe in Form von einem Liter Zitronenlimonade und viel Brot zukommen. Die Kinder und auch einige Erwachsene werfen bisweilen etwas verwunderte Blicke auf den hellhäutigen Fremden, der mit einem vollgepackten Fahrrad unterwegs ist und gerade vor dem Lebensmittelladen sitzt, genüsslich an seinem trockenen Brot kaut und immer wieder kräftige Züge aus einer großen Limonadenflasche nimmt. Wahrscheinlich ist es hier verschwenderischer Luxus, Limonade in so großen Mengen zu trinken. Aber schließlich dient sie als Ersatz für einen Brotaufstrich. Der Körper will tagsüber, beim Radeln, Flüssigkeit und Kohlenhydrate, also kriegt er sie. Bei der Hitze drücken Fett und Eiweiß nur. Das ist etwas für den Abend, wenn der Körper genug Zeit zum Verdauen hat. Für jetzt ist diese einseitige Mahlzeit gerade recht, erfrischend und stärkend. Wasser trinke ich unterwegs und Vitamine gibt es bei der nächsten Gelegenheit, sobald wieder Obst im Angebot ist. Ein wichtiger Grund, dass ich die Limo-

nadenflaschen sofort austrinke, ist der, dass es das süße Getränk hier in Pfandflaschen gibt. Dabei geht es mir weniger um den Pfand als um den Müll. Davon verursache ich mit meinen Wasserflaschen und Joghurtbechern schon genug.

Boujad statt Marrakesch

Vor Kasba-Tadla komme ich an eine größere Kreuzung. Ein Schild zeigt nach Süden: Marrakesch 226 km. Das wären zwei leichte Etappen, kein Problem. Übermorgen hätte ich das Arbeitsziel meiner Tour erreicht und damit eine der schönsten Städte Afrikas. Um einer solchen Stadt gerecht zu werden, müßte ich aber mindestens ein bis zwei Wochen bleiben. Dann würde die Zeit knapp - knapp, aber machbar: Möglicherweise müsste ich mich dann auf dem Rückweg ein wenig beeilen. Nach Marrakesch fahren und eilig nach Norden strampeln, um den Beginn des dritten Semesters nicht zu versäumen, oder die gelobte Stadt auf den nächsten Marokkobesuch verschieben und gemütlich Kurs nach Norden nehmen? Ich schließe die Augen und - fahre weiter nach Nordwesten, in Richtung Boujad. Auf ein ander Mal, Marrakesch!

In Boujad, wo sich wieder mehrere Straßen treffen, beschließe ich, mein Nachtlager aufzuschlagen und die Entscheidung zu vertagen, in welche Richtung ich weiterfahren werde. An einem Platz, den ich für das Zentrum halte, frage ich nach einem Funduk, einem Hotel. Die Frage war überflüssig, da sich schon ein junger Mann in meine Richtung aufgemacht hat, dessen Vater ein Hotel hat. Auf dem kurzen Weg zum Hotel fragt er, auf welchem Weg ich hierher gekommen bin. Über Khenifra? Hübsche Mädchen gibt es da, was? Eigentlich bin ich nur durchgefahren, und zwar am Tag. Ah ja, ich habe auch nur von den tollen Mädchen gehört, und weil du doch allein unterwegs bist und in der Gegend warst ...

Das Haus schaut besonders sauber aus. Ob das den Preis hoch macht? Als der immer leicht nervöse Junior mir ein Zimmer zeigt, bin ich erleichtert, dass das nicht zu teuer sein kann: Eine zweieinhalb Meter lange fensterlose Besenkammer mit einer Matratze am Boden und vielen Postern an den Wänden. Sogleich stellt sich aber heraus, dass der junge Mann mir nur sein Zimmer gezeigt hat. Meines ist viel größer und höher mit einem eisernen Bettgestell und zwei Fenstern. Dafür zahle ich gerne 15 Dirham. Hoffentlich hat die Sache nicht doch einen Haken.

Ein Haken ist, dass man seinen Pass abgeben muss. Den bekommt die Polizei, damit sie meinen Aufenthalt ordnungsgemäß registrieren kann. Grundsätzlich dient das auch meiner Sicherheit. Der Hotelier bringt den Pass zur Wache, während ich mich einrichte. Er berichtet mir, dass ich ihn schon am nächsten Tag um elf Uhr Vormittag zurückbekomme. Damit würde mir der ganze Vormittag zum Rad fahren verloren gehen, die beste Tageszeit. Viel lieber würde ich solch eine Pause erst wieder in einer kleineren Ortschaft abseits der Hauptstraße einlegen. Als ich dem Hausherrn erkläre, dass ich am nächsten Morgen gerne schon um sieben Uhr aufbrechen möchte, meint der zuerst, ich hätte das mit der Polizei nicht verstanden. Als ich jedoch mein Anliegen mehrmals wiederhole, schickt er eilig seinen Sohn zur Polizeiwache, damit dieser den Pass womöglich doch schon abholen kann. Aber das ist nicht sicher und es eilt, da die Wache um fünf Uhr schließt. Nach einer Dreiviertelstunde ist der junge Mann wieder da, mit dem Pass. Damit ist mir wesentlich wohler und ich kann aufbrechen wann ich will.

Zaër Zaïane

letzte Kapriolen Seit ich in Marokko bin, hat sich der Aufruf zum ersten Gebet an jedem Morgen als zuverlässiger Wecker erwiesen. Da dem auch heute so ist, nähere ich mich schon am frühen Vormittag Oued-Zem. Als ich an einer Abzweigung kurz vor der Ortschaft vorsichtshalber die Karte zu Rate ziehe, wird mir erst bewusst, dass ich mich jetzt für eine von vier Straßen entscheiden muss: Gen Süden geht es wieder nach Marrakesch, westwärts käme ich nach Casablanca und nordwärts nach Rabat; Von meinem Standpunkt aus führt zudem eine kleinere Straße nach Norden in ein Gebirge namens Zaër Zaïane. Die nehme ich, um endgültig der Versuchung zu entgehen, doch noch nach Marrakesch abzubiegen. Laut Karte gibt es an dieser Straße sehr wenige Ortschaften. Vielleicht gibt es dafür umso mehr Landschaft.

Zumindest Steigungen gibt es ohne Ende, wie ich schon am Anfang merke. Als es nach einigen Kilometern immer noch bergauf geht, bin ich nahe daran, die Entscheidung für diese Strecke zu bereuen. Noch kann ich umkehren. Im Nu wäre ich wieder in Oued-Zem und könnte dort einfach eine andere Straße wählen. Aber schließlich siegt der Sportsgeist. Ich nehme die Steigung als Pass, trete zügig und gleichmäßig und freue mich auf die folgende Abfahrt, die irgendwann kommen muss.

Moulay Bouâzza

Als ich nach über siebzig einsamen und anstrengenden Kilometern Moulay Bouâzza erreicht habe, beschließe ich, dass das für heute genug ist. Der nächste Ort müsste bis zur Abenddämmerung erreichbar sein, aber nur wenn ich hier keine Übernachtungsmöglichkeit finde, werde ich weiterradeln.

Wie in Outat bin ich sofort von Menschen umringt. Dadurch sehe ich mich in meiner Vermutung bestätigt, dass Touristen hier sehr selten sind. Ich schließe mich ein paar jungen Leuten an, die Spanisch sprechen. Englisch ist hier offensichtlich eine Rarität. Erst später fällt mir ein, dass ja schon wieder Studienzeit ist, die Studenten also längst wieder in den Universitätsstädten sind. Was ich noch vergessen habe, ist die Warnung aus BenAhmads Zehn Geboten, den jungen Leuten zu misstrauen. Aber in diesem Falle habe ich Glück. Die Gymnasiasten scheinen sich einfach über die Abwechslung zu freuen. Einer von ihnen heißt Sahi. Bei dem darf ich übernachten, in einem fast leeren Zimmer unterhalb der eigentlichen Wohnung der Eltern.

Aber vorher machen wir noch den landesüblichen Spaziergang. Hast du auf der Herfahrt auch das Mädchen auf dem Motorrad gesehen? Der Freund Sahis deutet eine Kleidung ohne Ärmel an. Inzwischen weiß ich, dass das das Erkennungszeichen für Huren ist. Tatsächlich war mir kurz vor dem Dorf ein Motorrad entgegengekommen, bei dem ich mich über die leicht bekleidete Beifahrerin gewundert habe. Wahrscheinlich war der junge Mann ein wenig zu Geld gekommen und hat ein wenig davon in weibliche Gesellschaft investiert. In Boujad habe ich ja gehört, dass es Orte gibt, in denen Mädchen zu haben sind. Ich wundere mich ein wenig, dass es in einem islamisch geprägten Land auch so etwas gibt. Andererseits habe ich gelesen, dass es in Marokko Gegenden gibt, in denen es den Frauen traditionell erlaubt ist, ihre Männer zu verstoßen. Nach so einer Scheidung finden die Frauen bisweilen keinen Mann mehr. Vielleicht sehen sich daher einige gezwungen, als Gewerbe Dienstleistungen für unverheiratete Männer anzubieten. Schließlich kommt es oft vor, dass Männer erst in fortgeschrittenem Alter, zum Beispiel mit vierzig, genug Geld und Einkommen haben, um eine Familie gründen zu können. Frauen dagegen werden bis zur Hochzeit praktisch unter Verschluss gehalten und so früh wie möglich verheiratet. Bei meinem Gastgeber Ahmad in Midelt und bei Mohammad in Timahdite habe ich gesehen, wozu das führt: Beide haben einen vom Alter deutlich gezeichneten Vater und eine sehr junge Mutter.

Was macht also ein junger Mann, wenn er sich zum anderen Geschlecht hingezogen fühlt und noch nicht heiraten kann? Die Frauen in seinem Alter sind normalerweise längst verheiratet oder leben irgendwo hinter hohen Mauern im Schutz ihrer Familie. Eine naheliegende Möglichkeit ist, ein wenig vom Ersparten oder vom Haschischbudget abzuzweigen und sich eine Hure zu leisten.

Sahi stellt mich nach und nach einer ganzen Menge Gleichaltrigen vor, die man wie üblich um diese Zeit an verschiedenen Straßenecken im Ort trifft. Deutschland ist für viele ein interessantes Thema. Zwar macht die Sprache manchmal Schwierigkeiten, aber wenn alle zusammenhelfen, funktioniert die Verständigung in den meisten Fällen. Wieder einmal bin ich überrascht, wie sehr sich die Themen und Meinungen ähneln. Michael Jackson, Charlie Chaplin und Cat Stevens werden aus den Medien bekannt sein, und das Gerücht von Michaels Geschlechtsumwandlung liegt nahe, aber wo um alles in der Welt kommt zum Beispiel die Meinung her, dass in Deutschland das Klima zu kalt für die Landwirtschaft ist, dass der Reichtum des Landes statt dessen von den vielen Bodenschätzen stamme? Das höre ich schon mindestens zum dritten Mal und bin mir sicher, dass die Leute, die mir das erzählen, sich nicht gegenseitig kennen.

Die Frage, ob es in Deutschland Rassismus gebe, höre ich auch regelmäßig. Natürlich kenne ich den Hintergrund dieser Fragen: Viele wollen nach Europa, weil sie sich dort ein besseres Leben versprechen. Einzelne Bekannte und Verwandte meiner Gesprächspartner sind oder waren schon im Nachbarland Spanien oder im Lande der ehemaligen Kolonialmacht Frankreich. Spanien ist selbst nicht sehr reich und Frankreich hat einen Ruf als Land voller Rassisten. Von Deutschland weiß man nur, dass es ziemlich reich sein muss und gute Fußballer hat, und außer, dass es dort sehr kalt ist, hört man von dort kaum Schlechtes. Wieso sollte man also nicht gleich nach Deutschland gehen, wenn man schon sein Glück im Ausland versuchen will?

Was ich noch nicht oft gehört habe, sind Vermutungen, dass die Landessprache in Deutschland Latein oder Englisch ist. Demnach wissen einige nicht einmal, dass es Deutsch als Sprache gibt. Wahrscheinlich liegt das daran, dass Deutsche im Ausland selten versuchen, sich in ihrer eigenen Sprache zu verständigen. Die meisten reden wohl im Ausland Englisch, und hier im Norden erzählen vielleicht einige, dass sie zwar kein Spanisch können, aber Latein, was recht ähnlich ist.

Andere wissen wesentlich mehr über dieses ferne Land. Zwischendurch kommt ein älterer Mann an unserem Treffpunkt vorbei, der nach dem Krieg in Deutschland war. Die lebenswichtigen Wörter wie Kartoffel, Braten und Sauerkraut kann er immer noch akzentfrei aussprechen. Auf viel mehr lässt er sich nicht ein. Er verabschiedet sich schnell wieder und ist im Dunkel der Straße so schnell wieder verschwunden wie er aufgetaucht ist.

Ein etwas schüchterner Junge, der gar keine Fremdsprachen zu kennen scheint, fragt in Zeichensprache, ob ich auf dieser Reise fotografiere. Als ich bedauernd verneine, meint er, das wäre gar nicht schlecht. Dann macht er ein Handzeichen, als ob er etwas zu Papier bringen würde. Nein, malen und zeichnen tue ich auch nicht. Nach kurzem Hin und Her verstehe ich,

dass er meint, ich könne ja aufschreiben, was ich erlebt habe. Damit hat er auf den Punkt getroffen, was ich vor habe. Die meisten finden es einfach unverständlich, wie man so eine Reise ohne Fotoapparat machen kann.

Auf dem Heimweg klagt Sahi über den Umgang der Gesellschaft mit der Jugend. Die Erwachsenen sind nur Ignoranten. Wie sie uns behandeln, ist reiner Blödsinn. Viele junge Männer wollen einfach weg und nie mehr wiederkommen. Hier hat man sowieso keine Möglichkeiten. Zu Hause nimmt er sein leeres Zimmer als Beispiel. Hier darf er sich aufhalten, aber das ist die einzige Unterstützung von seinen Eltern. Auch sie sind nichts als Ignoranten.

Am nächsten Vormittag lasse ich mich überreden, noch den Wochenmarkt anzuschauen. Ich habe zwar inzwischen schon marokkanische Märkte gesehen, aber vielleicht ist der hier anders. Da viele Verkäufer Stände an Stelle von Zelten haben, wirkt er ein wenig europäischer, fast wie ein Flohmarkt. Da ich keinen Blick für Märkte habe, fällt mir vor allem ein Mann auf, der einen stachligen Kaktus auf seinen nackten Schultern trägt und dessen Haut auch sonst von einigen Nadeln durchbohrt ist. Er erkennt mich aus der Menge als Fremden und ruft mir etwas zu, das ich nicht verstehe, obwohl es wahrscheinlich Englisch ist.

Da es recht heiß ist, bleiben wir nicht lange und kehren ins Haus zurück. Dort trinke ich noch etwas Wasser, fülle am nächsten Kiosk meine Vorräte auf und verabschiede mich. Bis zum Abend möchte ich in einem anderen Dorf sein, vielleicht Aguelmouss, das wäre in einer erreichbaren Entfernung. Es ist zwar schon nach Mittag, aber ich bin ja ausgeruht und die trockene Hitze macht mir inzwischen kaum noch etwas aus, sobald ich in Bewegung bin und den Fahrtwind spüre, der den Schweiß kühlt. Nur die langen Steigungen sind irgendwie zermürbend. Dafür habe ich bis zum nächsten Dorf die einsame und leere Hügellandschaft fast für mich alleine.

Black & White

Als ich am frühen Nachmittag durch eine kleine Ortschaft fahre und mich eher nebenbei und aus Gewohnheit nach einem Lebensmittelladen umschaue, treffe ich wieder einmal auf eine Menge Menschen. Dabei komme ich mit ein paar jungen Männern ins Gespräch, die mir sofort anbieten, mir bei der Suche nach einer Unterkunft zu helfen. Da ich aber noch keine zwanzig Kilometer gefahren bin, möchte ich doch noch weiter. Das sehen die anderen auch ein und wir beschränken uns auf Gesprächsthemen wie Marokko, Deutschland, die Welt und das Wetter. Der Reichtum Deutschlands wird auch angesprochen. Einer deutet auf meine braungebrannten Arme und danach auf seine, die auch nicht so viel dunkler sind. Dann zeigt er zur Sonne und hält die Hand an seine Stirn, als ob die Sonne sein Hirn verbrennen würde. Die Haut und den Kopf: Die Sonne macht uns alle gleich.

Ob er meint, dass die Hitze in Marokko den Verstand schädigt und das Land deswegen ärmer ist? Für mich als Europäer wäre das als Rechtfertigung für überhebliche Außen- und Entwicklungspolitik recht praktisch.

Geschädigt wird meine Kondition zumindest durch die Hitze des frühen Nachmittags und durch eine lange Steigung. Hier scheint es keine geraden Strecken zu geben, und es geht fast immer bergauf. Aber der Tag wird kommen, an dem es wieder bergab geht. Hoffentlich ist an dem der Straßenbelag gut.

Als die Straße durch ein von niedrigen Dornenpflanzen und Steinen bewachsenes sanft hügeliges Stück Land führt, in dem man nur vereinzelt kleine Häuser sieht, winkt mir ein einzelner Mann zu und bittet mich mit Handzeichen, stehen zu bleiben. Er ist gut dreißig und macht mich mit seinem besten Freund bekannt, der in einer Flasche wohnt und Black & White heißt. Zögernd nippe ich an dem Fusel. Bei dir zu Hause gibt es wohl bessere Sachen?

Was der wohl will? Er scheint auf der Arm und Reich - Welle zu reiten. Und er will mich in sein Haus einladen. Da momentan keines sichtbar ist, gehe ich mit, um mir ein klareres Bild von ihm machen zu können. Wenn er nicht an Vertrauenswürdigkeit zulegt, bis sein Haus in Sichtweite ist, kann ich mich immer noch unter einem Vorwand absetzen. Schließlich spreche ich noch schlechter Französisch als er und kann mich immer auf ein Missverständnis herausreden.

Der angetrunkene Mann führt mich stracks in die Dornsteppe, auf einen kaum erkennbaren Pfad. Dabei nimmt er einen Schluck nach dem anderen, nicht ohne mir wiederholt etwas anzubieten, und faselt über Geld, Alkohol und Freundschaft. Diese Themen machen mich jede für sich und erst recht in dieser Zusammensetzung eher mehr misstrauisch. Als ich merke, wie schwer es ist, dort ein Rad zu schieben und wie angriffslustig die Dornen die schmalen und etwas abgefahrenen Reifen anstarren, bestehe ich darauf, das Rad wieder auf die Straße zu schieben. Da bleibt ihm nichts übrig, als mitzuwanken, während er das Gewicht seines Lebenselixiers immer mehr von der Flasche in der Hand in das Innere seines Körpers verlagert. Das gibt einen günstigeren Schwerpunkt. Ich selbst lehne immer wieder ab, da ich ja mein Rad zum Festhalten habe.

Als der Säufer in seinem französischen Kauderwelsch wiederholt Wörter wie Freundschaft und Geld benutzt, beschließe ich, mich aus Sicherheitsgründen abzusetzen. Das Wort

Freund bedeutet bei Leuten, die man nicht kennt, dass sie etwas von einem wollen. Und es ist nicht auszuschließen, dass er dringend Geld braucht. Alkohol ist in Marokko sehr teuer. Das erzählt mir der Mann sogar zwischendurch. Gerade als feststeht, dass ich seine Gastfreundschaft nicht ausnutzen will und ich ihm das sage, nähert sich von Weitem hörbar von hinten ein Auto. Ich nutze die seltene Gelegenheit, um mich auf das Rad zu schwingen, dem leicht torkelnden Begleiter Lilalika zuzurufen und kurz vor dem Auto die Straßenseite zu wechseln. Der abgelehnte Gastgeber kann nur noch ein überraschtes Hääöäh grölen; als das Auto an ihm vorbei ist, bin ich schon fast außer Sichtweite. Manchmal ist ein schneller Antritt doch zu etwas anderem Nütze, als mitten auf einer Kreuzung durch die allzu plötzliche Beschleunigung die Packtaschen am Vorderrad zu verlieren. Das Auto ist jedenfalls gerade zurecht gekommen.

Aguelmouss

Am späteren Nachmittag komme ich in Aguelmouss an. Was mir schon von Weitem daran auffällt, ist ein sehr starker Geruch, der sowohl an das Dschungelöl erinnert, das mich in der Poebene so gut vor den Moskitos bewahrt hat, als an verwesende menschliche Exkremente. Sehr schön ist der Ort auch nicht. Ich will es positiv sehen: Wieder einmal erlebe ich etwas, was anderen Touristen wahrscheinlich entgeht. Die Menschen werden genauso nett sein wie in den anderen Dörfern auch. Außerdem wird mir nichts anderes übrig bleiben, als hier zu übernachten. Oulmès, die nächste Ortschaft, die auf meiner Karte eingezeichnet ist, ist mit achtundvierzig Kilometern für heute zu weit entfernt. Der Norden liegt schon nahe, so dass ich überhaupt keine Eile mehr habe. Wild campen will ich nach der unheimlichen Begegnung mit Mister Black & White

heute auch nicht. Also fahre ich in die Ortsmitte von Aguelmouss und stelle mein Rad ab.

Sofort bin ich wieder von Leuten umringt. Ein Student, der sehr gut Englisch spricht, bietet mir seine Gastfreundschaft an. Dem schließe ich mich vorerst an, während die anderen noch über den ungewohnten Besuch diskutieren.

Als ich mich mit dem Studenten bekannt mache, kommt ein Mann mittleren Alters auf uns zu, gefolgt von ein paar älteren. Der erste ist der Dorfpolizist, und mein Gastgeber übersetzt: Du bist Tourist und solltest etwas Geld im Dorf lassen. Daher ist es nicht gut, wenn du privat übernachtest. Geh bitte in ein Hotel.

Der junge Student bedauert, dass er nicht mein Gastgeber sein kann. Gern hätte er sich länger mit mir unterhalten. Aber er will keine Schwierigkeiten. Ich soll mit einem älteren Mann mitgehen, der mich zu seinem Hotel führen wird. Das geht schon in Ordnung. Der ältere Herr zeigt an, dass bis dort hin etwa zehn Minuten zu gehen sind. In so einem kleinen Dorf klingt das, als ob es recht abgelegen wäre, aber tatsächlich liegt das Hotel noch in der Siedlung.

Die Übernachtung kostet zwanzig Dirham, dafür bekomme ich einen großen Raum mit Eisenbett im ersten Stock und darf das Rad im Zimmer abstellen. Fließend Wasser gibt es im Haus nicht, aber dafür eine Toilette mit Wassertonne. Dieses Stehklo ist mitten auf dem Gang direkt neben der Treppe und hat keinen eigenen Raum. Stattdessen wurde das luftig gelegene Örtchen von drei Seiten mit einer brusthohen Ziegelmauer umgeben. Zum Hände waschen liegt neben dem Wassereimer der übliche Halbliterbecher parat. Luxus sind in dem Haus nur das geräumige Zimmer und eine Dachterrasse. Von dort oben kann man beobachten, wie in der Abenddämmerung die letzten Geschäfte schließen und ihre Fenster und

Türen mit Holzverkleidungen geschützt werden.

Da ein Bummel durch den Ort demnach sowieso nicht sehr interessant sein dürfte und ich am nächsten Tag zeitig aufbrechen will, beschließe ich, heute ganz auf einen Abendspaziergang zu verzichten. Ich glaube, der Hausherr hat sowieso die Tür abgesperrt, als er gegangen ist. Hier bin ich also sicher verwahrt. Als der Wirt wiederkommt, bringt er gleich meinen Pass wieder mit. Jetzt steht einem frühen Aufbruch morgen wirklich nichts mehr im Weg.

Jagd auf Sidi Ali

Die nächste Etappe führt am Anfang durch eine ziemlich kahle Berglandschaft, und die Straße geht wie gewohnt bergauf und bergab. Obwohl schon Ende September ist, brennt die Sonne noch fast unangenehm heiß herunter. Es werden wohl gut dreißig Grad sein. Aber das merkt man vor allem, wenn man gerade eine Pause einlegt. Der Fahrtwind kühlt den Schweiß. Damit ist Rad fahren bei diesen Temperaturen erträglich. Anstiege, bei denen man sowieso schwitzen würde, treiben halt noch mehr Schweiß aus den Poren, was die Flüssigkühlung wiederum verstärkt. Und die nächste Abfahrt entzieht dem Körper so viel Wärme, dass der vor dem nächsten Anstieg angenehm vorgekühlt ist. Das Fahren auf den schmalen Teerstraßen mit dem ständigen Auf und Ab in der ansonsten eintönig kahlen Landschaft ist also gar nicht so schlimm. Man hängt seinen Gedanken nach und strampelt einfach Kilometer für Kilometer ab. Der nächste Hügel ist das nächste Ziel, so dass die Strecke nicht uferlos lang und öde erscheint. Man braucht nur ausreichend Wasser zum Schwitzen, und davon ist ein Kanister voll in der Packtasche. Da die nächste Ortschaft nur fünfzig Kilometer entfernt ist, wird das reichen. Ausreichend Wasser kann nämlich eine ganze Menge bedeuten, je nach Hitze und Steigungen vier bis über fünf Liter auf hundert Kilometer.

Jedenfalls fühle ich mich heute endlich wieder so richtig fit. Die letzten mäßigen Etappen und wahrscheinlich auch die vielen Äpfel haben mir gut getan. Und hier kann man sich austoben, ohne Angst, sich zu übernehmen: Die Steigungen sind so kurz, dass es gerade zum Schwitzen reicht. Insgesamt geht es wohl endlich mehr bergab.

Als Radfahrer hat man hier kaum mehr Schwierigkeiten als ein großer Lastwagen. Die Straße ist so eng, dass ein breiter LKW gerade darauf passt. Als ich einen hinter mir höre, weiche ich auf das Bankett aus und lasse ihn vorbei. Vor mir sehe ich, wie er sich förmlich um die vielen Kurven tasten muss. Dabei wird er zeitweise so langsam, dass er mit dem Rad leicht zu überholen ist. Erst auf längeren geraden Stücken kann er wieder aufholen. Um kein riskantes Manöver zu provozieren, weiche ich wieder auf den steinigen Rand aus, damit er vorbeifahren kann. Ausweichen heißt nicht aufgeben: Es geht gerade leicht bergab und weiter vorne kommt ein ebenes Stück mit Kurven. Dort wird er wieder so langsam, dass er aus dem Windschatten heraus locker zu packen ist. „Sidi Ali" steht groß in Arabischer Schrift auf dem weißen Laster. So heißt eine der beiden bekanntesten Mineralwassermarken in Marokko.

Jetzt ist die Strecke so kurvig, dass ich einen Vorsprung herausfahren kann. Den kann ich sogar auf der nächsten Steigung halten. Sobald die Strecke wieder kurvenfrei ist, hat der Sidi-Ali-Brummer allerdings gleich wieder aufgeholt, worauf ich wieder neben die Straße ausweiche, um ihn passieren zu lassen. Bis zum nächsten Kurvenstück nimmt er mir kaum etwas ab, so dass es leicht wäre, ihn dort wieder zu überholen. Leider kommt gerade eines der wenigen Autos entgegen, die an diesem Tag zu sehen sind. Als es vorbei ist, sehe ich, dass nach ein paar Kurven wieder eine längere Gerade kommt. Also runterschalten und geduldig hinten bleiben. Wegen der paar Meter lohnt sich kein Überholmanöver. Aber bei der nächsten krummen Strecke ist er wieder fällig. Wie leicht sich so ein großer, starker Laster überholen lässt! Als er auf der nächsten Geraden an mir vorbeifährt, hupt der Fahrer kurz, verlangsamt sein Tempo und winkt mich heran. Ich grüße. Er bedeutet mir, zu warten, greift auf den Beifahrersitz, reicht eine große Plastikflasche durch das Fenster, winkt und gibt wieder Gas, sobald ich sie sicher in der Hand habe. Damit hat er mich abgehängt. Das Geschenk ist eine original verschlossene Flasche voll frischen, kühlen Sidi-Ali-Mineralwassers.

Vielleicht hat der Fahrer das Wettrennen als eine Art Jagd gesehen: Der durstige Radfahrer hetzt den Mineralwasserlaster so lange durch die Berge, bis dieser etwas von seiner Ladung herausrückt. Jedenfalls finde ich diese Geste sehr sympathisch und das Wasser schmeckt besonders gut.

Bäume, Felder und ein großer, schneller Traktor

Heute geht die Fahrt trotz der ständigen Hügel überhaupt recht schnell voran. Wahrscheinlich geht es endlich mehr bergab als bergauf, eine ganz ungewohnte Erfahrung, wenn man tagelang aufwärts gestrampelt ist. Bald kommen sogar Wälder und eine richtige längere Abfahrt. Unverhofft früh passiere ich Oulmès. Den Ort hatte ich als erste Möglichkeit zur Übernachtung vorgesehen, da ich an den vorhergehenden Tagen auch nicht viel weiter gekommen war und weil mehrere Leute gemeint

hatten, die Landschaft wäre hier besonders sehenswert. Aus Oulmès kommt Sidi Harazem, ein Mineralwasser, das in den Regionen, die ich bereist habe, noch bekannter ist als Sidi Ali.

Da das Rad gerade so gut läuft und es noch nicht einmal Mittag ist, fahre ich weiter, ohne anzuhalten. Nach den Tagen in der steinigen und kahlen Hügellandschaft, in der man unentwegt der Sonne ausgesetzt ist, tut der Wald, der gelegentlich sogar der Straße Schatten spendet, richtig gut. Hier zu fahren macht so viel Spaß, dass ich im Nu durch die Orte gebrettert bin, ohne viel davon zu sehen. Nur zum Einkaufen halte ich an.

Joghurt hatte ich schon lange nicht mehr. Den könnte ich mir wieder einmal leisten, Plastikbecher hin oder her. Raïbi heißt er hierzulande. Der junge Mann im Kiosk empfiehlt selbstgemachten Raïbi, ganz frisch. Frisch hört sich Vertrauen erweckend an. In Joghurt können sich hoffentlich nicht so viele ungewohnte Bakterien ausbreiten, dass die Verdauung wieder übereifrig reagiert. Oder? Jedenfalls wirkt er vom Gefühl her eher beruhigend für den Magen. Und der appetitliche Anblick der gekühlten Gläser mit der festen weißen Füllung und der vertraute erfrischende Geruch sind praktisch unwiderstehlich. Mein Gaumen kann sich bei einer solchen Hitze zum Rad fahren nichts Besseres vorstellen als so einen leicht gezuckerten Joghurt. Da hatte der Lebensmittelhändler eine gute Idee.

Immer noch ist die Straße vorwiegend flach oder es geht sogar bergab. Morgen Abend könnte ich in Rabat sein. Aber wo übernachte ich heute? Mâaziz wird schon ein Hotel haben. Das könnte ich heute noch erreichen.

Gerade als ich die Karte studiere und mir darüber Gedanken mache, spricht mich ein junger Mann an. Er kann ein wenig Französisch.

Da wir das beide ähnlich schlecht beherrschen, können wir uns ganz gut damit verständigen. Er bietet mir an, dass ich bei ihm übernachten kann. Ich nehme das Angebot an. Er wohnt in einem relativ großen Bauernhof, der nur hundert Meter von der Straße entfernt ist. Das Anwesen macht einen tadellosen Eindruck. Mohammad scheint seinen Betrieb bestens in Griff zu haben. Er zeigt mir seinen nagelneuen großen Traktor. Das ist die erste Maschine dieser Art, die ich in Marokko gesehen habe.

Unverhofft komme ich sogleich zu der Ehre, darauf mitfahren zu dürfen. Ich klettere auf das Ungetüm, setze mich auf einen der dafür vorgesehenen Kotflügel und schon geht es los. Das Gefährt hat offensichtlich einen starken Motor.

Nach höchstens zwei Kilometern verlassen wir die Straße. Nahe der Fahrbahn liegt in einem etwas tiefer gelegenen lichten Waldstück ein arg verknittertes Auto. Um das stehen einige Leute herum. Ein paar binden ein Seil um das Wrack und befestigen das andere Ende am Traktor. Irgendwie scheint Mohammad ein wenig nervös zu sein. Als das Auto angebunden ist, fährt er an. Das Wrack bewegt sich. Mohammad beschleunigt. Das Seil reißt. Mohammad fährt weiter. Die Leute erwarten, dass er wendet und einen neuen Versuch startet. Mohammad wendet, fährt auf der Straße an ihnen vorbei und gibt Gas. Die anderen rufen ihm nach und gestikulieren, zwei laufen mit den Armen fuchtelnd hinterher. Mohammad lacht, während sein Bulldog sie abhängt. Ich habe keine Ahnung, was das soll. Aber aus der Nervosität Mohammads und angesichts seiner Erleichterung nach dem überraschenden Ende der Aktion schließe ich, dass er vom Nutzen der Bergung ohnehin nicht überzeugt war.

Auf dem Hof stellt er mich seinen Eltern und Brüdern vor. Die Mutter ist sehr jung und hübsch. Eher hätte ich sie für seine Schwester gehalten. Der Vater liegt krank im Bett. Mit seiner Glatze und seinem ausgemergelten Gesicht wirkt er wie achtzig bis neunzig. Wahrscheinlich schlagen aber ein hartes Arbeitsleben und die Krankheit dreißig Jahre auf das Aussehen drauf. Wir kommen gerade recht zur Essenszeit. Vielleicht hat Mohammad deshalb die Bergungsaktion abgebrochen.

Am Tisch sitzen nur die männlichen Erwachsenen, also Mohammad, seine Brüder und ich. Wie ich es von anderen Familien gewohnt bin, lässt die Mutter sich nicht blicken; der Vater liegt wohl noch im Bett, und die Kinder stehen in respektvollem Abstand neben dem Tisch. In der Tür warten außerdem drei ungewöhnlich magere Katzen geduldig, bis ihnen jemand ein Bröckchen zuwirft. Mohammad meint, dass Katzen in Marokko sehr beliebt wären. Relativ mager sind hier alle Haustiere. Vielleicht brauchen sie bei dem warmen Klima keine Fettpolster und würden sie auch nicht vertragen. Beim Abendessen scheinen sie in der Rangordnung nur knapp hinter den Kindern zu stehen. Gemeinsam warten sie, bis ihnen jemand vom Tisch einen Leckerbissen gibt und nehmen dankbar alles an. Ich kann mir aber vorstellen, dass die Jungs nachher gemeinsam mit der Mutter richtig essen werden und sie hier einfach bei den Männern dabei sein wollen. Schließlich sehen alle gesund und richtig ernährt aus.

Nach dem Essen brechen Mohammad und ich mit dem Traktor zur nächsten Ortschaft auf. Vorher bietet er mir eine Verdauungszigarette an. Er selbst raucht nicht viel Haschisch, nur wenn es regnet und kalt ist - aber jetzt ist die Zeit für einen Joint. Ich lehne ab, er dreht sich ein Gerät und fährt los. Auf der fast leeren Straße kann er zeigen, was der neue Traktor kann. Übermütig lachend brettert er über den

glatten Asphalt. Wir haben sicher fast fünfzig Sachen drauf. Wenn man auf einem Kotflügel sitzt und der Fahrer in der einen Hand
das Lenkrad und in der anderen einen Joint
hat, kann einem das ganz schön flott vorkommen. Dass Auto fahren auch hierzulande nicht
ganz idiotensicher ist, haben wir ja vorhin an
dem Wrack deutlich gesehen. Außerdem gibt
es immer wieder unbeleuchtete langsame Ver-
kehrsteilnehmer wie Esel und Maultiere samt
Herrchen und Handkarren samt Lenker. Ich
kann mir kaum vorstellen, dass Mohammad
in seiner Rauschmischung aus Geschwindigkeit
und Haschisch noch eine ausreichende Reaktion hätte. Einmal weicht er tatsächlich lachend
einem Handkarren aus. Gut, dass es hier kaum
Gegenverkehr gibt. Als wir in eine Ortschaft
kommen, verlassen wir die Ausbaustrecke und
holpern über eine Sandpiste. Dem Bulldog mit
seinen bulligen Reifen und seiner großen Bo-
denfreiheit kann da ja nichts passieren. Und
wir überleben die paar Schlaglöcher auch. Der
Traktor scheint ein wenig gefedert zu sein.

Als wir anhalten, bittet mich Mohammad, zu
warten, während er für zwanzig Minuten in ein
Haus verschwindet. Mit mir hat er einen kom-
petenten Aufpasser für seinen Bulldog. Als
Mohammad auf dem Rückweg mit leuchten-
den Augen wieder ein Gerät dreht, habe ich ein
schlechtes Gefühl. Die Zeit, in der er in dem
Haus war, hätte sogar für noch einen Joint gereicht. Aber was bleibt mir anderes übrig, als
sitzen zu bleiben und mit zurückzufahren? Ich
weiß ja nicht einmal, wo wir sind, geschweige
denn, wie der Bauernhof zu finden wäre, in
dessen Geräteschuppen mein Rad steht. Also
vertraue ich mich wieder dem Schutzengel meines Gastgebers an und wir fahren nach Hause.

Fahren? Wenn ich in das verklärte Gesicht
meines Chauffeurs blicke, der Zug um Zug
aus der sanft glimmenden Wundertüte nimmt,
könnte ich zu dem Schluss kommen, dass wir

durch die Lüfte schweben. Kann jemandem,
dessen Seele so entrückt scheint, überhaupt etwas irdisches passieren? Den Gedanken spinne
ich lieber nicht weiter, um keine bösen Geister zu reizen. Allen Schutzengeln sei Dank
ist auf dem Rückweg kein Hindernis auf der
Straße und wir landen sanft auf Mohammads
Bauernhof, wo sich der fliegende Teppich wieder in einen großen Traktor zurückverwandelt,
von dem man herunterklettern oder absprin-
gen kann.

Nachdem wir uns noch über die Welt und die
Deutschen als die größten Haschischraucher in
Marokko unterhalten haben, begeben wir uns
zur Ruhe. Ein Landwirt muss früh aufstehen.
Mohammad richtet mir ein Lager aus Teppichen auf dem festen Lehmboden. Gut, dass
ich relativ harte Unterlagen bevorzuge. Mohammads Hotel in Midelt böte seinen Handels-
reisenden weniger Schlafkomfort.

Am Morgen ist auch der kleinste Bruder Mohammads auf, ein einjähriger Wonneproppen
in Windel und Unterhemdchen, der mit der
Sonne um die Wette strahlt. Angst vor Fremden kennt der Kleine nicht. Unbeschwert
stakst er zu mir und fordert mit spitzem
Mund ein „Bus" ein, nachdem er schon eines von seinem großen, starken Bruder Mohammad bekommen hat. Sobald er seine
feuchte Kleinkindschnauze auf meinen Sta-
chelrüssel gedrückt hat, stolpert er zufrieden
mit sich und der Welt weiter über den Hof.
Hier gibt es ja so viele interessante und lu-
stige Sachen. Nach einem Meter bückt er
sich zum Beispiel in anmutiger Unbeholfen-
heit und hebt etwas Braunes auf, wahrscheinlich den eingetrockneten Verdauungsrest eines
größeren Haustieres. Zu meiner Erleichterung
stopft er sich das nicht in den Mund, um dann
wieder Bus auszuteilen. Er kommt vielmehr
lachend auf mich zu, bleibt auf halber Strecke
stehen und macht eine Wurfbewegung in mei-

ne Richtung. Das braune Etwas fällt fast auf seine Füße, aber davon lässt sich der Dreckspatz nicht beirren. Er bückt sich einfach noch einmal und hebt es wieder auf, um seinen Wurf zu wiederholen. Da ich das ahne und nicht daran denke, als Zielscheibe zu dienen, nutze ich die Zeit, in der er sich bückt, und gehe einen Schritt zurück. Der große Bruder bekommt natürlich alles mit und beendet das Wurfspiel, indem er den kleinen Strahlemann mit etwas anderem beschäftigt, womit dieser mindestens genauso zufrieden ist.

Stolz fragt mich Mohammad, wie mir der Kleine gefällt. Ich muss zugeben, dass ich mich an kein Kind erinnern kann, das eine solche Fröhlichkeit und Zufriedenheit ausstrahlt. Lachend meint mein Gastgeber, er wäre dangerös, sehr gefährlich. Gefährlich, wieso? Na ja, wie er mit dem Dreck nach dir geworfen hat!

Mohammads Mutter ist gerade im Stall zu Gange, als es Zeit für mich wird, loszufahren. Mohammad sagt ihr Bescheid, dass der Gast jetzt aufbricht. Zwei Minuten später kommt er wieder, mit zwei Eiern als Reiseproviant für mich. Ich freue mich über das Abschiedsgeschenk und verstaue es vorsichtig in einer Packtasche.

Zum Thema Geschenk fällt Mohammad ein, dass ich eigentlich auch eines schuldig wäre. Damit hat er zweifellos recht, aber zu Hause hatte ich nicht daran gedacht, zu diesem Zweck Sachen einzupacken. Was kann ich entbehren? Da ich inzwischen marokkanische Streichhölzer habe, gebe ich ihm mein Benzinfeuerzeug. Leider funktioniert es nicht, als ich die Funktion demonstrieren will. Irgend etwas muss kaputt sein. Beim Wort kaputt wirkt Mohammad gekränkt. Er denkt wohl, ich wolle ihn mit Müll abspeisen. Das ist verständlich, aber wahrscheinlich ist einfach nur der Docht des altmodischen Geräts verrutscht. Bloß wie kann ich ihm das klar machen, wenn

wir uns über die alltäglichsten Dinge nur mit Mühe unterhalten können? Er löst die Sache pragmatisch: Kaputt gegen kaputt. Für das kaputte Feuerzeug bekomme ich einen kaputten Schlüsselanhänger. Bei dem fehlt zwar der Ring für die Schlüssel, aber der eigentliche Anhänger ist noch vorhanden: Ein Bündel rechteckiger Plastikkärtchen, die mit den Motiven der gängigen marokkanischen Geldscheine bedruckt sind.

Nachdem auch diese Sache geklärt ist, begleitet mich Mohammad zur Straße und ich breche auf nach Mâaziz. Das muss ein wichtiger Ort in der Gegend sein. Hier gibt es sogar einen Park mit Rasen, Büschen, Bänken und Bäumen. So etwas habe ich seit vielen Wochen nicht mehr gesehen. Das ist genau der richtige Platz, um die Eier zu verspeisen.

Friseur, ein guter Mensch und alle wollen raus

Wie gestern geht es heute vorwiegend bergab. Da das Wetter sehr angenehm ist, kann die Mittagspause wieder ausfallen und ich komme sehr gut voran. Heute oder morgen dürfte ich Rabat erreichen. Von da aus sind es nur noch wenige Tage nach Tanger und zur Grenze. Bevor ich diese passiere, möchte ich mich noch einmal frisch machen lassen. Besonders lang sind meine Haare noch nicht, aber wer weiß, was für die Grenzer schon ein langhaariger Hippie ist, den man besonders genau filzen muss. Ich habe zwar nicht vor, etwas zu schmuggeln, aber eine Durchsuchung an sich ist unangenehm genug. Es wird also langsam Zeit für einen Haarschnitt.

Sidi-Allal-el-Babraui muss laut Karte ein größerer Ort sein. Der hat bestimmt einen Friseur. Als mir bei Sidi Allal jemand von sich aus seine Hilfe anbietet, frage ich ihn nach einem Friseur. Der Mann in meinem Alter heißt

Saïd und kann fast kein Englisch. Wir unterhalten uns in gebrochenem Französisch, während er mich zielstrebig die wenigen hundert Meter zum Friseursalon im Ortskern von El Babraui führt.

Der Salon schaut richtig modern aus. In dem großen Raum sitzen einige Leute und warten, bis sie dran sind. Während der Wartezeit kommen noch mehr Leute, zum Teil auch wegen des Fremden, nehme ich an. Mit gesammelten Fremdsprachenkenntnissen können wir uns ganz gut unterhalten, vor allem wieder einmal über die wirtschaftliche Lage in Deutschland und die Möglichkeiten, die man dort hat. Kann dort jeder eine Stereoanlage haben, der dafür arbeitet? Kann dort jeder ein Auto haben? Kann ich diese Frage verneinen? Soll ich erzählen, dass man bei all dem Luxus viel hart verdientes Geld allein für den Lebensunterhalt braucht? Das wäre eine Beleidigung, denn für Marokkaner, die im Ausland ihre Chance suchen wollen, ist es selbstverständlich, dass sie dort hart arbeiten wollen. Das beweist die Frage, die bei solchen Gesprächen immer gestellt wird: Kann in Deutschland jeder eine Arbeit finden, der bereit ist, jede Arbeit zu machen, wirklich jede Arbeit? Kann man diese Frage verneinen? Deutschland steht also wieder einmal in einem goldenen Licht da, ohne dass ich irgendwie versucht hätte, Werbung zu machen. Im Vergleich zur Lage der jungen Männer in Marokko sind die Schwierigkeiten, die es in diesem unserem gelobten Land gibt, wohl lächerlich. Auf der Grundlage der vorher gestellten Fragen fallen mir momentan gar keine mehr ein..

Auf einen der Neuankömmlinge weist Saïd besonders hin. Der sei ein besonders guter Mensch, ein wirklich guter Mensch. Dieser gute Mensch bringt ein Tablett mit Gläsern und einer kleinen vollen Teekanne mit. Dazu meint er, dass er den Tee mir als Fremden gibt, der

auf solche Gesten angewiesen ist. Das soll ich mir merken; und wenn ich wieder in Deutschland bin und dort eines Tages einen Marokkaner treffe, der unterwegs ist, soll ich diesem helfen und einen Tee spendieren und so. Die Worte klingen in meinen Ohren zu pathetisch, aber den Sinn finde ich voll und ganz richtig. Wenn jeder nach diesem Motto handelt, wird die Menschheit noch ein gutes Stück freundlicher und liebenswerter.

Nach dem Haarschnitt und der Rasur will mich Saïd unbedingt noch ein Stück weit begleiten, damit ich bestimmt auf der Straße nach Rabat lande und mich garantiert nicht verfahre. Als wir uns der letzten möglichen Abzweigung nähern, erzählt er mir davon, dass er gerne einmal Deutschland sehen und dort arbeiten würde. Da der gemeinsame Wortschatz nicht sehr groß ist und wir uns erst seit kurzem kennen und daher nicht wissen, was genau der andere versteht, ist die Unterhaltung nicht gerade flüssig. Immer wieder fragt einer nach, ob der andere dies oder jenes Wort kennt oder erkundigt sich nach dem Sinn eines anderen Ausdrucks. Trotzdem benutzt Saïd nach kurzer Zeit den komplizierten Ausdruck „Certificat de Bergement". Saïd versucht zuerst, das Wort zu erklären, aber ich verstehe natürlich sofort, worauf er hinaus will: Er will eine offizielle private Einladung nach Deutschland, damit er dort eine Arbeit suchen kann. Gegen das Vorhaben an sich habe ich nichts einzuwenden, aber ich muss an die Scherereien denken, die meine Eltern und ich bei Problemen haben könnten, die bei nicht legaler Beschäftigung auftreten könnten, oder auch schon dann, wenn ein praktisch unbekannter Besucher kommt, der eigentlich einwandern will.

Mir ist der Ausdruck Certificat Bergement also so fremd, dass ich angestrengt versuche, es nachzusprechen, sobald mich Saïd fragt, ob ich verstehe, was es bedeutet. Wohl ist mir dabei nicht, wenn ich den Jungen so im Stich lasse, aber wenn ich an die inzwischen etwa dreißig anderen denke, die ich der Gerechtigkeit halber auch einladen müsste, sehe ich mich einfach überfordert. Ich hätte gar nicht genug Geld, dreißig Leute für den Fall einer Krankheit abzusichern. Davon machen sich die Marokkaner gar keine Vorstellung, da bei ihnen die Krankenversorgung vom Staat finanziert wird. Vor meiner nächsten Reise nach Afrika muss ich mich unbedingt genauer über die rechtliche Lage in dem Fall informieren, in dem ein Marokkaner zum Arbeiten nach Deutschland will; dann könnte ich womöglich vielen Leuten ersparen, sich falsche Hoffnungen zu machen und sehr viel eigenes und geliehenes Geld für eine Reise auszugeben, die vorerst in Abschiebehaft oder anderen Unannehmlichkeiten mit der Polizei endet.

Es ist wirklich schade, dass die Arbeitskraft der Menschen in dieser Zeit nichts mehr wert ist. In Marokko sitzen die jungen Männer nach der Ausbildung auf der Straße und in Deutschland werden Leute aus anderen Ländern, die hier arbeiten wollen, einfach ausgesperrt. Inzwischen wäre man wohl auch hier im goldenen Europa froh, wenn man weniger arbeitsfähige Menschen hätte. Schließlich machen Arbeitskräfte nichts anderes mehr, als armen Betrieben Kosten zu verursachen. Und wer keine Arbeit hat, verursacht dem Staat Kosten, ob als Rentner, Arbeitsloser, Schüler, Student, ... - als Mensch ist man nur noch ein Kostenfaktor. Brauchen wir einen Krieg, um die Zahl der Menschen wieder zu dezimieren? Warum werden in modernen Kriegen bei Bombardements immer mehr Zivilisten massakriert? Schaum abschöpfen? Was hat sich geändert gegenüber früheren Jahrhunderten, als Herrscher Menschen geradezu einkauften, um Land fruchtbar zu machen? Sind Menschen - die wesentlichen tragenden und formenden Bestandteile einer Gesellschaft - nur noch Ballast? Eine von Menschen gemachte Gesellschaft, die Menschen ablehnt! Pervers.

Wie dem auch sei, als ich nicht einmal das Grundwort seines Anliegens verstehe, benutzt Saïd einen der Flüche, die ich in Midelt gelernt habe. Er weiß nicht, dass ich solche Wörter kenne, und es ist ja nur ein relativ harmloser Ausdruck der Verärgerung. Frustriert wünscht er mir gute Fahrt und ich bedanke mich bei ihm für die Führung. ... Politik.

Es sieht immer noch so aus, als würde ich es heute nach Rabat schaffen, vermutlich noch am hellen Tag. Die Hauptstadt liegt auf Meereshöhe und auf der Karte deutet nichts auf weitere Steigungen hin.

Auf dem letzten Stück vor Rabat mache ich eine kurze Pause im Schatten eines großen Holzschuppens an einer kleinen Kreuzung, um mich für den Endspurt und für die große Stadt zu stärken. Wer weiß, ob ich dort dazu komme. Nach eineinhalb Äpfeln kommen drei Jugendliche und leisten mir Gesellschaft. Einer von ihnen kann recht gut Englisch. Woher kommst du? Deutschland. Ist es ein gutes Land? Kann dort jeder eine Arbeit finden? Genug Geld verdienen, wenn man wenig braucht? Mein Freund Mahmud möchte nach Deutschland zum Arbeiten. Er zeigt auf einen etwas dicklichen Freund, der gar nicht so fröhlich und aufgeweckt dreinschaut wie die meisten seiner Altersgenossen. Kannst du ihm eine Arbeit in Deutschland besorgen? Egal welche, am besten in einem Restaurant.

In der Gastronomie werden immer Leute gesucht, aber wer gibt jemandem eine Arbeit, den er noch nie gesehen hat und der aus einem fremden Land kommt und nicht einmal die Landessprache spricht? Du besorgst die Arbeit und er kommt nach. Wenn das so einfach wäre! Es tut weh, den Hoffnungsschimmer zu zerstören, aber ich mache nicht gerne nicht erfüllbare Versprechungen. Oder wäre es doch möglich? Wahrscheinlich nicht. Die deutsche Gesetzgebung kommt mir immer fremdenfeindlicher vor. Und die Lage der Marokkaner immer verzweifelter. Fast täglich treffe ich junge Menschen, die das Land für immer verlassen wollen, um in einer völlig fremden Welt zu leben, nur weil sie gehört haben, dass dort alles besser sei. Ob daran das Fernsehen schuld ist? Wieder lasse ich einen enttäuschten jungen Mann zurück in einer Idylle, hinter der ich umso mehr Verzweiflung sehe, desto mehr Zeit ich in diesem schönen Land verbringe.

Von Rabat bis Sebta

Fast wie eine Flucht Obwohl ich weiß, dass ich jede Minute damit rechnen muss, bin ich fast erschrocken, als ich Rabat erreiche, die erste Großstadt seit fünf Wochen. Das Ende der Marokkofahrt nähert sich. Hätte ich nicht doch noch irgendwo eine Schleife drehen sollen? Ich habe noch viel zu wenig von Land und Leuten gesehen. Aber das ist wohl immer so. Und noch bin ich nicht zu Hause. Vorerst muss ich eine Unterkunft für die kommende Nacht finden.

Telefon, Shorts, Duschen und Räubergeschichten

Da am Rand meiner Marokkokarte ein Übersichtsplan von Rabat abgedruckt ist, weiß ich, wo die Jugendherberge zu suchen ist.

Auf einem Platz sehe ich eine Reihe von Telefonautomaten. Das ist die Gelegenheit, einmal ein Automatentelefon in Marokko auszuprobieren. Irgendwie kann ich mir kaum vorstellen, dass diese Telefonzellen Vorrang vor Post-

ämtern haben sollen. Bei den ersten Versuchen erwische ich auch jedesmal einen Mann, der sich mit „Alluu, Alluu" meldet. Aber plötzlich ertönt das deutsche Freizeichen und eine vertraute Stimme meldet sich. Das haben die in Outat in zwei Tagen nicht geschafft! Wahrscheinlich ist doch etwas dran an der seltsamen Hierarchie. Nachdem die wichtigsten Informationen und Grüße ausgetauscht sind, geht es weiter in Richtung Herberge.

Als im Zentrum die Straßen unübersichtlicher werden, frage ich einen von drei Jugendlichen mit Fahrrädern nach dem Weg. Die etwa sechzehnjährigen Jungs sind so höflich, dass sie das machen, was ich insgeheim gehofft habe: Sie führen mich per Rad zur Jugendherberge.

Erst jetzt fällt mir auf, wie wenig Aufhebens hier von einem Europäer gemacht wird. Man kann ganz normale Leute auf der Straße anreden, ohne dass sich der ganze Ort um einen schart. Vieles sieht hier europäischer aus. Zwei junge Männer laufen sogar in knallbunten Bermudashorts herum.

Bei dem kurzen Gespräch, das sich mit den freundlichen Jungen entwickelt, stellt sich heraus, dass einer von ihnen Berber ist. Den kann ich mit ein oder zwei Ausdrücken überraschen, die ich in Midelt gelernt habe.

Die Jugendherberge macht einen angenehmen Eindruck. Sie liegt zwar mitten in der Stadt und ist von einer hohen Mauer umgeben, hat aber einen Innenhof. Und der ist groß und grün, mit Blumen und Orangenbäumen. An denen hängen nur grüne Früchte. Bevor sie ganz reif sind, finden sie immer schon einen Genießer, der sie auch grün schätzt.

Als ich mit dem Duschen fertig bin, wird mir bewusst, dass das die erste Dusche in europäischem Sinne war, die ich in Marokko gesehen habe. Dabei ist die Übernachtung mit zwölf Dirham billiger als im einfachsten Dorfhotel. Zu dem Luxus der Duschen und Klos mit Wasserspülung kommt, dass man unter einem Dach mit vielen jungen Leuten ist, die auch gerade auf einer Reise sind, und die fast alle Englisch können. Untergebracht ist man in Schlafsälen mit vielleicht zehn doppelstöckigen Betten, die aber längst nicht voll belegt sind. Die Leute von der Herberge ermahnen die Gäste, ihre Wertsachen nicht aus den Augen zu lassen, auch wenn alle anderen einen netten Eindruck machen.

Zwei der Zimmergenossen sind aus Deutschland, einer ist sogar aus Bayern, aus Altötting. Der junge Zahntechniker kennt Penzberg wegen der Nähe zum bei Motorradfahrern beliebten kurvigen Kesselberg. Auf dieser Reise hat er schon zwei unangenehme Erfahrungen gemacht: Auf dem Campingplatz bei Torremolinos in Spanien hat ihm jemand am helllichten Tag sein Goldkettchen vom Hals gerissen; und in Asilah, einer Küstenstadt weiter im Norden, zwischen hier und Tanger, wurde er von einem jungen Mann zu dessen Großmutter auf eine Tasse Tee eingeladen. Die Einladung war ganz nett, die Großmutter auch; alles war ganz erfreulich, bis der Gastgeber und dessen Freund ihm ein Lager gezeigt haben, in dem es Lederjacken, arabische Wollmäntel - Jellabas - und spitz zulaufende Schuhe gab. Plötzlich war das Ganze eine Verkaufsveranstaltung extra für ihn, und zwar nicht zu Spottpreisen. Als er sich auch nach gutem Zureden der Geschäftsmänner noch weigerte, etwas zu kaufen, wurden die beiden ungehalten. Irgendwie erinnert mich die Geschichte bisher an den Teppich aus Midelt, den ich inzwischen praktisch vergessen habe.

In Asilah blieben die beiden Gastgeber aber nicht bei Worten. Als der junge Altöttinger allzu unwillig schien, holte der Freund des Gastgebers auf einmal eine aufgezogene Spritze hervor: Da ist Heroin drin, das ist hier sehr streng verboten. Wer mit Heroin erwischt wird, kommt ins Gefängnis, und zwar in ein marokkanisches. Wenn du dich weiter weigerst, etwas zu kaufen, betäuben wir dich mit dieser Spritze und rufen die Polizei...

Spätestens da war dem Kunden klar, dass das kein Spaß war. Er konnte nur noch den Schaden gering halten, indem er feilschte. Feilschen kann ihm kein Orientale übelnehmen. Am Schluss ist er mit einer Jellaba zu einem noch akzeptablen Preis davongekommen. Wahrscheinlich wird er sie als Bademantel benutzen.

Viele Touristen locken viele Leute an, die an deren Urlaubskasse teilhaben wollen. Manche versuchen es legal und andere ... Auf der Fahrt nach Norden werde ich wohl noch vorsichtiger sein müssen als bisher.

Bevor ich am nächsten Tag weiterfahre, will ich mir einen Eindruck von Rabat verschaffen. Da die Hose schon wieder recht schmutzig ist, werfe ich für den Bummel die Daraja über. Eigentlich ist es heute für das dünne kurzärmlige Baumwollding zu kühl, also ziehe ich einen Pullover darunter. Das sieht seltsam aus, aber irgendwie modisch. Vielleicht macht's jemand nach. Ich werde sowieso als Tourist erkannt, und wenn ich noch so berberblond bin.

Postkarten statt spitzer Schuhe

Zuerst schlage ich den Weg zum Markt ein. Das ist eine Straße voller kleiner Läden mit offenen Türen und Waren aller Art. Das einzige, was mich hier beeindruckt, sind die Stände mit den bunten und anregend riechenden Bergen von Gewürzen. Bei denen sind auch die Händler ganz anders als an den anderen Ständen: Sie sitzen ruhig im Schatten und warten, bis jemand Interesse für ein bestimmtes Gewürz zeigt. An Kleidern und Schmuck gehe ich schnell vorbei. Sobald ich vor einem solchen Stand anhielte, um mir etwas anzusehen, würde ich sofort gedrängt, etwas zu kaufen. Aber auch im Vorbeigehen wird man ständig von den Händlern angesprochen.

Nach kurzer Zeit habe ich das Gefühl, mit der Sommerdaraja über dem Pullover doch ein wenig lächerlich auszusehen. Vor allem will jeder Verkäufer, der etwas annähernd Typisches anzubieten hat, mit dem Fremden ein Geschäft machen, der ein arabisches Kleidungsstück trägt. Schließlich signalisiert der eine ganze Menge Vorzüge für einen Kunden: Er interessiert sich für typisch marokkanische Sachen, sonst würde er keine Daraja tragen. Lange kann er noch nicht hier sein, sonst würde er das Kleidungsstück nicht so komisch mit einem europäischen kombinieren; er ist also unerfahren. Und die Daraja signalisiert nicht nur Gesprächsbereitschaft, sondern gibt auch gleich einen Aufhänger für einen ersten Kontakt. Was gibt es Lohnenderes als einen naiven Touristen, der augenscheinlich leicht anzusprechen ist, sich ziemlich sicher für typische Souvenirs interessiert, und dem man garantiert noch etwas vormachen könnte?

Allein der Gedanke, so betrachtet zu werden, ist unangenehm, also beschleunige ich meine Schritte und verlasse den Markt, sobald ich das obere Ende erreicht habe. Mal schauen, was es in Rabat sonst noch gibt.

Als ich den Markt verlassen habe und in Richtung Fluss bummle, spricht mich ein sportlich aussehender junger Araber mit schwarzer Hose und hellem Hemd an. Kann ich dir etwas helfen? Ich zeige dir, was du willst. Wahrscheinlich sucht er eine Gelegenheit, sich als Fremdenführer zu verdingen. Die reich verzierte Sehenswürdigkeit, vor der wir gerade stehen, zieht mich aber wegen der Menschenmassen gar nicht an. Danke, eigentlich will ich mich nur etwas umsehen.

Hast du Zeit, auf eine Tasse Tee zu mir mitzukommen? Wieso nicht? Dann bekomme ich auch noch einen kleinen Einblick in das Leben eines Marokkaners aus der Stadt. Der junge Mann wirkt zwar übercool und dabei etwas fahrig, aber wahrscheinlich hat er wie so viele seiner Landsleute gerade etwas berauschendes geraucht. Auf dem Weg zu ihm kann man ihn ja immer noch beobachten und gegebenenfalls die Einladung unter einem Vorwand doch ablehnen.

Hier an der Atlantikküste scheint es üblich zu sein, Fremde zu seiner Großmutter auf eine Tasse Tee einzuladen. In diesem Fall ist es auch so und bis dort ist ein ganz schönes Stück zu laufen. Die gute Frau wohnt jenseits des Flusses, in Salé, und die nächste Brücke ist kilometerweit entfernt. Aber gleich in der Nähe ist ein Fährbetrieb, dort schippern ein paar Holzkähne pausenlos Leute über den Fluss.

Man stellt sich wie in eine volle Trambahn in das nächste Boot, lässt sich übersetzen und gibt dem Fährmann eine Münze, bevor man an Land geht. Mein Begleiter bittet mich, die paar Pfennige für die Überfahrt zu bezahlen und fünfzig Prozent Trinkgeld draufzulegen. Der Fährmann ruft uns etwas hinterher. Der Gastgeber meint, dass er vielleicht kein Trinkgeld nehmen will. Ein paar Meter später erfahren wir, dass der Fährpreis doppelt so hoch ist wie angenommen. Der Mann hat also protestiert, weil er zu kurz gekommen ist. Das ist nicht schön, aber er wird's überleben.

Mein Begleiter scheint es plötzlich eilig zu haben. Mein Misstrauen wächst. Wenn er den richtigen Fährpreis nicht kennt, ist er womöglich gar nicht von hier. Vielleicht ist er gerade auf Besuch bei seiner Großmutter. Oder etwas ist faul. Die Geschichte von dem jungen Zahntechniker aus der Jugendherberge ist schon hängen geblieben.

Während ich überlege, wie ich mich notfalls

elegant abseilen kann, ohne jemanden zu Unrecht zu beleidigen, wird dem Begleiter das Schweigen zu viel. So bietet er als Gesprächsstoff das weitere Programm des Tages an: Nach dem Tee können wir noch ein Lager anschauen. Dort gibt es Lederjacken, Jellabas und spitze Schuhe. Er deutet auf seine Fußspitzen. Das wird dich sicher interessieren.

Lederjacken, Jellabas und spitze Schuhe?!! Jetzt bin ich vorerst sprachlos. Ein zufälliger Zimmergenosse erzählt mir am Morgen von einem Vorfall, der vor zwei Tagen wenige Autostunden entfernt in einer Stadt an der gleichen Küste passiert ist, und zwei Stunden später sieht es so aus, als ob ich in die gleiche Geschichte reinrutschen würde. Die Übereinstimmung ist so klar, dass das fast kein Zufall sein kann. Entweder ist die Einladung zum Tee eine sehr gängige Masche, den Umsatz zu steigern, und die besagten Kleider sind eben gängige Souvenirs in einer gehobenen Preisklasse, oder an der Atlantikküste ist eine Bande am Werk, zwei Männer und eine ältere Frau, die ihr Programm an wechselnden Orten durchzieht. Ja, vielleicht ist das der gleiche junge Mann, der vorgestern den jungen Zahntechniker zu seiner Großmutter eingeladen hat. Jedenfalls habe ich keinerlei Lust, zusätzlich zu dem Teppich noch eine Lederjacke mit herumzuschleppen. Den Teppich habe ich mir ja auch nach einer Tasse Tee aufschwatzen lassen.

Da mein Begleiter nichts von dem Gespräch mit dem Zahntechniker weiß, kann ich mich wahrscheinlich noch aus der Affäre ziehen, ohne böses Blut zu verursachen. Ich mache ihm klar, dass ich überhaupt nicht an den erwähnten Souvenirs interessiert bin. Die Sachen sind aber sehr gut und viel billiger als in Deutschland. Ich will sie aber nicht den ganzen Nachhauseweg lang mit rumschleppen. Als er meint, dass er sie mir bis zum Hotel

bringen könne, erzähle ich ihm, dass ich für den Heimweg noch dreitausend Kilometer mit dem Fahrrad vor mir habe. Da wird er stutzig, glaubt aber augenscheinlich, nicht alles richtig verstanden zu haben. Dafür beteuert er wieder, dass für die paar Sachen der Transport kein Problem wäre. Aber irgendwie wirkt das so, als ob er sich damit selbst beruhigen müsste. Einen Treffer habe ich wohl schon gelandet.

Gerade da kommen wir an einem kleinen schattigen Park vorbei, in dem eine Sitzecke zu einer Pause einlädt. Das ist der ideale Platz für Angriff Nummer zwei im Abwehrkampf. Ich muss noch dringend Karten schreiben. Da kann er nichts dagegen sagen. Erstens sind wir für eine kleine Pause schon lang genug unterwegs, und zweitens schreiben Touristen immer und überall Karten. In aller Gemütsruhe ziehe ich eine Postkarte aus meiner Tasche und beginne, sie langsam und sorgfältig zu mit Grüßen und anderen Wörtern zu bedecken. Das ist aber noch nicht die ganze Arbeit: Jetzt wird das Adressbuch herausgezogen, darin die passende Adresse gesucht und sorgfältig auf die Karte übertragen. Nach kaum einer halben Stunde ist das Werk fertig und der junge Marokkaner scheint erleichtert, dass wir den Weg jetzt fortsetzen können. Ich denke aber nicht daran, aufzustehen. Vielmehr hole ich die restlichen fünf Postkarten aus der Tasche und fächere sie wie zufällig aber sichtbar auf, während ich meinem Begleiter erzähle, dass auf so einer Radtour jedes Gramm zählt, und dass die Karten in den Packtaschen nur verknittert oder bei Regen gar aufgeweicht würden. Jetzt ist er sich fast sicher. Du bist mit dem Rad von Deutschland nach Marokko gefahren? Jetzt hat er die Gewissheit, dass er es mit einem Verrückten zu tun hat, und verabschiedet sich. Er hat noch was zu tun.

Damit handelt er klug. Bevor er zwei Stunden

wartet, bis die restlichen Karten fertig sind -
und ich würde mindestens zwei Stunden brauchen - hat er leicht einen neuen Touristen zu
seiner Oma geschleppt. Und bevor er versucht,
einem Verrückten, der allein mit dem Fahrrad
in fremde Erdteile reist, notfalls unter Andro-
hung von Gewalt überteuerte Souvenirs anzu-
drehen, hält er lieber nach leichter berechen-
baren Opfern Ausschau.

Gerne hätte ich gewusst, ob das der selbe
Mann war, der vorgestern den Zahntechniker
eingeladen hat. Doch der ist schon am Morgen aufgebrochen. Zumindest ist das ein un-
glaublicher Zufall. Und der hat mir die letzte
Lust vergällt, Rabat noch näher anzuschau-
en. Die Sehenswürdigkeiten der Stadt werden
wie der Besuch von Marrakesch auf ein ander
Mal verschoben. BenAhmad und auch seine
Landsleute haben wohl recht damit, dass Städte ungleich gefährlicher sind als Dörfer. Ich
spaziere über die Hassan II - Brücke zurück
nach Rabat und zur Herberge. Von dort breche ich gemächlich auf, in Richtung Norden.
Die exotischen Gärten lasse ich links liegen,
obwohl mir ein Mann von der gegenüber liegenden Straßenseite einladend zuruft. Rabat
ist einfach zu nahe. Lilalika!

Überlegen?

Froh, die Großstadt überstanden zu haben,
strample ich zügig ins kaum vierzig Kilometer
entfernte Kenitra, das auch eine Jugendherberge hat. Lange vor der Abenddämmerung
quartiere ich mich dort ein und mache einen
Spaziergang. Da Kenitra ganz und gar nicht
nach einer Touristenhochburg aussieht, habe
ich zu dem Ort mehr Vertrauen als zu Rabat. Zwischendurch unterhalte ich mich mit
einem Studenten, der ausgezeichnet Englisch
spricht. Der lädt mich zu einem kurzen Besuch in seine Bude ein. Dort stellt er mich

ein paar Freunden vor, hauptsächlich ebenfalls
Studenten. Einer davon liegt krank auf einer
Matratze, ist aber ansonsten guter Dinge.

Wir unterhalten uns über Gott und vor allem
über die Welt und unsere Heimatländer. Eine
Frage, die einer der Studenten in den Raum
stellt, macht mich recht betroffen: Wer weiß,
warum die Marokkaner nicht so intelligent sind
wie die Europäer? Vielleicht ist es Vererbung
oder vielleicht die Sonne.

Der meint wohl, dass mangelnder Erfolg eine Folge fehlender Fähigkeiten ist. Das mag
schon sein, aber anstatt der Fähigkeiten können auch die Möglichkeiten beschnitten sein.
Die benachteiligten Länder können sich möglicherweise nicht viel weiter entwickeln, als die
mächtigen Länder zulassen. Und Europa bestimmt eben die Spielregeln im Mittelmeerraum. Die anderen dürfen sich anpassen, solange sie keine ernsthafte Konkurrenz werden.
Gefördert wird, was ungefährlich ist. Das ist
ja legitim. Leider lassen sich die Bewohner
der ärmeren Länder oft weismachen, dass sie
es nicht genauso gut könnten, wenn sie die gleichen Möglichkeiten hätten.

Für mich als Europäer könnte so ein Satz ja
beruhigend sein. Es droht keine Gefahr aus
Afrika; die Afrikaner sind im Gegenteil fast
unterwürfig. Für jemanden, der sich für aufge-
klärt hält, ist das aber ziemlich erschreckend:
Ein ganzer Kontinent lässt sich für dumm verkaufen! Und die Leute spielen mit, sogar solche mit höherer Schulbildung. Ob die das in
der Schule lernen? Das Schulsystem stammt
sicher noch aus der Kolonialzeit.

Offensichtlich läuft da ein Betrug, der auf Kosten ganzer Kontinente geht. Wenn mehr Marokkaner sich die wirtschaftliche Vormacht Europas so erklären, ist es kein Wunder, wenn
sich daran so schnell nichts ändert. Und wir
werden überheblich, was uns nicht unbedingt
nützt.

Wie dem auch sei: Zum Abschied lerne ich einen neuen Gute-Nacht-Gruß: tasbah alahair - worauf man antworten soll: Wa anta min ahlan. Schließlich kehre ich in die Jugendherberge zurück und schlafe gut aus, um für den nächsten Tag an der Küste gerüstet zu sein.

Und der Wind ist doch schneller

Am nächsten Morgen mache ich gleich nach dem Einkaufen eine Frühstückspause, nach der ich noch mein Fahrrad warte. Ich bin nicht scharf darauf, in den letzten Tagen in Marokko genau zum ungünstigsten Zeitpunkt eine Panne zu haben. Damit ich in Ruhe arbeiten kann, wähle ich dazu ein praktisch menschenleres asphaltiertes Gelände im Schatten einer Halle. Als ich fertig bin und die Werkzeuge und die restlichen Einkäufe verstaue, sehe ich eine einzelne Heuschrecke, die sich auf den Weg zur Halle macht.

Du bist also die Heuschreckenplage in Nordafrika, die in den Wochen vor meiner Abreise immer wieder in den Zeitungen erwähnt wurde! Wegen dir habe ich mich extra erkundigt, wie man deinesgleichen nahrhaft zubereiten könnte, falls du keine anderen Lebensmittel mehr übrig ließest. Hast du ein Glück, dass es hier außer dir noch andere Sachen zum Essen gibt!

Von Kenitra aus möchte ich auf dem schnellsten und sichersten Weg nach Norden. Laut Landkarte müsste sich die Nebenstrecke über Benmansour dazu eignen. Die Gegend dort scheint dünn besiedelt zu sein und läuft praktisch am Strand entlang. Weiter weg vom Rifgebirge geht's nicht.

Die Straße ist allerdings nur eine von mehreren, die vom Verkehrsknotenpunkt Kenitra ausgehen. Da ich keine Hinweisschilder sehe, peile ich vom Zentrum aus in die Richtung, in der ich die Straße nach Benmansour vermute, bis ich praktisch am Stadtrand bin und eine Kreuzung vor mir habe, bei der mindestens zwei Abzweigungen als die gesuchte Straße in Frage kommen. Dort frage ich einen Passanten nach dem Weg. Momentan ist sowieso nur einer zu sehen, ein ordentlich gekleideter Mann um die Vierzig, der bestimmt kein Englisch kann.

Wie frage ich den nach dem Weg, ohne ihn zu verängstigen oder einen schlechten Eindruck zu hinterlassen? Höflich grüßen. Salam aleikum - Friede sei mit dir. Der Mann steckt die Überraschung, von mir angesprochen zu werden, gut weg und grüßt zurück: Wa aleikum salam - Und mit dir sei Friede. Da ich beobachtet habe, dass Marokkaner untereinander selten bei einem Gruß bleiben und außerdem noch überlegen muss, wie ich nach dem Weg fragen soll, mache ich weiter mit La ba's? - Wie geht's? Das bedeutet gleichzeitig nichts Schlechtes und kann ihn darauf hinweisen, dass ich nichts Böses vor habe. Der gute Mann grüßt höflich zurück, scheint aber ein wenig nervös zu sein. Das ist kein Wunder, wenn man von einem Fremden in ein Gespräch verwickelt wird und weit und breit keine anderen Menschen sind. Und er weiß nicht, warum er angesprochen wird.

Um ihn nicht länger auf die Folter zu spannen, stelle ich endlich meine Frage: Wissen Sie, wo der Weg nach Benmansour geht? Er scheint verstanden zu haben, wiederholt das Wort Benmansour und beschreibt knapp und präzise den Weg. Vor allem redet er so langsam und deutlich, dass ich ihn beim ersten Mal verstehe. Ich kann also einen Einheimischen in der Landessprache nach dem Weg fragen und sogar mit der Antwort etwas anfangen. Erfreut und höflich bedanke ich mich und fahre los auf die Küstenstraße.

Da diese wirklich flach ist, komme ich für meine Verhältnisse sehr schnell voran. Die Temperaturen sind hier am Meer so mäßig, dass ich keine Mittagspause brauche. Nur selten halte ich an, zum Beispiel um ein paar Jungen am Straßenrand Erdnüsse abzukaufen. Die erblicken eine leere Plastikflasche auf meinem Gepäckträger und fragen, ob sie die „Schachta" haben können, zum Erdnüsse verkaufen. Einer der Jungen hat schon eine. Die Dinger sind handlich und der Interessent kann die Ware von allen Seiten betrachten. Und ich bin froh, dass die Flaschen nicht als umweltbelastender Müll enden, zumindest vorerst nicht.

Meine Essenspause lege ich an einem Ort ein, von dem aus ich keine Siedlungen sehen kann. Dort kann ich in Ruhe meine Vorräte verkleinern, bevor mich irgendwelche Kinder entdecken. Die sind hier übrigens relativ schüchtern und brav. Neugierig sind sie natürlich trotzdem und sie fragen höflich nach Plastikflaschen. Darauf habe ich gewartet und bin froh, meine Sammlung verkleinern zu können.

Als ich frisch gestärkt durch lichte Wälder nach Norden brause, will mir der Wind zeigen, wer hier der Schnellste ist. Erst bläst er nur kräftig. Da er von der Seite kommt, lasse ich mich dadurch nicht aufhalten. Bald wird er aber stärker und wirbelt den überall gegenwärtigen Sand so hoch auf, dass meine Sicht behindert wird. Eine Sandwolke unter der Brille ist unangenehm. Langsam schmerzt auch der Sand, der fast waagrecht gegen das Gesicht prasselt. Gerade noch rechtzeitig erreiche ich eines der Wäldchen, die in unregelmäßigen Abständen die Straße säumen. Während ich im Windschatten eines meterdicken Baumes Schutz suche, bemerke ich ein paar Kinder, die gerade im Wald unterwegs sind. Die scheinen wie ich von dem starken Wind beunruhigt zu sein, der jetzt schon das Gehen schwer macht, und wissen nicht so recht, was sie tun sollen. Schließlich, als ich schon

fürchte, dass sie weggeblasen werden, machen sie es mir nach und suchen sich auch besonders dicke Bäume zum Schutz. Dabei habe ich das Gefühl, dass sie mich anstarren wie ein Mondkalb, falls sie überhaupt so weit sehen. Der Sand ist nämlich inzwischen überall. Wir sind in einer stürmischen Sandwolke und der Wind scheint immer stärker zu werden. Anderswo würden jetzt aller möglicher Unrat und andere Gegenstände als gefährliche Geschosse durch die Luft jagen, aber hier in dieser kargen Landschaft mit seinen armen Bewohnern gibt es für den Sturm nichts als Sand zum Wirbeln. Trotzdem bin ich froh, dass gerade rechtzeitig das Waldstück gekommen ist, und dass es hier so dicke Bäume gibt. Ich bin keine Minute zu früh abgestiegen.

Noch schneller als er angefangen hat, lässt der Sturm nach. Bald ist die Luft wieder so ruhig, rein und friedlich, als ob nie etwas gewesen wäre. Die Packtaschen schauen vielleicht etwas heller aus als vorher, und nachdem ich mein Hemd ausgeschüttelt habe, erkenne ich sehr gut, wo ich am stärksten schwitze: Dort bleibt mehr Sand kleben. Gesicht, Hals und Hände sind von einer Sandschicht überzogen. Wie Mund und Nase spüle ich sie sogleich ab. Sobald ich wieder reichlich Süßwasser zur Verfügung habe, ist eine Generalreinigung fällig.

Als ich am frühen Abend Arbaoua erreiche, ist der windige Zwischenfall schon längst wieder vergessen. Ich beschließe, dass die Etappe für heute ausreicht und frage nach dem Campingplatz, der auf meiner Karte eingezeichnet ist. Nach der Beschreibung eines Passanten bin ich gleich dort. An dem Ort finde ich hinter einem großen Torbogen ohne Tor eine menschenleere saftig grüne Wiese mit mittellangem Gras vor. So etwas habe ich in Marokko noch nicht gesehen. Zelte sehe ich auch keine. Entweder bin ich falsch oder das Geschäft läuft gerade nicht sehr gut. Auf dem Platz steht zwar ein kleines

Haus, aber dort deutet ebenso nichts auf eine touristische Einrichtung hin. Die Wiese sieht aber auch nicht so aus, als ob sie anderweitig bewirtschaftet würde.

Vorerst stelle ich mein Rad ab und schaue mich um. Der Platz gefällt mir, vielleicht wegen des grünen Bewuchses oder wegen der Mauer, die dafür sorgt, dass man nur von wenigen nächtlichen Fußgängern gesehen würde. Wenn ich nett frage, erlaubt mir der Besitzer des Hauses bestimmt, dass ich hier schlafe.

Während ich mich sammle und meine Lage durchdenke, taucht ein Mann mittleren Alters auf, der einen netten und anständigen Eindruck macht - der Besitzer des Hauses. Den frage ich nach dem Campingplatz. Daraufhin erzählt er mir, dass ich eigentlich schon richtig bin, dass der Platz aber schon seit Jahren nicht mehr bewirtschaftet ist. Jetzt wohnt nur noch er mit seiner Frau und den zehn kleineren Kindern hier. In dem Häuschen muss es für so eine große Familie sehr eng sein. Als ich frage, ob ich auf seiner Wiese übernachten darf, meint er, dass der Platz nicht bewacht sei. Wenn mich das nicht stört, hätte ich hier aber einen recht guten Schlafplatz. Wir sind uns also einig. Nachdem wir uns noch ein wenig unterhalten haben, in Arabisch, französischen Bruchstücken und Zeichensprache, zeige ich ihm meinen leeren Wasserkanister. Der gute Mann schickt eines seiner Kinder mit dem Behälter ins Haus und wenig später habe ich ihn wieder gefüllt in meinen Händen. Ob das Haus wirklich fließend Wasser hat? Vielleicht gibt es hier ja einen Brunnen - oder nur eine Wassertonne. Riechen tut die durchsichtige Flüssigkeit gut und frisch. Trotzdem werde ich es so weit wie möglich nur zum Waschen benutzen. In den letzten zwei Tagen in dem Land will ich nichts mehr riskieren, vor allem, da ich jetzt Abnehmer für die Plastikflaschen gefunden habe, also guten Gewissens Mineral-wasser kaufen kann.

Kolleginnen

Gut ausgeschlafen und ohne einen weiteren Blick auf die Karte zu verschwenden, breche ich im Morgengrauen nach Norden auf. Heute muss ich nur den Schildern in Richtung Tanger folgen. Falls ich tatsächlich diese Hafenstadt erreichen sollte, will ich versuchen, ihren Einzugsbereich in Richtung Sebta zu verlassen und erst dort eine Übernachtungsmöglichkeit zu suchen. Aber auch wenn ich schon vor Tanger mein Nachtlager aufschlagen muss, habe ich heute höchstwahrscheinlich die vorletzte Etappe in Marokko vor mir.

In der kühlen Morgenluft bin ich zügig unterwegs. Nach Larache rollen mir zwei mächtig aufgepackte Radfahrer entgegen. Beim näheren Hinsehen bemerke ich, dass es Radfahrerinnen sind. Die jungen Frauen sind Französinnen, können aber Englisch. Sie erkundigen sich, wie die Straße nach Süden ist. Da diese in einem wirklich guten Zustand ist, kann ich sie beruhigen. Schließlich fragen sie, wo der nächste Campingplatz ist - um neun Uhr Vormittag, wie ein verstohlener Blick auf meine Armbanduhr zeigt. Ich nenne ihnen meiner Karte gemäß Larache, das ich vor vielleicht einer halben Stunde passiert habe. Ob der dortige Platz bewirtschaftet ist, weiß ich natürlich nicht.

Wahrscheinlich sind sie sehr früh losgefahren, um der Mittagshitze zu entgehen, und wollen die Tour ruhig angehen. Das ist vernünftig und zeugt von Respekt vor dem fremden Land. Der Uhrzeit nach können sie noch nicht sehr weit gefahren sein. Sicher sind sie von einem der Campingplätze zwischen Tanger und Asilah aufgebrochen. Das wären von hier aus zwischen dreißig und fünfundsiebzig Kilometer. In den drei Stunden seit dem Morgengebet ist das realistisch und mit den gut zehn Kilometern bis Larache genug für eine erste ganze Etappe in Marokko. Die beiden haben bestimmt die richtige Mischung aus Mut und Umsicht, die sie als Frauen für eine Reise in einer reinen „Männergesellschaft" brauchen, Inschallah.

Mülltüte statt Schuhe

Inmitten einer hügeligen grünen Landschaft neben der fast eben verlaufenden Straße suche ich mir einen ruhigen Platz für mein zweites Frühstück. Natürlich dauert es auch bei dieser Pause nur wenige Minuten, bis Kinder angelaufen kommen. Diesmal sind es nur zwei, ein Junge und ein Mädchen von vielleicht acht und elf Jahren. Die sind aber frech für zehn. Der Kleine hat es sofort auf die Radschuhe abgesehen, die zum Lüften auf den Gepäckträger geschnallt sind. Mit allen Mitteln, die ihm einfallen, versucht er gierig, den Fremden zu überzeugen, dass dieser ihm die Schuhe geben muss. Schließlich hat der auch noch andere, die er an hat. Wenn sie nicht so gut festgeschnallt wären, hätte er sich womöglich schon selbst bedient.

Währenddessen hat die große Schwester einen günstigen Moment abgepasst und die inzwischen ansehnlich volle bonbonrote Mülltüte vom Gepäckträger heruntergerissen. Das deutet darauf hin, dass die zwei nicht nur Spaß machen, sondern ernsthaft einen Anteil an dem Gepäck haben wollen. Das geht dem ansonsten sehr geduldigen Radfahrer doch entschieden zu weit. Der Kleine wird immer unhöflicher abgewiesen, während seine Schwester aus ein paar Metern Entfernung, mit einem kleinen Graben und dem Fahrrad zwischen sich und dem Fremden, triumphierend mit ihrer Beute winkt. Damit will sie bestimmt die Aufmerksamkeit auf sich lenken, damit ihr

kleiner Bruder freien Zugang zum Fahrrad bekommt. Zu ihrer Verwunderung wird ihr Raub praktisch ignoriert. Verzweifelt versucht der Bruder, trotzdem an die Schuhe heranzukommen. Langsam schlägt die Situation von lästig in sehr unangenehm um. Was hilft gegen so eine Belagerung? Ein Ausfall ! Ein paar Schreie auf bairisch und aus voller Radfahrerlunge werfen die beiden mindestens zwei Meter zurück. Im gleichen Moment taucht die Mutter hinter einem Hügel auf und will wahrscheinlich fragen, was los ist. Aber bis sich die drei gesammelt haben, ist der Fremde längst wieder auf der Straße. Den Zwischenfall hat er bald beinahe vergessen. Die List mit der Mülltüte hat funktioniert.

Viele, viele Feigen, Wasser und immer weiter nach Norden

An einer anderen Stelle verkauft eine ältere Frau Kaktusfeigen. Die sind in ihrer festen Schale sicher verpackt. Daher sind sie erstens problemlos zu verstauen, und ich habe außerdem keine Angst vor bösen fremden Bakterien, wenn ich das frische Fruchtfleisch aus der Schale nehme.

Als ich nach dem Preis frage, bedeutet mir die Frau, dass ich ihr ein Geldstück hinlegen soll, und sie mir dann die entsprechende Menge in die Tüte füllt, die ich extra für diesen Zweck dabei habe. Ich gebe ihr einen halben Dirham. Dann kann ich ja eine der paar Feigen probieren, die ich dafür bekomme, und entscheiden, ob ich noch mehr will. Die Frau, die einen recht mürrischen Eindruck macht, bittet mich mit Handzeichen, die Öffnung meiner Tüte aufzuhalten. Dann greift sie mit beiden Händen in den Haufen Feigen, der neben ihr liegt, und füllt eine gute Portion in die Tasche. Als ich mich bedanken will, hat sie schon die nächste Ladung in den Händen. Die Frau ist wirklich ehrlich und gibt auch einem Europäer etwas für sein Geld. Als ich die Tüte zumachen und mich bedanken will, brummt sie unwirsch etwas und lädt die Tüte weiter voll. Während ich staunend die Menge an kleinen hartschaligen Früchten in meiner Tüte betrachte, lädt die Frau mit abschätzigem Blick weiter nach. Am Ende habe ich gut ein Kilo Kaktusfeigen und kann mich gar nicht genug bedanken, bevor ich weiterfahre und einen ruhigen Platz suche, um die wasserhaltigen Früchte zu verspeisen. Hier gibt es genug Wald, um auch in der Nähe der Hauptstraße ungestört eine Essenspause einlegen zu können.

Da es an diesem Tag recht heiß ist und in Marokko ständig Fußgänger unterwegs sind, fragen mich ein gutes Stück vor Asilah zweimal Leute nach einem Schluck Wasser. Gerne gebe ich einen Schluck von meinen Vorräten ab. Ein junger Mann, der keine Fremdsprachen zu kennen scheint, erklärt mir wortlos mit Gesten, dass ich ein gutes Herz habe.

In Asilah erstehe ich zwei neue Wasserflaschen, Brot und eine Tafel Schokolade für alle Fälle. Käse und Obst habe ich noch genügend. Ich kann es noch nicht richtig fassen, dass ich bis Tanger keine fünfzig Kilometer mehr zu fahren habe, dass die Uhrzeiger noch den frühen Nachmittag anzeigen und dass es überhaupt nicht zu heiß zum Fahren ist. Das heißt, wenn ich unbedingt wollte und sofort eine Fähre erwischen würde, könnte ich schon heute abend in Europa sein. Aber eine so fluchtartige Abreise hat das schöne Land nicht verdient. Außerdem habe ich mir ja vorgenommen, Tanger zu umfahren und über Sebta auszureisen. Das sind gut sechzig Kilometer mehr. So, wie ich jetzt in der Zeit liege, könnte ich diesen spanischen Einschluss morgen Vormittag erreichen und hätte danach einige Stunden Zeit, mich ohne Hektik um die Überfahrt zu kümmern. Da diese nicht sehr lange dauern kann, wür-

de ich auch in Spanien noch Zeit haben, die Hafenstadt Algeciras zu verlassen und in einem kleineren Ort zu nächtigen. Aber noch ist Tanger nicht erreicht, und erst recht nicht Sebta.

Rätselhafte Begegnung

Umso weiter ich nach Norden komme, desto üppiger gedeiht die Natur. Wald ist inzwischen selbstverständlich und Gras wächst auch fast überall. Nicht nur die Pflanzenwelt wird europäischer: Man sieht auch immer mehr Autos. Bei Outat ließ man Esel die Lasten schleppen und ging selbst zu Fuß. Die Berbertrucks waren eher eine Ausnahme und Bus und Taxi die einzige Möglichkeit, schnell längere Strecken zurückzulegen. Auf Midelts Wochenmarkt sah ich deutlich, dass das Maultier dort das Standardlasttier ist. In der Gegend um Azrou hatte ich Pferde gesehen, was mich die Reihe weiterspinnen ließ, und an der Küstenstraße hatten schließlich wie erwartet die Autos die Oberhand gewonnen. Und die werden jetzt immer mehr, umso näher man der Küste kommt. Ich bin praktisch innerhalb Marokkos der Zivilisation entgegengefahren.

Was noch darauf hindeutet, ist die Tatsache, dass man immer mehr Frauen auf der Straße sieht. Hier im Norden sind viele am Kinn tätowiert. Das übliche Handzeichen für „Frau" ist, wenn man eine hohle Hand macht und mit deren Fingern am Kinn hinabstreicht. Anfangs war ich durch diese Verzierung irritiert, oder sogar erschreckt über die Entstellung. Aber wenn man weiß, dass das so üblich ist und einen harmlosen Hintergrund hat, kann man sich daran gewöhnen.

Nicht alle Frauen tragen diese Tätowierung. Einmal sehe ich am Straßenrand eine ausgelassene Gruppe von mindestens zehn jungen

Frauen in bunten Kleidern, die mir durcheinander lautstark und kichernd irgend etwas zurufen. Dieses Gegröle habe ich bisher nur bei kleineren Kindern beobachtet. Die Mädels fühlen sich wahrscheinlich nicht beobachtet und machen sich ihren Spaß. Was sie überhaupt ohne männliche Begleitung am Straßenrand wollen? Wahrscheinlich warten sie auf einen Bus.

Vielleicht zwanzig Meter weiter ist noch eine kleinere Gruppe, die auf etwas wartet: Eine ältere Frau und zwei junge Mädchen, alle drei wesentlich unscheinbarer gekleidet. Das größere Mädel ruft mir ebenfalls etwas zu. Irgendwie bin ich neugierig, worauf die alle warten. Auf einen Bus? Da sowieso gerade eine Trinkpause fällig ist, mache ich in gebührendem Abstand, aber noch in Sichtweite der kleineren Gruppe, eine Pause, stelle mein Rad ab, hole eine Wasserflasche aus einer Packtasche, setze mich hin und warte ab.

Wenige Minuten später stehen die zwei jungen Mädchen vor mir: eine kleine zierliche, die ich auf etwa zwölf schätze, und eine etwas größere mit einer sehr weiblichen Figur unter ihren weiten Kleidern, die schon fünfzehn sein könnte. Während ich noch verblüfft überlege, was eine Großmutter dazu bringt, zwei kleine Mädchen zu einem Fremden auf der Straße zu schicken, sagt die kleinere der beiden etwas zu mir, einen längeren Satz. Leider verstehe ich nur das letzte Wort davon: arschoh, also wahrscheinlich argent - Geld. Demnach hat sie Französisch geredet. Aber was?

Die beiden schauen erwartungsvoll. Ich will nicht unhöflich sein und überlege verzweifelt, was die beiden wollen könnten. Auf Arabisch frage ich, worum es geht, was los ist. Damit können sie nichts anfangen. Mädchen bekommen ja oft keine oder nur eine minimale Schulbildung. Vielleicht sprechen sie nur ihren Dialekt. Meine Aussprache ist zudem nicht die

beste, und wie sollen die beiden auf die Idee kommen, dass jemand, der so europäisch aussieht, Arabisch spricht. Also unterstütze ich meine Verständigungsversuche durch Zeichensprache: „Tut mir leid, ich habe nichts verstanden" auf Arabisch und Französisch, jeweils begleitet von einem Achselzucken und dem Deuten meiner Zeigefinger auf die Ohren. Das müssen sie verstehen.

Die zwei schauen nur entgeistert und ratlos. Wenn sie auch kein Französisch verstehen, haben sie vielleicht einen Spruch auswendig gelernt. Dem letzten Wort nach geht es um etwas Geschäftliches.

Um die Lage zu entkrampfen und die inzwischen sichtlich nervösen Mädchen zu beruhigen, reiche der Größeren meine volle Wasserflasche. Die nimmt die Flasche in den Arm und drückt sie an sich wie ein Geschenk. Daraufhin meint die Kleine zu ihr, dass ich gedacht hätte, sie solle daraus trinken. Dass sie das sagt, schließe ich aus dem Wort „schrub" - „trinken", das am Ende ihres Satzes fällt. Da die Große dann tatsächlich ein paar Schlucke aus der Flasche nimmt, habe ich den Satz wohl richtig verstanden.

Bald fällt mir nichts mehr ein, wie ich herausfinden könnte, was die beiden wollen, und die haben womöglich immer noch nicht begriffen, dass ich nichts verstanden habe. Im Halbschatten der Bäume könnten wir uns noch den restlichen Nachmittag lang gegenübersitzen, gelegentlich einen Blick auf die Gegenseite werfen und warten, was passiert. Ich bin zwar neugierig, aber andererseits hätte ich nichts dagegen, heute noch Tanger zu umfahren und aus dem Einflussbereich der verrufenen Stadt zu kommen. Also stehe ich auf, verabschiede mich freundlich mit „Maaslama" und fahre weiter. Neugierig schaue ich mich um, was die beiden jetzt machen. Als sie auf dem halben Weg zur Großmutter sind, höre ich einen lauten äußerst ärgerlichen Schrei und sehe, wie die Große voller Wut ihr Kopftuch auf den Boden schleudert. Nie werde ich erfahren, was die beiden gewollt haben und warum das Mädchen sich so verärgert ihr Tuch vom Kopf gerissen hat.

Eine Stunde nach dem seltsamen Erlebnis mit den Mädchen erreiche ich das Ortsschild von Tanger. Eigentlich besteht kein Grund zur Eile: Ich bin viel schneller in die Nähe der Straße von Gibraltar gekommen als erwartet. Jetzt könnte ich mir noch ein oder zwei gemütliche letzte Tage in Marokko machen, und dann ausgeruht nach Europa übersetzen. Ich erinnere mich aber an die zahlreichen Warnungen von Einheimischen und denke an die Geschichte mit dem Tee bei der Großmutter und dem Bekleidungslager. Wieso sollte ich jetzt noch ein Risiko eingehen? Ich entschließe mich für eine Fahrt am Rand des Küstengebirges und nehme die nächste Abzweigung nach Sebta, bevor ich überhaupt die ersten Häuser von Tanger zu Gesicht bekomme.

Auf die nahe Stadt deuten hier nur die großzügig angelegten Straßen hin, die viel Verkehr aufnehmen könnten, aber wie ausgestorben wirken. Auf einer Kreuzung verkauft ein Mann Äpfel und Birnen. Da ich noch Dirham habe und eine vitaminhaltige Abwechslung im Speiseplan schätze, kaufe ich ihm eine Handvoll Birnen ab. Die habe ich in Marokko bisher noch nicht gesehen. Über den Preis bin ich recht erschrocken. Der Händler betont aber, dass das schließlich Birnen sind. Die sind hier einfach so teuer. Jetzt habe ich garantiert genügend Lebensmittel bis Sebta. Ich brauche mir also keine Gedanken darüber zu machen, ob ich zu den üblichen Öffnungszeiten für Geschäfte eine Ortschaft passiere.

Nach Sebta sind nur noch gut sechzig Kilometer zu strampeln, und ich habe vielleicht noch zwei Stunden bis zur Dämmerung. Darüber,

dass ich die Strecke heute noch schaffen könnte, mache ich mir keine Illusionen. Vielmehr bin ich überrascht, dass ich heute schon so weit gekommen bin. Das müssen schon über hundertfünfzig Kilometer gewesen sein, und ich kann immer noch ein gutes Stück fahren.

Die Straße ist ziemlich einsam. Ich sehe kaum Häuser und Autos. Die Strecke hat zwar wie erwartet viele Steigungen, aber die bin ich inzwischen gewohnt, und es gibt genauso viele Abfahrten. Angeregt vom Panorama aus Meer und Bergen in der bizarren Felslandschaft und im Sog des nahen Hafens von Sebta komme ich ungewöhnlich schnell voran. Bei dem etwas diesigen Wetter herrschen am frühen Abend angenehme Temperaturen, und ich sehe keine Veranlassung, mich zu schonen. Als ich Ksar-es-Seghir bei Tageslicht erreiche, beschließe ich, bis zur Abenddämmerung weiterzufahren. Heute habe ich das Gefühl, dass ich außerhalb einer Siedlung sicherer bin. Die Gegend hier ist so dünn besiedelt, dass es ganz unwahrscheinlich ist, dass Spaziergänger auf mich stoßen.

Als die Sonne so tief steht, dass ihre Strahlen nur noch die Kuppen der Straßen erreichen, beginne ich, ernsthafter Ausschau nach einem Schlafplatz zu halten. Direkt ans Ufer möchte ich nicht, obwohl ich dort immer wieder bequeme windgeschützte Strände sehe. Aber wenn, dann wird dort am meisten los sein. Wer weiß, wer hier an der Grenze zu Europa nachts unterwegs ist. Daher beschränke ich mich bei der Schlafplatzsuche auf andere leicht erreichbare Nischen zwischen den Felsen, die man von der Straße aus nicht sieht.

Von Europa überrumpelt

In dieser Nacht kommen erstmals keine Gäste zum Schlafplatz. Das ist mir sehr recht, und damit das so bleibt, breche ich gleich im Morgengrauen auf und fahre über eine Art kleinen Pass weiter nach Sebta. Dabei ist mir immer bewusst, dass ich seit Kenitra praktisch durchgefahren bin und daher und vor allem von dem Sandsturm recht schmutzig sein dürfte. Das macht sicher keinen guten Eindruck an der Grenze. Und auf dem Schiff möchte ich auch einigermaßen menschlich aussehen. Da kommt mir der Umstand gelegen, dass die Berge, die die Straße säumen, an etlichen Stellen von Furchen zerschnitten sind, die bis zur Straße hinuntergehen.

Als die Grenze in Sichtweite kommt, drehe ich noch einmal um und suche eine geschützte Nische auf. Dort genehmige ich mir mit meinen Wasservorräten von noch über drei Litern ein Duschvollbad. In dem Wasser, das der nette Familienvater mir auf dem Campingplatz abfüllen lassen hat, sieht man bei Tageslicht so viele Schwebstoffe, dass es mir nicht ratsam erscheint, noch nach über einem ganzen Tag davon zu trinken. Aber zum Duschen ist es gut angelegt. Da ich doppelt so viel Wasser zur Verfügung habe wie damals in Outat, kann ich praktisch damit aasen, um den Schlamm aus Seife, Schweiß und Straßenstaub wegzuspülen.

Um richtig adrett zu wirken, lege ich noch eine Hose an, die extra für solche Zwecke in der Packtasche verstaut ist. Dabei fällt mir auf, dass meine Oberschenkel dicker geworden sein müssen. Aber nachdem ich ein paar Meter gegangen bin, kann ich mich damit aufs Rad setzen, ohne die Nähte zu gefährden. So herausgeputzt kann ich ohne besondere Formalitäten die Grenze zur spanischen Enklave Ceuta passieren.

Da eine Stadt meistens erhöhte Aufmerksamkeit erfordert, verzehre ich dort erst einmal meine Schokolade, die ich immer für Notfälle dabei habe. Ungeschickterweise verputze ich die süße Rarität auf einem gut einsehba-

ren Platz. Aus irgend einem Grund ist dieser Platz eingezäunt, und hinter dem Zaun sind wie überall in Marokko etliche Kinder, die mit großen Augen zusehen. Seltsamerweise sind die alle brav und schauen nur neugierig. Haben Sie schon einmal etwas unter den hungrigen Blicken von Anderen gegessen? Ich habe ernsthaft überlegt, die Schokolade zu teilen, aber dann wäre für jeden kaum ein halbes Rippchen übrig geblieben oder es hätte womöglich Streit gegeben. Also spiele ich mit einem unguten Gefühl den erbarmungslosen gefräßigen Deutschen, der ganz alleine eine Tafel Schokolade verputzt. Sollen sie doch sehen, was für egoistische Prasser wir sind. Ehrlicher ist das. Warum sollen wir ihnen etwas vormachen?

Wenige hundert Meter weiter in Richtung Zentrum sehe ich ein Schild, das für Tickets und Geldwechsel wirbt. Ein paar Häuser weiter sehe ich wieder einen Hinweis auf Tickets. Das wird zwar noch öfter angeboten werden, aber warum soll ich nicht gleich hier absteigen? Der Mann in dem schlichten Büro hat Tickets nach Algeciras für zwei Uhr und fragt, ob das in Ordnung ist. Meine Uhr zeigt kurz nach zwölf an. Ich werde also fast zwei Stunden Zeit haben, den Hafen in der kleinen Stadt ausfindig zu machen und mir den Ort ein wenig anzusehen. Das Ticket nehme ich. Es kostet mehr als halb so viel wie eines von Malaga nach Melilla, obwohl die Überfahrt mit eineinhalb Stunden nur einen Bruchteil so lang ist. Auf der kurzen Strecke ist natürlich die Nachfrage größer. Da ich schon einmal hier bin, frage ich den Mann, ob er Dirham in Peseten umtauscht. Er wirbt zwar nicht dafür, aber er ist darauf vorbereitet und schaut nach, welcher Kurs heute herrscht. Den Umrechnungskurs finde ich zwar recht schäbig, aber da der umgetauschte Betrag mit etwa sechzig Dirham nicht sehr hoch ist, gebe ich mich damit zufrieden. Der Händler und die Banken wollen schließlich auch von etwas leben. Hier tun sie das womöglich nicht schlecht.

Kurz bevor ich gehe, fällt mein Blick auf eine Uhr in einer Ecke des etwas düsteren Raumes. Sie zeigt viertel nach eins. Stimmt die Uhr? Ja. Zeitumstellung! In einer Dreiviertelstunde geht meine Fähre! Aus dem Stadtbummel wird also nichts. Es würde zwar keinen Weltuntergang bedeuten, wenn ich das Schiff nicht kriegen sollte, aber ich fahre doch ohne Umwege durch das freundlich hell anmutende Städtchen zum Hafen. Als dieser in Sichtweise ist und ich noch in einem nahen Park eine kleine Pause einlegen will, macht mich jemand darauf aufmerksam, dass die Fahrzeuge in Richtung Algeciras schon anstehen. Ich reihe mich in die lange Schlange von Autos ein, die stichprobenweise und mit Hilfe eines großen Hundes kontrolliert werden. Am Auto der Familie vor mir springt der Hund immer wieder hoch, worauf der Wagen zur Seite fahren muss. Ich selbst werde durchgewunken. Auf dem Schiff bekommt mein Rad wieder einen Platz zum Festbinden neben der Einfahrtsluke.

Heute suche ich gar nicht erst einen Sitzplatz, sondern richte mich gleich auf dem Deck ein. Das Schiff ist viel größer als die Fähre bei der Hinfahrt. Diesmal sind auch mehr Leute im Freien. Schließlich dauert die Überfahrt ja nicht lang, und das Wetter ist angenehm warm. Zwei Frauen in den Dreißigern fragen neben anderen Passagieren auch mich, ob ich für sie eine Plastiktüte voller Kleider durch den spanischen Zoll tragen könnte. Sie haben mehrere von diesen großen Taschen. Wahrscheinlich wollen sie nicht in die Verlegenheit kommen, die Sachen wegen der großen Menge verzollen zu müssen. Weil ich aber nicht sicher bin, ob in den Tüten nur Stoff zum Anziehen ist, und in den letzten hundert Minuten vor meiner Rückkehr nach Europa kein unnötiges Wagnis irgendwelcher Art mehr eingehen möchte, weise ich sie bedauernd darauf hin, dass ich selbst schon eine große Tasche Handgepäck dabei habe. Sie werden schon noch hilfsbereite Mitpassagiere finden, die sich auskennen und das Risiko einschätzen können.

Da es heute wieder recht diesig ist, verschwinden die Berge von Marokko bald im Dunst. Lebt wohl!

Das Meer bietet auf dieser viel befahrenen Strecke keinen erbaulichen Anblick. So viel Müll ist einfach nicht schön. Ich suche mir auf dem Achterdeck einen freien Platz an der Bordwand, setze mich dort hin und entspanne mich.

Die Tour durch Marokko ist um. Heimwärts muss ich es nur noch ausrollen lassen. Spanien liegt in Europa und ich spreche die Landessprache gut genug, dass es unterwegs kaum Probleme geben dürfte.

Jetzt kann ich mir Notizen machen, die ersten seit einer Woche, wie mir ein Blick in mein Heft zeigt. Aber noch ist die Erinnerung taufrisch und ich habe viel Zeit, die Reise aufzubereiten. Frisch ist die Erinnerung vielleicht, aber schon reichlich verlaufen wie Farben, die zu kurz nacheinander dick nebeneinander aufgetragen worden sind. Wie war das mit dem Duschen, als drei Liter für zwei Personen ausgereicht haben? In welcher Region habe ich sonst noch Frauen gesehen, die am Kinn so auffällig tätowiert waren wie die, die mir gegenüber auf dem Schiffsdeck stehen? Was haben die Frauen an den Füßen? Die Sohlen sind wohl Stücke von Autoreifen, das habe ich in Outat auch gesehen. Aber was ist das blaue, das so aussieht wie - die Tätowierungen am Kinn? Haben die etwa auch ihre Füße tätowiert? Womöglich, damit diese vor Blicken geschützt sind? Eine Art hautenger Socken?

Apropos Schuhe: Jetzt habe ich doch vergessen, mir noch gute Sandalen zu kaufen. In

Marokko wären die bestimmt nicht nur preis-
wert, sondern sie müssen auch gut zum Laufen geeignet sein, bei der Kilometerleistung,
die die Marokkaner pro Tag und Abend haben. In Deutschland brauchen Sandalen ja nur
gut auszusehen und die sichere Bedienung eines Gaspedals gestatten. Wie lange war ich
überhaupt in Marokko? Was habe ich alles
gelernt und was nicht? Wollte ich nicht noch
eine Teekanne ...

Noch kann ich es nicht ganz glauben, dass ich
unwiderruflich auf dem Weg zum europäischen
Festland bin. Die laue Seeluft und das sanfte
Schaukeln der Fähre befördern mich bald ins
Land der Träume. Heute ist das Marokko.

Als ich aufwache, schaue ich verschlafen auf
die Uhr. Wegen der Zeitumstellung bin ich
mir auch danach nicht ganz sicher, ob ich eine
Stunde geschlafen habe oder kurz eingenickt
bin. Nachdem ich mir die Müdigkeit aus den
Augen gerieben und den Kopf aufgerichtet habe, weiß ich Bescheid: Steuerbord ist deutlich
und nah ein bergiger Küstenstreifen zu sehen.
Ein Nachbar erklärt, dass wir bald in Algeciras
sein werden. Ich habe die Felsen von Gibraltar verschlafen. Sogar diese Sehenswürdigkeit
habe ich mir entgehen lassen.

Jetzt macht es keinen Sinn mehr, noch Notizen zu machen. Lieber lasse ich auf den letzten
Kilometern die Küste auf mich wirken. Schreiben kann ich heute Abend - vielleicht. In den
letzten gut zwei Monaten habe ich immerhin
schon fast vier Seiten zustande gebracht. Diese Reise wird sich sowieso unauslöschlich in
mein Gedächtnis einprägen. Oder nicht?

Kapitel 4

Heimweg

Flucht vor der Regenzeit

Von der Straße von Gibraltar bis zur Rhône

Fast ohne Trödeln der Zivilisation entgegen Als sich im Hafen von Algeciras die Ladeklappe der Fähre öffnet und ich als Erster über das Blech auf das Festland rolle, ist es noch mitten am Nachmittag und ich bin gut ausgeruht. Daher beschließe ich, sogleich den Heimweg fortzusetzen. Zurück will ich immer an der Küste entlang fahren. Davon verspreche ich mir, dass die Strecke technisch leicht und damit zügig zu bewältigen ist, und außerdem, dass ich kaum noch auf die Landkarte zu schauen brauche. Solange ich rechts das Meer sehe, bin ich richtig. Was mich im August davon abgehalten hat, diese Strecke zu wählen, war der Umstand, dass in diesem Monat noch Bade- und Ferienzeit war. Da hatten mich der damit verbundene Verkehr und die höheren Preise abgeschreckt. Jetzt im Oktober dürfte es an der Küste relativ ruhig sein, und ich habe die für den Sommer angelegte Infrastruktur praktisch für mich allein.

Die Straße ist flach, die Temperaturen sind angenehm und ich bin glücklich wieder in Europa und dabei, tatsächlich auch den Rückweg meiner Marokkoreise mit dem Rad zu bewältigen. Den restlichen Nachmittag lang fliege ich förmlich über die Straße, links mächtige bewaldete Hügel und rechts das Meer, über dem die Luft zu trüb ist, um die Berge Marokkos zu sehen. Der Autoverkehr hält sich tatsächlich in Grenzen. Bis zur Dämmerung bin ich vermutlich irgendwo in der Nähe von Estepona. Ich gönne mir den Luxus, keinen Blick auf die Karte zu verschwenden, und halte einfach am nächstbesten Campingplatz an. Dort genieße ich die erste Dusche mit fließendem Wasser seit Kenitra. Auch die Wäsche mache ich um eine gute Portion Sand leichter. Der Sturm hatte feinste Körnchen in alle Poren gepresst. Davon bekomme ich zwar einiges heraus. Im Waschbecken knirscht alles. Aber man sieht den Sachen, die ich damals an hatte, deutlich an, dass sie in Marokko waren.

Am nächsten Tag geht es vorerst genauso mühelos weiter. Jetzt kann ich meine Ernährung wieder ein wenig umstellen: Für das Frühstück bekomme ich in jedem Dorf Milch, Quark und irgendwelche Cornflakes oder sogar Haferflocken. Die Leute sind hier auch bei weitem nicht so neugierig. Kein einziges Kind redet mich an, wenn ich irgendwo anhalte. Ich kann direkt neben der Straße essen, ohne dass jemand davon Notiz nimmt. Die Tour wird also ab jetzt schlagartig wieder anders. Wegen der drohenden Regenzeit ist mir das ganz recht. Bis Südfrankreich werde ich strampeln und Kilometer fressen ohne Ende. Das schöne Spanien werde ich wieder einmal nur als Durchreisender erleben.

Spätestens ab Malaga merke ich, dass das Land mich wohl doch nicht ganz wie im Flug passieren lassen wird. Eigentlich hatte ich erwartet, dass die Küstenstraße besonders flach ist, da sie am Strand entlangführt. Außerdem geht die Strecke die ersten paar hundert Kilometer nach Osten, also in die Richtung, die auch der Wind gerne nimmt. Eine flache Strecke plus Rückenwind gibt leicht zu fahrende weite Tagesetappen. Allein das ist ein guter Grund, für die Rückfahrt die Küste zu wählen. Sonst könnte man sich vielleicht doch für einen Weg durch das Binnenland über eine Hochebene und an Flüssen entlang entscheiden.

Dass es meistens windstill ist, stört mich nicht; dafür ist es diesig, wodurch die Sonne davon abgehalten wird, mich zusätzlich zu den gefahrenen Kilometern auszuzehren. Die Schwüle ist auch nicht weiter tragisch. Aber dass eine Steigung nach der anderen kommt, bringt mich ganz aus dem Konzept. Eigentlich liebe ich Berge, und lange Anstiege sind eine Herausforderung, auf die ich mich gut einstellen kann, nach denen ich meinen Rhythmus einteile: Unten warme Kleidungsstücke ausziehen, einen tüchtigen Schluck trinken und nicht zu viel essen; am Scheitelpunkt der Strecke Brotzeit machen und in der Zeit den verschwitzten Oberkörper trocknen lassen, damit er sich bei der Abfahrt nicht verkühlt. In den Alpen ist das bei trockenem Wetter leicht zu befolgen und auf den Bergen komme ich so im Endeffekt kaum langsamer voran als auf der Ebene, wo ich oft am Einschlafen bin. Was macht man aber, wenn kurze Steigungen und Abfahr-

ten stetig abwechseln? Auch aus- und anziehen? Durchfahren, aber langsamer, damit bei den Anstiegen weniger Schweiß entsteht und bei den Abfahrten weniger Verdunstungskälte durch den Fahrtwind?

Beides kostet Zeit. Am weitesten komme ich, wenn ich einfach so zügig drauflosstrample, dass ich auch bergab warm bleibe. Die Kondition dazu habe ich, und auch das Essen kann ich hier leicht auf einen hohen Energiebedarf einstellen. Ich kann also fahren, ohne mich um den Nachschub an Sprit sorgen zu müssen.

Bei dieser Fahrweise sieht man nicht viel vom Land. Der Blick fällt meistens auf die ewig gleiche Landstraße, und die Gedanken sind in Marokko. Kleine Abwechslungen bilden die fast oder ganz ausgetrockneten Flußtäler, die man überquert. Manche scheinen schon lange kein Wasser mehr zu führen. Sonst würden darin keine Erdbeeren oder dergleichen angebaut.

Ansonsten sieht man rechts gerade noch das Meer, so weit der Dunst dies zulässt. Links erblickt man sehr selten das Gebirge im Hinterland, aber meistens riesige grüne Hügel, auf denen sich Häuser verstecken, kleine neue Häuschen mit einer ganz einheitlichen Bauweise pro Hügel, geplante Siedlungen mit grandiosem Seeblick. Ob dort die Leute hinziehen, die die Dörfer im Inneren des Landes verlassen haben, die fast nur noch aus Ruinen bestehen? Oder sind das Zweitwohnungen für reiche Spanier?

Die Schilder, die man immer wieder an der Straße sieht, lassen noch eine andere Vermutung zu: Wurstel con Kraut. Wiener Schnitzel. Man spricht Deutsch. Deutsches Frühstück. Regionale und internationale Küche... - Sind die Häuser auf den Hügeln für zahlungskräftige Ausländer aus dem Norden gebaut worden?

Immer weniger verstecken sich die Häuschen auf den Hügeln. Umso weiter man nach Westen kommt, desto mehr beherrschen sie sie. Einzelne Baukräne in den Dörfern zeugen davon, dass dort größere Gebäude im Bau sind. Die Küste boomt also, im Gegensatz zum ausblutenden Binnenland. Fahre ich also durch das große Neubaugebiet! Mal schauen, wie weit das reicht. Bis zur Französischen Küste?

Bis dahin ist es noch weit. Und ich werde länger brauchen, als ich gedacht habe. An Steigungen, auf die ich nicht vorbereitet bin, werde ich einfach langsamer, finde ich oft erst einen passenden Rhythmus, wenn es schon wieder bergab geht, und denke dann, in Gedanken versunken, nicht daran, dass ich jetzt ohne großen Kraftaufwand Tempo machen könnte.

Weil ich finde, dass die Etappe reichlich kurz war, und auch weil es immer früher dunkel wird, suche ich erst in der Abenddämmerung eine Unterkunft, einen Campingplatz, wegen der Dusche. Da es hier alle paar Kilometer ein Dorf mit Campingplatz gibt, ist das an und für sich auch kein Problem. Der Platz in Almuñécar, wo ich noch eingekauft habe, war aber auf jeden Fall zu früh. Auf die nächsten habe ich aus dem selben Grund auch nicht so geachtet. Als ich schließlich bereit bin, der Etappe ein Ende zuzugestehen, bemerke ich, dass ein Hinweisschild auf einen Campingplatz nicht automatisch bedeutet, dass dieser im Oktober geöffnet ist. Zudem sind die meisten Plätze in der Gegend zu nobel für meinen Geschmack. Zwei bis vier Sterne finde ich übertrieben für eine Übernachtung mit Dusche und ohne Zelt. Wie also ein Campingplatz nach dem anderen zu teuer aussieht oder geschlossen hat, ist der Einzugsbereich des Dorfes plötzlich zu Ende, und ich sehe mich vor einer langgezogenen Steigung. Da es noch lange nicht dunkel ist, beschließe ich, zum nächsten Ort weiterzufahren. Der ist nicht so weit weg, den müsste ich auch dann noch bei Tageslicht erreichen, wenn es dorthin fast ständig bergauf geht.

Platten im Dunkeln

Als ich anhalte, um zu schauen, warum das Rad geradezu auf der Straße zu kleben scheint, sehe ich, dass der Hinterreifen praktisch platt ist. Das ist der erste Platten auf der ganzen Tour. Normale Reifen dieser Breite halten nicht halb so lange, und schon gar nicht mit schwerem Gepäck.

Es gibt zwar günstigere Zeitpunkte für einen Platten, aber das kriege ich schon noch hin. Da es bald dunkel wird, beeile ich mich und verzichte darauf, den Mantel auf mehr als das Loch zu untersuchen, das an dem jetzigen Platten schuld ist. Also lege ich erst einmal das Rad hin und pumpe den Hinterreifen auf, bis ich höre, wo die Luft entweicht. Weil gerade wenig Verkehr ist, kann ich die entweichende Luft gut hören. Dann lasse ich die Luft wieder heraus und ziehe den Reifen an der betreffenden Stelle ab. Wieder aufpumpen, bis ich höre, wo genau die Luft aus dem Schlauch austritt, und ich das Loch sehe; Schlauch anrauhen, Klebstoff auftragen; entspannen, einen Pullover anziehen und die Landschaft anschauen, bis der Kleber trocken ist; Flicken fest auf das Loch drücken, Mantel wieder aufziehen, aufpumpen - fast fertig. Als das Rad wieder mit prallen Reifen dasteht, ist die Dämmerung bereits so weit fortgeschritten, dass ich gerade noch das Flickzeug und die Reifenheber finde. Gut, dass ich den Platten nicht eine Viertelstunde später hatte. Dass es schon so früh dunkel wird! Schuld daran ist erstens die Jahreszeit: Auch in Andalusien hat der Tag im Oktober weniger als zwölf Stunden. Außerdem fahre ich recht zügig nach Osten; das macht täglich ein paar Minuten aus.

Für den nächsten Tag nehme ich mir dennoch vor, bis zur Ostküste zu kommen. Dazu bezahle ich den Campingplatz im Voraus, damit ich nicht erst ab neun Uhr Vormittag den Ausweis abholen muss. Auf der Karte sieht die Strecke kinderleicht aus: fast schnurgerade und immer an der Küste entlang. Aber das täuscht. Immer wieder kommen längere Steigungen, richtige kleine Pässe, und streckenweise ist die Straße so schlecht, dass ich mich auf den Abfahrten kaum Tempo zu machen traue. Nach und nach beginne ich immer mehr zu zweifeln, ob das mit der Ostküste noch realistisch ist.

Aber ich bin früh aufgebrochen und habe schon am Nachmittag zuvor eingekauft, so dass ich mehr Zeit zum Fahren zur Verfügung habe. Trotzdem ist abzusehen, dass ich frühestens in der Nähe der Abenddämmerung an der Ostküste sein werde, als ich von der Küstenstraße abweiche, um das Kap Gata zu umfahren. Die Strecke ist relativ flach und ich fahre relativ flott, um der Dämmerung zuvorzukommen. Eigentlich liege ich ganz gut in der Zeit, aber heute wird es schon wieder um einiges früher dunkel als gestern.

Wahrscheinlich habe ich noch knapp zehn Kilometer bis zum Tagesziel, als ich das Licht einschalten muss - kein Problem. Als ich aber etwa fünf Kilometer weiter wieder einen Platten habe, habe ich ein Problem. Flicken kommt nicht in Frage, das ist im Dunkeln im wahrsten Sinne des Wortes aussichtslos. Wenn ich einen neuen Schlauch aufziehen würde, wäre es wahrscheinlich, dass ich das eine oder andere Werkzeug liegen lasse, weil ich es nicht sehe. Außerdem fühle ich bei einem Aufpumpversuch, dass der Mantel an mindestens einer Stelle keinen Gummi mehr auf der Lauffläche hat. Wer weiß, wie weit der Stoff noch halten würde. Soll ich im Dunkeln die Packtaschen nach dem Ersatzmantel durchsuchen?

Ich würde bestimmt etwas Wichtiges liegen lassen. Einfach neben der Straße zu biwakieren wäre das Naheliegendste, wenn die Strecke hier nicht ständig zwischen Felsenwänden hindurch über Flüsse oder Abgründe führen würde. Wenigstens kommt mir das so vor. Ich sehe ja nichts außer meinem schwachen Scheinwerferkegel. Ein paar Kilometer vorher hätte ich nur ein paar Meter neben der Straße meinen Schlafsack hinlegen zu brauchen - aber hier? Ich frage einen Fußgänger, wie weit es noch bis zum nächsten Campingplatz ist. Vier Kilometer. Also wahrscheinlich nicht weiter als zurück zum nächsten möglichen Schlafplatz.

Da der Mantel sowieso hin ist, muss ich wenigstens nicht weiter auf ihn Rücksicht nehmen und kann das Rad einfach schieben. Morgen früh wird einfach der Ersatzreifen aufgezogen - nach fast fünftausend Kilometern mit schwerem Gepäck der erste Reifenwechsel, da darf ich mich nicht beschweren. Hätte ich den Reifen heute untersucht, hätte ich den Wechsel wahrscheinlich gleich vorgenommen und wäre jetzt schon am Ziel. Hätte, wäre ... Die Stunde Schieben ist eine angemessene Strafe für den Leichtsinn und wohl trotzdem zu überleben. Hoffentlich, denn die Straße scheint mir stellenweise recht schmal zu sein und es ist relativ viel Verkehr, und bei Schrittgeschwindigkeit ist das Rücklicht nicht sehr hell. Hilft nix, da muss ich jetzt durch. Nach einer dunklen Ewigkeit, die mitten durch die Berge zu führen scheint, treffe ich urplötzlich auf einen Campingplatz, der geöffnet ist und am Meer liegen soll. Die Ostküste ist erreicht.

Am Ende der Welt?

Ohne genau zu wissen, wo ich gerade bin, breche ich am nächsten Morgen nach Norden auf, in Richtung Cartagena. Bergauf, bergab, geradeaus, zur Rechten das Meer und links meist Berge, mal bewaldet, mal fast kahl, und unter mir eine mehr oder weniger gute Teerstraße, fahre ich so vor mich hin. Hier ist wirklich fast gar nichts los. Autos sieht man kaum, Ortschaften werden immer seltener und stellenweise ist die Straße gar nicht geteert. Einmal führt sie eine Ewigkeit lang mitten durch die Berge, so dass man sich richtig einsam vorkommt. Wenn man anhält, hat man nichts um sich außer Berge, Sonne und Ruhe. Bin ich wirklich noch auf der Küstenstraße? An den wenigen Straßenkreuzungen zeigen die Schilder immer noch nach Cartagena. Wenn ich denen folge, kann ich nicht so falsch liegen. Nach einer langen Zeit treffe ich wieder auf eine Ortschaft und bald danach sehe ich wieder das Meer, bevor die Landstraße in Richtung Cartagena wieder in die Berge führt.

Die Küstenstadt Cartagena selbst ist der reinste Kulturschock. Eine ganz modern anmutende Stadt mit Hochhäusern, nach Stunden der Ruhe und Einsamkeit. Ich durchfahre die Stadt auf einer gut ausgebauten perfekten Teerstraße zügig ohne anzuhalten. Ein Radfahrer in ungefähr meinem Alter begleitet mich ein Stückchen. Wir unterhalten uns kurz im Fahren und er fragt, ob er mir irgendwie helfen kann. Da ich alles im Griff zu haben glaube, bedanke ich mich für sein Angebot, und unsere Wege trennen sich nach wenigen Kilometern wieder. Das war der erste Spanier, der mich von sich aus auf der Straße persönlich angesprochen hat.

Ab jetzt werden die Ortschaften wieder häufiger und größer, und ich bekomme auch das Meer wieder öfter zu Gesicht. Und nach Norden zu wird alles immer dichter, größer und moderner werden.

Nachsaison

Im Süden war das Wetter trüb und recht schwül gewesen. Im Osten kommt öfter die Sonne durch. Trotzdem wird es eigentlich nie unangenehm heiß. Man kann bis zum frühen Abend in kurzem Hemd und Radlerhose fahren und spart damit Wäsche. Allerdings hat die Strecke fast wie an der Westküste von Jugoslawien immer wieder Steigungen, nicht lang, aber ausreichend, um mich aus dem Rhythmus zu bringen. Wenn man den ganzen Tag über nur rasen würde, wäre es außerdem schade um den Ausblick, den man von den steilen Hängen der Ostküste aus hat.

Ohne drohende Regenzeit wäre mir egal, wie lang meine Etappen werden. Die Vorlesungen beginnen erst im November. Aber da ich einigermaßen im Trockenen heimkommen will, fahre ich halt jeden Tag so weit, wie ich komme und suche mir jeweils zur Abenddämmerung einen Campingplatz. Einen solchen zu finden, ist an der Mittelmeerküste kein Problem. Nur könnten sie für Radfahrer billiger sein. Ich will doch nur duschen und mich hinlegen. Nicht einmal ein Zelt habe ich. Wild campen ist problematisch, weil an der Küste eigentlich alles, wo man sich hinlegen könnte, besiedelt ist. Und ich nehme an, dass die Polizei es nicht gerne sieht, wenn in einem Touristengebiet wilde Camper unterwegs sind. Wie praktisch war das dünn besiedelte Binnenland, wo man sich nur weit genug von den Siedlungen entfernen mußte, um unbemerkt unter dem Sternenhimmel übernachten zu können!

Umso weiter ich nach Norden komme, desto mehr Campingplätze gibt es, aber von diesen haben nur noch wenige geöffnet. Eine Zimmersuche würde mir zu lange dauern, und Zimmer sind an der Küste sicher recht teuer oder ohne Dusche. Und wofür braucht man bei dem schönen Wetter ein Dach über dem Kopf? Unter freiem Himmel wacht man ziemlich sicher im Morgengrauen auf und ist früh wieder auf der Straße.

Also suche ich so lange nach einem Zeltplatz, bis ich einen mit wenigen Sternen finde, der noch geöffnet hat. Das kann aber bis in die Nacht hinein dauern. Nachtfahrten haben nicht nur den Nachteil, dass sie gefährlicher sind, weil Radler im Dunkeln von den Autofahrern nicht erwartet und zudem erst spät gesehen werden. Besonders unangenehm sind nächtliche Pannen, wie ich ja bereits feststellen konnte.

Wie dick ist die Rinde?

An der Küste scheint im Gegenteil zum Landesinneren wirtschaftlich alles aufwärts zu gehen: Die Orte sind sauber, die Häuser alle in bestem Zustand, und fast überall sieht man Baustellen. Als Grund dafür scheint nichts anderes als der Badetourismus in Frage zu kommen. Was sollte hier sonst besser sein als im Landesinneren? Handel? Häfen sind eher selten, und auch weit weg davon florieren die Dörfer. Fischfang? So viele Leute können bestimmt nicht allein davon leben. Geht es mit Spanien allgemein aufwärts und bin ich auf der Hinfahrt nur zufällig in ärmere Gegenden gekommen?

Ich entschließe mich zu einer Art Test: Ich schneide den weiten Bogen, den die Hauptstraße nördlich von Benidorm am Meer entlang macht, über eine Nebenstraße ab. Wahrscheinlich wird es dort auch nicht viel anders aussehen als in den Nachbarorten an der Küste. Wenn doch, kann fast nur der Badetourismus der Grund für die schönen weißen Häuser an der Küstenstraße sein. Die gut sechzig Kilometer weite gewundene Straße über Callosa de Ensarriá, Orba und Pego ist gut geteert, so dass nur die Steigung ein wenig aufhält. Aber

Steigungen gibt es an der Küste auch. Die Ortschaften sind zwar nicht so verfallen wie die abseits der großen Hauptstraßen, aber sie machen alles andere als einen blühenden Eindruck. Zwischendrin sind immer wieder Häuser mit zugenagelten Fenstern und solche, die gut einen neuen Anstrich vertragen könnten. Geschäfte sehe ich kaum. Der Unterschied zu den zehn bis zwanzig Kilometer entfernten Nachbarorten an der Küste ist sehr deutlich. Zentrifugaleffekt nennt man das, wenn Bevölkerung und Wohlstand aus dem Inneren an den Rand drängen.

Warmes Wasser

An einem Sandstrand beim Hotelort Piles sehe ich, wie ein Auto im Sand feststeckt und ein paar junge Leute versuchen, das Fahrzeug aus seiner Lage zu befreien, während der Fahrer am Steuer sitzt und das Gaspedal bedient. Aus Blödsinn helfe ich den Leuten beim Schieben. Es ist so, als ob ich unsichtbar wäre: Keiner hindert mich daran und niemand nimmt Notiz davon, dass ich es tue. Nur eine gute Ladung Sand bekomme ich ab, als der Fahrer mit Vollgas versucht, vorwärts zu kommen. Was soll's, ich muss sowieso bald wieder waschen; da rentiert es sich wenigstens.

An diesem Tag erlebe ich am Campingplatz eine Überraschung: Wenn man die Wasserhähne mit dem roten Punkt aufdreht, kommt warmes Wasser! Das klingt banal, aber so etwas habe ich seit zwei Monaten nicht mehr erlebt. Aber es hat sich schon angekündigt: Gestern hatte ich auf einem Campingplatz mit einem neuen Nasszellengebäude übernachtet. Dort waren auch Wasserhähne mit blauen und solche mit roten Punkten installiert. Nur warmes Wasser hatte es noch nicht gegeben.

Da war mir erstmals bewusst geworden, wie sich die Wasserversorgung zwischen Norden und Süden unterscheidet: In Marokko war ich froh um eine Waschgelegenheit. Geduscht wurde selten, und wenn, dann mit einer behelfsmäßigen Einrichtung wie einem Eimer oder einem Kanister. Die Duschbäder an den öffentlichen Wasserstellen bei Outat und Midelt waren am Rande des Unanständigen, und das Bad in dem Bergsee und die Dusche in der Jugendherberge in Rabat ein unerwarteter Luxus. In Spanien sind Duschen auf Campingplätzen Standard. Ob sie das in Marokko auch sind, weiß ich nicht, da ich nicht das Vergnügen hatte, einen zu besuchen. Dass es aber noch eine weitere Steigerung geben würde, nämlich fließend warmes Wasser, darauf war ich gar nicht mehr gefasst. Jedenfalls nutze ich die Gelegenheit für einen Waschtag aus. Unglaublich, um wie viel mehr Dreck man mit warmem Wasser aus den Kleidern rausbringt.

Barcelona

Meine letzte Etappe hatte ich absichtlich schon weit vor Barcelona beendet. In der Metropole gibt es zwar eine Jugendherberge, aber ich habe keine Lust, mich in das Verkehrsgetümmel einer Millionenstadt zu stürzen, um eine Herberge zu suchen, von der ich gar nicht weiß, ob sie auf hat. Lieber versuche ich, die Stadt auf dem kürzesten Weg zu durchqueren. Wenn ich mich immer möglichst weit rechts halte, kann hoffentlich nichts schiefgehen. Ich weiß zwar nicht, ob ich auf der Spur fahren darf, die für Taxis und Busse reserviert ist, aber dort ist einfach am wenigsten los, und wenn das verboten ist, wird mir schon jemand Bescheid sagen.

Ohne besondere Vorkommnisse bin ich auf einmal in Badalona. Ich habe es tatsächlich geschafft, Barcelona zu durchqueren. Der Blick auf die Uhr zeigt zwar, dass das einige Zeit in Anspruch genommen hat, obwohl ich keine Pausen eingelegt habe und immer geradeaus gefahren bin. Aber ich bin heil durchgekommen! Wenn man ständig auf den Verkehr achten muss und die Lunge bei jedem Atemzug alle möglichen Fremdstoffe mit einsaugt, kann man halt nicht besonders schnell fahren. Egal, überstanden, jetzt kommt der Norden!

Halbwild campen

Ich versuche, mich bis zum Abend möglichst weit vom Einflußbereich der Stadt zu entfernen. Stadtnähe bedeutet meistens hohe Preise und schlechten Service. Tatsächlich komme ich noch sehr gut voran und bin bis zur Abenddämmerung längst wieder mitten in einer Reihe von Dörfern, die sich schier unendlich entlang der Küstenstraße aufreihen.

Natürlich gibt es hier in jedem Ort mindestens einen Campingplatz. Der erste, den ich aufsuche, hat aber geschlossen. Gleich in der Nähe ist noch einer, der aber keine neuen Gäste mehr aufnimmt. Der Mann am Eingang schickt mich zu einem anderen Campingplatz, von dem er aber nicht weiß, ob der noch auf hat. Er hat zu und jetzt ist es wirklich finster. Vier Kilometer weiter gibt es auch noch eine Möglichkeit, aber ob der auf hat? Heute möchte ich keine Nachtfahrt machen. Außerdem bin ich müde und halte es für widersinnig, auch noch Zeit dafür aufzuwenden, dass man Geld bezahlen muss, damit man darum kämpfen darf, dass man seinen Pass gleich wiederbekommt, um am nächsten Tag früh aufbrechen zu können. Einen Tag ohne Dusche habe ich in Marokko öfters ausgehalten.

Daher breite ich meinen Schlafsack vor dem Tor des geschlossenen Platzes aus, esse ein paar Bissen und lege mich hin. Kaum eine Stunde später hält ein Polizeiauto vor meinem Schlafplatz. Da ich den Polizisten gleich einen schönen Abend wünsche, sind sie ebenfalls höflich. Sie kontrollieren meinen Pass und fragen, warum ich hier schlafe. Ich sage der Wahrheit gemäß, dass der Campingplatz geschlossen hat und dass ich auch auf den letzten beiden nicht untergekommen bin. Die Polizisten meinen daraufhin, dass sie das nicht gut fänden, wenn jemand auf der Straße schläft, aber ihnen fällt auch nichts Besseres ein. Es bleibt ihnen nichts übrig, als mir eine gute Nacht zu wünschen und ihre Runde fortzusetzen.

Damit hatte ich fast gerechnet, obwohl ich im vorherigen Jahr in Jugoslawien etwas anderes erlebt hatte: Dort war ich auf der Suche nach einer Übernachtungsmöglichkeit zwischen zwei zehn Kilometer auseinander liegenden Orten hin und her geschickt worden. Schließlich ging ich in einer Stadt, in deren Hotel ich bereits bedauernd abgewiesen worden war, auf die Polizeiwache und schilderte mein Problem. Daraufhin eskortierte mich ein Polizist zurück zu dem Hotel und ich bekam doch ein Zimmer. In Spanien hat die Polizei wahrscheinlich nicht so viel zu sagen wie im damaligen Jugoslawien. Außerdem hat sie sicher auch etwas anderes zu tun, als für Touristen Schlafplätze zu vermitteln.

Da die Nächte schon recht lang sind, bin ich bis zur Morgendämmerung gut ausgeschlafen und sitze auf dem Fahrrad, bevor irgend ein Passant die Gelegenheit gehabt hätte, mich zu sehen.

An der dicht besiedelten Küste nördlich von Barcelona rückt Mitteleuropa merklich näher. Zum Beispiel gibt es immer mehr Supermärkte, die auch Müsli führen. Auch die Ortschaften schauen moderner aus. An einer Straße fällt mir zum Beispiel eine augenscheinlich nagelneue Bushaltestelle mit überdachten Wartehäuschen mit Plexiglaswänden und Schalensitzen auf. Da ich gerade eingekauft habe und schon recht hungrig bin, probiere ich das Häus-

chen gleich aus, um dort zu frühstücken. Stören werde ich niemanden, weil niemand da ist. Gerade als ich mein Müsli angerührt habe, kommt doch jemand. Eine Dame mittleren Alters setzt sich schweigend neben mich. Nach einem stummen Gruß esse ich so manierlich wie möglich weiter. Irgendwie ist es mir peinlich, an einer so öffentlichen Stelle im Freien unter Beobachtung mein Frühstück zu mir zu nehmen. Ob die Frau das anstößig findet? Schweigend wartet sie weiter auf ihren Bus, und ebenso schweigend und hoffentlich geräuschlos löffle ich weiter mein Frühstück. Irgendwann wünscht mir die Frau freundlich einen guten Appetit, worauf ich mich mit einem Nicken bedanke.

Mit Anlauf über die Pyrenäen

Obwohl ich eigentlich mehr als genug Zeit für die Heimfahrt habe, drängt mich irgend etwas heimwärts. Ob das mit der Regenzeit auch für Südfrankreich gilt? Jedenfalls beschließe ich, mir die nördliche Costa Brava für ein ander Mal aufzuheben und über Figueres und le Perthus nach Perpignan zu fahren. Auf der Karte sieht das viel kürzer aus. Sicher werde ich einen kleinen Sattel überqueren müssen, aber die vielen Windungen, die an der Küstenstraße eingezeichnet sind, schauen auch nach Bergen aus. Also trenne ich mich einmal wieder für einige Stunden vom Mittelmeer und fahre mit Anlauf über die Pyrenäen.

Tatsächlich hält mich hier nichts auf: Verfahren kann ich mich nicht, die Steigungen halten sich in Grenzen und es gibt kaum etwas, was mich davon abhält, zügig und gleichmäßig zu strampeln, während noch viele Bilder von Marokko durch meinen Kopf gehen. Als ich mich den Pyrenäen nähere, sehe ich, dass auch in größeren Höhen noch kein Schnee liegt. Hätte ich doch noch einen Umweg über einen richtigen Pass ... ? Unbekannte Berge sind etwas für den Sommer. Wer weiß, wann hier der Winter einbrechen kann.

Überraschend früh am Nachmittag erreiche ich die Grenze zu Frankreich. Hasta Luego, España! Von der Grenze bis nach Perpignan gibt es endlich wieder einmal ein längeres Stück, auf dem es hauptsächlich bergab geht. Das macht Spaß! Von der Stadt bekomme ich wegen meines Tempos auf der geraden Durchgangsstraße kaum etwas mit, und bis zum Abend bin ich schon wieder an der Küste.

Zur Zeit habe ich irgendwie kaum ein Auge für die Landschaft und auch nicht für die Ortschaften mit ihren oft malerischen Ortskernen, die man im herbstlichen Frieden sogar in aller Ruhe anschauen könnte. So trete ich auch am nächsten Tag vorwiegend in die Pedale, ohne viel mehr zu registrieren als den Blick aufs Meer und ein paar von Dünen gesäumte Sandstrände, den Hafen von Séte und den einen oder anderen Lebensmittelladen. Kaum registriere ich, dass ich jetzt erstmals seit Malaga wieder meinen Hinweg kreuze, und das für ein beträchtliches Stück. Es kommt mir auch ganz verändert vor: Viel weniger Verkehr und kaum Menschen am Strand. Nirgends mehr stehen Obststände an den Hauptstraßen und den Zufahrten zu den Stränden. An wen sollte man denn jetzt verkaufen?

Inzwischen sind die Tage so kurz, dass die Etappen auch dann nicht mehr besonders lang werden, wenn man den ganzen Tag ausnützt, solange es hell ist, und kaum Pausen macht. Da es hier aber wirklich flach ist, bin ich doch bis zum Abend schon ein gutes Stück nördlich von Séte. Bald muss ich mich entscheiden, welche Route ich nach Hause nehmen will.

Camargue

Ab la Grande Motte beziehungsweise le Grau-du-Roi ginge der kürzeste Weg in die Heimat nach Nordosten. Da dort aber jeden Tag der Winter einbrechen kann und es mir auf ein paar Tage mehr oder weniger nicht ankommt, beschließe ich, bis zum Golf von Genua an der Küste entlang nach Osten zu fahren. Von dort will ich dann über den Apennin, die Poebene, am Gardasee entlang, über Bozen und den Brenner den kürzest möglichen Weg in den kalten Norden nehmen.

Also muss ich als nächstes nur noch entscheiden, ob ich das Rhônedelta über Arles umfahre oder die Camargue durchquere. In der Camargue kann es passieren, dass durch die vielen kleinen Gewässer Umwege nötig werden. Dafür ist es dort ganz bestimmt richtig flach, und da ich nach Osten fahre, habe ich gute Aussichten auf Rückenwind. Sollte ich in einer Sackgasse landen, ist das kein Problem: Ich habe keine Eile und die Entfernungen sind in der Gegend nicht sehr groß. Ein genauerer Blick auf die Karte zeigt mir dann auch, dass ich voraussichtlich nur eine einzige Fähre benutzen muss, wenn ich mich nicht verfahre. Also auf in die Camargue - ins Rhônedelta!

Tatsächlich gibt es hier praktisch keine Steigungen. Auch der Autoverkehr ist nicht der Rede wert. Ein wenig befremden mich die Schüsse, die überall zu hören sind. Verlockend sind die vielen Hinweistafeln auf Gasthäuser, die günstige Menüs anbieten. Die Schilder kommen aber ein klein wenig zu spät, da ich schon in der Nähe von Sylvéréal mein zweites Frühstück eingenommen habe, eine gnadenlose Kohlenhydratbombe, eine größere Packung gerösteter Getreideprodukte in viel Milch. Das dürfte länger reichen, als die Durchquerung der Camargue dauern wird.

Da ich mir für heute vorgenommen habe,

Zeit zu haben, mache ich einen kleinen Abstecher nach Saintes Maries-de-la-Mer. Von Weitem sieht das Städtchen mit seiner Mauer richtig malerisch aus. Aber drinnen lassen mich die unzähligen knallbunten Andenkenläden schnell die Flucht ergreifen. Für jemanden aus dem Voralpenraum ist die grüne völlig flache Landschaft aus Schilf und lichten Wäldchen mit der würzig salzigen Luft schon ein Erlebnis. Nur die ständigen Schüsse stören ein wenig. Aber ich bin ja hoffentlich nicht gemeint. Wahrscheinlich werden Vögel gejagt. Es ist wohl fairer, ein Tier selber zu erlegen, als es ganz unpersönlich fertig hergerichtet beim Metzger zu kaufen. Wer Tiere isst, sollte wenigstens dazu stehen, dass die dazu vorher umgebracht werden müssen.

An einem Rastplatz verzehre ich ein paar Vitaminspender. Der Platz ist sehr gemütlich angelegt, mitten im Grünen mit schweren Holzbänken und Tischen. Gleich daneben steht eine Art halboffener Stall, in dem ein paar Pferde untergebracht sind. Da sie nicht viel mehr zu tun haben, beobachten sie die Menschen, die vor ihren Augen Rast machen. Als ich meine Sachen auspacke, bekomme ich am Rande mit, wie eine Frau einen jungen dunklen Hengst in den Stall sperrt. Um möglichst wenig Neidgefühle zu wecken, drehe ich den Tieren Rücken zu, als ich mich an einem Tisch niederlasse. Bis ich mich versehe, schaut mir ein riesiger dunkler Pferdekopf über die Schulter. Ich hatte gedacht, der junge Hengst ist gerade eingesperrt worden. Wahrscheinlich habe ich mich geirrt und die Frau hat ihm ein wenig Auslauf gegeben. Ich schicke ihn höflich aber bestimmt weg. Als das neugierige Tier gerade beginnt, die Leute am Nebentisch anzubetteln, kommt die Frau von vorhin wieder und führt den Dunkelbraunen wieder zu seinen Kumpanen in den Stall. Erklärend meint die Frau, dass der junge Hengst ein notorischer Ausreißer sei, der heute schon mindestens zum

dritten Mal die Verriegelung seiner Box geöffnet habe. Sie sperrt ihn wieder ein, aber da er jetzt den Mechanismus begriffen hat, wird der Riegel kein Hindernis mehr für ihn sein. Die Mädels in den Nachbarboxen schauen nur brav und interessiert zu, scheinen aber kein Interesse oder kein Geschick für einen Ausbruch zu haben. Da ich den Tunichtgut mit meinem leckeren Obst nicht unnötig reizen will, suche ich das Weite, bevor das Frauchen ihm den Rücken zukehrt und er sich wieder an der Tür zu schaffen macht.

Am frühen Nachmittag eines erfrischend ruhigen Tages erreiche ich die Stelle, an der auf meiner Karte eine Fährverbindung über die Rhône eingezeichnet ist. Tatsächlich wartet dort eine Reihe von Autos und Wohnmobilen, und man sieht gerade ein Fährschiff an einem Steg anlegen, das vierte auf meiner Tour. Nach den Fahrten von Europa nach Afrika, von Rabat nach Salé und von Afrika nach Europa werde ich gleich über die Rhône fahren. Ruinös teuer können die paar hundert Meter nicht werden. Sonst würden die Autos wahrscheinlich lieber einen Umweg über Arles in Kauf nehmen. Die Prozedur der Überfahrt geht ganz unkompliziert: Die Autos fahren auf das Deck der kleinen Fähre, auf der höchstens zehn Wägen Platz hätten, und werden hinten mit einer Absperrung gesichert. Ich darf mich mit dem Rad ans vordere Ende stellen. Von Bug und Heck möchte ich bei dem zweckmäßig einfachen Gefährt nicht sprechen. Als wir nach wenigen Minuten am anderen Ufer angekommen sind, frage ich, was ich zu zahlen hätte. Der Fährmann winkt ab und wünscht mir noch eine schöne Reise.

Östlich der Rhône ist es schlagartig vorbei mit der Idylle. Hier fahre ich kilometerweit an einer größeren Industrieanlage entlang. Die ist nicht unendlich groß, aber dafür rückt Marseille immer näher. Da ich ungern in der Großstadt übernachten würde, suche ich mir vorher einen Campingplatz.

Côte d'Azur

Erleichtert

Am nächsten Vormittag habe ich bald die berüchtigte Hafenstadt Marseille erreicht. Dort lasse ich mich auf keinerlei Abenteuer ein. Ich fahre einfach so zügig wie möglich an der Strandpromenade entlang. Auch in der Hafengegend erwische ich ganz gut die kürzeste Strecke zurück zum Strand. So habe ich die gefürchtete Stadt ohne irgend etwas von Dreck, Enge und Chaos mitzubekommen bald passiert und bin wieder an einer ruhigen Küstenstraße.

An einem Hafen bei Cannes schaue ich meine Packtaschen nach essbaren Sachen durch. Wenn die Vorräte reichen, möchte ich möglichst erst in Italien wieder einkaufen. An der Côte d'Azur sind Lebensmittel ziemlich teuer. In Italien kann das nicht schlimmer sein. Dabei geht es mir nicht um die paar Franc oder Lire, sondern um den Nepp, den ich nicht unterstützen will. Schließlich befinde ich, dass das Essen noch mindestens bis zur Grenze reichen dürfte.

Ein paar Meter weiter sitzt auf einer großen Kiste ein Mann, der mich anspricht. Der Er macht keinen Hehl daraus, dass er mich anpumpen will und meint, dass mir ein paar Franc weniger ausmachen würden, als ihm ein paar Franc mehr nützen würden. Um keine Missverständnisse aufkommen zu lassen, gibt er auch gleich die Größenordnung von zehn bis zwanzig Francs an. Was mich überhaupt dazu bewegt, mich nicht sofort höflich zu verabschieden und aufs Rad zu schwingen, ist seine Ähnlichkeit mit einem alten Bekannten.

Alter Bekannter ist nicht ganz zutreffend. Der Mann, den ich meine, hatte mich vor eineinhalb Jahren in Jugoslawien angesprochen, als ich ebenfalls auf einer Radtour war und gerade eine kurze Pause machte. Aus der kurzen Pause wurde zuerst eine Kaffeerunde mit ihm, seiner Frau, seinem Sohn und seinen fünf überaus netten Töchtern. Schließlich durfte ich sogar in seinem Haus übernachten. Vorher zeigten mir noch zwei der Töchter die Kneipenszene im Nachbarort. Auch auf dem Rückweg, wo ich ihn zufällig in einem Lebensmittelgeschäft traf, hatte er es sich nicht nehmen lassen, mir ein paar Bier zu spendieren und mich nach Hause zum Mittagessen einzuladen. Der Mann hieß Paulo.

Eben an diesen Paulo erinnert mich der Mann, der mich gerade anschnorrt. Das ist wohl der Grund, dass ich beschließe, folgende Rechnung aufzustellen:

* Die Preise hier sind unverschämt;

* mein Essen reicht noch bis zur Grenze;

* ich habe noch etwa fünfzehn Francs im Portemonnaie;

* beim Umtauschen bliebe davon kaum etwas übrig;

* wenn ich erst in Italien wieder einkaufe, spare ich bei einem Einkauf bestimmt leicht fünfzehn Francs ein;

* wenn ich mein restliches Bargeld dem Doppelgänger von Paulo gäbe, würde ich also eigentlich einen finanziellen Gewinn machen.

Letztendlich entschließe ich mich zu einem Kompromiss: Ich behalte ein wenig Kleingeld für Obst oder ein Telefonat, und gebe den Rest Paulos Doppelgänger.

Die Côte d'Azur, die blaue Küste, ist heute ziemlich grau, und man sieht kaum Menschen am Strand. Hier ist wahrscheinlich nur im Sommer etwas los. Das würde mich nicht weiter stören; dafür sind die Temperaturen sehr angenehm. An die ewigen Steigungen und Abfahrten kann ich mich auch gewöhnen. Aber sobald die Strecke flacher wird, gibt es kaum noch ein Stück Straßenrand, das nicht zu einem umzäunten Grundstück gehört. An und für sich macht es mir nicht aus, zwischendurch ein oder zwei Stunden lang nur die Straße und Hecken zu Gesicht zu bekommen. Allerdings muss ich sehr viel trinken, wenn ich den ganzen Tag zügig radelnd durchhalten will. Sonst würde ich sehr früh Muskelkrämpfe bekommen. Dabei trinke ich mehr, als ich durch die Rippen schwitzen kann.

Was macht man aber, wenn der Wasservorrat zu viel wird und kilometerweit Garten an Garten aneinandergereiht ist, alles gut eingezäunt? Auf einer Radtour ist das grundsätzlich kein Problem: Man fährt durch die Ortschaft hindurch und sieht sich danach nach einem geeigneten Platz um. Normalerweise ist das eine Sache von Minuten, aber was tut man, wenn man das Ortsende nur am entsprechenden Schild erkennt und sich schon seit einer Stunde Zaun an Zaun reiht? Man nimmt an, dass der Spuk jetzt jeden Moment sein Ende haben muss und bestimmt nach der nächsten Biegung ein Wäldchen kommt.

Was macht man, wenn anstatt des Wäldchens eine weitere Stunde lang nur weitere Zäune kommen? Was Sie machen würden, weiß ich nicht. Ich suche mir eine passende Hecke aus, halte an, ziehe hastig eine Landkarte aus der Tasche, falte sie auf und halte sie mit einer Hand gegen die Hecke, als ob ich diese als Auflagefläche bräuchte. Die Karte dient nur zur Ablenkung davon, was die andere Hand macht, während ich mit der Nase und der

einen Hand die Karte festhalte. Eigentlich ist keiner da, den man ablenken müsste. Fußgänger sieht man alle halbe Stunde mal, und was interessiert die Autofahrer, von denen alle paar Minuten einmal einer vorbeifährt, ein Radtourist mit Landkarte? Warum habe ich mich nur so lange herumgeplagt?

Da ich schon bei der Hinfahrt in La Palud Sur Verdon vor der Côte d'Azur gewarnt worden bin, versuche ich, dieses langgezogene Stück Küste möglichst schnell zu durchfahren. In den Abendstunden bin ich aber immer noch ein gutes Stück vor Nizza. Zum Übernachten suche ich mir lediglich ein Versteck. Sonst hätte ich doch noch einmal Geld wechseln müssen. So kann ich am nächsten Morgen wieder zeitig aufbrechen.

Tres charmant

Zwischen Nizza und Monaco überholt mich eine Frau mit Rennrad. Da ich einen guten Windschatten zu schätzen weiß, erhöhe ich mein Tempo, um zu versuchen, ob ich ihre Geschwindigkeit mithalten könnte. An der nächsten Steigung habe ich sie leicht eingeholt. Auf der Kuppe lasse ich das Rad ausrollen, damit sie aufholen kann. Sie fährt danach in einem Tempo ab, das mir zu riskant ist. Aber sogleich geht es wieder bergauf, und die Szene vom letzten Anstieg wiederholt sich. Als ich oben wieder kurz warte, meint sie anerkennend, dass meine Beine sehr stark wären. Das ist Training. Woher kommst du? Deutschland. Und wohin ist die Tour gegangen? Marokko. Wie lang ist die Tour? Zweieinhalb bis drei Monate. Die ganzen Antworten habe ich auf Französisch hingekriegt.

Da sich hier Steigungen und Abfahrten regelmäßig wiederholen, wiederholen sich auch die Szenen: sie rast bei den Abfahrten voraus, ich hole sie in der Mitte der Anstiege ein und warte auf der Kuppe. Oben wechseln wir ein paar Worte und schon braust sie wieder abwärts. Das geht so lange, bis auf einer längeren Abfahrt meine Kette abspringt.

Wie ich halb gehofft und halb erwartet habe, wartet diesmal sie auf mich, und zwar schon gegen Ende der Abfahrt. Auf ihren fragenden Blick hin zeige ich ihr meine schwarzen Hände. Auf so etwas ist die umsichtige Radfahrerin natürlich vorbereitet. Sie öffnet ihre Lenkertasche und gibt mir ein Erfrischungstuch mit einer erstaunlichen Reinigungswirkung. Im Nu sind die Hände wieder blitzsauber. Wenig später, kurz nachdem ich sie wieder einmal überholt habe, biegt die nette Dame nach links ab in die Berge. Sie winkt mir zu. Bonne chance! - Viel Glück! Und weiter geht die Tour, nach Monaco.

Desorientiert

Normalerweise gibt es nichts Einfacheres, als sich an einer Küstenstraße zu orientieren. Nur größere Ortschaften mit unübersichtlichen Straßennetzen können Verwirrung stiften. An den dichten Stadtverkehr, wie er in den Städten Monacos herrscht, bin ich gar nicht mehr gewöhnt. Auf den Küstenstraßen ist im Oktober ja nichts mehr los, und in Marseille bin ich nur über die Strandpromenade gefahren. In Monaco habe ich gleich einen Auffahrunfall, als ich zu spät bemerke, dass eine Autoschlange, die sich mit zwanzig Sachen einen Berg hinuntergewunden hat, drei Autos vor mir an einem Zebrastreifen abreißt und abrupt zum Stehen kommt. Da ich viel zu dicht aufgefahren war, rolle ich meinem Vordermann schwungvoll auf die Stoßstange. Bis ich richtig merke, was los ist, steigt der Autofahrer aus und vergewissert sich, ob mit mir und mit seinem Auto alles in Ordnung ist. Ich entschuldi-

ge mich, beruhige ihn und mich und suche mir einen Platz auf dem Gehweg. Dort stelle ich zu meiner Verwunderung fest, dass mein Vorderrad nicht einmal einen Achter hat. Heute hat sich ausgezahlt, dass ich beim Kauf eines neuen Laufrades nicht allzu sehr gespart habe.

In Monte Carlo bin ich ziemlich desorientiert. Einmal habe ich in dem Straßengewirr das Gefühl, dass meine Richtung nicht stimmen kann, biege am Ende einer langen geschwungenen Straßenbrücke ab und lande in einem Einbahnstraßensystem. Als ich nach einigen Kilometern wieder das Ortsschild von Monaco sehe, merke ich, dass ich im Kreis gefahren bin.

Der Staat Monaco soll so toll zum Einkaufen sein. Als ich einen Supermarkt betrete, finde ich dort nichts, was mich irgendwie interessiert. Höchstens der Sirup könnte brauchbar sein. Damit kann ich mein Trinkwasser versüßen. Ich nehme eine Flasche. Hiermit war ich in Monaco beim Shopping und habe fast alle meine Francs aufgebraucht. Telefonieren ist nicht so einfach: Alle Telefonautomaten funktionieren nur mit Karten. Extra deswegen auf ein Postamt zu gehen und dann exakt eine Telefonkarte vertelefonieren zu müssen, halte ich für übertrieben. Gleich bin ich sowieso in Italien. Dort brauche ich nur noch Lire und dann kann ich überall telefonieren. Aber was macht jemand, der in Monaco dringend telefonieren müsste, an einem Feiertag? Kehre ich also dem bekannten Zwergstaat endlich den Rücken und fahre weiter.

Da ich auch noch Geld wechseln muss, komme ich heute nicht mehr allzu weit. Bald nach San Remo suche ich mir wieder einmal einen Campingplatz. Diesmal werde ich von einem kräftigen Regenguss überrascht, zum ersten Mal seit langer Zeit. Ich verziehe mich gleich samt Schlafsack in den Waschraum. Am späteren Morgen hört der Regen auf und ich kann weiterfahren. Bis auf eine feuchte Straße deutet nichts mehr auf die nächtliche Dusche hin, und nachdem diese getrocknet ist, ist der Zwischenfall schon wieder vergessen.

Da die Sonne praktisch nie durch den Dunst bis zur Küstenstraße vordringt, bleibt es den ganzen Tag über trüb und angenehm lau, insgesamt eigentlich ideal zum Radeln. Der Vorteil an einer Küstenstraße ist, dass man keine Zeit darauf verwenden muss, die Landkarte zu studieren. Man kann sich nicht verfahren, da man nur immer der Küste folgen muss. Zudem ist es heute recht flach, so dass ich wirklich zügig vorankomme. Die Dörfer und die Landschaft sind auch nicht reizvoll genug, um mich ablenken zu können. Das kann eine weite Etappe werden.

Als sich am späten Vormittag die Straße ein gutes Stück vom Strand entfernt, komme ich schnell aber hungrig durch ein paar Dörfer, die sich fast nahtlos entlang der Straße aufreihen. Irgendwann liegt hier bestimmt eine Bäckerei direkt an der Hauptstraße. Da ist schon eine, gleich auf der anderen Straßenseite. Ich stelle mein Rad vor dem Laden ab, kaufe ein und fahre flott weiter, um einen schönen Rastplatz zu finden. Aber auch nach der Bäckerei gibt es entlang der Straße nichts anderes als Häuser und Reklameschilder. Und die Schilder wiederholen sich auffällig. Fast so schlimm wie bei Wahlplakaten sind diese Wiederholungen. Aber laut Karte müsste jetzt wieder die Küste in Sichtweite kommen. Eigentlich müste ich sogar längst wieder das Meer sehen. Bin ich aus Versehen landeinwärts abgebogen? Ich frage vorsichtshalber einen Passanten nach dem Weg zur nächsten größeren Ortschaft auf meiner Route. Der zeigt in die Richtung, aus der ich gerade komme. Bin ich im Kreis gefahren? Die Straße war doch fast immer schnurgerade!

Nach einer guten Weile passiere ich wieder die Bäckerei auf der anderen Straßenseite. Auf der anderen Straßenseite! Nach dem Einkaufen bin ich einfach aufgestiegen und weitergebrettert - in die falsche Richtung! Das kommt vom stumpfsinnigen Kilometer fressen. Ich habe lange überlegt, ob ich diesen peinlichen Fehler an dieser öffentlich zugänglichen Stelle zugeben soll.

Wieviel Zeit die Panne gekostet hat, wird mir erst gegen Abend bewusst, als ich auf der Karte sehe, wie weit ich noch von Genua entfernt bin. Eigentlich hatte ich gedacht, dass die hundertvierzig Kilometer von San Remo nach Genua auf dieser leichten Strecke bei dem harmlosen Wetter ein Kinderspiel sein müssten. Und ich habe ja San Remo schon gestern hinter mich gebracht. Nie hätte ich erwartet, dass ich zweimal an der Riviera übernachten würde, und das ohne eine einzige richtige Panne! Macht mir die Technik keinen Strich durch die Zeitplanung, sorge ich schon selbst dafür.

Vielleicht ist die Trödelei der letzten Tage nur ein Ausdruck meines Unterbewusstseins dafür, dass ich es noch nicht so richtig wahr haben will, dass die Tour tatsächlich in wenigen Tagen beendet sein wird. Jetzt gibt es wirklich keinen Grund zur Eile mehr: Bis zum Semesterbeginn habe ich noch über zwei Wochen. Morgen werde ich ab Genua den Appennino Ligure überwinden und dann durch die Poebene zum Gardasee fahren. Das ist bei jedem Wetter zu schaffen. Falls es wirklich stark regnen sollte, kann ich ja einen oder mehrere Tage aussetzen. Am Gardasee werde ich schon sehen, wie das Wetter im Alpenraum ist. Meistens ist der Oktober ja kühl aber trocken. Die Fahrt über die alte Brennerstraße werde ich schon überleben, und den Rest des Weges kennt mein Rad fast auswendig.

In den kalten Norden

Nasses Finale über Cáiro und Alessándria

Als ich am nächsten Tag wieder die Karte studiere, komme ich zu dem Schluss, dass es unnötig ist, bis Genua an der Küste zu bleiben. Genauso kann ich eine der zahlreichen kleineren Straßen ausprobieren, die durch die Alpi Maritime zu verschiedenen Zuflüssen des Po führen. Die Pässe sind nicht so hoch, dass man sich vor einem plötzlichen Wintereinbruch fürchten müsste. Falls das Wetter umschlägt, ist man in kürzester Zeit wieder unten. Finale Ligure - Das hört sich an, als ob es ein brauchbarer Ort wäre, um zum Finale anzusetzen, zum Endspurt in den oktoberkalten Norden.

Außerdem kommt man durch Cáiro Montenotte, wenn man hier die Berge überquert. Es hört sich doch imposant an, wenn man erzählt, man habe auf der Rückfahrt von Marokko die Route über Cáiro gewählt. Und wenn jemand stutzig wird und fragt, welches Cáiro denn gemeint sei, ist die Antwort leicht: das Cáiro bei Alessándria. Alessándria ist nämlich eine der nächsten größeren Ortschaften, die man auf dem Weg von Cáiro nach Norden durchfährt.

Der Weg in die Alpi Maritime beginnt mit einem mäßig steilen Anstieg in Serpentinen. Von der Straße aus müsste man einen schönen Ausblick aufs Meer haben. Müsste. Die Luft ist nämlich so diesig, dass nach wenigen Kurven das Wasser nicht mehr vom Himmel zu unterscheiden ist. Wenigstens ist es nicht heiß, das macht den Anstieg erträglich. Irgendwie ist es schön, über die Kastanienblätter und die stachligen Hüllen der Früchte Kurve für Kurve nach oben zu strampeln. Ob die Stacheln den Reifen schaden könnten? Viele der Kastanien sind zermantscht von den Autos.

Autos kommen hier kaum vorbei, dafür fängt es ziemlich bald zu regnen an. Nach kurzer Zeit regnet es nicht mehr, sondern es gießt. Und das Gießen geht wenig später in Schütten über. So kann es nur in den Bergen regnen. Man strampelt eigentlich keine Serpentinenstraße mehr hoch, sondern flussaufwärts. Anhalten würde nichts nützen, da nichts zum Unterstellen da ist. Bei dem Wolkenbruch hilft ein Baum nichts mehr. Ist das ein Wolkenbruch, oder sieht es so in einer Wolke aus?

Wie dem auch sei, kalt wird einem unter einem Regenumhang sowieso nicht, solange man strampelt. Bergauf entwickelt sich unter dem Poncho sogar so eine Hitze, dass immer wieder die Brille beschlägt. Ohne Brille sieht man mit meinen Augen auch nicht viel mehr, aber man hat das Gefühl, näher am Geschehen zu sein. Und bei einem langen Anstieg ist es erfrischend, wenn der Regen über das ganze Gesicht läuft. Scheinwerfer wirken beim Blick ohne Brille sogar um einiges größer, sofern sie stark genug sind, dass ich sie überhaupt sehe.

Sobald der Weg flacher wird, taucht ein Holzhaus hinter dem Wasserschleier auf. Die Fenster sind beleuchtet, das Haus ist eine Gaststätte. Man soll zwar keine Pause machen, wenn man schon durchgeweicht ist, aber ein heißer Kakao kann jetzt trotzdem nicht schaden. Während die Kleidung langsam trocknet und der Kakao verhindert, dass der Körper dabei auskühlt, macht der Regen keinerlei Anstalten, auch nur nachzulassen. So unwirtlich die Straße draußen auch ist, es bleibt nichts anderes übrig, als den Poncho überzuwerfen und sich an die Abfahrt zu machen. Hier oben ist kein Hotel, und eine Abfahrt bei Regen ist nachts noch weniger spaßig als bei Tag. Vielleicht hängt die Wolke ja genau an dieser Stelle des Bergkamms fest, und auf der anderen Seite scheint die Sonne. Am Meer war es ja auch trocken.

So schön eine Abfahrt durch eine Bergland-schaft sonst auch sein mag, bei diesem Wetter sieht man nur wenige Meter weit, und man muss seine Aufmerksamkeit meistens auf die Straße lenken, um den tiefsten Wasserpfützen und den kleinen Sturzbächen auszuweichen. Es macht einfach keinen Spaß, nasse Füße zu bekommen, auch wenn die Socken sicher und hoffentlich trocken in den Packtaschen ver-staut sind. Nach wenigen Minuten hat sich dieses Problem gelöst, da die Füße nicht mehr nasser werden können. Aber es kann jederzeit doch ein Auto kommen. Bei einem derartigen Regen sieht man ein solches erstens nicht und wird zweitens schlecht gesehen. Wer erwar-tet bei dem Wetter einen Radfahrer? Trotz-dem ist die vorsichtige Abfahrt durch die unge-wohnt grüne Berglandschaft irgendwie schön. Und es ist auch erleichternd, als am Fuße des Berges bald Cáiro auftaucht. Dort werden erst einmal in einem unerhört trockenen Lebens-mittelladen die Vorräte ergänzt. Da es für eine Herbergssuche noch reichlich früh ist, gibt es in einer Bar am Hauptplatz erst noch einmal einen warmen Kakao. Vielleicht hört der Re-gen heute doch noch auf. Dann könnte ich ja noch weiterfahren. Während es draußen plät-schert, gönne ich mir noch ein oder drei belegte Brote -Pannini.

Der Partisan

Am Nebentisch sitzt ein reiferer aber noch nicht alter Mann mittlerer Größe mit kräfti-ger Statur. Woher kommst du? Ah, Deutsch-land. Das hat er sich wohl schon gedacht. Er hat Erfahrung mit den Deutschen. Im Krieg hat er als Partisan gegen die Deutschen ge-kämpft. Keine Angst, du bist klein. Er meint wohl, ich sei jung und damit garantiert kein Feind aus dem Zweiten Weltkrieg. Dann er-zählt er, mehr mit Händen, Gesicht und Fü-ßen als mit deutsch - italienischem Kauder-

welsch, von seinen Erfahrungen. „SS: Brrrrrrr" - Die haben immer alle gleich umgebracht. Keine guten Menschen. Wehrmacht in Ord-nung. Die haben Gefangene gemacht und ih-nen Brot gegeben. Wehrmacht in Ordnung, aber SS: Brrrrrrr! Er regt sich auf, beruhigt seinen jungen Gegenüber aber sogleich: Kei-ne Angst, du klein. Nach ein paar weiteren Ausführungen erzählt er davon, wie er als vier-zehnjähriger Partisan zehn Deutsche erschos-sen hat, SS-Leute, denn die Wehrmacht war ja in Ordnung. Keine Angst, du bist ja klein. Rein zufällig hat er ein kleines Fotoalbum da-bei, mit Aufnahmen von einem Waldstück und einer Lichtung. Auf dem Baum bin ich geses-sen. Von da oben habe ich die Deutschen er-schossen. Und da sind sie dann gelegen. Auf dem Foto ist ein Stück Lichtung zu sehen. Im Krieg hatte er sicher etwas anderes zu tun, als zu fotografieren. Da bin ich gesessen, da sind sie gestanden, und da sind sie dann gelegen, ein Vierzehnjähriger gegen zehn Deutsche, SS-Leute, die von der schlimmsten Sorte.

Die Deutschen haben im Krieg in Cáiro eini-ges angerichtet. Das Rathaus, dessen Fassade vom Café aus schräg von der Seite zu sehen ist, haben sie besetzt. Die, die nicht rechtzeitig von dort geflüchtet sind, wurden gefangen oder gleich umgebracht. Dann war es eine Zeitlang ein Hauptquartier der Deutschen. Die haben in Cáiro etliche Menschen umgebracht. - In-zwischen hat es aufgehört zu regnen. - Er zeigt mir das Denkmal auf dem Rathausplatz. Da stehen die Namen derer drauf, die von den Deutschen umgebracht worden sind. Und da, im Rathaus, haben sie sich einquartiert. Von da aus haben sie auch geschossen. Der Krieg war eine üble Zeit.

Ansetzen zum Endspurt

Nach ein paar Tropfen Öl auf die nasse Kette fahre ich zügig nach Ácqui und noch ein Stück weiter. Eine so flache Straße ist nach den bergigen Küstenstraßen der letzten Tage richtig ungewohnt. Als es langsam zu dämmern beginnt und Alessándria noch reichlich weit entfernt scheint, stechen die vereinzelten Schilder der Häuser mit Übernachtungsmöglichkeiten stärker ins Auge. Ich frage einfach bei einem nach, ob man hier übernachten kann. Der Preis ist zwar hoch, aber heute kann ich mich einfach nicht mehr überwinden, im Angesicht eines überdachten Bettes noch einmal das Rad zu besteigen und womöglich noch lange kalte Abendstunden lang schlotternd nach einer billigeren Herberge zu suchen. Das Zimmer wird genommen, und außerdem ein warmes Essen. Damit ist zwar das Dreifache eines normalen Tagesbudgets weit überschritten, aber umgerechnet auf drei Monate ist das schon noch zu verschmerzen. Italien ist einfach teurer als Marokko. Und bei dem Wetter wild zu campen, halte ich für unsinnig. Ich brauche meine Kräfte, um die letzten Etappen nach Deutschland zurückzulegen, und will sie nicht für einen Kampf gegen eine Erkältung verschwenden.

Ich frage mich zwar, wo ein Zimmer mit so einer schäbigen Einrichtung das Recht hernimmt, vierzigtausend Lire für eine Nacht zu verlangen, andererseits bin ich aber froh über einen trockenen Schlafplatz.

Die nächste Etappe ist wirklich flach. Zudem habe ich kaum Aufenthalte außer den wichtigen Essenspausen, zwei Einkäufen und einem Bankbesuch. Beim ersten Einkaufen hatte ich gemerkt, dass die hundert Mark, die ich gewöhnlich umtausche, diesmal nur zwei Tage gereicht hatten. In Marokko waren das noch etwa zwei Wochen, und in Spanien manchmal fast eine Woche, je nachdem, wo ich übernach-

tet hatte. Als ich erschreckt überlege, was mit dem Geld passiert sein könnte, fällt mir ein, dass allein die Übernachtung bei Ácqui und das Essen in dem Gasthaus den Betrag schon mehr als halbiert haben. Der Angestellte in der Bank, in der ich einen Reisescheck einlöse, ist ungewöhnlich misstrauisch. Am Anfang murmelt er etwas davon, dass er untersuchen muss, ob der Reisescheck wirklich echt ist, und arbeitet dann eine geraume Zeit an seinem Computer, um zu überprüfen, ob alle Angaben stimmen. So umsichtig und misstrauisch war bisher noch niemand mit meinen Schecks. Alles in allem hat der Halt aber sicher nicht länger gedauert als eine halbe Stunde. Trotzdem bin ich erst in Cremona, als es dunkel wird.

Flachetappen liegen mir einfach nicht, und das trübe Wetter wirkt erst recht einschläfernd. Außerdem wird es immer früher dunkel. Da ich es für aussichtslos halte, im Dunkeln in der flachen, dicht besiedelten von der Landwirtschaft geprägten Landschaft einen netten versteckten Schlafplatz zu finden, bleibe ich in Cremona. Hier möchte ich aber kein Zimmer nehmen, da ich morgen die wenigen Stunden Tageslicht, die der Oktober mir lässt, voll ausnützen will. Bleibt nur ein Campingplatz. Der erste, den ich finde, hat geöffnet, nimmt aber keine Gäste mehr auf. Da ich keine Lust habe, weiter zu suchen und womöglich wieder einmal zwanzig Mark für einen Schlafplatz mit Dusche auszugeben, beschließe ich, die Lage für meine Zwecke auszunützen und das gesparte Geld sinnvoll anzulegen. Ich merke mir den Platz und suche eine Pizzeria auf. Schön warm ist es hier. Da fällt erst auf, wie kühl der Oktober auch hier die Tage macht.

Die Pizza schmeckt ausgezeichnet. Wenn ich den ganzen Tag geradelt bin, bekomme ich aber immer einen solchen Appetit, dass ich bei weitem noch nicht satt bin. Daher und weil ich für das Gedeck sowieso extra bezahlen muss, bestelle ich mir noch eine Pizza. Das ist gerade recht, um den Magen über Nacht vom Knurren abzuhalten.

Den Campingplatz habe ich gleich wiedergefunden. Ich lasse mich neben dem Zaun in der Nähe des Eingangs nieder. Wie in Spanien hält bald ein Polizeiauto. Ich erzähle den Polizisten wahrheitsgemäß, dass der Campingplatz niemanden mehr aufnimmt. Die Polizisten sind wie erwartet nicht begeistert, wünschen mir aber trotzdem eine gute Nacht. Ist es nicht viel angenehmer, mit zwei warmen Pizzas im Magen in der kühlen Luft zu schlafen, als nach einem kalten Abendessen in einem warmen Zimmer?

Diesmal breche ich endlich wieder im Morgengrauen auf. Für heute habe ich mir den Gardasee als Tagesziel vorgenommen. Von dort aus sind es nur noch zwei Etappen bis nach Hause. Theoretisch könnte ich auch die ganze Strecke in zwei Tagen schaffen, aber dazu bräuchte ich längere Tage, oder ich müsste mich gerade auf den letzten Etappen hetzen. Als ob es bei einer so langen Tour auf einen Tag mehr oder weniger ankäme!

Daheim will ich frisch und ausgeruht erscheinen. Um diesen Eindruck verstärken zu können, und um die niedrigeren Lohnkosten im Mittelmeerraum noch einmal zu nutzen, suche ich wieder einen Friseur auf. Den Gardasee erreiche ich trotzdem noch leicht am frühen Nachmittag. Weil ich Tunnels nicht ausstehen kann, wähle ich dort das Ostufer, um weiter nach Norden zu fahren. Dort sind auch mehr Campingplätze eingezeichnet. Ich kann also jederzeit die Etappe beenden und mein Nachtlager aufschlagen. Hier haben bestimmt noch nicht alle geschlossen.

Die Strecke liegt mir ausgezeichnet. Während ich die Berge am anderen Seeufer betrachten

kann, fliege ich auf der fast flachen, gut geteerten und wenig befahrenen Straße dahin wie der Wind. Drüben hätte ich ständig überholende Autos und Tunnels, bei denen ich das Licht einschalten müsste. Ich bin wirklich sehr zufrieden mit meiner Streckenwahl.

Mitten in der Abenddämmerung erreiche ich Torbole. Von hier aus geht laut Karte eine Straße nach Arco ab, die nächste Ortschaft in Richtung Norden. Da fahre ich morgen hin. Heute suche ich erst einmal einen Campingplatz. An einer Kreuzung erblicke ich ein paar Kleiderständer. Auf einem davon hängen Jacken. Da die letzten Etappen in den Abendstunden schon recht kalt waren, schaue ich mir das Angebot näher an. Ein paar der federleichten luftdichten Kunststoffdinger sind in Leuchtfarben. Das ist genau das Richtige für das letzte Stück einer Etappe, deren Ziel nicht mehr bei Tageslicht erreicht werden konnte: Die Körperwärme staut sich garantiert, egal wie kalt es draußen wird, und man wird damit gesehen. Der Vorteil einer Jacke gegenüber einem Poncho ist der, dass man im Stadtverkehr beweglicher ist, von der geringeren Angriffsfläche bei Seitenwind ganz zu schweigen. Vor allem bei der Herbergssuche, wo man öfters absteigt und dann wieder weiterfährt, nervt so ein unförmiger Poncho. Wenn es länger regnet, kann man sogar Jacke und Poncho übereinander anziehen. Dann bekommt man wahrscheinlich vom Regen gar nichts mit, weil man vom Schweiß viel stärker naß wird. Der Preis ist gerade noch human, für ein Geschäft direkt am Gardasee sogar erstaunlich niedrig.

Für die letzten Etappen in den kalten Norden bin ich also gerüstet. Und hier hat sogar der Campingplatz auf. Ich spiele zwar mit dem Gedanken, in ein paar Stunden schon wieder weiterzufahren, aber die Gegend ist für eine wilde Übernachtung für meinen Geschmack zu dicht besiedelt. In ein paar Stunden weiterfahren? Es macht zwar keinen Sinn, gerade auf den letzten Etappen zu hetzen, aber wenn es gut läuft, wer weiß, wie weit man da an einem Tag kommen kann ... ? Es wäre doch schön, auf der letzten Etappe nur noch ein paar Stündchen fahren zu müssen.

Ich darf im Voraus bezahlen, einem frühen Aufbruch steht also nichts mehr im Weg. Der Platzwärter zeigt mir, wo ich auch am zeitigen Morgen vom Platz herauskomme, und ich kann mich gleich hinlegen. Falls ich rechtzeitig aufwache, will ich versuchen, um vier Uhr aufzubrechen.

Kalte Nächte

Die Nacht wird recht frisch und vor allem neblig. Als ich zum ersten Mal aufwache und auf die Uhr schaue, ist es genau vier Uhr. Leichtsinnigerweise drehe ich mich aber trotzdem noch einmal um und sinniere, ob es gut ist, bei Nebel mitten in der Nacht Rad zu fahren. Als ich wieder aufwache, ist es immer noch neblig und stockfinster und sechs Uhr. Ich beschließe, dass es sowieso in zwei Stunden hell wird, und der Nebel wahrscheinlich nur direkt am Gardasee aufsteigt. Also raus aus dem warmen Schlafsack!

In Torbole bräuchte man praktisch kein Licht zum Fahren, das besorgt die Straßenbeleuchtung. Im Laufe der Steigung nach Trient hinauf wird es bereits hell und die Sonne hat im Nu die Luft am Hang aufgewärmt. So ist es schon angenehm warm, als ich um acht Uhr eine Reifenpanne beheben muss. Ein Dorn hat sich im Mantel des Hinterreifens versteckt. Wahrscheinlich war das der, der auch die letzte Panne vor fast zwei Wochen verursacht hat. Damals hatte ich den Verursacher nicht gefunden.

Obwohl jetzt schon klar ist, dass ich froh sein könnte, bis zur Dämmerung annähernd die Brennerstraße zu erreichen, fahre ich weiter auf der Hauptstraße in Richtung Trient und von dort auf dem flachsten Weg über Bozen nach Brixen. Da gäbe es garantiert unzählige viel schönere Alternativen. Aber die Aussicht auf einen Wintereinbruch Mitte Oktober verleidet mir die Lust auf die schönsten Berge. Die Hauptstraße von Trient nach Brixen ist wegen der parallel dazu verlaufenden Autobahn zwar nicht allzu stark befahren, aber einfach irgendwie ermüdend. Wahrscheinlich geht es die meiste Zeit leicht bergauf. Außerdem habe ich das Gefühl, durch ein unendlich großes Industriegebiet zu fahren. Kurz vor Brixen bemerke ich, dass es schon bald sechs Uhr ist und die Vorräte praktisch alle sind. Unsinnig hektisch kaufe ich im Kramerladen eines kleinen Ortes noch ein paar Lebensmittel ein und stärke mich ein wenig.

Obwohl jetzt und hier die richtige Zeit und ein idealer Ort wären, ein Nachtlager zu suchen, fahre ich stur weiter nach Sterzing. Die naheliegende Idee, dort eine Unterkunft zu suchen, wird kurzerhand verworfen, obwohl mir jetzt nichts anderes übrig bleibt, als das Licht einzuschalten. Als um neun Uhr der Brennerpass erreicht ist, finde ich, dass das eine humane Zeit ist, um eine Grenze zu passieren. Und bergab nach Innsbruck dürfte man nicht viel länger brauchen als eine Stunde. In so einer relativ großen Stadt ist es sicher kein großes Problem, eine Unterkunft zu finden.

Nach wenigen Metern merke ich, wie kalt es hier oben ist. Irgend jemand kratzt auch schon eine Autoscheibe ab. Bergauf spürt man ein wenig Kälte nicht, da ist man um jede Kühlung froh. Bevor die Finger ganz gefühllos werden, werden alle Packtaschen nach Wollhandschuhen durchsucht. Offensichtlich habe ich die nicht dabei. Wenn man im August abreist und in Richtung Marokko fährt, genügen ja eigentlich Radhandschuhe. So müssen für diese Abfahrt Socken herhalten. Ein Test zeigt, dass man mit denen über den Fingern noch gut bremsen kann. Das Stirnband hat sich auch versteckt, sofern es überhaupt dabei war. Ich rolle ein Polohemd zu einem Ohrenwärmer zusammen. Die Beine sollte man womöglich auch noch etwas besser gegen die Kälte schützen. Damit ich dazu nicht die Hose ausziehen muss, ziehe ich eine Schlafanzughose, die als lange Unterhose gedacht war, einfach über die Hose. Schön warm. Für die Füße fällt mir nicht mehr ein als ein weiteres Paar Socken. Kleidungsstücke für den Oberkörper sind genügend in den Taschen. Unter der Jacke und dem Regenponcho staut sich die Körperwärme sowieso, so dass mir die Bekleidung richtig warm vorkommt. Das reicht hoffentlich.

Leider ist eine Wärmedämmung nur so viel wert wie die schwächste Stelle. Und die ist an den Füßen. Während der Abfahrt werden die Treter zusehends kälter und nach und nach gefühllos. Bevor ich mir auf der vorletzten Etappe noch eine Erfrierung hole, steige ich in der nächstbesten Ortschaft ab und versuche, die Füße mit etwas Gehen aufzutauen. Ein Lüftungsschacht, aus dem warme Luft aufsteigt, ist vorerst die Rettung. Leider hält die Wirkung nur ein paar Kilometer vor. Um das Abkühlen der Füße etwas zu verzögern, versuche ich, den schneidend kalten Fahrtwind so weit wie möglich zu vermindern und lasse das Rad bei den Abfahrten nicht so schnell rollen. Dadurch und durch einige weitere Aufwärmpausen dauert die Abfahrt nach Innsbruck bis fast halb eins.

Soll ich jetzt noch eine Unterkunft suchen? Geben wird es schon noch irgend etwas. Aber ob hier alle Euroschecks nehmen? Am Pass war es nämlich schon etwas zu spät, um eine Bank aufzusuchen. Die paar Lire, die ich noch habe, dürften bei weitem nicht für eine Übernachtung in Innsbruck ausreichen. Ich stelle es

mir reichlich unangenehm vor, um diese Uhrzeit abgewiesen zu werden, weil ich kein Bargeld dabei habe. Da fahre ich doch einfach weiter!

Den Weg kennt das Rad schon fast auswendig: Erst geht es nach links und dann geradeaus nach Zirl. Dort muss man auf einen der kleinsten Gänge runterschalten, Jacken und Pullover ausziehen und gleichmäßig den Zirler Berg mit seinen fünfzehn Prozent hochstrampeln. Diesmal ist der Anstieg relativ angenehm, weil um die Uhrzeit weniger Autos fahren und daher die Luft besser ist. Trotzdem schaffe ich es wieder nicht ganz, sitzen zu bleiben. An ein oder zwei Kurven gehe ich unwillkürlich aus dem Sattel, um den Rhythmus ein wenig zu unterstützen. Wahrscheinlich bin ich schon etwas zu müde. Beim nächsten Mal schaffe ich es bestimmt ohne Aufstehen. Bei dem großen Schild bei Seefeld mache ich noch einmal eine Pause, um mir wieder ein paar Sachen überzuziehen und etwas Schokolade und einen Apfel zu essen. Jetzt sind nur noch zwei Äpfel übrig. Das wird schon reichen.

Die Zollbeamten bei Scharnitz glauben, einen Verrückten vor sich zu haben, der um vier Uhr nachts mit dem Rad unterwegs ist. Recht haben sie. Wenn ich ihnen erzählen würde, dass ich aus Marokko komme und vor zweiundzwanzig Stunden am Gardasee aufgebrochen bin, hätte ich wahrscheinlich einen Platz in einer warmen Ausnüchterungszelle sicher.

Sicherer wäre das wahrscheinlich schon. Bei Wallgau habe ich nämlich eindeutig ein Tief und kann kaum noch die Augen offen halten. Natürlich versuche ich, das zu unterdrücken. Aber ein- oder zweimal bemerke ich, dass ich die Augen aufmache und gerade auf eine Mauer zufahre. Dabei habe ich schon leichte Schräglage und muss das Rad mit einem Ruck wieder hochreißen und in die richtige Fahrtrichtung bringen. Daraus folgere ich, dass ich momentan dazu neige, gelegentlich einzunicken. Kann man während des Radfahrens einschlafen? Man kann. Ich erinnere mich an frühere Gewalttouren. Da hilft nur eine halbe Stunde Schlaf. Das kommt aber hier und heute nicht in Frage. Die letzten zwei Äpfel müssen helfen und für die letzten vierzig Kilometer reichen.

Gegen sieben Uhr beginnt die Morgendämmerung. Ich erlebe einen Sonnenaufgang am Walchensee. Der Anblick der vertrauten Berge und des Sees, an dem ich schon so oft entlanggeradelt bin, macht mich wieder ein wenig wach. Die Beine sind noch gar nicht richtig müde, so dass die gut fünfzig Höhenmeter auf den Kesselberg kein Problem sind. Während der Abfahrt wird es schon wieder richtig hell, und auf dieser Höhe ist es auch bei weitem nicht so kalt wie am Brenner. Heute wird ein wunderschöner, sonniger Herbsttag, eigentlich ideal zum Rad fahren und viel zu schade zum Ausschlafen. Die Sonne löst alle Müdigkeit auf. Soll ich auf den letzten fünfzehn Kilometern noch einmal eine Pause einlegen? Blödsinn, Endspurt! Mit Anlauf rauf nach Ried, auf dem Radweg runter nach Benediktbeuern, den Schwung durch den Ort mitnehmen, wieder auf den Radweg bis Bichl, bis zur Abzweigung nach Langau ein wenig Tempo machen, die nervige ansteigende Kurve zum Umspannwerk rauf, ohne zu viel Geschwindigkeit zu verlieren, und bis zum Ortsschild wieder beschleunigen. Guten Morgen Penzberg.

ein Pfund zugenommen, vorne kein Platten, hinten drei, die Laufräder noch einwandfrei, nahtloser Übergang in den Alltag und erst neun Jahre später die Muße, sich hinzusetzen und dieses Buch zu schreiben.

————Werbung in eigener Sache ————

2 Jahre nach der Marokkotour: Fährt man einmal nicht mit dem Rad weg, hat man nichts als Scherereien! Naja, eigentlich hatte sich die Reise über Istanbul und Bursa in immer kleinere Orte ganz entspannend, unterhaltsam und lehrreich angelassen:

* Was passiert, wenn drei Männer in ihrem Hotelzimmer von zwei betrunkenen achtzehnjährigen Touristinnen mit Küssen überfallen werden?

* Wie endet der hartnäckige Versuch eines Pensionsinhabers, seine Gäste miteinander zu verkuppeln?

* Was macht man, wenn der Gastgeber, ein frommer Moslem, einem seine Frau für eine Nacht anbietet?

* Wie kommt in einer Kneipe, in der ansonsten nur Männer einsam bei Rockmusik mit Bier abgefüllt werden, eine fetzige Tanzeinlage einer Touristin mit ihrem Begleiter an?

Nach einem Unfall fernab aller modernen Transportmöglichkeiten werden die Aufgaben um einiges kniffliger:

* Wie übersteht man mit drei gebrochenen Rückenwirbeln einen Transport, bei dem man mehrmals die Rückenmuskeln als Trage benutzen muss?

* Wie steuert man alle hilfsbereiten Leute am Unfallort, auf dem Weg ins Krankenhaus und im Krankenhaus selbst so, daß die Verletzungen nicht in einer Querschnittlähmung enden?

* Muß wirklich ein ganzes Wochenende, zwei Tage und drei Nächte, in "Brückenstellung" über einer Bettpfanne verbracht werden?

Für besonders sensible Gemüter im Voraus: In einer konzertierten Aktion haben meine irdischen und himmlischen Schutzengel das Wunder zu Wege gebracht, dass ich wieder ganz gut zu Fuß bin.

————

Leseproben gibt's im Internet unter
http://www.martinschrank.de

————

Das 316seitige Taschenbuch ist beim Autor erhältlich, über die E-Mailaddresse
buch@martinschrank.de
Bitte den Absender nicht vergessen!